结构性失业及其预警机制研究

JIEGOUXING SHIYE JIQI YUJING JIZHI YANJIU

张海浪 ○ 著

西南财经大学出版社
Southwestern University of Finance & Economics Press
中国·成都

图书在版编目(CIP)数据

结构性失业及其预警机制研究/张海浪著.--成都:西南财经大学
出版社,2024.5
ISBN 978-7-5504-6188-8

Ⅰ.①结… Ⅱ.①张… Ⅲ.①失业—风险机制—研究
Ⅳ.①F241.4

中国国家版本馆 CIP 数据核字(2024)第 095861 号

结构性失业及其预警机制研究
JIEGOUXING SHIYE JIQI YUJING JIZHI YANJIU

张海浪 著

策划编辑:李晓嵩
责任编辑:王青杰
责任校对:高小田
封面设计:何东琳设计工作室
责任印制:朱曼丽

出版发行	西南财经大学出版社(四川省成都市光华村街55号)
网　　址	http://cbs.swufe.edu.cn
电子邮件	bookcj@swufe.edu.cn
邮政编码	610074
电　　话	028-87353785
照　　排	四川胜翔数码印务设计有限公司
印　　刷	四川五洲彩印有限责任公司
成品尺寸	185 mm×260 mm
印　　张	23
字　　数	485 千字
版　　次	2024 年 5 月第 1 版
印　　次	2024 年 5 月第 1 次印刷
书　　号	ISBN 978-7-5504-6188-8
定　　价	98.00 元

序

　　作者张海浪，系我所指导的西南财经大学政治经济学专业2016级博士生。读博期间，他学术探讨的兴趣长于供给侧结构性改革方面。尔后，又将研究的视点聚焦在结构性失业问题上，以此成为他学位论文命中之题。通过学位论文答辩授位之后，经若干内容的细心修改、一些数据的拾遗补缺，今论文即将以《结构性失业及其预警机制研究》一书为名出版，海浪邀我作序，为奖掖后学，欣然应允。思忖考虑一番，还是着重推荐介绍一下本书的突出特色为要，以飨读者，且请教于方家，是为序。

　　首先，本书的选题是对当前失业中出现的新状况、新难题、新进展的回应。目前受产业转型升级、技术快速发展与应用、人口代际变化等多种因素影响，我国结构性就业矛盾日益突出，已成为我国就业领域面临的主要矛盾，表现为"就业难"与"招工难"相悖并存。从研究失业的理论及实践上看，结构性失业是各种失业现象中较为难以化解的失业类型，尤其是结构性失业所涉及的就业群体大多属于就业困难群体，如某些大学毕业生、农村转移就业人员以及技术、技能过时的失业人员等。为此，中央及时提出的高质量充分就业既是解决结构性失业的方向性战略举措，也是高质量发展的内在要求和实现高质量发展的基础支撑。必须把握我国发展的阶段性特征，根据新形势新任务，在外部环境不确定性、复苏发展不平衡性以及经济减速影响滞后性等复杂多变局面下，做好促进高质量充分就业的重点任务，在关注总量就业问题的同时，应更加关注结构性失业问题。这就是本书选题的初衷所在。

其次，本书从制度、产业、市场三维结构搭建的理论框架为诠释结构性失业的内在逻辑、生成要素关联性及预警机制提供了独到的理论观点。本书基于经济体制深化改革、产业结构转型升级以及劳动力市场新发展背景，以马克思主义政治经济学为理论基础，并结合其他相关经济学理论及社会学理论，从制度结构、产业结构与市场结构三个维度构建起结构性失业及其预警机制的理论分析框架，重点分析我国结构性失业的内在逻辑及其预警机制。本书的研究出发点就是在对改革深化期结构性失业的凸显进行深入理论分析的基础上，剖析我国结构性失业生成的要素关联性，探析结构性失业凸显机制，尤其是针对结构性失业实证与预警机制研究，为其提供理论依据。所以，全书立足于中国经济改革深化的现实国情，基于制度变迁与产业结构演变以及市场配置资源的历史演进，从多个理论维度阐述结构性失业内在逻辑，总结结构性失业治理经验，探索符合中国国情的结构性失业预警与治理途径。这些理论探讨对于丰富发展中国特色社会主义政治经济学的就业与失业理论、完善结构性失业预警理论均具有重要的理论价值与理论意义。

最后，本书所做的结构性失业的测度与实证、预警机制模型预测与模拟的研究工作，为推进精准测度结构性失业的计量研究，预测、预警结构性失业的治理实践，努力进行着有益的尝试和探索。结构性失业已逐渐成为学术界和政府关注的焦点问题之一，但对于结构性失业的研究大多还停留在状况描述与类型属性的定性研究状态，缺乏较为系统和完整的理论解读与实证分析，特别是结构性失业的预警机制实证分析成果还相当匮乏。本书在结构性失业的测度与实证、预警机制模型预测与模拟两方面作了有益的尝试，丰富了结构性失业率的量化研究，从而为结构性失业预警的深入研究提供了计量模型参考与治理工具借鉴。同时，本书对结构性失业及其预警机制的研究，为宏观层面的结构性失业预警与治理、中观层面的就业结构调整与微观层面的不同就业困难群体精准帮扶都具有重要的实践意义。

  诚如作者所言，由于主客观原因，本书在尝试构建结构性失业的理论分析与预警机制过程中，不可避免地还存在一些不足和有待进一步研究的问题，如在结构性失业率的精准测度、预警机制完善与应急管理等方面都还待进一步的努力；并且在加强理论阐释的同时，还需进一步做好与现实新进展相结合，在利用大数据、数字经济等新工具、新视野下，研讨人工智能、AI技术、新能源、新材料、生物生命工程逐渐普及浪潮中结构性失业的新动态、新趋势，这是一个远未穷尽的大课题。就业乃民生大计，借此，也期待作者与广大读者、专家学者以及劳动就业实际工作者一道，共同关注这一领域的新发展与新研究，为推动我国高质量充分就业和实现中国式现代化贡献智慧与力量。

王朝明

2023 年 12 月

前言

经济转型时期的总量失业一直备受关注,但经济转型进程中的结构性失业并没有销声匿迹,而是时有显现,并且逐渐步入加速凸显的通道。当前中国特色社会主义迈入新时代,经济发展由高速增长阶段转向高质量发展阶段。经济高质量发展的核心要义在于满足人民日益增长的美好生活需要,解决发展过程中的不平衡、不充分的难题,也是落实新发展理念,实现人的全面自由发展的需要。就业是最大的民生问题,中国特色社会主义新时代背景下,解决社会发展中的主要矛盾、实现经济高质量发展就应该将实现更高质量和更充分的就业置于更为重要、更加突出的地位。结构性就业矛盾是现阶段就业面临的突出问题,特别是在供给侧结构性改革背景下,推动产业结构升级、消化过剩产能可能进一步显化结构性就业矛盾,增加稳就业的工作难度。

"十三五"规划明确指出:"坚持就业优先战略,实施更加积极的就业政策,创造更多就业岗位,着力解决结构性就业矛盾。"[①]目前,我国经济发展正处于重要的战略机遇期,一方面,在经济增速已然放缓的同时,消化过剩产能与产业结构调整并行,不可避免地对就业产生一定的冲击,尤其是随着《中国制造业2025》的推进,"工业4.0版"的"机器换人"成为未来制造业的发展趋势,使得劳动力市场供需面临新的平衡;另一

---

① 中国政府网:国务院关于印发《"十三五"促进就业规划》的通知[EB/OL].(2017-02-06)[2023-11-30].http://www.gov.cn/zhengce/content/201702/06/content_51657 97.htm.

方面，2008 年国际金融危机以来，世界经济衰退也使得国内不少外贸企业压缩规模、减少就业岗位。可以说，供给侧结构性改革蕴含的失业风险主要是结构性失业问题：一是高新技术人才和专业技术人才需求量大，但供给较为短缺；二是大量农民工和下岗失业工人面临着再就业的困境；三是部分高校毕业生面临"毕业即失业"的"就业难"问题。因此，在经济新常态下，我们要积极应对消化过剩产能和产业结构升级导致的失业风险，既要关注总量失业水平，更要关注结构性失业问题，这也给学术研究提出了有价值的新课题。

基于此，本书主要研究了改革开放以来我国经济转型背景下的结构性失业及其预警机制问题，分别从经济体制改革、产业结构演进、劳动力市场建立与完善三个维度解读结构性失业及预警机制。本书以马克思主义政治经济学相关理论为基础，结合西方经济学的就业与失业理论、西方经济学的制度变迁理论、产业结构调整升级理论以及人力资本理论和社会资本理论等相关理论，深入解析了我国转型时期结构性失业产生的机制机理，构建了我国结构失业预警机制；在刻画总量失业率的基础上，运用多种技术方法测度我国的结构性失业率，并以此为基础进行结构性失业率影响因素与预警机制的实证分析；结合国外治理结构性失业的相关经验，提出具有中国特色、符合实际的治理结构性失业的政策建议。具体内容如下：

第一章，导论。首先，本章介绍了本书的研究背景和意义、研究目的和范围；其次，本章梳理和简要评述了国内外相关的研究文献；再次，本章阐述了本书的主要研究内容、基本思路与方法；最后，本章总结了本书可能存在的创新和不足。

第二章，核心概念界定、理论基础与分析框架。本章节界定了研究所涉及的重要概念，厘清相关概念之间的关系，提炼本书的理论基础，划定了后文结构性失业理论分析的运用范围。依据本书的理论基础，本章构建了"三维度一机制"分析框架，主要从经济体制转型、产业结构变迁以及劳动力市场配置资源三个维度，分析结构性失业的内在理论逻辑，并在此基础上提出结构性失业预警机制。

第三章，体制改革、产业结构调整与劳动力市场配置资源：结构性失业演进。本章基于转型时期的研究背景，通过详述我国改革开放以来人口总量增长与结构性变动、体制转型、市场体系建立与完善、产业结构调整的进程，重点联系供给侧结构性改革详细分析了结构性失业演进的状况与特征事实。

第四章，"三维度"的结构性失业理论阐释与机制分析。根据第二章建立的"三维度"分析框架，本章为理论分析部分。本章主要从制度结构维度、产业结构维度以及市场结构维度深入阐释结构性失业产生的机制机理。制度结构维度主要运用制度变迁理论分析了劳动力产权制度、城乡二元结构体制、人口生育制度以及劳动就业制度对结构性失业生成的制度作用。产业结构维度重点分析了产业结构升级的就业创造效应与破坏效应、消化过剩产能过程中的就业挤出效应。市场结构维度主要以劳动力市场分割理论为基础，分析了劳动力市场供需结构失衡的错配机制、人力资本和社会资本视角下的结构性失业内生机制、收入差距视角下的劳动力市场价格机制导致的结构性失业固化机制。

第五章，"三维度"的结构性失业预警机制设计与测度分析。首先，本章基于制度结构、产业结构与市场结构三个维度分析结构性失业预警的机制机理；其次，本章标准化处理三个维度的指标，并对其进行主成分分析，进一步将三个维度的指标划分与合成为先行指标、同步指标与滞后指标；再次，本章运用 HP 滤波、BP 滤波以及卡尔曼滤波（Kalman Filter）等技术，从总量失业率（城镇登记失业率与城镇估计失业率）中分离出结构性失业率。最后，本章选取结构性失业率预警机制分析的实证模型，包括 Elman 神经网络模型、广义回归神经网络模型以及小波神经网络模型。

第六章，我国结构性失业预警机制的实证分析。本章包括结构性失业率与结构性失业预警机制的实证分析。对于结构性失业率影响因素的实证分析，首先，基于索洛增长模型，本章验证了经济增长、资本存量、技术进步、通货膨胀与产能利用率对结构性失业率的影响。其次，本章从制度结构、产业结构、市场结构三个维度对结构性失业率的影响因素进行了实证检验。对于结构性失业预警机制的实证分析，分别采用 Elman 神经网络模型、广义回归神经网络模型与小波神经网络模型对结构性失业率进行了模拟与预测。

第七章，国外结构性失业状况及其治理的经验和借鉴。本章为国际经验的比较借鉴，主要分析了美国、俄罗斯及印度的结构性失业问题。具体是基于制度结构、产业结构与市场结构三个维度，深入剖析了三个国家结构性失业的特征、产生的原因以及应对措施，得出结构性失业的一些带有特色经验的结论，并从三个国家的政策措施中总结经验与教训，得出可供我国结构性失业治理的经验借鉴与启示。

第八章，研究结论、政策建议与研究展望。首先，本章概括总结了本书的研究结论。其次，本章在理论分析与实证结果的基础上提出政策建议。最后是研究展望。

本书从制度结构维度、产业结构维度和市场结构维度对我国转型期的结构性失业进行理论与实证研究，并从以上三个维度出发构建了结构性失业的预警机制，进一步丰富与发展了结构性失业及其预警机制的理论。本书可能的创新之处主要有以下几点：

（1）理论探新。本书试图在经济转型、经济发展新常态背景下，以马克思相关理论为基础理论，结合西方经济学的就业与失业理论、制度变迁理论、产业结构理论、人力资本理论、社会资本理论以及劳动力市场分割理论对结构性失业进行较全方位的理论诠释，据此构建"三维度一机制"的分析框架，从制度结构、产业结构和市场结构三个维度分析结构性失业的多重机制，深化对经济新常态下结构性就业矛盾的认识，试图弥补对结构性失业理论解释存在的不足。

（2）实证拓展。目前国内对结构性失业率的测度尚处于起步阶段，对结构性失业的研究基本上仍以定性研究为主，对于结构性失业率的定量研究凤毛麟角。本书试图在结构性失业率定量分析的基础上，从三个维度对结构性失业率进行实证分析。以往的研究中，对于总量失业的预警机制研究较多，而很少涉及结构性失业的预警研究，本书试图从三个维度建立结构性失业的预警指标、构建结构性失业预警模型，并对结构性失业率进行了模拟与预测，以期能够弥补相关实证研究的不足。

（3）方法改进。本书结合国内外结构性失业研究的理论模型与实证分析方法，通过多种方法对结构性失业进行分析。在估算总量失业率的基础上，运用 HP 滤波、BP 滤波以及卡尔曼滤波等技术方法把结构性失业率从总量失业率中从分离出来。针对结构性失业预警方法与模型存在的不足，本书采用 Elman 神经网络模型、广义回归神经网络模型与小波神经网络模型等方法，构建符合中国实际、契合经济新常态背景的结构性失业预警模型。

张海浪

2023 年 12 月于四川大学

目录

1 导论

1.1 研究背景与意义

1.1.1 研究背景

1978 年党的十一届三中全会召开，拉开了中国改革开放的大幕，自此中国步入经济转型时期，即由原来的计划经济体制逐渐转向市场经济体制。改革开放 40 多年来，国民经济高速增长，取得了举世瞩目的成就。随着产业结构的不断调整升级，劳动力就业体制发生了深刻变迁，由原计划经济体制下的政府"统包统配，城乡分割"的就业体制和企业"固定用工"的劳动体制逐渐演变为劳动力市场配置体制，城市劳动者终生固定就业被市场竞争就业、劳动合同契约所取代，农村过剩劳动力封闭在农村就业被城乡劳动力转移就业所取代，但这也意味着隐性失业问题不断显性化。不可否认，近年来，我国的就业形势较为严峻，虽然庞大的人口基数为经济发展提供了廉价的劳动力，但巨大的人口红利却难以掩饰劳动力供给过剩的总量就业矛盾，特别是大量农村剩余劳动力。据《中华人民共和国 2023 年国民经济和社会发展统计公报》数据，2023 年末全国就业人员 74 041 万人，其中城镇就业人员 47 032 万人，年末全国城镇调查失业率为 5.1%，全国农民工总量 29 753 万人[①]。

经济转型时期的总量失业一直备受关注，结构性失业问题也不断凸显。20 世纪 80 年代起，农村乡镇企业（开始称为"社队企业"）蓬勃发展，盛极一时，吸纳了大批农村剩余劳动力就业，呈现出"离乡不离土，进厂不进城"的转移就业模式。20 世纪 90 年代以后，乡镇企业进入技术升级、结构调整阶段，尤其是中西部乡镇企业逐渐兼并减少的历史时期，农村剩余劳动力开始离乡进城务工，开启了向

---

① 国家统计局. 中华人民共和国 2023 年国民经济和社会发展统计公报［EB/OL］.（2024-02-28）［2024-04-30］.stats.gov.cn/sj/zxfb/202402/t 20240228_1947915. html

城市转移的就业模式，即我国农业剩余劳动力的转移路径。1980年乡镇企业共吸纳2 999.67万农村剩余劳动力，1992年增长到10 624.59万人，增长了三倍还多[①]。此后，随着农村经济体制改革与乡镇企业转型升级，大量农村剩余劳动力涌入城市，2013—2017年，农民工数量由26 894万人持续增加到28 652万人，年均增长率达到1.76%[②]。与此同时，20世纪90年代初在国有企业"减员增效"的改革中，近3 000万国企职工下岗失业。随着高校逐年扩招政策的实施，20世纪90年代末大学毕业生面临越来越严峻的就业挑战。进入21世纪之后，2008年全球金融危机爆发，东南沿海外来加工企业的结构被迫调整，造成大约2 000万农民工失业。

当前，中国经济发展正处于重要的战略机遇期，一方面，在经济增速已然放缓的同时，消化过剩产能与产业结构调整并行，不可避免地会对就业产生一定的冲击，尤其是随着《中国制造业2025》的推进，"工业4.0版"的"智能机器人"成为未来制造业的发展趋势，使得劳动力市场供需平衡面临新的挑战；另一方面，2008年全球金融危机爆发导致的世界经济衰退使得国内不少外贸企业规模缩减，减少了就业岗位供应。可以说，供给侧结构性改革蕴含的失业风险逐渐转向结构性失业风险，体现在：一是高新技术人才和专业技术人才需求量大，但供给较为短缺；二是大量农民工和下岗失业工人面临再就业的困境；三是部分高校毕业生就业困难。此外，2018年第四季度《中国就业市场景气报告》[③]显示，经济产业升级和供给侧结构性改革的大背景下，我国企业面临新旧动能转换、技术升级、产品换代以及减员增效等诸多挑战，企业对普通员工的招聘需求相对较小，对有技术、懂管理、能经营的员工招聘需求相对扩大，结构性失业矛盾日渐突出；且就业矛盾还呈现出明显的地区性结构差异，劳动力由中西部地区向东部地区流动，造成中西部人才短缺，近年来东北三省人口锐减，劳动力短缺尤为明显。故积极应对经济新常态下消化过剩产能和产业结构升级而导致的失业风险，既要关注总量失业水平，又要关注结构性失业问题。

党和政府历来高度重视就业问题，从党的十六大报告提出"就业是民生之本"

---

① 国家统计局人口和就业统计司，人力资源和社会保障部规划财务司. 中国劳动统计年鉴-2013［M］. 北京：中国统计出版社，2013.322.

② 国家统计局. 2017年农民工监测调查报告［EB/OL］.（2018-04-27）［2024-04-30］.http://www.stats. gov.cn/tjsj/zxfb/201804/t20180 427_1596389. html.

③ 2018年四季度《中国就业市场景气报告》发布［EB/OL］.（2019-01-21）［2024-04-30］.http://tech. southcn.com/t/2019-01/21/ content_184909303. htm.

到党的二十大报告明确"促进高质量充分就业",以及《国务院关于印发"十四五"就业促进规划的通知》明确指出:"千方百计扩大就业容量,努力提升就业质量,着力缓解结构性就业矛盾。"① 2024年3月5日举行的第十四届全国人民代表大会第二次会议上,李强总理在政府工作报告中提出"要突出就业优化导向,加强财税、金融等政策对稳就业的支持"。这说明我国就业发展战略目标,已从解决就业总量矛盾转向解决就业总量和结构并举的矛盾。

基于此,本书主要尝试探讨了改革开放以来我国经济转型发展与产业结构转型升级过程中的结构性失业及其预警机制问题,分别从经济体制改革、产业结构演进、劳动力市场的建立与完善三个维度解读结构性就业矛盾。具体而言,是以马克思主义政治经济学相关理论为基础,结合西方经济学的就业与失业理论、西方经济学的制度变迁理论、产业结构调整升级理论以及人力资本理论和社会资本理论等诸多理论,深入剖析了我国转型时期结构性失业产生的机制机理,运用多种方法测度了我国的结构性失业率,并以此为基础实证分析了结构性失业的影响因素,进而构建了我国结构失业预警机制;结合国外治理结构性失业的相关经验,提出具有中国特色的治理结构性失业的政策建议。总之,本书构建了"三维度—机制"的分析框架,尝试对结构性失业的内在逻辑进行经济学解释,主要破解如下问题:①制度结构维度,从劳动力产权制度、城乡二元经济体制、人口生育制度以及劳动就业制度阐述了结构性失业衍生机理;②产业结构维度,分析了产业结构变动的就业效应,包括产业结构升级中的就业创造效应、破坏效应及消化过剩产能的就业挤出效应;③市场结构维度,着重解释了结构性失业的深化机理,包括劳动力市场分割下结构性就业矛盾引致的结构性失业错配机制、人力资本与社会资本视角下的劳动力市场配置发生的结构性失业内生机制和收入差距扩大视角下劳动力市场价格反映的结构性失业固化机制;④从"三维度"构建结构性失业预警机制,其中制度结构是前提条件,产业结构是核心内容,市场结构是关键环节。

1.1.2 研究意义

1.1.2.1 理论意义

本书构建了"三维度—机制"的分析框架,研究我国转型时期结构性失业及其

---

① 国务院关于印发"十四五"就业促进规划的通知[EB/OL].(2021-08-23)[2024-04-30].http://www.gov.cn/gongbao/content/2021/content_5637947.htm.

预警机制问题，不仅对结构性失业理论本身具有重要的意义，同时还对构建中国特色社会主义政治经济学理论体系、完善转型时期的就业与失业理论具有重要的理论价值。具体而言，本书研究的理论意义主要体现在以下三个方面：

（1）推进了结构性失业及其预警机制理论的丰富与发展。自经济学诞生以来，失业问题一直是研究热点之一，关于失业的经济学解释从来都是百家争鸣、众说纷纭。从结构性失业理论来看，学界的研究主要集中在资本与劳动的关系、产业结构变动、教育与人力资本投资、劳动力供给与需求、劳动力市场分割与就业选配等几个方面，取得了丰硕的研究成果。结构性失业产生的原因错综复杂，尤其是在时下经济转型期的中国步入经济新常态，经济转型尚未完成而又面临供给侧结构性改革下的"三期叠加"①，不仅以前经济体制改革产生的结构性失业问题还未解决，而且还面临经济增长动能转换、经济结构调整、新增就业岗位挤出效应，产生新的失业、劳动力市场竞争加剧等压力。因此，从理论角度重新诠释我国当下的就业结构性矛盾及结构性失业问题，需要多维的理论视角，从盘根错节的表层现象中理清结构失业的深层次原因。本书立足于中国经济转型现实国情，基于制度变迁与产业结构演变以及市场配置资源的历史演进，从多个理论维度阐述结构性失业内在逻辑，总结结构性失业治理经验，探索符合中国国情的结构性失业预警与治理途径，以期能够丰富发展结构性失业理论。本书在坚持马克思主义政治经济学的基本理论与基本方法的基础之上，借鉴了西方经济学就业与失业理论、西方经济学的制度变迁理论、产业经济学、发展经济学、劳动经济学以及社会学等多个学科角度对结构性失业的衍生机制、内生机制、固化机制、错配机制做了深入研究，并以此为基础，构建了结构性失业预警机制，拓展了各自理论的研究视角，为丰富结构性失业及其预警机制理论做了积极的贡献。

（2）拓展了中国特色社会主义就业与失业理论。本书基于马克思主义政治经济学分析经济转型时期与供给侧结构性改革下的结构性失业问题，构建"三维度"的理论框架诠释结构性失业预警机制，对丰富发展中国特色社会主义政治经济学的就业与失业理论、完善结构性失业预警理论具有重要的理论意义。从供给侧结构性改

---

① 经济新常态下的"三期叠加"是指：①增长速度换挡期，是由经济发展的客观规律所决定的；②结构调整阵痛期，是加快经济发展方式转变的主动选择；③前期刺激政策消化期，是化解多年来积累的深层次矛盾的必经阶段。

革的理论发展与深化来看，如何应对与化解结构性失业，成为供给侧结构性改革理论必须要面对与解释的问题。因此，本书的研究致力于从中国就业与失业经验中寻找出一般性规律，并上升为系统化的结构性失业理论，同时也为其他发展中国家和经济转型国家的结构性失业治理与预警提供了中国经验。

（3）促进结构性失业率量化研究的发展。结构性失业已成为学术界和政府关注的焦点问题，但对于结构性失业的研究还停留在描述性与定性的研究状态，缺乏较为系统和完整的理论解读与实证分析，特别是目前对结构性失业的预警机制实证分析还相当匮乏。本书在结构性失业的测度与实证、预警机制模型预测与模拟两方面均做了有益的尝试，丰富了结构性失业率的量化研究，从而为结构性失业预警的深入研究提供了模型参考与经验借鉴。

1.1.2.2 实践意义

从实践意义来看，破解失业的难点——结构性失业，对于治理与预防结构性失业具有重要的现实意义，同时本书对结构性失业及其预警机制的研究，对国家宏观层面的结构性失业治理与预警、中观层面的就业结构调整及微观层面的不同失业群体精准帮扶都具有重要的实践意义。

（1）本书对于结构性失业的机制进行模型的多维度分析，不仅能够解释我国结构性失业的演进趋势及其深层次原因，而且能够为治理结构性失业提供有益的参考。特别是本书试图弥补失业预警在结构性失业方面的缺失，不仅为结构性失业预警的实践提供了可供参考的理论模型，同时也为治理结构性失业提供了可供参考的政策措施，对于实现更加充分、更高质量的就业，满足人民日益增长的美好生活需要都有现实意义。

（2）结构性失业作为难以根治的失业现象，其影响程度远远超过了摩擦性失业与周期性失业，而后两种失业如果应对不当往往会转化为结构性失业。本书对结构性失业及其预警机制的实证研究，以及对影响结构性失业的诸多因素进行的定量研究与结构性失业预警机制的研究为宏观经济调控提供了参考依据，为建立健全结构性失业应急预案与应急管理提供了预警模型与指标体系，从而对规避高结构性失业风险冲击，保证宏观经济平稳运行具有重要的现实意义。

（3）本书对于结构性失业的衍生机制、产业效应以及深化机制的研究，有助于在结构性失业的治理过程中针对不同产业部门及行业的结构性失业产生的不同原因精准施策、对症下药。尤其是深入分析产业结构变动与就业结构变动关系，对于结构调整大的传统产业部门应对产业转型升级与深化供给侧结构性改革中面临的结构性失业问题有所裨益。同时，就业与失业问题不仅关乎到劳动者个人及其家庭，而且更是关乎到就业困难群众的生存问题。本书的研究有益于在实际工作中对不同的失业群体进行精准识别、精准施策、精准发力，尤其是基于人力资本与社会资本分析，可以为结构性失业的劳动者个体就业提供有益参考。

1.2 研究目的与范围

1.2.1 研究的主要目的

本书基于经济体制转型期的经济制度改革、产业结构转型升级以及劳动力市场发展背景，运用相关理论基础，重点分析我国结构性失业的内在逻辑及其预警机制。经济新常态下，深化供给侧结构性改革，化解经济新常态下"三期叠加"的结构性问题，实现经济更高质量发展，稳就业成为重中之重。本书的研究出发点和归宿就是在对我国经济转型期结构性失业的产生与显化进行深入理论分析的基础上，剖析我国结构性失业生成的要素关联性，探析结构性失业凸显机制，尤其是对结构性失业进行实证与预警机制研究，为结构性失业预警与治理提供理论依据。本书预期达到的目的主要是：一是从制度结构、产业结构以及市场结构三个维度深入分析经济转型发展和产业结构调整过程中的结构性失业，构建起符合我国国情、具有中国特色的结构性失业理论，并进一步为丰富发展中国特色社会主义政治经济学的就业与失业理论尽微薄之力；二是基于总量失业率对结构性失业率进行测度，并构建结构性失业率实证模型，从制度结构、产业结构与市场结构三个维度对结构性失业进行实证分析，验证结构性失业三个维度的影响因素；三是分析结构性失业的预警机制，构建结构性失业的预警模型与预测指标，弥补结构性失业预警机制存在的不足，为建立健全结构性失业应急预案与应急管理提供预警模型与预警指标。

1.2.2 研究的基本范围

本书分别从制度结构、产业结构与市场结构分析转型期中国结构性失业的衍生机理、结构效应与深化机制，且提炼出转型时期的结构性失业的理论分析基础，构建结构性失业的预警机制。为此，本书的研究范围涉及经验分析、理论分析、实证分析与政策分析，内容较为广泛，需要划定研究范围，以便研究主题与内容按照既定的逻辑层次清晰合理地展开。

（1）研究的时间范围。本书主要研究中国经济体制转型时期的结构性失业问题，因此研究的时间范围以 1978 年改革开放至今为主进行经验分析，落脚点在于分析体制转型、产业结构调整与劳动力市场培育完善过程中的结构性就业矛盾，特别关注经济新常态下供给侧结构性改革可能呈现的结构性失业。

（2）研究的空间范围。本书所研究的空间范围主要限定在我国（不含港澳台地区），但同时在经验对比分析时将研究的空间范围扩大到了国际视野，即借鉴了发达国家（美国）、发展中国家（印度）以及经济转型国家（俄罗斯）等典型国家结构性失业的特点和成因以及治理结构性失业的政策措施，从中提炼出一些值得借鉴的经验和启示。

（3）研究的对象范围。本书研究经济体制转型时期的结构性失业及其预警机制，研究对象为结构性失业[①]，围绕此对象展开的研究主要包含四个方面：制度结构、产业结构、市场结构与预警机制，即"三维度—机制"的理论分析框架。制度结构主要涉及改革开放以来对结构性失业影响深远的劳动力产权制度、城乡二元结构下的户籍制度、人口生育制度以及劳动就业制度。产业结构主要涉及第一产业、第二产业以及第三产业的产业结构与造成失业的产业结构性变动。市场结构主要是指劳动力的市场结构，重点分析劳动力市场多重分割背景下的结构性失业的内生机制、错配机制与固化机制。本书研究的预警机制主要是指结构性失业预警机制，结构性失业的预警机制研究是建立在总失业率与结构性失业率的基础之上，通过构建神经网络模型对结构性失业进行模拟与预测。

1.3 国内外文献综述

1.3.1 国外研究文献

（1）经济增长与失业。国外学者普遍认为经济增长是实现充分就业的前提条件，二者之间是相辅相成的。古典经济学家亚当·斯密（Adam Smith）于 1776 年提出劳动是一切生活用品的源泉[②]。大卫·李嘉图（David Ricardo）认为劳动力数量与

---

① 本书主要从制度、产业和市场三个维度研究结构性失业的致因机理，至于其他角度引致结构性失业的分析不在本书的研究范围内。
② 斯密. 国富论 [M]. 郭大力，王亚南，译. 北京：商务印书馆，2014：1.

生产率是社会财富增长的决定因素①。由让·巴蒂斯特·萨伊（Jean-Baptiste Say）于 1803 年提出的"萨伊定律"可知，市场自发配置可以实现劳动力的充分就业，即生产过剩危机与失业难以在市场经济条件下同时出现②。富兰克·H. 奈特（Frank Hyneman Knight）于 1921 年指出人口与教育构成长期的劳动力供给，而教育的不确定性会导致失业增加，进而造成市场不完全竞争与过剩③。在 20 世纪 30 年代资本主义经济大危机的背景下，1936 年，约翰·梅纳德·凯恩斯（John Maynard Keynes）指出，通过大规模的国家投资继续保持经济增长，可以避免失业④。基于凯恩斯储蓄等于投资的基本假设，哈罗德-多马提出现代经济学的首个哈罗德-多马经济增长模型，该模型指出投资决定的适度经济增长是实现充分就业的必要条件。威廉·菲利普斯（Alban William Phillips）于 1958 年提出的菲利普斯曲线概念，解释了失业率与经济增长率之间的反向变动关系⑤。而新古典学派坚持了萨伊"供给自动创造需求"的假设，奉行"自动均衡"的充分就业理论，其关于经济增长与就业关系最著名的就是"索罗模型"和"奥肯定律"。索罗内生增长模型认为失业降低了长期生产力水平的提高。奥肯定律表明失业率与实际 GNP 增长率之间呈反向变动关系。

20 世纪 50 年代后，以威廉·阿瑟·刘易斯（William Arthur Lewis）、古斯塔夫·拉尼斯（Gustav Ranis）、迈克尔·P. 托达罗（Michacl P. Todro）、费景汉等发展经济学家深入、系统地研究了发展中国家经济增长与就业之间的关系，该学派的二元经济结构模型解释了发展中国家农业人口向工业人口转移的内在动力与农业转移劳动力的就业问题。货币主义学派的主要代表人物米尔顿·弗里德曼（Milton Friedman）于 1968 年提出与实际工资率相匹配的均衡失业率是自然失业率⑥。

（2）结构性失业的原因与测度。国外学者分别从经济政策、经济危机、经济结构变动、技术进步、资本供给及劳动工资等方面探讨了结构性失业的原因。西尔维

① 李嘉图. 政治经济学及赋税原理 [M]. 郭大力，王亚南，译. 南京：译林出版社，2011.
② 萨伊. 政治经济学概论 [M]. 陈福生，陈振骅，译. 北京：商务印书馆，1997：152.
③ 奈特. 风险、不确定性和利润 [M]. 王宇，王文玉，译. 北京：中国人民大学出版社，2005：197.
④ 凯恩斯. 就业、利息和货币通论（重译本）[M]. 高鸿业，译. 北京：商务印书馆，2014：11.
⑤ PHILLIPS A W. The Relation between Unemployment and the Rate of Change of Money Wage Rates in the United Kingdom, 1861-1957. [J]. Economica, 1958, 25 (100)：283-299.
⑥ FRIEDMAN, MILTON. Nobel lecture：inflation and unemployment [J]. Journal of political economy, 1977, 85 (3)：451-472.

亚·费德利（Silvia Fedeli）和弗朗西斯科·福特（Francesco Forte）、奥塔维·奥里奇（Ottavio Ricchi）借助非加速通货膨胀失业率（NAIRU）研究了 22 个 OECD（经济合作与发展组织）国家的结构性失业，发现超过周期性预算平衡的赤字和高税收会增加结构性失业[①]。日本学者田隆一郎（Ryu-ichiro Murota）于 2013 年研究了货币财税政策对结构性失业的影响，发现在只有结构性失业的稳态条件下，货币增长率降低了失业率，但政府支出不能减少失业；在结构性失业和凯恩斯主义失业共存的稳态条件下，增加政府支出既可减少失业又可挤出私人消费，而增加货币供给对失业和消费都没有影响；就业补贴能改善结构性失业稳态状态下的失业率，反而会加剧结构性失业和凯恩斯主义失业并存稳态条件下的失业[②]。有学者指出，经济危机可增加结构性失业风险[③]。又有学者认为，全球性经济危机通过长期高失业率的滞后效应会增加结构性失业[④]，是由于长期失业工人缺乏必要的人力资本或求职意愿下降[⑤]。2008 年爆发的经济危机使得美国经济部门和区域错位，以致劳动力市场需求和供给的结构性失衡加剧，即结构性失业趋于上升[⑥]。2008 年金融危机后，较低的房地产价格降低了劳动力市场的流动，进而增加了结构性失业[⑦⑧]，且由于住房的问题，失业工人只能定居在高失业率地区，无法迁移到其他地区。

由于劳动力市场的信息不对称，经济结构变动将引发劳动力市场重新配置，进

①　FEDELI S, FORTE F, RICCHI O. The long term negative relation between public deficit and structural unemployment: An empirical study of OECD countries (1980—2009) [C] // University of Rome La Sapienza, Department of Public Economics, 2013.

②　MUROTA. Structural unemployment and keynesian unemployment in an efficiency wage model with a phillips curve[EB/OL].https://ssrn.com/abstract=2258924 or http://dx.doi.org/10.2139/ssrn.2258924

③　BLANCHARD O J, SUMMERS L H. Hysteresis and the European unemployment problem [J]. Nber macroeconomics annual, 1986, 1 (1): 15-78.

④　GUICHARD S, RUSTICELLI E. Assessing the impact of the financial crisis on structural unemployment in OECD countries [J]. Economics department working papers, 2010, 210 (1): 1-6.

⑤　MACHIN S, MANNING A. Chapter 47 The causes and consequences of longterm unemployment in Europe [J]. Handbook of labor economics, 1999, 3 (99): 3085-3139.

⑥　ESTEVAO M M, TSOUNTA E. Has the great recession raised U. S. structural unemployment? [J]. IMF working papers, 2011 (5): 1-46.

⑦　MISHEL L, HEIDI S, KATHRYN E. Reasons for skepticism about structural unemployment [M]. Washington, DC: Economic Policy Institute, 2010.

⑧　JAYADEV A, MIKE K. The stagnating labor market [M]. New York: The Roosevelt Institute, 2010: 1-11.

而产生结构性失业[1][2]。产业结构变动可引起结构性失业，但并不是很显著[3]。马丁·扎格勒（Martin Zagler）拓展了具有服务业部门的内生增长模型，以分析劳动力在不同行业部门流出与流入而导致的结构性失业[4]。科技创新有利于高技能劳动者，却增加了低技能劳动者尤其是从事服务业低技能劳动者的结构性失业风险[5]。由劳动力市场工资理论可知，劳动力价格的降低会提高劳动力需求，进而减少结构性失业。但由于低工资部门降低了消费，而劳动力成本下降和投资需求增加并未完全弥补消费缺口，故较少的总需求最终会导致更高的结构性失业。工人流动性、工作流动性和跨部门工资谈判成本是结构性失业的原因，贝内迪克特·赫兹（Benedikt Herz）和蒂耶斯·范伦斯（Thijs van Rens）运用劳动力市场分割模型将结构性失业形式化，发现美国的结构性失业很大程度上是工资议价成本造成的。

国外学者尝试运用多种方法测度结构性失业率。南希·莫坎（H. Naci Mocan）于 1999 年首次将失业率分解为结构性与周期性两个部分[6]。非加速通货膨胀失业率（NAIRU）经常被用作劳动力市场的"结构性失业"替代指标[7]。尽管理论上结构性因素决定了非加速通货膨胀失业率（NAIRU），但是基于统计分析的实证研究却忽略了结构性因素[8]，故一些学者将非加速工资通货膨胀失业率（NAWRU）中的周期性因素剔除后，作为结构性失业率的替代变量[9][10]，但这种方法计算出的结构性失业率有时会高于总失业率。理论上，结构性失业率应该小于总失业率，故乌鲁克·艾

①　SUMMERS L H, ABRAHAM K G, WACHTER M L. Why is the unemployment rate so very high near full employment? [J]. Brookings papers on economic activity, 1986 (2)：339-396.

②　RIORDAN M H, STAIGER R W. Sectoral Shocks and Structural Unemployment [J]. International economic review, 1993, 34 (34)：611-629.

③　MORISSETTE R, SALVAS - BRONSARD L. Structural unemployment and disequilibrium [J]. European economic review, 1993, 37 (6)：1251-1257.

④　ZAGLER M. Economic growth, structural change, and search unemployment [J]. Journal of economics, 2009, 96 (1)：63-78.

⑤　WOODS J G. Pathways of technological change：an epidemiological approach to structural unemployment in the U. S. service sector [J]. International journal of social ecology & sustainable development, 2014, 5 (1)：1-11.

⑥　MOCAN H N. Structural unemployment, cyclical unemployment, and income inequality [J]. Review of economics & statistics, 1999, 81 (1)：122-134.

⑦　ORLANDI F. Structural unemployment and its determinants in the EU countries [J]. 2012 (1)：1-41.

⑧　HEIMBERGER P, KAPELLER J, SCHÜTZ B. The NAIRU determinants：what's structural about unemployment in Europe? [J]. Journal of policy modeling, 2017, 39 (5)：883-908.

⑨　ECFIN Affairs. Building a strengthened fiscal framework in the European Union：A guide to the stability and growth pact [J]. Occasional papers European Commission, 2013 (1)：1-35.

⑩　HAVIK K, MORROW K, ORLANDI F, et al. The production function methodology for calculating potential growth rates and output gaps [J]. European economy—Economic papers, 2014 (3)：535.

松（Aysun U）等运用随机前沿模型测度了结构性失业率，其更符合结构性失业理论[①]。

（3）经济体制转型与失业。国外学者认为经济体制转型会提高失业率。提托·贝里（Tito Boeri）于 1994 年通过研究东欧经济转型国家的失业问题，发现工人直接退出劳动力市场而非作为失业人员减少了国有部门的就业，且私营企业的发展也不足以吸纳失业人员[②]。贝里（Tito Boeri）于 2004 年进一步通过模型证实了东欧经济体制转型国家导致转型失业率高企不下的现象[③]。相关研究表明，经济转型国家的失业人员面临更多的就业问题，受教育程度低的单身人士、妇女和年轻人的失业概率较大，且失业持续时间较长[④][⑤][⑥]。

美国制度经济学派的代表人物约翰·肯尼斯·加尔布雷思（John Kenneth Galbraith）采用大、小企业的二元结构分析方法研究结构性失业问题，发现不合理的制度结构是结构性失业的根本原因。还有一些学者从制度与就业政策的角度解释结构性失业。哈罗德·德姆塞茨（Harold Demsetz）于 1961 年指出最低工资和工会联合工资政策是结构性失业的原因[⑦]。2014 年，阿莫努阿·艾弗尔（Efua Amoonua Afful）研究发现放松政府管制并不是有效减少结构性失业的政策工具。迪安·贝克（Dean Baker）和安德鲁·格林（Andrew Glyn）等认为劳动力市场制度对失业的影响是不确定的，不同多元回归结果显示劳动力市场制度与失业率之间关系各异。但良好的劳动关系、制度互补性和内外部灵活性在社会主义制度就业中产生了独特的作用[⑧]。

① AYSUN U, BOUVET F, HOFLER R. An alternative measure of structural unemployment [J]. Economic Modelling, 2014, 38（C）：592-603.

② BOERI T. Transitional unemployment [J]. Economics of Transition, 1994, 2（1）：1-25.

③ Boeri T. Heterogeneous workers, economic transformation and the stagnancy of transitional unemployment [J]. European economic review, 2004, 41（3）：905-914.

④ JONES D C, KATO T. The nature and the determinants of labor market transitions in former socialist economies: evidence from bulgaria [J]. Industrial relations a journal of economy & society, 2010, 36（2）：229-254.

⑤ KING A E, VERA A. ADAMCHEK. The impact of private sector development on unemployment, labor force reallocation and labor market flows in poland [C]. Unpublished paper presented at the annual meetings of the ACES, 1999（1）：2-4.

⑥ TERRELL K, SORM V. Labor market policies and unemployment in the czech republic [J]. Journal of comparative economics, 1999, 27（1）：0-60.

⑦ DEMSETZ H. Structural unemployment: a reconsideration of the evidence and the theory [J]. Journal of law & economics, 1961, 4（4）：80-92.

⑧ STURN S. Are corporatist labour markets different? Labour market regimes and unemployment in OECD countries [J]. International labour review, 2013, 152（2）：237-254.

（4）产业结构调整与失业。国外学者认为产业结构调整会增加失业。英国著名经济学家约翰·希克斯（John Richard Hicks）从初级产品与制造业部门入手研究失业问题，结果发现部门和行业发展不平衡使得失业难以避免，提出消除各部门之间的不平衡有助于解决结构性失业问题。大卫·莉琳（David Liline）于1982年研究发现劳动力在各部门之间的流动速度滞后于产业结构调整会增加失业，且各个部门之间增长率差异越大，总失业率就越高[①]。凯瑟琳·G.亚伯拉罕（Katharine G. Abraham）和劳伦斯·F.卡茨（Lawrence F. Katz）研究发现各产业部门对于经济周期波动的敏感性不同，故总需求变动时，各产业部门的就业与失业变动不匹配，就会产生结构性失业[②]。安德鲁·菲古拉（Andrew Figura）于2003年研究发现由产业结构调整而产生的永久性失业（结构性失业）显著地提高了失业率。朱利亚诺·博诺里（Giuliano Bonoli）于2012年研究发现职业培训、工作补贴以及求职指导等措施不能有效解决欧洲产业结构调整产生的劳动力市场低技能人员的失业问题[③]。劳动力市场的信息不对称会妨碍劳动力跨部门流动，也就是市场摩擦可能引起结构性失业，且其所占失业人数的比例越高，平均失业时间就越长[④][⑤]。

（5）人力资本、社会资本与失业。在职和学历教育是人力资本投资的重要方式[⑥]，故国外关于人力资本投资对就业影响的研究集中于职业教育对劳动力收入和就业的影响及其与学历教育的比较。受过职业教育的学生更容易找到工作且工资收

① LILIEN, DAVID M. Sectoral shifts and cyclical unemployment [J]. Journal of political economy, 1982, 90 (4): 777-793.

② ABRAHAM KATHARINE G, LAWRENCE F K. Cyclical unemployment: sectoral shifts or aggregate disturbances? [J]. Journal of political economy, 1986, 94 (3): 507-522.

③ Giuliano B. The postindustrial employment problem and active labour market policy [C]. Paper prepared for presentation at the 10th ESPAnet annual conference, Edinburgh, September 6-8, 2012.

④ Riordan M H, Staiger R W. Sectoral shocks and structural unemployment. [J]. International economic review, 1993, 34 (34): 611-629.

⑤ BYUN Y. Essays on sectoral shifts of labor demand: measurements and effects on the incidence and the duration of unemployment [J/OL]. Doctoral dissertation, Texas A&M University, 2007. Available electronically from http://hdl.handle.net /1969.1 /ETD -TAMU -1473.

⑥ ARULAMPALAM W, BOOTH A L, BRYAN M L. TRAINING IN EUROPE [J]. Journal of the european economic association, 2004, 2 (2-3): 346-360.

入高于受学术教育的学生①②③④。人力资本投资不足是劳动力市场分割，进而导致结构性失业的原因⑤⑥⑦。西班牙二元结构劳动力市场中签订临时合同的员工几乎无法获得在职培训，具有较低人力资本⑧。

多数国外学者认为社会资本或网络可显著提高劳动力市场配置效率。工人通过社会资本或网络寻找工作的成本较低、匹配度较高⑨⑩，且公司可以招到较高质量的员工⑪⑫，故西方发达国家超过一半的个体通过社会网络寻找工作⑬。但少数学者发现过多的社会资本或网络会造成"拥挤效应"，降低劳动力市场配置的效率⑭。过多的社会资本会降低失业人员的工作搜寻动力，使得正式的工作寻找方法使用较少，反而会提高失业率，如欧洲南部地中海地区国家的高失业率现象⑮。

（6）失业预警机制。国外发达国家失业预警模型构建的相关研究可分为四个阶

① RYAN P. The school-to-work transition: a cross-national perspective [J]. Cambridge working papers in economics, 2001, 39 (1): 34-92.

② DEARDEN L, MCINTOSH S, MYCK M, et al. The returns to academic and vocational qualifications in britain [J]. Bulletin of economic research, 2002, 54 (3): 249-274.

③ BISHOP J H, MANE F. The impacts of career-technical education on high school labor market success [J]. Economics of education review, 2004, 23 (4): 381-402.

④ MEER J. Evidence on the returns to secondary vocational education [J]. Economics of education review, 2007, 26 (5): 559-573.

⑤ AUTOR D H. Why do temporary help firms provide free general skills training? [J]. Quarterly journal of economics, 2001, 116 (4): 1409-1448.

⑥ BOOTH A, FRANCESCONI M, FRANK J. Temporary jobs: stepping stones or dead ends? [J]. Economic journal, 2002, 112 (480): F189-F213.

⑦ CABRALES A, DOLADO J J, MORA R. Dual employment protection and (lack of) on-the-job training: PI-AAC evidence for Spain and other European countries [J]. Series, 2017, 8 (4): 345-371.

⑧ CABRALES A, DOLADO J J, MORA R. Dual employment protection and (lack of) on-the-job training: PI-AAC evidence for Spain and other European countries [J]. Series, 2017, 8 (4): 345-371.

⑨ HOLZER H J. Search method use by unemployed youth [J]. Journal of labor economics, 1988, 6 (1): 1-20.

⑩ MONTGOMERY J D. Social networks and labor-market outcomes: toward an economic analysis [J]. American economic review, 1991, 81 (5): 1408-1418.

⑪ REES A. Information networks in labor markets [J]. American economic review, 1966, 56 (1/2): 559-566.

⑫ DOERINGER P B, PIORE M J. Internal labor markets and manpower analysis [M]. Lexington, Mass. DC Heath, 1971.

⑬ MARSDEN P V, CAMPBELL K E. Recruitment and selection processes: The organizational side of job searches. In R. Breiger (Ed.), Social mobility and social structures [M]. New York: Cambridge University Press, 1990.

⑭ WAHBA J, ZENOU Y. Density, social networks and job search methods: Theory and application to Egypt [J]. Journal of development economics, 2005, 78 (2): 0-473.

⑮ CAHUC P, FONTAINE F. On the efficiency of job search with social networks [J]. Journal of public economic theory, 2009, 11 (3): 411-439.

段：第一阶段，"失业—工资"菲利普斯曲线①，反映失业率与货币工资变化率之间的关系；第二阶段，"失业—物价"菲利普斯曲线，反映失业率与物价上涨率之间的关系；第三阶段，"产出—物价"菲利普斯曲线，反映经济增长率与物价上涨之间的关系；第四阶段，扩展的菲利普斯曲线，揭示短期内菲利普斯曲线受消费者及生产者价格指数等多方面的影响。

宏观经济预警系统是国外学者建立失业预警模型的基础。经济循环和晴雨表等预测研究是 20 世纪 60 年代之前西方国家对经济预警系统的研究方法。扩散指数、综合指数与合成指数是美国构建预警系统的三大方法。随后，时间序列建模成为失业预警的重要方法，包括移动平均模型②、自回归模型③、门限自回归模型④、分数协整与平滑转换相结合的自回归模型、Kalman 滤波的 Harvey 自回归移动平均模型⑤、ARCH 类模型及 GARCH 模型⑥。此外，还有 KLR 信息分析法，首先选取一系列与失业相关的指标，然后依据历史数据计算临界值，某个指标超过临界值时就发出预警⑦。国外学者还通过参数变量构建数学模型测算出失业的警戒线⑧⑨⑩。

1.3.2 国内研究文献

（1）经济增长与失业。国内失业理论的相关研究可分为人口学理论中的失业问题、统计学中的失业问题与劳动经济学中的劳动力市场问题三类⑪。实践经验表明，

---

① PHILLIPS A W. The relation between unemployment and the rate of change of money wage rates in the United Kingdom, 1861−1957. [J]. Economica, 1958, 25 (100): 283−299.

② RINGUEST J L, TANG K. Simple rules for combining forecasts: some empirical results [J]. Socio-Economic planning sciences, 1987, 21 (4): 239−243.

③ ENRIQUEDE A. Constrained forecasting in autoregressive time series models: a bayesian analysis [J]. International journal of forecasting, 1993, 9 (1): 95−108.

④ HANSEN B E. Inference in TAR models [J]. Studies in nonlinear dynamics & econometrics, 1997, 2 (1): 1−14.

⑤ DIJK D V, FRANSES P H, PAAP R. A non-linear long memory model, with an application to US unemployment [J]. Journal of econometrics, 2002, 110 (2): 135−165.

⑥ BOLLERSLEVB T. Generalized autoregressive conditional heteroskedasticity [J]. Journal of econometrics, 1986, 31 (3): 307−327.

⑦ KAMINSKY G, LIZONDO S, REINHART C M. Leading indicators of currency crises [J]. Staff papers, 1998, 45 (1): 1−48.

⑧ HARVEY A C. Forecasting, structural time series models and the kalman filter [M] // Forecasting, structural time series models and the kalman filter. Cambridge University Press, 1990.

⑨ GOLDFARB R S, ADAMS A V. Designing a system of labor market statistics and information. [M] // Designing a system of labor market statistics and information. World Bank, 1993.

⑩ STEPHEN R G, RIDDELL W C. The Measurement of Labor force dynamics with longitudinal data: the labour market activity survey filter [J]. Journal of labor economics, 1995, 13 (2): 351−385.

⑪ 陈晓卫. 中国就业问题初探：关于就业的数量分析 [D]. 成都：西南财经大学，2003：35.

经济增长是调整就业结构的重要因素，宏观经济平稳运行的两个重要目标是经济增长与充分就业，但在国内实际经济运行中二者存在不一致性[1][2][3]，即就业增长明显滞后于经济增长[4][5]。有学者们分别从资本、技术进步与制度层面解释了我国就业与经济增长之间的不一致性[6][7][8][9][10]。由于技术进步既可增加劳动，又可替代部分劳动，故技术进步对就业具有双重效应[11][12][13]。产业结构、所有制结构与地区结构调整会增加失业人数[14][15]，且产业结构与就业结构的不匹配引起了经济增长与就业之间的矛盾[16]。地方政府对经济发展的干预是经济增长不能促进就业率提高的原因[17]。也有学者提出社会分工演进受阻才是我国就业与经济增长非一致性的根本原因[18]。

国内多数学者质疑了奥肯定律在中国的适用性[19][20]。蔡昉发现国内实际 GDP 增长率和失业率之间没有显著的相关关系[21]。马军和张抗私运用奥肯定律，分析经济增长与高校毕业生就业之间的关系，发现经济增长率与高校毕业生就业率之间没有

① 龚玉泉，袁志刚. 中国经济增长与就业增长的非一致性及其形成机理 [J]. 经济学动态，2002 (10)：35-39.

② 蔡昉，都阳，高文书. 就业弹性、自然失业和宏观经济政策：为什么经济增长没有带来显性就业？[J]. 经济研究，2004 (9)：18-25.

③ 齐艳玲. 我国经济增长和就业增长非一致性的制度解释 [J]. 当代经济研究，2008 (8)：69-71.

④ 汤光华，舒元. 经济增长与就业协调论 [J]. 数量经济技术经济研究，2000 (9)：26-28

⑤ 陈桢. 经济增长与就业增长关系的实证研究 [J]. 经济学家，2008 (2)：90-95.

⑥ 李红松. 我国经济增长与就业弹性研究 [J]. 财经研究，2003，29 (4)：23-27.

⑦ 杨海燕. 中国经济增长与就业增长非一致性分析 [J]. 西南民族大学学报 (人文社科版)，2004，25 (3)：127-130.

⑧ 肖灵机，徐文华，熊桂生. 我国经济增长与就业增长非一致性的制度解释及制度安排 [J]. 当代财经，2005 (6)：15-19.

⑨ 唐茂华. 劳动力市场建设与非农就业促进：机制及对策 [J]. 兰州商学院学报，2007，23 (3)：11-15.

⑩ 刘键，蓝文永，徐荣华. 对我国经济增长与就业增长非一致性的探讨分析 [J]. 宏观经济研究，2009 (3)：77-81.

⑪ 齐建国. 中国总量就业与科技进步的关系研究 [J]. 数量经济技术经济研究，2002，19 (12)：24-29.

⑫ 李俊锋，王代敬，宋小军. 经济增长与就业增长的关系研究：两者相关性的重新判定 [J]. 中国软科学，2005 (1)：64-70.

⑬ 赵秋成. 从产业和行业层面解析中国的经济增长与就业 [J]. 社会科学辑刊，2006 (3)：124-126.

⑭ 郝坤安，张高旗. 中国第三产业内部就业结构变动趋势分析 [J]. 人口与经济，2006 (6)：36-40.

⑮ 郑吉昌，何万里，夏晴. 论现代服务业的隐性就业增长机制 [J]. 财贸经济，2007 (8)：24-29.

⑯ 林秀梅. 经济增长、经济结构与就业的互动机理 [J]. 社会科学战线，2009 (4)：101-103.

⑰ 陆铭，欧海军. 高增长与低就业：政府干预与就业弹性的经验研究 [J]. 世界经济，2011 (12)：3-31.

⑱ 卢江，杨银国. 就业与经济增长非一致性理论研究进展 [J]. 江淮论坛，2011 (3)：37-41.

⑲ 邹薇，胡翱. 中国经济对奥肯定律的偏离与失业问题研究 [J]. 世界经济，2003 (6)：40-47.

⑳ 常云昆，肖六亿. 有效就业理论与宏观经济增长悖论 [J]. 经济理论与经济管理，2004，V (2)：5-12.

㉑ 蔡昉. 为什么"奥肯定律"在中国失灵：再论经济增长与就业的关系 [J]. 宏观经济研究，2007 (1)：11-14.

正相关关系[①]。学者们分别从隐性失业率显性化、统计口径与奥肯定律的基本假设、就业人数过多与企业储备人员无效、产业结构演进与经济体制转型等方面探讨了奥肯定律在国内不适用的原因[②③④⑤⑥⑦]。但也有一些学者肯定了奥肯定律在国内的适用性。孙文凯[⑧]发现经济增长显著提高了就业。滕瑜和李天祥等运用 IDA 指数分解法，系统测算了经济增长、产业就业吸纳能力变动与产业结构调整三种因素对就业增长的影响，发现经济增长是就业增长的主要驱动力[⑨]。

（2）结构性失业的原因与测度。结构就业矛盾，尤其是城市下岗工人、农民工和大学毕业生群体的结构性失业问题是当前我国就业形势严峻的主要原因[⑩⑪⑫⑬]，解决失业问题的关键是解决好结构性就业问题[⑭]。为此，国内学者们从不同视角探讨了我国结构性失业的原因。经济结构调整、地方和部门之间的市场壁垒、劳动力与市场需求不匹配、劳动力市场分割与流动障碍、市场信息机制、转移成本负担能

① 马军，张抗私. 经济增长总量与结构对高校毕业生就业的影响 [J]. 财经问题研究，2016 (3)：72-79.
② 安立仁. 资本驱动的中国经济增长：1952~2002 [J]. 人文杂志，2003 (6)：44-54.
③ 刘渝琳，郭嘉志，陆建渝. 基于转型期中国失业问题的思考：奥肯定律的失灵问题分析 [J]. 财经理论与实践，2005，26 (2)：16-21.
④ 蒲艳萍. 中国经济增长与失业关系的实证研究：有效就业分析与协整检验 [J]. 南京师大学报（社会科学版），2006 (1)：53-58.
⑤ 尹碧波，周建军. 中国经济中的高增长与低就业：奥肯定律的中国经验检验 [J]. 财经科学，2010 (1)：56-61.
⑥ 安立仁，董联党. 基于资本驱动的潜在增长率、自然就业率及其关系分析 [J]. 数量经济技术经济研究，2011 (2)：99-112.
⑦ 刘伟，蔡志洲，郭以馨. 现阶段中国经济增长与就业的关系研究 [J]. 经济科学，2015，37 (4)：5-17.
⑧ 孙文凯. 中国近年来经济增长与就业增长间数量关系解释 [J]. 经济理论与经济管理，2014，34 (1)：16-26.
⑨ 滕瑜，李天祥，于之倩. 中国就业变化的因素与潜力分析 [J]. 中国软科学，2016 (7)：33-42.
⑩ 胡鞍钢. 为人民创造工作：中国的失业问题与就业战略 [J]. 民主与科学，1998 (3)：30-32.
⑪ 谌新民. 当前的结构性失业与再就业 [J]. 经济学家，1999，4 (4)：52-57.
⑫ 董志强. 结构性失业理论及其对中国失业现状的解释 [J]. 重庆理工大学学报，2001，15 (1)：52-57.
⑬ 张车伟，蔡翼飞. 中国"十三五"时期劳动供给和需求预测及缺口分析 [J]. 人口研究，2016，40 (1)：38-56.
⑭ 康文. 城镇人口结构性失业的突出矛盾及治理体系 [J]. 当代经济研究，2003 (6)：26-31.

力、教育产出与市场需求的劳动力质量矛盾等是结构性失业的现实原因[1][2][3][4][5][6][7][8][9]。产业结构转型升级是农民工结构性失业与新兴产业人才短缺的原因[10]。资源枯竭会造成资源型城市的结构性失业等[11]。

目前我国经济体制仍不完善，经济结构变动与产业结构调整产生的自然失业是转型时期经济的典型特征，故国内一些学者将结构性失业率等同于自然失业率[12][13][14]。但由于我国经济转型的典型特征，结构性失业是多变量作用的结果，故我们无法照搬发达国家自然失业率的计算方法测度结构性失业率[15][16]。还有一些学者利用 H-P 滤波方法估算了我国城镇结构性失业率[17][18][19]。总的来说，目前国内关于结构性失业率测度的相关研究仍处于起步阶段，基本以定性研究为主，定量研究极其匮乏。

（3）经济体制转型与失业。改革开放 40 多年来，随着经济体制由传统计划经济向现代市场经济转变，国内就业体制逐渐由统包统配、行政安置转变为市场配置劳动力资源的方式，故转型时期的就业矛盾具有经济转型的典型特征，是一种"制

① 熊斌. 关于我国的结构性失业分析与治理 [J]. 人口与经济，2001（3）：52-56.

② 任婷，周畅. 结构性失业与高教政策调整 [J]. 煤炭高等教育，2005，23（1）：16-18.

③ 杨雄. 当前大学生就业形势与社会稳定 [J]. 社会科学，2005（2）：64-70.

④ 孔祥利，汪超. 结构性失业：我国劳动力供给偏差分析 [J]. 商业研究，2009（5）：96-99.

⑤ 项光勤. 大学生结构性失业的现状、原因和对策分析 [J]. 江苏师范大学学报（哲学社会科学版），2009，35（6）：112-116.

⑥ 张宏军. 大学毕业生结构性失业的成因及其治理 [J]. 黑龙江高教研究，2010（2）：110-112.

⑦ 王硕旺，阮守华. 论大众化进程中的高等教育结构优化：兼谈我国大学生结构性失业问题 [J]. 教育理论与实践，2010（15）：3-6.

⑧ 杨宇轩，赵淳宇. 我国结构性失业与高等教育结构调整的理论分析 [J]. 经济学家，2012（11）：102-103.

⑨ 谷彬. 劳动力市场分割、搜寻匹配与结构性失业的综述 [J]. 统计研究，2014，31（3）：106-112.

⑩ 张敏. 供给侧改革下农民工就业促进产业结构升级研究 [J]. 理论探讨，2016（6）：101-105.

⑪ 张生玲，李跃，酒二科，等. 路径依赖、市场进入与资源型城市转型 [J]. 经济理论与经济管理，2016，36（2）：14-27.

⑫ 蔡昉. 二元劳动力市场条件下的就业体制转换 [J]. 中国社会科学，1998（2）：4-14.

⑬ 陈仲常，金碧. 中国失业阶段性转换特点及对策研究 [J]. 人口与经济，2005（3）：46-51.

⑭ 李文星，袁志刚. 中国就业结构失衡：现状、原因与调整政策 [J]. 当代财经，2010（3）：10-17.

⑮ 穆熙，肖宏华. 我国城镇自然失业率及应用：通货紧缩：忽视失业对宏观调控作用的后果 [J]. 统计研究，2000，17（7）：53-58.

⑯ 费方域，古月. 我国自然失业率与货币政策实施区间探讨 [J]. 上海金融，2004（5）：7-9.

⑰ 蔡昉. 中国就业统计的一致性：事实和政策含义 [J]. 中国人口科学，2004（3）：2-10.

⑱ 汪戎，薛军. 对我国长期失业现象本质的再认识 [J]. 思想战线，2013，39（3）：74-78.

⑲ 邹沛江. 奥肯定律在中国真的失效了吗？ [J]. 数量经济技术经济研究，2013（6）：91-105.

度性就业矛盾",结构性失业问题日益凸显①②③④⑤等。李刚运用产业生命周期和劳动要素流动滞后性理论,研究发现转轨时期中国城市人口失业主要是结构性失业⑥。李恩平采用制度变迁理论研究失业人员的再就业问题,发现旧制度体制的依赖、制度变迁不确定性预期与传统观念是就业观念固化的主要原因⑦。旧体制向新体制的转变使得隐性失业显性化,即体制性失业⑧。城市就业双轨制、城乡劳动力分割、户籍制度与农村土地制度等引起了结构性失业⑨⑩⑪⑫。

(4)产业结构调整与失业。产业结构与就业结构之间具有显著的相关性,产业结构随着就业结构调整而不断优化,但优化速度难以与调整速度相匹配,会导致结构性失业问题⑬⑭⑮⑯⑰⑱。学者们从不同角度解释了产业结构调整造成结构性失业的原因。产业结构调整、人员素质、就业观与劳动力市场信息不对称等因素造成了大量的结构性失业⑲⑳。劳动力技术结构阻碍了劳动力在各产业之间的流动性㉑,第一、

① 袁志刚.失业经济学 [M].上海:格致出版社,2014:1.

② 和春雷.现阶段体制型失业及其治理 [J].中国工业经济,1998 (9):13-17.

③ 蔡昉.二元劳动力市场条件下的就业体制转换 [J].中国社会科学,1998 (2):4-14.

④ 王长城.论制度变迁中的劳动就业 [J].中南财经政法大学学报,2002 (4):29-34.

⑤ 陈仲常,金碧.中国失业阶段性转换特点及对策研究 [J].人口与经济,2005 (3):46-51.

⑥ 李刚.中国城市人口结构性失业问题研究 [J].南京财经大学学报,1999 (5):35-40.

⑦ 李恩平.从制度变迁理论看劳动者就业观念转变 [J].生产力研究,1998 (6):15-17.

⑧ 李存先.经济体制转轨中的体制型失业与再就业对策 [J].山东社会科学,1999 (1):28-31.

⑨ 顾建平.中国转型经济中的隐性失业和就业制度变迁 [J].江苏社会科学,2000 (1):16-21.

⑩ 李文.城市化滞后的经济后果分析 [J].中国社会科学,2001 (4):64-75.

⑪ 凌文昌,邓伟根.产业转型与中国经济增长 [J].中国工业经济,2004 (12):20-24.

⑫ 李文星,袁志刚.中国就业结构失衡:现状、原因与调整政策 [J].当代财经,2010 (3):10-17.

⑬ 黄乾.中国的产业结构变动、多样化与失业 [J].中国人口科学,2009 (1):22-31.

⑭ 李文星.产业结构优化与就业增长 [J].当代财经,2012 (3):14-24.

⑮ 刘伟,蔡志洲.产业结构演进中的经济增长和就业:基于中国 2000—2013 年经验的分析 [J].学术月刊,2014 (6):36-48.

⑯ 景跃军,张昀.我国劳动力就业结构与产业结构相关性及协调性分析 [J].人口学刊,2015 (5):85-93.

⑰ 景建军.中国产业结构与就业结构的协调性研究 [J].经济问题,2016 (1):60-65.

⑱ 韩超然.产业结构调整引起的结构性失业问题分析 [J].知识经济,2012 (19):8.

⑲ 史忠良,林毓铭.产业结构演变过程与劳动力资源重置研究 [J].中国工业经济,1999 (10):46-48.

⑳ 都阳.不必担忧供给侧结构性改革引发较大规模失业:我国就业稳中向好形势不会变 [EB/OL].(2017-01-12) [2024-04-30].人民日报 http://paper.people.com.cn/rmrb/html/2017-01/12/nw.D110000renmrb_20170112_4-07.htm

㉑ 董志强.结构性失业理论及其对中国失业现状的解释 [J].重庆理工大学学报,2001,15 (1):52-57.

第二产业转移的剩余劳动了无法满足我国第三产业新增劳动力需求的技能要求[1][2][3]，行业内部劳动生产力差别显著，技术进步的要素偏向性[4][5][6]，高等教育专业结构设置与产业结构调整速度不匹配[7]，技能和技术劳动者数量难以满足产业结构升级的需要[8]均促进了我国的结构性失业。沿海地区劳动密集型产业转移会导致区域性"民工荒"，同时"民工荒"也将增加沿海地区产业升级和转移的压力等[9]。于洪军和刘金凤运用马克思资本有机构成理论解释结构失业，研究发现资本有机构成与产业结构调整是我国大学毕业生失业的重要原因，也就是说，大学生的知识技能、专业及就业区域与产业结构之间存在不匹配问题[10]。

（5）人力资本、社会资本与失业。国内一些学者认为人力资本、社会资本有助于提高大学毕业生的就业质量[11][12][13][14][15]。学习成绩、奖学金、英语四六级及其他证书、是否为党员、干部及兼职经历是测度大学生人力资本的指标[16][17][18]，高等教育阶

① 蔡昉.坚持在结构调整中扩大就业 [J].求是，2009（5）：29-31.

② 赖德胜，吴春芳，潘旭华.论中国劳动力需求结构的失衡与复衡 [J].山东社会科学，2011（3）：79-80.

③ 顾国爱，田大洲，张雄.我国劳动力需求变动的产业与行业特征 [J].中国人力资源开发，2012（9）：93-96.

④ 武力，温锐.1949年以来中国工业化的"轻、重"之辨 [J].经济研究，2006（9）：39-49.

⑤ 毛丰付，潘加顺.资本深化、产业结构与中国城市劳动生产率 [J].中国工业经济，2012（10）：32-44.

⑥ 王光栋.有偏技术进步、技术路径与就业增长 [J].工业技术经济，2014（12）：59-65.

⑦ 马廷奇.产业结构转型、专业结构调整与大学生就业促进 [J].中国高等教育，2013（Z3）：56-59.

⑧ 刘湘丽.中国工业劳动力需求变化分析 [J].中国经贸导刊，2012（21）：18-21.

⑨ 赵武，刘艳."民工荒"现象的经济学分析 [J].经济学家，2005，3（3）：124-126.

⑩ 于洪军，刘金凤.资本有机构成理论视阈下大学生结构性失业问题研究 [J].现代教育管理，2011（1）：118-121.

⑪ 胡书伟.社会资本与大学生就业关系的实证研究 [D].长沙：中南大学，2010.

⑫ 秦永，裴育.城乡背景与大学毕业生就业：基于社会资本理论的模型及实证分析 [J].经济评论，2011（2）：113-118.

⑬ 孙三百.社会资本的作用有多大？：基于合意就业获取视角的实证检验 [J].世界经济文汇，2013（5）：70-84.

⑭ 王小璐，风笑天.人力资本、社会资本与工作转换：基于城乡大学毕业生的比较研究 [J].南方人口，2016（1）：9-17.

⑮ 石红梅，丁煜.人力资本、社会资本与高校毕业生就业质量 [J].人口与经济，2017（3）：90-97.

⑯ 黄敬宝.我国大学生就业的影响因素探究：对人力资本和社会资本作用的考察 [J].中国人力资源开发，2009（12）：6-8，95

⑰ 岳昌君，程飞.人力资本及社会资本对高校毕业生求职途径的影响分析 [J].中国高教研究，2013（10）：21-27.

⑱ 苏丽锋，孟大虎.人力资本、社会资本与大学生就业 [J].教育文化论坛，2012（3）：141.

段积累人力资本的多少直接决定了大学生就业和升学的机会及起薪的高低[1][2]。人力资本与产业转型升级息息相关，劳动者人力资本配置能力有限是就业结构调整滞后于产业结构升级的重要因素[3]。就业环境恶化会促使不同劳动者群体有计划地积累人力资本，会对社会阶层分化造成一定程度的影响[4]。另一些学者认为社会资本对大学生就业具有消极影响[5][6]。社会资本的滥用不利于实现教育结果的公平性[7][8][9]、阻碍了人力资本的合理流动与分布、限制人力资本作用的发挥[10]及造成社会歧视[11]。

国内关于人力资本和社会资本哪一个对大学毕业生就业更为重要的研究结论并不一致。对于提高就业概率来说，一些学者认为二者同等重要，一些学者认为人力资本更为重要[12][13]，但多数学者认为社会资本更加重要[14][15][16][17][18]。还有一些国内学者

---

① 杜桂英，岳昌君.高校毕业生就业机会的影响因素研究 [J].中国高教研究，2010（11）：67-70.

② 赖德胜，孟大虎，苏丽锋.替代还是互补：大学生就业中的人力资本和社会资本联合作用机制研究 [J].北京大学教育评论，2012，10（1）：13-31.

③ 张抗私，周晓蒙.就业结构缘何滞后于产业转型：人力资本视角的微观解释：基于全国调研数据的实证分析 [J].当代经济科学，2014，36（6）：11-19.

④ 刘瑞明，亢延锟，黄维乔.就业市场扭曲、人力资本积累与阶层分化 [J].经济学动态，2017（8）：74-87.

⑤ 赵延东.再就业中的社会资本：效用与局限 [J].社会学研究，2002（4）：43-54.

⑥ 黄敬宝.人力资本、社会资本对大学生就业质量的影响 [J].北京社会科学，2012（3）：52-58.

⑦ 钟云华，应若平.从教育公平看社会资本对大学生就业的影响 [J].湖南社会科学，2006（1）：158-160.

⑧ 胡解旺.论社会资本过度化对大学生就业的消极影响 [J].华中科技大学学报（社会科学版），2006，20（6）：58-62.

⑨ 岳昌君，程飞.人力资本及社会资本对高校毕业生求职途径的影响分析 [J].中国高教研究，2013（10）：21-27.

⑩ 黄敬宝.人力资本和社会资本：大学生就业地区分布的双重驱动 [J].青年研究，2008（10）：12-18.

⑪ 成春.大学生就业制度改革过程中市场机制的完善：从注重社会资本向注重人力资本的转化 [J].天府新论，2009（5）：63-65.

⑫ 杜桂英，岳昌君.高校毕业生就业机会的影响因素研究 [J].中国高教研究，2010（11）：67-70.

⑬ 苏丽锋，孟大虎.人力资本、社会资本与大学生就业 [J].教育文化论坛，2012（3）：141.

⑭ 徐晓军.大学生就业过程中的双重机制：人力资本与社会资本 [J].青年研究，2002（6）：9-14.

⑮ 陈成文，谭日辉.社会资本与大学生就业关系研究 [J].高等教育研究，2004（4）：29-32.

⑯ 阎凤桥，毛丹.影响高校毕业生就业的社会资本因素分析 [J].复旦教育论坛，2008，6（4）：56-65.

⑰ 胡永远，邱丹.个性特征对高校毕业生就业的影响分析 [J].中国人口科学，2011（2）：66-75.

⑱ 陈宏军，李传荣，陈洪安.社会资本与大学毕业生就业绩效关系研究 [J].教育研究，2011（10）：21-31.

认为人力资本与社会资本在提高大学毕业生就业质量方面可以相互补充与转化①②③④。人力资本是基石，社会资本是桥梁，是发挥人力资本的重要媒介⑤。人力资本是决定起薪水平的重要因素，社会资本是决定能否进入国有部门的重要因素，二者在就业机会与起薪方面存在替代关系，在能否进入国有部门工作方面存在互补关系⑥。

　　国内学者认为，在改革开放初期社会资本对促进农民工在城市获得工作机会方面起到了重要作用，人力资本的作用不足；但随着我国劳动力市场制度的不断完善，人力资本的作用不断增强，社会资本的作用却逐渐减弱了⑦⑧⑨⑩⑪⑫。教育、培训、专业资格证书与健康状况等是评价农民工人力资本的重要影响因素⑬⑭⑮⑯⑰，社会交往、党员或干部身份是社会资本的重要影响因素⑱。人力资本是农民工就业的核心

① 林磊.人力资本与社会资本的转化机制研究 [J].边疆经济与文化，2006 (7)：89-90.

② 成春.大学生就业制度改革过程中市场机制的完善：从注重社会资本向注重人力资本的转化 [J].天府新论，2009 (5)：63-65.

③ 马莉萍，丁小浩.高校毕业生求职中人力资本与社会关系作用感知的研究 [J].清华大学教育研究，2010，31 (1)：84-92.

④ 黄敬宝.人力资本和社会资本对大学生就业概率的作用 [J].中国青年社会科学，2015 (3)：36-40.

⑤ 钟云华.人力资本、社会资本与大学毕业生求职 [J].高教探索，2011 (3)：140-146.

⑥ 赖德胜，孟大虎，苏丽锋.替代还是互补：大学生就业中的人力资本和社会资本联合作用机制研究 [J].北京大学教育评论，2012，10 (1)：13-31.

⑦ 李培林.流动民工的社会网络和社会地位 [J].社会学研究，1996 (4)：42-52.

⑧ 蔡昉.劳动力流动、择业与自组织过程中的经济理性 [J].中国社会科学，1997 (4)：126-137.

⑨ 蔡群，周虎城，孙卫平.走近农民工：江苏农民工就业、生活状况调查 [J].江苏农村经济，2007 (9)：28-33.

⑩ 王毅杰，童星.流动农民职业获得途径及其影响因素 [J].江苏社会科学，2003 (5)：86-91.

⑪ 何国俊，徐冲，祝成才.人力资本、社会资本与农村迁移劳动力的工资决定 [J].农业技术经济，2008 (1)：57-66.

⑫ 谢勇.基于人力资本和社会资本视角的农民工就业境况研究：以南京市为例 [J].中国农村观察，2009 (5)：49-55.

⑬ 蔡昉.中国流动人口问题 [M].北京：社会科学文献出版社，2007.

⑭ 刘妍，脱继强.江苏省农村已婚女性劳动力非农就业的影响因素分析 [J].中国人口科学，2008 (2)：88-94.

⑮ 邢春冰.中国农村非农就业机会的代际流动 [J].经济研究，2006 (9)：103-116.

⑯ 张锦华，沈亚芳.家庭人力资本对农村家庭职业流动的影响：对苏中典型农村社区的考察 [J].中国农村经济，2012 (4)：26-35.

⑰ 田北海，雷华，佘洪毅，等.人力资本与社会资本孰重孰轻：对农民工职业流动影响因素的再探讨：基于地位结构观与网络结构观的综合视角 [J].中国农村观察，2013 (1)：34-47.

⑱ 陈瑛，杨先明，周燕萍.社会资本及其本地化程度对农村非农就业的影响：中国西部沿边地区的实证分析 [J].经济问题，2012 (11)：23-27.

要素，社会资本是人力资本得以发挥的媒介①，它们之间存在互补关系②③，二者的分配不均衡是劳动力市场分割的重要原因④。与人力资本相比，社会资本对农村劳动力流动的促进作用较大⑤。人力资本不利于提高男性农民工的小时工资，却有助于提高女性农民工的小时工资；社会资本不利于提高男性农民工的小时工资，却有助于增加女性农民工的工作时间⑥。失地农民与下岗农民工的人力资本和社会资本存在较大差异⑦。人力资本可显著提高正规就业流动人口的收入，不利于提高非正规就业流动人口的收入；社会资本可显著提高非正规就业流动人口的收入，但对正规就业流动人口的收入影响较小⑧。

（6）失业预警机制。早在 1988 年莫荣就提出需构建失业预警系统⑨，2002 年我国失业风险预警框架得以建立⑩。随后，学者们分别深入研究了失业预警的理论模型、方法与技术等⑪⑫⑬。失业预警系统需由专家、指标体系、信息系统及模型等构成⑭。陈仲常于 2010 年运用电子平台设计了失业预警系统⑮。失业预警指标是指能够对失业危机提前发出警报的间接指标⑯，早在 1998 年陈仲常就提出需要构建失业

---

① 林竹，朱柏青，张新岭.农民工的就业能力模型研究 [J].开发研究，2010，150（5）：13-16.

② 张新岭，赵永乐，林竹，等.农民工就业：人力资本和社会资本的耦合分析 [J].农村经济，2007（12）：117-120.

③ 林竹.农民工就业：人力资本、社会资本与心理资本的协同 [J].农村经济，2011（12）：125-129.

④ 郭东杰.论人力资本、社会资本对农村剩余劳动力转移的影响 [J].江西社会科学，2009（5）：205-209.

⑤ 王天鸽，张志新，崔兆财.人力资本、社会资本与农村劳动力转移 [J].产业与科技论坛，2015（17）：8-11.

⑥ 任义科，王林，杜海峰.人力资本、社会资本对农民工就业质量的影响：基于性别视角的分析 [J].经济经纬，2015（2）：25-30.

⑦ 殷俊，李晓鹤.人力资本、社会资本与失地农民的城市融入问题：以武汉市为例 [J].农村经济，2014（12）：80-84.

⑧ 苏晓芳，杜妍冬.人力资本、社会资本与流动人口就业收入：基于流动人口正规就业与非正规就业的比较分析 [J].科学决策，2016（9）：43-57.

⑨ 莫荣，李建武，李宏.中国失业预警：理论、技术和方法 [M].北京：科学出版社，2011：3.

⑩ 劳动和社会保障部劳动科学研究所课题组.我国失业预警系统与就业对策研究 [J].经济研究参考，2002（34）：11-26.

⑪ 纪韶.中国失业预警：理论视角、研究模型 [M].北京：首都经济贸易大学出版社，2008.

⑫ 莫荣，李建武，李宏.中国失业预警：理论、技术和方法 [M].北京：科学出版社，2011.

⑬ 莫荣，鲍春雷，等.失业预警模型构建与应用 [M].北京：中国劳动社会保障出版社，2016.

⑭ 张得志.中国经济高速增长期的充分就业与失业预警研究 [M].上海：上海人民出版社，2008.

⑮ 陈仲常.失业风险自动监测和预警系统研究：基于电子政务平台设计 [M].北京：中国社会科学出版社，2010.

⑯ 顾海兵，陈璋.中国工农业经济预警 [M].北京：中国计划出版社，1992.

监测与预警指标体系[1]。沈凯禹和俞倩兰认为依据失业统计调查方法的不同，可将失业警戒线指标分为登记失业率和抽样调查失业率两大类[2]。学者们依据不同的方式构建了不同的失业预警指标体系[3][4]，包括静态与动态、政策与突发事件失业指标[5]、基础指标与参照指标[6]、劳动力市场、构成与经济发展三维度指标[7]、总量与结构性失业率指标[8]。

国内学者构建了多种失业预警模型，包括多元回归模型[9][10]、排序 Logit 模型[11]、非参数核密度估计[12]、联立方程组模型[13]、聚类分析[14]、对角递归神经网络[15]、径向基神经网络[16]、BP 神经网络[17]等。还有学者比较了多种失业预警模型的预测效果。李宏和李建武等通过比较最小二乘回归、Logistic 回归、岭回归、BP 神经网络与支持向量机五种方法对失业率的预测效果发现支持向量机预测效果最好，最小二乘回归、岭回归与 BP 神经网络次之，Logistic 回归预测效果最差[18]。Bagging 神经网络方法的失业率预测在精度与稳定性上均优于 Adaboost 技术与最优单个神经网络[19]。BP

① 陈仲常. 失业风险监测预警指标考察 [J]. 经济科学, 1998 (4)：88-93.
② 沈凯禹, 俞倩兰. 失业预警系统指标浅析 [J]. 南京经济学院学报, 2000 (2)：17-20.
③ 秦开运. 我国失业保障监测预警指标体系的构建 [J]. 统计与决策, 2007 (21)：81-82.
④ 丁立宏, 王静. 完善我国失业统计指标体系的构想 [J]. 经济与管理研究, 2009 (7)：15-20.
⑤ 廖颖林. 如何构建上海失业预警体系的思考 [J]. 上海综合经济, 2002 (4)：4-5.
⑥ 纪韶. 支撑就业政策的失业预警理论模型 [J]. 经济理论与经济管理, 2004, (9)：15-19.
⑦ 刘红霞. 失业风险预警模型构建研究 [J]. 现代财经：天津财经大学学报, 2008 (11)：28-32.
⑧ 陈仲常. 失业风险自动监测和预警系统研究：基于电子政务平台设计 [M]. 北京：中国社会科学出版社, 2010.
⑨ 钱小英. 我国失业率的特征及其影响因素分析 [J]. 经济研究, 1998 (10)：28-36.
⑩ 刘伟, 陆华. 深圳市失业监测预警系统的研究 [J]. 数量经济技术经济研究, 2001, 18 (2)：106-109.
⑪ 黄波, 王楚明. 基于排序 logit 模型的城镇就业风险分析与预测：兼论金融信用危机情形下促进我国就业的应对措施 [J]. 中国软科学, 2010 (4)：146-154.
⑫ 向小东, 宋芳. 基于核主成分与加权支持向量机的福建省城镇登记失业率预测 [J]. 系统工程理论与实践, 2009, 29 (1)：73-80.
⑬ 陈怡安. 中国失业风险动态预测：基于联立方程模型的实证 [J]. 印度洋经济体研究, 2012 (2)：117-122.
⑭ 尹宁. 统计方法在失业风险预警系统中的应用 [J]. 中国外资月刊, 2013 (23)：134-135.
⑮ 张兴会, 杜升之, 陈增强, 等. 基于对角 Elman 神经网络的失业预测模型 [J]. 南开大学学报 (自然科学版), 2002, 35 (2)：60-64.
⑯ 李永捷. 基于 RBF 网络的成都市失业预警模型 [J]. 湖南医科大学学报：社会科学版, 2007 (4)：159-162.
⑰ 陈仲常, 吴永球. 失业风险预警系统研究 [J]. 当代财经, 2008 (5)：5-10.
⑱ 李宏, 李建武, 莫荣, 等. 基于回归分析的失业预警建模实证研究 [J]. 中国软科学, 2012 (5)：138-147.
⑲ 李宏, 李建武, 宋玉龙. 基于神经网络集成的失业预警方法 [J]. 经济与管理研究, 2012 (1)：89-94.

神经网络的失业率预测的准确度明显高于多元回归模型①。国内学者采用了多种方法以确定失业"警戒线"②③,包括扩散指数法④⑤⑥、德尔菲法⑦及逐步回归法改进的扩散指数法⑧⑨。

1.3.3 简要评述

一直以来,多数国内外研究均将结构性失业当作一种自然失业,即劳动力市场均衡条件下的失业,而非均衡实则是发展中国家劳动力市场的典型特征,如劳动力市场的城乡分割。西方经济学理论从多重视角研究现实经济中出现的结构性失业,虽然厘清了失业与需求、通货膨胀及经济周期之间的关系,但自始至终都在有意无意地回避制度因素,存在"头痛医头,脚痛医脚"的显著缺陷。国内学者分别剖析了经济体制转型、产业结构变动、劳动力市场分割与流动、人力资本及社会资本等对结构性失业的影响,在结构性失业产生的原因及相关理论基础等方面都达成了一定共识。但现有研究仍存在一些明显的不足:第一,结构性失业理论分析沿袭了均衡失业分析方法,现有研究虽已认识到结构性失业不同于总量失业。而学术界却一直囿于劳动力供给结构与需求结构不匹配的理论,只是从浅层次分析结构性失业的现象,尚未真正揭示结构性失业的深层次原因。第二,劳动力市场分割机制的现有研究仍缺乏系统的理论分析与实证检验。随着经济体制改革的不断深化,劳动力流动理应更加顺畅,而结构性就业矛盾却日益凸显,说明我国劳动力市场仍存在多重分割机制,且在短期内难以克服分割障碍。而学术界仍缺乏关于我国劳动力市场多重分割机制的系统研究。第三,结构性失业产生的原因错综复杂,现有研究仍未给出结构性就业矛盾或结构性失业系统性的治理政策。第四,为测度结构性失业率,国外学者将总量失业分为结构性失业、摩擦性失业与周期性失业三种,以总量失业

① 陈婷婷.失业预警分析与建模 [D].南京:南京大学,2015.

② 杨宜勇.我国失业的测度、警戒线及若干建议 [J].中国机电工业,1998 (5):13-14.

③ 蓝若雄.失业对我国经济及社会的影响与建立失业监测预警指标体系研究 [J].经济师,2000 (6):15-17.

④ 冯煜.中国失业预警线探索 [J].山西财经大学学报,2001,23 (4):14-17.

⑤ 王斌会,韩兆洲.广州市失业预警系统研究 [J].统计与预测,2002 (5):14-16.

⑥ 赵建.综合失业警戒指数的构建及其失业警报分析 [J].财经问题研究,2009 (7):94-98.

⑦ 劳动和社会保障部劳动科学研究所课题组.我国失业预警系统与就业对策研究 [J].经济研究参考,2002 (34):11-26.

⑧ 赵建国.基于扩散指数法的失业预警模型及实证分析 [J].财经问题研究,2005 (11):81-84.

⑨ 赵建国,苗莉.基于扩散指数的逐步回归改进失业预警模型及实证分析 [J].中国人口科学,2008,2008 (5):52-57.

率与调查数据为基础，运用多种计量方法分离出摩擦性失业与周期性失业，测度理论与方法仍存在一定缺陷；由于对结构性失业率的认识有限和数据缺乏，我国关于结构性失业率测度的相关研究仍极其匮乏。

国内外学者对失业预警的理论进行了诸多探索，虽已取得一定成果，但失业预警指标与预警模型在实际应用方面仍处于起步阶段，且现有失业预警指标与预警模型的相关研究主要集中于总量失业，很少关注结构性失业问题。由于缺乏详细、完整、真实的历史失业数据资料，外加现有失业预警结果主要依据经验得出，城镇登记失业率或者城镇调查失业率的单项指标预警方法的科学性和有效性大打折扣，难以达到理想的预警效果。在实际运用层面，尽管我国许多省（自治区、直辖市）已建立了失业预警系统，但由于存在数据统计指标不统一、模型构建技术障碍、失业预警指标体系不健全等问题，其所建立的预警系统难以适应经济社会发展需要。

本书借鉴国内外现有研究成果，拟从以下几个方面对结构性失业做进一步的深入研究：

（1）在理论方面，以马克思政治经济学的相关理论为基础，结合西方经济学就业与失业理论、制度变迁理论、产业结构变迁理论以及人力资本与社会资本理论，构建"三维度一机制"的分析框架，即从制度结构维度、产业结构维度与市场结构维度来探讨我国结构性失业的制度结构衍生机制、产业结构效应机制及市场结构深化机制，并以此为基础构建结构性失业预警机制。

（2）在实证方面，基于结构性失业率影响因素的理论分析与结构性失业率的测度结果，通过构建结构性失业率影响因素的模型，实证分析结构性失业率的影响因素。首先，测度结构性失业率，即借鉴南希·莫坎（H. Naci Mocan）、艾松（Aysun）等将总失业率分解结构性失业与周期性失业的方法，运用 Hodrick-Prescott 滤波、Band-Pass 滤波以及卡尔曼滤波（Kalman filter）从总量失业率中分离出结构性失业率与周期性失业率；其次，验证经济增长、资本积累、技术进步、通货膨胀以及消化过剩产能对结构性失业率的影响；最后，从制度结构、产业结构、市场结构三个维度对结构性失业率的影响因素进行实证检验。

（3）在预警机制方面，基于结构性失业率影响因素的理论分析、实证分析及预警理论，构建结构性失业的预警模型，运用分类技术和回归技术从三个维度对预警模型进行实证分析，然后构建符合我国国情的结构性失业预警指标及其测度。

1.4 研究内容与思路

1.4.1 主要研究内容

本书主要研究了我国改革开放以来经济转型发展与产业结构转型升级过程中结构性失业及其预警机制问题，分别从经济体制改革、产业结构演进、劳动力市场建立与完善三个维度解读结构性失业与就业矛盾，以马克思主义政治经济学相关理论为基础，结合西方经济学的就业与失业理论、西方经济学的制度变迁理论、产业结构调整升级理论以及人力资本理论和社会资本理论等相关理论深入解析了我国转型期结构性失业产生的机制机理，测度我国的结构性失业率，实证检验制度结构、产业结构、市场结构变动与结构性失业的相关性，然后通过构建结构性失业的预警模型和指标并结合国外治理结构性失业的相关经验，提出具有中国特色符合实际治理结构性失业的政策建议。具体内容如下：

第一章，导论。本章首先介绍了本书的研究背景和意义、研究目的和范围，其次梳理和简要评述了国内外相关的研究文献，接着阐述了本书的主要研究内容、基本思路与方法，最后总结了可能存在的创新和不足。

第二章，核心概念界定、理论基础与分析框架。首先，界定了研究所涉及的重要概念，厘清相关概念之间的关系。其次，提炼本书的理论基础。本书以马克思主义政治经济学相关理论为基础，结合西方经济学的就业与失业理论、制度变迁理论、产业结构调整升级理论以及人力资本和社会资本理论，划定了后文结构性失业理论分析的运用范围。最后，介绍了"三维度—机制"分析框架，主要从经济体制转型、产业结构变迁以及劳动力市场配置资源这三个维度分析结构性失业的内在理论逻辑，并在此基础上构建结构性失业预警机制。

第三章，体制改革、产业结构调整与劳动力市场配置资源：结构性失业演进。基于转型时期的研究背景，本章通过详述我国改革开放之后人口总量增长与结构性变动、体制转型、市场体系建立与完善、产业结构调整的进程，重点联系供给侧结构性改革来分析结构性失业的演进与特征事实，并且刻画了结构性失业的具体现实表现。经济转型40多年来，随着结构性失业的日益显性化，我国的失业问题已由总量矛盾逐步转化为结构矛盾。在就业与失业矛盾转变的背后，是人口结构转变、经济体制转型、产业结构转型升级与劳动力市场体系的建立与完善。具体而言，首先，我国人口总量与结构变动是劳动力供给总量与结构变动的重要原因，受新中国成立后人口快速增长及计划生育政策的影响，人口结构出现了"老龄化"与"少子化"并存现象，影响了劳动力供给结构。其次，经济体制转型过程中巨大的隐性失业逐步转化为显性失业，在增加总量就业压力的同时，结构性失业在经济转型中逐步凸显。再次，由于就业结构与产业结构变动的非一致性，就业结构调整滞后于产业结构调整，从而产生了产业型结构性失业。最后，改革开放后劳动力市场从无到有，逐步建立与完善，但统一的劳动力市场并未形成，而是形成了多元分割的劳动力市场，从而加剧与固化了结构性失业。

第四章，"三维度"的结构性失业理论阐释与机制分析。首先，制度结构维度方面：一是基于劳动力产权理论分析结构性失业产生的产权条件，认为劳动力产权的界定模糊与制度缺陷导致了劳动力产权保护制度的缺失；二是分析了结构性失业的体制障碍，认为二元分割的城乡经济体制是导致体制型结构性失业、城乡劳动力错配的根本性制度障碍；三是从人口生育制度变迁与人口结构变动角度分析结构性失业产生的人口结构因素，认为人口结构变动促使了人口生育制度变迁，但是在短期内难以改变劳动力供给结构失衡的现状；四是从劳动就业制度的建立与完善过程，分析不同劳动就业制度及其变革中产生的结构性失业。其次，产业结构维度方面：运用产业结构调整升级理论和就业失业理论，重点分析了产业结构升级的就业创造效应与破坏效应、消化过剩产能过程中的就业挤出效应。研究发现就业创造效应大于就业破坏效应，但是在就业创造过程中技术进步与产业结构升级加剧了产业型结构性失业与技术型结构性失业。最后，市场结构维度方面：以劳动力市场分割理论为基础，分析了劳动力市场供需结构失衡的错配机制，运用人力资本和社会资本理论，从微观层面分析了劳动者个体人力资本和社会资本视角下的结构性失业内生机制、收入差距视角下的劳动力市场价格机制导致的结构性失业固化机制。

第五章，"三维度"的结构性失业预警机制设计与测度分析。首先，本章基于制度结构、产业结构与市场结构三个维度分析结构性失业预警的机制机理，认为制度结构是结构性失业预警机制的前提条件，产业结构是结构性失业预警机制的核心内容，市场结构是结构性失业预警机制的关键环节。其次，标准化处理三个维度的指标，并对其进行主成分分析，进一步将三个维度的指标划分与合成为先行指标、同步指标与滞后指标。再次，运用 Hodrick-Prescott 滤波、Band-Pass 滤波以及卡尔曼滤波（Kalman Filter）等技术，从总量失业率（城镇登记失业率与城镇估计失业率）中分离出结构性失业率。最后，选取结构性失业率预警机制分析的实证模型，介绍了 Elman 神经网络模型、广义回归神经网络模型以及小波神经网络模型三种神经网络的基本结构、运算过程。

第六章，我国结构性失业预警机制的实证分析。本章节是实证章节，主要分为结构性失业率实证分析与结构性失业预警机制模型实证分析。在结构性失业的影响因素中，本书基于索洛增长模型，验证了经济增长、资本存量、技术进步、通货膨胀与产能利用率对结构性失业率的影响。然后从制度结构、产业结构、市场结构三个维度对结构性失业率进行了实证检验。在结构性失业预警机制实证中，采用 Elman 神经网络模型、广义回归神经网络模型与小波神经网络模型对结构性失业率进行了模拟与预测。

第七章，国外结构性失业状况及其治理的经验和借鉴。美国市场经济体系发达，是发达国家的典型代表，但依然存在较为严重的结构性失业；俄罗斯是典型的经济转型国家，在向市场经济转型过程中，产生了非常严重的结构性失业；印度作为发展中国家，贫困与就业是困扰这个人口大国的两大难题，其特定的人口结构、产业结构与就业结构以及不完善的市场体系是导致结构性失业的主要原因。故本章从制度结构、产业结构与市场结构三个维度，深入剖析了这三个国家结构性失业的特征、产生原因以及应对措施，得出结构性失业的一些带有特色经验的结论，并从这三个国家的政策措施中总结经验与教训，得出可供我国结构性失业治理的经验借鉴与启示。

第八章，研究结论、政策建议与研究展望。首先，本章是对全书研究结论进行概括总结。其次，是在理论分析与实证结果的基础上提出政策建议，主要围绕四个方面：制度结构、产业结构、市场结构以及预警机制，分别提出推进社会主义市场经济体制改革，破解结构性失业的制度结构障碍；促进产业结构调整中的就业增长，化解就业破坏效应与挤出效应；完善社会主义劳动力市场就业机制，破除劳动力市场分割性顽疾；建立健全多维度的预警体系，构建多维预警指标等政策建议。最后是研究展望。

1.4.2 基本研究思路

根据本书研究主题的需要，本书的研究技术路线为：理论基础与分析框架→经验分析→理论分析→结构性失业及其预警机制的实证分析→国外案例分析→对策分析与研究结论（见图1-1）。

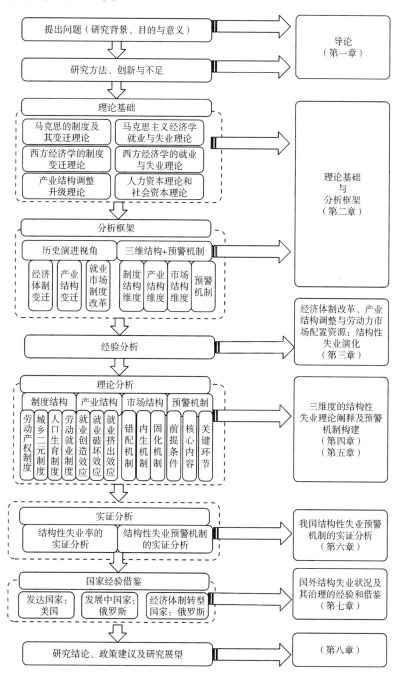

图 1-1　研究技术路线

本书属于理论与实践相结合的研究。在理论方面，首先是对结构性失业及其预警机制的理论探析，这部分所涉及的理论较多且具有跨学科性。所以在理论分析中，坚持马克思主义政治经济学为基础，结合我国经济改革与实践的现实情况，挖掘不同理论在实际运用中的契合点，构建结构性失业的多维度分析框架，并以此为主线从三个维度构建结构性失业的预警机制。

1.5 研究方法

本书立足于我国改革开放 40 多年来经济体制转型的改革历程，结合经济发展新常态下的供给侧结构性改革，从三个维度研究结构性失业，并以此为基础构建预警机制。本书以马克思主义政治经济学相关理论为基础，结合西方经济学的就业与失业理论、制度变迁理论、产业结构调整升级理论以及人力资本理论和社会资本理论等相关理论与分析工具，并且涉及经验分析、理论分析与实证分析，因此需要综合运用多种分析方法。

（1）逻辑与历史相统一的分析方法。本书运用逻辑分析与历史分析相统一的方法。在分析结构性失业时，具体分析制度变迁、产业结构调整及市场经济建立的历史过程，从中探究它们之间的相互关系，在寻找历史根源的同时，借助逻辑的演绎推理，抽丝剥茧，从纷繁复杂的现象中寻找出结构性失业产生的原因、演化的机制、发展的规律。过去 40 多年里，我国的结构性失业在不同时期呈现出的特点反映出不同历史阶段经济体制转型的阶段特征，基于历史分析方法，将结构性失业研究置于体制转型的不同阶段，加以比较分析，揭示其逻辑演化的规律特征，从中抽象出一般发展规律，为结构性失业预警奠定基础。

（2）规范分析与实证分析的方法。在结构性失业与预警机制的理论分析中，主要运用规范分析，从制度结构、产业结构与市场结构三个维度，以马克思政治经济学相关理论为基础，结合制度经济学理论、产业结构变迁理论与劳动力市场分割理论，构建三个维度的理论分析框架，即制度结构维度、产业结构维度与市场结构维度，探讨我国结构性失业运行的衍生机理、产业结构效应以及深化机制。同样，在预警机制的研究中，首先是运用规范分析方法构建了结构性失业的预警机制，即制度结构维度是结构性失业预警机制的前提条件，产业结构维度是结构性失业预警机制的核心内容，市场结构维度是结构性失业预警的关键环节，其次，提供了治理我国结构性失业的政策建议。

在实证分析环节中，基于理论分析，运用了诸多实证分析工具，主要是：首先，对结构性失业进行有效测度，即借鉴莫坎、艾松等将总失业率分解为结构性失业与周期性失业的方法，运用 Hodrick－Prescott 滤波、Band－Pass 滤波以及卡尔曼滤波（Kalman Filter）测度结构性失业率；其次，对制度结构、产业结构与市场结构变动与结构性失业相关的衍生机制、效应机制以及深化机制进行实证分析；最后，基于三个维度，结合神经网络模型对结构性失业率预警模型进行预测分析，以验证本书构建的结构性失业预警机制。综上分析，本书能较为清晰地解答结构性失业的机制机理，较为准确地预测预报结构性失业率的变动趋势。

（3）制度分析与结构分析的方法。本书研究的重点是体制转型期的结构性失业。体制变迁因素对结构性失业影响显著，因此对于结构性失业需要从形式与内容两个方面对结构性失业进行深入的制度分析。影响结构性失业的制度因素不仅有劳动力市场的制度性分割，更为重要的是自 1978 年以来体制转型背景下的总的制度变迁。只有将结构性失业问题置于这一宏大背景之下，运用结构分析，将制度变迁进行细节化、结构化分析，才能深刻解析我国结构性失业的内在机制与发展趋势，这样在制度分析中，结构性分析法必不可少。结构分析不仅强调分析的总体性，同时还更加强调分析构成结构的每个环节的特性及细节。因此，在本书分析中，遵从结构分析的这一核心要义，在分析结构性失业时，从劳动力供求关系总量着手，深入供求关系的结构失衡，并且细化结构性失业的各个方面。不仅分析劳动力供求的结构性失衡，而是深入细分的制度结构、产业结构与市场结构，同时也着力分析了结构性失业预警机制的机制设计与构成要素。

（4）总量分析与边际分析的方法。在分析结构性失业时，对于总量分析必不可少，尤其是在结构性失业预警机制设计中，总量分析是预警机制的逻辑起点。在本书的分析中，充分运用了总量分析方法，探究影响结构性失业的总量因素以及各总量指标之间的变动规律。在总量分析的基础上，边际分析的运用可以具体细化每个变量变动对结构性失业的边际影响，包括定量与定性分析总量、平均值与边际值的变动趋势与相互关系。

1.6 研究的创新与不足

1.6.1 本书的创新点

本书试图在以下方面进行创新：

创新点 1：理论探新。本书试图在经济转型、经济发展新常态背景下，以马克思相关理论为基础理论，结合西方经济学的就业与失业理论、制度变迁理论、产业结构理论、人力资本理论、社会资本理论以及劳动力市场分割理论对结构性失业进行较全方位的理论诠释，据此构建"三维度一机制"的理论分析框架，从制度结构、产业结构和市场结构三个维度分析结构性失业的多重机制，深化对经济新常态下结构性就业矛盾的认识，试图弥补对结构性失业理论解释存在的不足。

创新点 2：实证拓展。目前国内对结构性失业率的测度尚处于起步阶段，对结构性失业的研究基本上仍以定性研究为主，对于结构性失业率的定量研究较少。本书试图在结构性失业率定量分析的基础上，从三个维度对结构性失业率进行实证分析。以往的研究中，对于总量失业的预警机制研究较多，而很少涉及结构性失业的预警研究，本书试图从三个维度建立结构性失业的预警指标、构建结构性失业警模型，并对结构性失业率进行了模拟与预测，以期弥补相关实证研究的不足。

创新点 3：方法改进。本书结合国内外结构性失业研究的理论模型与实证分析方法，通过多种方法对结构性失业进行分析。在估算总量失业率的基础上，运用 HP 滤波、BP 滤波以及状态空间模型（卡尔曼滤波）把结构性失业率从总量失业率中分离出来。针对结构性失业预警方法与模型存在的不足，采用 Elman 神经网络模型、广义回归神经网络模型与小波神经网络模型等方法，构建符合中国实际、契合经济新常态背景的结构性失业预警模型。

1.6.2 存在的不足

（1）本书虽然从制度结构维度、产业结构维度与市场结构维度，运用多种理论工具对结构性失业进行诠释，尝试将结构性失业的多维度分析纳入统一的理论分析框架，但是由于涉及的范围较广、理论较多，因此，在理论分析上仍然存在一定的局限。这主要是由于笔者对于结构性失业缺乏实地调研，难以深入了解不同结构性失业群体的具体原因，同时对于结构性失业应对措施的认知有限，所以对结构性失业率的理论解释难免存在疏漏。

（2）由于我国就业与失业数据统计存在很大的改进空间，而结构性失业率的测度、实证与预警是建立在翔实可靠的数据基础之上的。虽然本书尝试了多种方法对结构性失业率进行测度，尽可能地真实反映转型时期的结构性失业率的变动，但是与现实情况依然可能存在一定差距。所以，建立在本书对结构性失业率测度基础上的结构性失业率的实证分析、结构性失业率的预警机制分析也就可能存在相应的不足。尽管笔者做了大量的工作，努力尝试减小误差，但依然可能在本书的实证与预警机制中出现难以规避的缺憾，唯有寄希望于在以后的研究中裨补阙漏。

2 概念界定、理论基础与分析框架

本章着手的概念界定是研究的起点，理论基础是分析问题的灵魂，分析框架是研究脉络与展开分析的依据。经济体制转型背景下，结构性失业研究涉及较多的重要概念，且有的关联概念内涵可能存在交叉，因此需要合理界定，以免造成研究语焉不详、概念错乱。基于此，本章首先对涉及的重要概念进行界定，其次是对本书涉及的理论进行回顾与梳理，从而奠定了理论分析基础，最后是本书的分析框架介绍，为展开分析做铺垫。

2.1 核心概念界定

2.1.1 经济转型

从经济学的角度讲，转型就是指一种大规模的制度变迁过程，或者说是经济体制模式的转换过程①。波兰改革总设计师格泽戈尔茨·W. 科勒德克认为："转型"是一个发生根本性变化的过程，是从基于国家控制产权的社会主义集中计划经济转向自由的市场经济②。这里的转型主要是指资源配置方式的转型，即由计划经济向市场经济转型，具有制度变迁的内涵。转型还包含社会结构的转变，即由传统社会转向现代社会，由较低层次的发展阶段转向更高一层次的发展阶段。因此，经济转型具体可以分为经济体制转型与经济发展方式转型。本书所界定的经济转型主要涉及两个部分，第一部分是指经济发展阶段的转变，涵盖了改革开放以来我国经济的不同发展的阶段所经历的发展方式的转变；第二部分是指资源配置方式的转变，即

---

① 罗兰. 转型与经济学 [M]. 张帆，等译. 北京：北京大学出版社，2002：27.
② 科勒德克. 从休克到治疗：后社会主义转轨的政治 [M]. 刘晓勇，等译. 上海：上海远东出版社，2000：2.

由计划经济配置资源方式向市场经济配置资源方式转变。

2.1.2 就业与失业

就业具有广义与狭义两个层次的定义。广义的就业是指劳动力作为一种生产要素，与生产资料相结合的状态。狭义的就业指劳动力的所有者为获得一定的报酬而从事生产性的工作。在市场经济条件下，劳动者就业是人们应用自己的知识和技能获得报酬的主要方式。就业问题通常包含总量就业问题与结构性就业问题，所谓的总量就业问题就是指劳动力总量过剩、工作岗位相对短缺而导致就业不足的问题。而结构性就业问题就是劳动力供给与工作岗位结构上不匹配导致的结构性问题，而非劳动力总量的绝对过剩。但总量就业问题与结构性就业问题二者之间不是绝对分割的，而是存在相互联系的，并在一定条件下相互转化。

失业就是指在法定年龄范围内、具有工作能力的劳动者暂时没有工作且在积极寻找工作的状态。失业的规模以失业人口数来衡量，失业的程度以失业率来衡量。失业率是一定时期内失业人数占就业人数与失业人数之和的比率。与就业相同，失业也分为总量失业问题与结构性失业问题，总量失业问题与总量就业问题相对应，是由劳动力供给大于劳动力需求而导致部分劳动力暂时找不到工作而不得不处于失业状态。结构性失业问题是指由于劳动力供需结构在技术、区域、时间等方面不匹配导致人员失业与职位空缺同时并存的失业问题。同样，总量失业问题与结构性失业问题也是相互联系与相互转化的。

"就业"与"失业"是一对相辅相成的概念，可以说是"一枚硬币的两面"。通俗地讲，"就业"的其中一种含义是指从没有工作到有工作的过程，另一种含义是说处于有工作并获得收入的状态；而"失业"的其中一种含义是指从有工作到失去工作的过程，另一种含义是说处于没有工作并积极寻找工作的状态。因此，从事物发展的运动过程角度来看，就业与失业是一种相互转化的运动过程，而从事物发展的所处状态来看，就业与失业是一种相反的状态。而本书在研究过程中，主要是从事物发展过程来使用"就业"与"失业"这一对概念的。在本书的具体行文中，"就业"与"失业"概念相互切换是基于两者之间的辩证统一的关系，即"就业"与"失业"互为对立，但又可以相互转化，扩大就业就意味着减少失业，失业的增加同样意味就业的减少。因此，本书主要研究失业中的结构性失业，就需要反复使用"就业"与"失业"这一对概念，以说明劳动力与生产资料结合或分离的状态及相互转化的过程。

2.1.3　结构性失业

西方经济学通常将失业分为周期性失业、摩擦性失业与结构性失业。周期性失业与经济生产周期相联系，即经济从危机到高涨，又从高涨到危机的周期循环而造成的失业。摩擦性失业是指劳动力市场职能上的缺陷所造成的就业信息不对称进而发生的失业，又称为"自然失业"。与周期性失业和摩擦性失业不同，结构性失业是指劳动力需求结构与供给结构不匹配而导致的长期失业。虽然摩擦性失业与结构性失业产生的原因相似，但结构性失业持续时间要长于摩擦性失业，而摩擦性失业得不到及时缓解，就会演变成结构性失业。还有一点不同的是，摩擦性失业与劳动力市场配置资源的功能性障碍相联系，如就业信息不灵，但劳动力市场障碍只是导致结构性失业产生的众多因素之一，导致结构性失业的因素有很多，如制度结构、产业结构、社会阶层结构等。故结构性失业通常是由市场经济中的劳动力供给结构与需求结构不匹配而导致的失业。在劳动力的供给方面，面对经济的正常增长，如果新成长的一部分人口和劳动力缺乏必要的教育和训练，或者一部分劳动力的专业知识、教育和训练跟不上技术进步的步伐，这部分劳动力就难以找到工作，也就容易产生结构性失业；在劳动力的需求方面，由于市场经济中产品和服务的需求结构发生变化，或者科技创新速度加快，在产生新需求的领域或新兴技术发展最快的行业和地区，找不到所需要的足够数量的劳动力；而在旧需求的领域或生产技术结构相对陈旧的行业和地区，富余劳动力又找不到足够的工作岗位，这时也会产生结构性失业[①]。结构性失业的典型特征是，劳动力市场中同时存在劳动岗位空缺与劳动者失业。基于此，本书将结构性失业定义为：经济结构变动，包括经济制度结构、产业结构、市场结构等引起的劳动力供需结构不匹配进而导致的职位空缺情况下的长期失业。

根据致因不同，结构性失业主要可以分为制度型结构性失业、产业型结构性失业、技术型结构性失业以及区域型结构性失业等几种类型。制度型结构性失业是指因制度障碍造成了劳动力供需结构性失衡而产生的失业；制度型结构性失业的本质特征就在于劳动力市场由于受到制度因素的制约，市场配置功能受到影响而产生的劳动供需结构性失衡。产业型结构性失业是指在产业结构调整过程中，就业结构调

---

① 中国社会科学院经济研究所. 现代经济词典 [M]. 南京：凤凰出版社，2005：520.

整滞后于产业结构导致的结构性失业；转型时期，我国的产业结构由"一、二、三"向"二、一、三"，再到向"三、二、一"的转变过程中，劳动力的需求结构包括工种、岗位、劳动者的技能与知识结构等均在发生变化，但是劳动力的供给结构在短期内却难以及时调整，必将造成劳动力需求结构与供给结构的不匹配，结构性失业难以避免。技术型结构性失业是指因为技术进步对劳动者技能提出更高的要求，而劳动者因为劳动力技能的无形磨损而导致的结构性失业；技术型结构性失业的典型特征是劳动力市场上一方面存在许多缺乏劳动技能的求职者，另一方面存在许多需要高级技能劳动者的岗位空缺。区域型结构性失业是指劳动力供需结构在地区之间存在的不平衡造成的结构性失业；区域之间的发展不平衡是导致区域型结构性失业的主要因素，区域经济发展差异导致人才由经济落后地区向经济发达地区流动；人才流出地区一般面临人才短缺的局面，而人才流入地区劳动力供给相对充足且劳动力素质较高。

2.1.4 结构性就业矛盾

结构性就业矛盾是相对于总量就业问题提出的。总量就业问题是指劳动力供给总量与经济社会发展对劳动力需求的总量不匹配的问题，即劳动力供需失衡问题，这种供需失衡有可能是长期的，也有可能是短期的。也就是说，结构性就业矛盾可能是短期结构性矛盾，也有可能是长期结构性矛盾。所谓的结构性就业矛盾，就是指因经济体制转型、产业结构调整、劳动力市场分割等诸多因素导致的劳动力供需不匹配而产生的就业矛盾。我国作为一个人口大国和农业大国，农村存在的大量的农业剩余人口，这部分人或滞留在农村成为农业隐性失业人员；或进城务工，但容易受到经济形势与结构调整的影响，就业稳定性较差。由于产业结构升级、区域经济格局调整、教育培训体系改革滞后等因素叠加，结构性就业矛盾越来越突出。结构性就业矛盾主要表现为：大学生就业结构性错配；隐性失业显性化；传统行业中低端就业岗位减少；高技能人才短缺现象比较严重以及就业岗位转移流失较多等①。正如本书所阐述的就业与失业之间的关系一样，结构性失业问题与结构性就业矛盾也是相互关联、相互依存的。但是结构性失业是长期的失业。具体而言，结构性就业矛盾诱导了结构性失业问题，结构性失业是结构性就业矛盾的一种具体表现形式。

---

① 人民网：问：为什么说结构性就业矛盾是现阶段就业面临的突出矛盾？[EB/OL].（2017-11-17）[2024-04-30].http://dangjian.people.com.cn/n1/2017/1117/c415189-29652956.html.

结构性就业矛盾强调的是就业，是从就业到失业的一种动态的转化，即经济结构和人才结构的不适应以及工作岗位和就业者的知识技能水平之间的不适应引起的从就业到失业的矛盾转化问题，这种就业矛盾有可能导致短期的失业，也有可能导致长期的失业；如果是短期的结构性就业矛盾，往往会演化成为短期性质的摩擦性失业，如果是长期的结构性就业矛盾，就有可能演化为长期性质的结构性失业。本书正是从后者来探讨结构性失业深层次原因中的结构性就业矛盾与结构性失业的相关性。

2.1.5 结构性失业预警机制

"预警"一词在现代汉语中意指"预先告警"；而"失业预警"就是对失业风险的预先警告。"机制"一词源于希腊文，原指的是机器的工作构造与工作原理。后引用到经济学科，就产生"经济机制"，或者称为"经济运行机制"，指社会经济体中各个组成部分和环节之间相互联系、相互制约，推动社会经济运转的过程和方式①。因此，本书所研究的失业预警机制指的是对结构性失业进行提前预防与警告的运作原理与运行机制。在本书的具体研究过程中，笔者主要根据宏观经济运行形势，针对可能引发结构性失业的"警源"进行监控和综合分析，结合一定的统计的方法加以量化分析，构建分析指标，进行模型预测，以提前预防和进行适当的调节。

2.2 理论基础

2.2.1 马克思的制度及其变迁理论

2.2.1.1 马克思关于制度起源及其变动的理论

自亚当·斯密建立起古典经济学的"大厦"起，资本主义制度在西方经济学中被视为"天然"的制度存在，所有的经济分析也都基于资本主义制度这一前提，研究个人效用的最大化。然而，在此背景下，经济学家们很少关注制度及制度变迁在经济增长中的作用，"制度"缺失成为经济研究的常态。直到卡尔·马克思（Karl Marx）于1867年发现了人类社会发展客观规律，揭示了资本主义并非人类社会发展的终极模式，并且具有历史暂时性。马克思之所以科学地证明了人类社会发展的趋势，正是因为其从历史唯物主义角度，系统阐述了社会制度变迁的客观规律，弥补了以往研究中的"制度"缺失。

---

① 彭克宏.社会科学大辞典［M］.北京：中国国际广播出版社，1989：672.

马克思、恩格斯较早论述了分工、交往与制度起源①。在马克思看来，制度最初来自物质生产条件②，即在马克思制度理论中，制度起源于人们物质生产的实践活动，这也是决定制度变革的根本力量。马克思指出："社会——不管其形式如何——是什么呢？是人们交互活动的产物。人们能否自由选择某一社会形式呢？决不能。在人们的生产力发展的一定状况下，就会有一定的交换［commerce］和消费形式。在生产、交换和消费发展的一定阶段上，就会有相应的社会制度形式、相应的家庭、等级或阶级组织，一句话，就会有相应的市民社会。有一定的市民社会，就会有不过是市民社会的正式表现的相应的政治国家。"③他在《德意志形态》中总结道："现存制度只不过是个人之间迄今所存在的交往的产物"④。伦理道德、法律制度、意识形态以及国家都属于上层建筑的范畴，制度、产权和法律体现了统治阶级的意志，制度分析深层次因素是生产力与生产关系的分析。马克思在解释制度的起源时，从人类与自然界的矛盾出发，从生产力的发展导出了第一层次的制度的起源，即社会生产关系的形成过程；进而又从社会关系中不同集团和阶级的利益矛盾和冲突出发，从社会生产关系中导出第二个层次的制度的起源，即包括政治、法律、道德规范等在内的上层建筑⑤。

可见，与西方学者关于制度形成于人们对于公平、正义的伦理道德判断和行为规范标准的需要，马克思关于制度来源的分析独辟蹊径，将制度的发生放在物质生产方式的历史变化的客观条件下来解释，虽然马克思主义经典作家并没有提出当今流行的"制度变迁"这个理论术语，但是在马克思、恩格斯等人的相关著作中，均阐述了制度变迁的思想。正如道格拉斯·诺斯所指出的："在详细描述长期变迁的各种现存理论中，马克思的分析框架是最有说服力的，这恰恰是因为它包括了新古典分析框架所遗漏的所有因素：制度、产权、国家和意识形态。马克思强调在有效

① 刘荣材.论马克思制度变迁与社会发展理论模式［J］.延安大学学报（社会科学版），2009，31（4）：9-13.

② 林岗，刘元春.诺斯与马克思：关于制度的起源和本质的两种解释的比较［J］.经济研究，2000（6）：58-65.

③ 马克思，恩格斯.马克思恩格斯文集：第10卷［M］.中共中央马克思恩格斯列宁斯大林著作编译局，译.北京：人民出版社，2009：42-43.

④ 马克思，恩格斯.马克思恩格斯全集：第3卷［M］.中共中央马克思恩格斯列宁斯大林著作编译局，译.北京：人民出版，1960：79.

⑤ 林岗，刘元春.诺斯与马克思：关于制度的起源和本质的两种解释的比较［J］.经济研究，2000（6）：58-65.

率的经济组织中产权的重要作用，以及在现有产权制度与新技术的生产潜力之间产生的不适应性。这是一个根本性的贡献。"①

因此，马克思在制度变化的根本因素上，始终强调了生产力与生产关系之间矛盾运动是制度变迁的动因。马克思在《〈政治经济学批判〉序言》中提出："社会的物质生产力发展到一定阶段，便同它们一直在其活动的现存生产关系或财产关系发生矛盾，于是这些关系便由顺应的发展形式变成生产力的桎梏。那时社会变革的时代就到来了。随着经济基础的变革，全部庞大的上层建筑也或快或慢发生变革。"②这说明了生产关系（第一层制度）是由生产力的发展状况决定的，生产关系要适应生产力的发展，生产力是最具革命性和最为活跃的因素。当生产关系与生产力之间的矛盾积累到一定程度，社会形态乃至上层建筑（第二层次制度）就会发生变革。所以，人类社会从原始共产主义到奴隶社会、封建社会再到资本主义社会，无不是在生产力推动下的社会变革。马克思在《共产党宣言》中，鲜明地指出，随着资本主义矛盾的积累，必然要过渡到更加先进的社会制度，即过渡到共产主义阶段。

综上所述，马克思制度理论的研究方法是唯物史观和唯物辩证法。按照历史唯物主义的方法论，可以说制度变迁是社会系统结构中生产力和生产关系、经济基础和上层建筑的矛盾运动的产物。不是由所谓的理性个人的自由选择导致经济制度的变迁，相反，是社会结构和制度的变迁决定个人的行为方式和选择空间。当然马克思没有忽视个体在历史运动中的主动性作用，也不是把个人与社会关系简单地归结为纯粹的个体与整体谁决定谁的问题。马克思制度理论主要分析的是在生产力发展过程中，人类社会制度变迁发展的历史规律，从长期性的宏观历史角度诠释社会制度的根本变革，在本质上是经济发展决定制度变迁的宏观动态整体制度变迁理论。

2.2.1.2 马克思关于劳动力产权的理论

自产权理论诞生以来，相关的学者一直将物质资本的产权作为研究的重心，而缺乏劳动力产权研究③④⑤。虽然马克思主义经济学对劳动力产权问题有所涉及，但

---

① 诺思. 经济史中的结构与变迁 [M]. 陈郁，罗华平，译. 上海：上海人民出版社，1994：68.
② 马克思，恩格斯. 马克思恩格斯文集：第2卷 [M]. 中共中央马克思恩格斯列宁斯大林著作编译局，译. 北京：人民出版，2009：591-592.
③ 姚先国，郭继强. 论劳动力产权 [J]. 学术月刊，1996 (6)：44-49.
④ 罗润东. 劳动力产权性质对失业风险分担机制的影响 [J]. 南开学报，2002 (4)：38-44.
⑤ 陈晓枫. 马克思的劳动力产权思想及其当代价值 [J]. 福建论坛（人文社会科学版），2014 (7)：36-42.

其主旨在于揭示劳动力所有者与生产资料所有者之间的生产关系。正如马克思产权理论一以贯之地重视产权的制度层面，而对于产权运行层面涉及较少。

马克思在《资本论》中对劳动、劳动力以及劳动力商品有深入的研究，充分地体现了他的劳动力产权思想。马克思认为劳动力是一种特殊商品，而成为商品就必须具有产权属性。而"资本主义时代的特点是，对工人本身来说，劳动力是归他所有的一种商品的形式，他的劳动因而具有雇佣劳动的形式。另一方面，正是从这时起，劳动产品的商品形式才普遍化。"① 劳动力成为商品，从而具有财产属性，进一步才具有产权属性。作为劳动力的所有者，对劳动力才具有所有权。由于劳动力蕴含于劳动者自身，是劳动者体力和脑力的总和，因而劳动力要成为商品在市场上买卖，前提条件是劳动者必须拥有劳动力商品的所有权，并且能够自由支配自己的劳动力。劳动力商品的交易不同于一般的商品交易，原因在于劳动力商品出售的不是劳动者本身，而是劳动力的支配权与使用权。作为劳动力所有者并不是一次性地将劳动力的支配权与使用权出售给买方，而只是按一段时间或一定时期出卖劳动力的使用权，因此，劳动者可以多次反复地将劳动力的支配权与使用权出售给相同或不同的买方。正如马克思所指出的："劳动力占有者和货币所有者在市场上相遇，彼此作为身份平等的商品占有者发生关系，所不同的只是一个是买者，一个是卖者，因此，双方是在法律上平等的人。这种关系要保持下去，劳动力所有者就必须始终把劳动力只出卖一定时间，因为他要把劳动力一下子全部卖光，他就出卖了自己，就从自由人转化为奴隶，从商品占有者转化为商品。他作为人，必须总是把自己当作自己的财产，从而当作自己的商品。而要做到这一点，他必须始终让买者只是在一定期限内暂时支配他的劳动力，消费他的劳动力，就是说，他在让渡自己的劳动时不放弃自己对他的所有权。"② 在这里，马克思不仅说明劳动者拥有自己劳动力的所有权与支配权，而且还阐明了劳动力所有权与支配权的可分性。劳动力的所有权不可以买卖，劳动力市场进行交易的只是劳动力的使用权。劳动力使用权一旦交易完成，用人单位就可以按照契约，要求劳动者完成一定数量与质量的劳动工作，劳动者也可以凭借劳动力的所有权获得相应的工资报酬，实现劳动力的收益权。可见，

---

① 马克思，恩格斯. 马克思恩格斯文集：第5卷［M］. 中共中央马克思恩格斯列宁斯大林著作编译局，译. 北京：人民出版社，2009：198.

② 马克思，恩格斯. 马克思恩格斯文集：第5卷［M］. 中共中央马克思恩格斯列宁斯大林著作编译局，译. 北京：人民出版社，2009：195-196.

在这里劳动力的流转权利仅仅是劳动力使用权的流转，而非劳动力所有权的流转。劳动力的收益权表明，劳动者只有通过在劳动力市场交易劳动力使用权，才能获得收益，即实现劳动力收益权。

总之，本书选择和梳理马克思制度及其变迁理论、马克思产权及其劳动力产权理论为研究基础，是为了在制度结构维度分析中针对结构性失业衍生与显化提供理论依据。在转型时期，我国结构性失业根植于由计划经济体制向市场经济体制转型的现实背景，特别是在深化经济体制改革过程中隐性失业逐渐显性化、农村剩余劳动力与国有企业下岗失业等因经济体制转型而显现，制度型结构性失业在所难免。马克思制度及其变迁理论从制度变迁的根本动力入手能够解释我国社会主义生产关系实现的经济体制领域存在某些制约生产力发展的因素在生产关系调整过程中，尤其是在向市场经济转型过程中，制度型结构性失业逐步显现。同时，马克思产权及劳动力产权理论，则成为社会主义市场经济体制下建立与完善劳动力产权制度的理论基础；这样便构成了本书从制度结构维度解释结构性失业的理论基础。

2.2.2 马克思主义经济学就业与失业理论

2.2.2.1 经典马克思就业与失业理论

马克思从社会生产与再生产的角度，论述了失业与就业的规律性问题，特别是对技术进步与就业、失业的效应，经济周期与失业等。其主要内容概述如下：

（1）劳动力商品理论。劳动力成为商品，使失业成为一种可能。在资本主义生产条件下，货币成为资本的根本条件是劳动力成为商品。劳动力是由凝结在商品中的人的体力和智力组成的。劳动力成为可供买卖的商品必须具备两个前提：第一，劳动力占有者"是自由人，能够把自己的劳动力当作自己的商品来支配"；第二，"他没有别的商品可以出卖，自由得一无所有，没有任何实现自己劳动力所必须的东西"①。但是在劳动力买卖的过程中，劳动者出售的并不是劳动者自己本身，而只是劳动力在一段时间内的使用权，也就是说，劳动者本身不具有生产资料，不能进行产品的生产，而是为了劳动力的购买者——资本家而生产。

劳动力成为商品，同样也就具有商品的一般属性：具有价值和使用价值二重性。资本家之所以雇佣劳动者，不是看中了劳动力的价值，而是看中了劳动者特殊的使

---

① 马克思，恩格斯. 马克思恩格斯文集：第5卷 [M]. 中共中央马克思恩格斯列宁斯大林著作编译局，译. 北京：人民出版社，2009：197。

用价值：创造价值，并且创造出比自身价值更大的价值。而超过劳动力自身价值的部分就是剩余价值，因此，劳动力商品的使用，就是劳动，不仅是价值的源泉，也是剩余价值的源泉，资本家正是通过无偿占有雇佣劳动者劳动创造的剩余价值而实现资本增殖的。可见，劳动力商品理论是马克思就业与失业理论的核心和基础。

（2）资本有机构成与相对过剩人口理论。马克思根据不同资本在剩余价值生产中发挥的作用不同，将资本分为可变资本与不变资本："资本的这两个组成部分，从劳动过程的角度看，是作为客观因素和主观因素，作为生产资料和劳动力相区别的；从价值增殖过程的角度看，则是作为不变资本和可变资本相区别的。"[①] 在不变资本与可变资本划分的基础上，来认识资本的内部结构，即资本有机构成。而资本有机构成是物质形式与价值形式的有机统一。物质形式具体表现为生产资料与劳动力，它们之间的构成比率由技术条件所决定，称为资本的技术构成。价值形式由不变资本与可变资本构成，它们之间的比例关系称为价值构成。马克思把由资本技术构成决定并且反映技术构成变化的资本价值构成，叫作资本的有机构成[②]。随着资本积累的发展，资本有机构成处于不断提高的趋势，这样必然造成资本主义条件下的人口相对过剩，资本主义失业则不可避免。

在马克思之前，马尔萨斯提出过绝对过剩人口理论，他认为人口是按几何级数比率增长，而生活资料是按算术级数增长，这样就造成了人口增长速度远远超过了生活资料的增速，因此社会上的部分人口就会陷入贫困与失业之中。马克思指出，马尔萨斯绝对过剩人口理论错误的根源在于把资本主义社会的失业和贫困的根源归于人口增长超过了生活资料的增长，而不是资本主义制度本身。

马克思基于资本积累发展和资本有机构成提高提出的过剩人口理论是相对人口过剩理论，即相对于剩余价值生产和再生条件的相对过剩。首先，马克思认为社会生产方式决定人口发展，资本积累决定人口变动。正如马克思所指出的，不同社会生产方式下，人口规律也不相同，事实上，每一种特殊的、历史的生产方式都有其特殊的、历史地发生作用的人口规律。抽象的人口规律只存在历史上还没有受过人

---

① 马克思，恩格斯. 马克思恩格斯文集：第 5 卷 ［M］. 中共中央马克思恩格斯列宁斯大林著作编译局，译. 北京：人民出版社，2009：243.
② 马克思，恩格斯. 马克思恩格斯文集：第 5 卷 ［M］. 中共中央马克思恩格斯列宁斯大林著作编译局，译. 北京：人民出版社，2009：707.

干涉的动植物界。① 马克思指出，在资本主义生产条件下，随着生产力的提高与物质生产的增多，人口总数得以迅速增长，但是在资本积累增加与剩余价值规律的支配下，劳动力人口相对于资本则日益过剩，原因在于资本有机构成不断提高。资本有机构成提高意味着对劳动需求相对减少，由此形成了大量的过剩人口，即产业后备军。"对劳动的需求不是由总资本的大小决定的，而是由总资本可变组成部分的大小决定的，所以它随着总资本的增长而递减。"② 其次，资本主义的人口过剩是一种相对过剩。在资本主义社会，随着资本积累的增长和资本有机构成的提高，不变资本不断增长而可变资本相对减少，从而对劳动力的需求相对减少，形成了相对过剩人口。资本主义条件下这种过剩人口"同并不存在的生存资料绝对量根本没有关系，而是同再生产的条件，同生产这些生存资料的条件有关，而这种条件同样也包括人的再生产条件，包括整个人口的再生产条件，包括相对过剩人口的再生产条件"③。资本积累带来劳动生产力的进步，但是"劳动生产力越是增长，资本造成的劳动供给比资本对工人的需求越是增加得快"④，产业后备军（资本主义失业人口）则源源不断制造出来。由于产业后备军的存在，在职工人不得不接受资本家更加苛刻的剥削，生产远远超过劳动力价值本身的价值，由于在职工人的过度劳动，又迫使了另一部分失业工人无事可做。最后，相对过剩人口是资本主义生产方式得以延续的前提。相对过剩的人口因资本主义生产方式而产生和壮大，同时也为资本增殖提供随时可供剥削的人身材料。"过剩的工人人口是积累或资本主义基础上的财富发展的必然产物，但是这种过剩人口反过来又成为资本主义积累的杠杆，甚至成为资本主义生产方式存在的一个条件。"⑤

（3）社会再生产过程中结构失衡与失业。资本主义生产方式内在矛盾及市场经济运行的客观规律决定了社会再生产不能自动实现自动平衡，社会各部门之间的比例失调成为经济运行中的常态。马克思认为经济中两大部类比例失调和固定资本的

---

① 马克思，恩格斯. 马克思恩格斯文集：第5卷［M］. 中共中央马克思恩格斯列宁斯大林著作编译局，译. 北京：人民出版社，2009：728.

② 马克思，恩格斯. 马克思恩格斯文集：第5卷［M］. 中共中央马克思恩格斯列宁斯大林著作编译局，译. 北京：人民出版社，2009：725.

③《马克思恩格斯全集（第30卷）》［M］. 北京：人民出版社，1995：611.

④ 马克思，恩格斯. 马克思恩格斯文集：第5卷［M］. 中共中央马克思恩格斯列宁斯大林著作编译局，译. 北京：人民出版社，2009：733.

⑤ 马克思，恩格斯. 马克思恩格斯文集：第5卷［M］. 中共中央马克思恩格斯列宁斯大林著作编译局，译. 北京：人民出版社，2009：728.

更新周期构成了经济危机的直接原因和物质基础。社会再生产的核心问题是社会总产品的实现的问题，一方面要考察社会总产出（包括社会总产品和服务）的各个方面如何从商品形式转化为货币形式，即实现价值补偿的问题；另一方面要考察社会总产出的各个部分在转化成货币形态之后，又如何再转化为所需要的物质产品和服务，即实现物质补偿的问题。无论是价值补偿还是物质补偿，均包括两个部分，即总量补偿与替换和结构补偿与替换，且都通过市场来实现。正如市场失衡包含总量失衡与结构失衡一样，因此在社会再生产过程中，价值补偿和物质补偿都会出现总量失衡与结构失衡。

进一步地，社会再生产内含价值形式的转化与补偿，以及实物的补偿与替换，其中也包含劳动力的使用价值和价值的补偿问题。资本家购买劳动力商品投入生产之前，劳动力的使用价值创造价值这一能力只是一种可能性的存在，且只有与其他生产资料相结合，劳动力才能创造出比自身更大的价值。并且生产出的商品是通过市场来实现向货币的"惊险跳跃"，这一"跳跃"关系着生产过程能否顺利继续进行以及下一个生产过程能否顺利开始。而生产过程的顺利实现是劳动力商品价值得以实现的前提，因为工资的支付是在生产完成之后，而不是之前；下一个生产过程能否顺利开始，是劳动者能否实现稳定就业的前提。因为，社会再生产中，生产资料生产和生活资料生产两者之间存在总量与结构失衡的可能性，如果生产资料生产过多，生活资料过少，则造成劳动力相对于生产资料的不足，劳动力需求相对过剩，劳动力供给难以满足生产的需要；如果生活资料生产过多，则造成劳动力供给相对过剩，失业增加。其中结构失衡表现为在生产部门内部 c 与 v 之间的比例失衡，即不变资本与可变资本之间的失衡。因此，无论是简单再生产还是扩大再生产，两大部类（Ⅰ，Ⅱ）和三种价值形式（c，v 和 m）都需要保持一定的比例，社会再生产才能协调发展。但资本主义经济运行中，社会再生产的条件不能自动实现，社会再生产的失衡成为一种常态，失业无法避免。

（4）周期性经济危机中的周期性失业。马克思认为两大部类比例失调和固定资本的更新是造成经济危机周期性爆发的两大因素，而固定资本的更新周期与社会再生产的市场实现密切相关。固定资本更新是资本主义经济危机周期性爆发的物质基础。马克思认为资本主义经济周期以危机、萧条、复苏、高涨四个阶段周而复始。在经济复苏阶段，某些大中型企业开始淘汰陈旧设备，采用新技术，着手固定资本更新，企图通过企业技术改造增强竞争力，从而渡过难关。这样固定资本更新刺激了相关联企业的生产发展，为高涨阶段的到来准备了物质条件，同时这种固定资本更新往往伴随着技术创新所带来的新产业部门的形成和发展，使社会生产和消费进一步扩大，在增加就业岗位、吸纳相对过剩人口的同时，也为下次危机准备了物质条件。当资本主义经济处于高涨阶段，生产规模空前膨胀，需要大量的劳动力以供剥削，但是每一次经济高涨、生产扩大都为接下来的经济衰退埋下伏笔。由于广大劳动群众日益相对贫困，消费能力下降，生产出现了大量过剩，企业生产就会缩减，整个经济处于收缩状态，此时部分劳动力就会重新沦为相对过剩人口，失业人口随之增加。周期性失业作为资本主义经济周期性波动的附属品，产生的根本原因就是生产社会化与资本主义私人占有的矛盾。

2.2.2.2 中国特色社会主义就业与失业理论

改革开放以来，中国经济学界突破传统社会主义经济理论的局限，探讨了社会主义商品经济条件下的失业问题，形成了林林总总的学术观点，其中以马克思经济学为指导的就业与失业理论，成为中国特色社会主义政治经济学的组成部分。以下择其要者进行梳理。

（1）社会主义劳动力个人所有制理论。最早提出社会主义劳动力所有关系问题的是哲学家艾思奇，他认为社会主义社会虽然没有生产资料的私有，但个人的劳动力在实际上仍然被承认为私有，这在社会主义社会是不可避免的[①]。学者方文在《天津日报》发表的《社会主义商品生产存在原因》一文中，首次提出了"社会主义劳动力个人所有制"的概念[②]。自社会主义劳动力所有制这一问题被提出以来，学术界经过几轮激烈的争论，关于是否存在劳动力所有制经济范畴形成了三个主要观点：一是根本不存在劳动力所有制；二是存在劳动劳动力所有制，但它是一个历史范畴；三是劳动力所有制是存在于一切社会形态中的客观经济范畴[③]。进入 20 世纪 90 年代，社会主义市场经济建设的实践提高了人们对这一问题的深入认识，学术界基本上达成了社会主义条件下存在劳动力所有制的共识，争论也逐渐平息。政治经济学主要的研究对象是生产关系，劳动力所有制属于生产关系范畴，因此劳动力

---

① 艾思奇. 努力研究社会主义社会的矛盾规律 [J]. 哲学研究, 1958 (7)：6-8.
② 转引自：史仁. 劳动力所有制问题讨论述评 [J]. 江淮论坛, 1981 (4)：67-76.
③ 具体可参见：古克武. 劳动力所有制问题的观点简介 [J]. 经济学动态, 1983 (1)：31-34.

所有制是政治经济学的主要研究对象之一。并且生产关系的核心内容是所有制包括生产资料所有制和劳动力所有制，生产资料公有制与劳动力个人所有制是社会主义社会最基本的生产关系。社会主义经济关系的核心问题是劳动者的相互关系，而生产资料公有制和劳动者劳动力的个人所有，正是社会主义劳动者相互关系的基础，其形成社会主义政治经济学的一系列范畴，社会主义劳动的性质是生产资料公有和劳动力个人占有的结合等①。认识劳动力个人所有制、生产资料公有制以及二者结合的多层次联合劳动的特殊方式，是正确说明社会主义生产关系的关键②。对于劳动力所有制的性质由谁决定这一问题，理论界仍莫衷一是③。

社会主义劳动力所有制是个人所有制，这是由社会主义历史时期的社会生产状况所决定。在社会主义社会还存在分工，特别是受到旧式分工的束缚，劳动仍然是劳动者的谋生手段，所以劳动力必须归劳动者个人所有。在社会主义市场经济条件下，劳动力个人所有制为市场经济提供了前提，同时也为社会主义劳动力商品理论奠定了理论基础，这就能顺理成章地解释社会主义初级阶段失业仍然不可避免的理论之基。

（2）社会主义劳动力商品理论。劳动力商品理论在马克思主义政治经济学中具有举足轻重的地位，是剩余价值理论最为直接的理论逻辑起点，也是马克思劳动价值理论的重要理论支撑。为此，马克思在《资本论（第一卷）》第二篇对劳动力商品理论做了详细的理论诠释。马克思论述的主要是资本主义条件下的劳动力商品理论，而对于社会主义条件下的劳动力商品理论并没有做理论论证与阐述。因此，在我国的社会主义经济建设中，建立与完善社会主义劳动力市场首先要确认社会主义市场经济条件下劳动力商品属性，并构建符合我国社会经济建设实际的社会主义劳动力商品理论。因此，发展中国特色社会主义，必须坚持以人民为中心的发展思想，坚持共享发展，实现人的全面发展，对社会主义劳动力商品理论提出了更高层次的要求。但在我国经济建设的过程中，对社会主义劳动力商品问题的探讨也有一个艰

① 荣兆梓，倪学鑫. 试论社会主义社会的劳动力个人所有权 [J]. 江淮论坛，1980 (3)：59-66.
② 倪学鑫，陈华东，荣兆梓. 对《劳动力所有制论质疑》的回答 [J]. 经济研究，1982 (10)：33-38.
③ 具有代表性的观点有：有学者认为由生产资料所有制性质决定，如蒋家俊、骆耕漠等；有学者认为由生产力及其性质决定，如谷书堂、余伯方、张明堂等；有学者认为由生产力发展水平、生产资料所有制、政治上人身是否自由等条件决定，而判断劳动力所有制性质的标准是劳动力生产和再生产的费用由谁承担，如柯宗瑞、何荣飞等。其他学者观点可参见：古克武. 劳动力所有制问题的观点简介 [J]. 经济学动态，1983 (1)：31-34.

难的过程，起初人们对于社会主义条件下是否存在劳动力商品这一事物还存在较大的认识误区，长期以来否定社会主义条件下有劳动力商品。其主要原因在于受苏联政治经济学的深刻影响，缺乏对马克思主义某些原理深入本质的理解。

承认社会主义条件下存在劳动力商品的理论起源于我国改革开放的初期，王东胜、张矛（1980）在论及社会主义劳动力个人所有制时，指出在生产资料与劳动力分离的情况下，劳动者在与集体（或全民）的商品交换，使"劳动力带上了某种商品性（或商品痕迹）"[①]，但这一提法并没有在学术界与理论界引起太多关注。直到1984年10月党的十二届三中全会通过的《中共中央关于经济体制改革的决定》提出要发展社会主义商品经济后，经济学界才逐渐提出社会主义劳动力商品理论，引起各方的普遍关注。这一阶段仍然处于理论探索的阶段，人们需要不断突破前期传统计划经济思想的束缚。因此，20世纪80年代，社会主义劳动力商品理论并没有被大多数人所接受。1992年党的十四大召开，提出中国经济体制改革的目标是建立社会主义市场经济体制，才再次引起关于社会主义劳动力商品理论的大讨论，并为多数人所接受。1993年，党的十四届三中全会通过的《中共中央关于建立社会主义市场经济体制若干问题的决定》，首次公开使用"失业"和"劳动力市场"的概念，并将"改革劳动制度，逐步形成劳动力市场"作为培育市场体系的重点之一，突破了社会主义计划经济时期形成的社会主义社会不存在劳动力市场的观点。自此以后，社会主义劳动力商品理论逐渐形成，日益完善。当然也并不是说社会主义劳动力商品理论在理论上取得了完全共识，时至今日，依然有学者对此持不同观点。

（3）社会主义企业与职工双向选择理论。企业与职工双向选择的前提条件是企业招工自主权和个人择业自主权。我国计划经济体制下，企业没有自主用工权，实行政府"统包统配"的计划用工模式。改革开放后的20世纪80年代初期，劳动制度改革首先突破了国家安置就业的格局，并逐步确立把以固定工为主体的用工制度改革逐步改变为多种形式并存的劳动合同制度的改革目标[②]，从而为引入竞争机制，为实现企业与职工双向选择奠定了基础。企业与职工双向选择的初衷是在平等自愿的基础上，职工竞争上岗，企业择优录取，然后签订劳动合同，以劳动合同的形式

---

① 王东胜，张矛. 论所有制的内涵 [J]. 学习与探索，1980（1）：86-91.
② 赖德胜，李长安，张琪. 中国就业60年（1949—2009）[M]. 北京：中国劳动社会保障出版社，2010：174.

规定劳动者和用人单位的权利与义务。企业与职工双向选择作为一种由传统计划经济体制下的统包统配用工制度向劳动合同制转变的过渡就业形式，试图通过引入市场机制来实现劳动力的合理流动与资源的有效配置。但是由于转型时期的经济管理体制、社会组织结构、劳动力市场功能不健全、法律体系以及社会心理等，其配置劳动力资源的功能并没有得到有效的发挥①②）。随后，通过立法规范劳动合同，推行企业全员劳动合同制，劳动合同用工这种由市场配置劳动资源的方式逐渐完善成熟起来。这也就意味着劳动者告别了过去固定用工的"铁饭碗"，走上了市场竞争上岗的就业之路，隐性失业也就显性化，失业成为不争的事实，也成为中国特色社会主义政治经济学务必加以解释和治理的重大现实经济问题。

马克思主义经济学就业与失业理论是本书研究结构性失业的又一基础理论。在马克思的相对过剩人口理论（实际上是就业与失业理论）中，虽然没有对结构性失业问题进行专门和系统的论述，但是马克思在《资本论》中论述资本主义失业的相关问题时，也隐含有结构性失业（马克思称之为资本有机构成提高引起的"相对过剩人口"）问题。马克思对于失业问题的分析深入结构性失业的本质，即从资本与劳动的关系角度，深刻揭示资本消费雇佣劳动生产剩余价值的实质，劳动力的结构性过剩只是表面现象，其深层次的原因还在于资本积累过程中资本有机构成不断变化造成的劳动力供给的相对过剩。以马克思主义经济学就业与失业理论为指导的中国特色社会主义就业与失业理论形成发展于中国特色社会主义的建设与实践过程中，是对马克思就业与失业理论的继承与发展，体现出中国特色社会主义的鲜明特点，是中国特色社会主义政治经济学的重要组成部分，对转型期的结构性失业问题同样具有解释力。

2.2.3 西方经济学的制度变迁理论

2.2.3.1 新制度经济学的制度变迁理论

新制度经济学在继承新古典经济学分析范式的基础上，摒弃了制度外生性的假设，将制度分析范式引入经济学分析，建立起一套较为完整的制度经济学理论体系，其中制度变迁理论是其重要的组成部分。道格拉斯·C. 诺思（Douglass C. North）

---

① 金维刚. 对企业与职工双向选择的社会学探讨 [J]. 北京大学学报（哲学社会科学版），1989（4）：36-45.

② 陈迪桂. 关于企业与职工双向选择困难的思考 [J]. 经济纵横，1991（9）：19-22.

将制度定义为："一个社会的博弈规则，或者更规范地说，它们是一些人为设计的、型塑人们互动关系的约束。"① 所以，制度是指社会规则与强制安排，包括正式规则（如法律和宪法）与非正式规则（如惯例与规范）②。为了理解不确定性条件下个人的决策行为，新制度经济学将个人主观心智模型作为核心要素。心智模型是个人认知的内部表现，创新性地解释环境；而制度是个人认知的外部机制，创造地安排环境③。至于正式规则可能通过"制度移植"输入，但是植入制度的潜在冲突会产生不可预见的结果④，并且国家常通过制度移植引入社会技术，由于制度矩阵性质的不完全信息，制度移植很可能失败⑤⑥。正因如此，阿夫纳·格雷夫（Avner Greif）将制度定义为规则、信念、规范与组织的系统共同形成的行为规则。所以说，制度是在自发与内生机制下形成的，是重复博弈的结果，制度变迁被看作制度均衡的转换，行为和信仰是这种变迁的动力⑦。

诺思将制度变迁视为"决定人类历史中社会演化方式"，而制度变迁"通常由对构成制度框架的规则、规范和事实的复杂结构的边际调整所组成"⑧。诺思基于成本-收益分析制度变迁，将相对价格的变动视为制度变迁动力的来源。诺思认为，相对价格的变化，不仅能改变"个人在人类互动中的激励"，而且能改变人们的口味和偏好，从而改变人们的行为方式和一些"先存的心智构念"，并最终引致制度的变迁。当然并不是所有的相对价格变动都可能引致制度的变迁，诺思认为只有一种相对价格的变化能使交换的一方或双方（不论是政治的还是经济的）感知到通过改变协定或契约能使一方甚至多方的处境得到改善时，人们才有重新定约、签约的动力。具体而言，由于"契约是嵌套与规则在科层结构之中的，如果不能重构一套更高层面的规则（或违反一些行为规范），再协商或许就无法进行。在此情况下，

① 诺思. 制度、制度变迁与经济绩效 [M]. 杭行, 译. 上海: 格致出版社, 2016: 3.

② NORTH D. Institutions, institutional change and economic performance [M]. Cambridge, UK: Cambridge University Press, 1990.

③ DENZAU A T, NORTH D C. Shared Mental Models: Ideologies and Institutions [J]. Kyklos, 1994, 47 (1): 3-31.

④ BROUSSEAU E, GARROUSTE P, RAYNAUD E. Institutional changes: alternative theories and consequences for institutional design [J]. Journal of economic behavior and organization, 2011, 79 (1-2): 3-19.

⑤ COASE R. An interview with ronald coase [J]. ISNIE newsletter, 1999, 2 (1): 3-10.

⑥ EGGERTSSON T. Imperfect institutions: possibilities and limits of reform [M]. MI: University of Michigan Press, 2005.

⑦ GREIF A. Historical and comparative institutional analysis [J]. American economic review, 1998, 88 (2): 80-84.

⑧ 诺思. 制度、制度变迁与经济绩效 [M]. 杭行, 译. 上海: 格致出版社, 2016: 98.

有希望改进自身谈判地位的一方就极有可能投入资源去重构更高层面的规则"①。如此这般，改变现存的制度安排就不可避免了。另外，诺思还认为，在人类社会发展的历史长河中，除了战争、革命、政府这些"非连续"的制度变革外，重大的制度变迁往往是通过无数次具体且微小的非正式约束的变化累积而成的，"这些微小变化在整体上构成根本性的制度变迁"②。以诺思为代表的新制度经济学是在承认资本主义制度合理性的前提下，在经济运行层面对资本主义经济制度的完善和补充，同时也说明了制度变迁对经济发展的影响。

另外，诺思（1981）还将经济学领域的产权理论、政治学领域的国家理论以及哲学领域的意识形态理论作为制度变迁的核心内容，设计出一套制度变迁理论的原始分析框架，并随后在《理解经济变迁过程》一书中对这一原始分析框架进行了补充。诺思尝试将动态分析视角引入制度变迁的分析框架，并且将经济变迁的动力分割为三个部分：人口的数量和质量、知识存量和界定社会激励结构的制度框架，以弥补新古典经济学在解释历史上经济绩效的缺陷。虽然如此，诺思并没有对以上三套理论分别进行更深入的具体阐述，且缺乏对三套基础理论背后潜在影响机制作用的研究③。与20世纪80年代前后对制度变迁的研究相比，诺思提出的制度变迁原始理论框架实现了由静态向动态的转变，并初步明晰了制度变迁的三套基础理论，为制度变迁理论的发展提供了新的契机，也为后续的研究奠定了坚实的理论基础④。在此之后，诺思又分别对制度变迁理论进行了两次修正，第一次（1990年）将制度细分为正式规则、非正式约束以及实施特征三个方面，同时在原始分析框架的基础上细化了三套基础理论的内容，引入不确定性、均衡状态等新古典经济学词汇以及路径依赖、适应性效率等演化经济学术语，并借鉴了"创造性破坏理论"，以此说明企业家精神在制度变迁过程中的作用⑤。第二次（1995年）在第一次修正的基础上了突出了制度变迁的根本目的以及不同阶段孕育了不同的制度特征，并初步解释了非正式约束通过影响经济个体的意识形态进而对经济个体修订制度所产生的间接

① 诺思. 制度、制度变迁与经济绩效 [M]. 杭行，译. 上海：格致出版社，2016：102.
② 诺思. 制度、制度变迁与经济绩效 [M]. 杭行，译. 上海：格致出版社，2016：10-11.
③ 肖旭. 制度变迁与中国制度改革的文献综述 [J]. 首都经济贸易大学学报，2017，19（4）：96-104.
④ 黄少安. 产权理论与制度经济学 [M]. 湘潭：湘潭大学出版社，2008.
⑤ 诺思. 理解经济变迁过程 [M]. 钟正生，邢华，译. 北京：中国人民大学出版社，2013：6.

影响①。

尽管诺思制度变迁理论取得了巨大成就，仍存在一定的局限性。主要是存在缺乏对制度变迁常规的解释力、产权与制度之间关系的不明确、个人理性与"构建主义"的矛盾、技术与制度决定论的争议、制度变迁规律与动态性的界限不明等缺陷②；由于漏掉新古典经济学的均衡思想，对制度供给的分析存在局限性等③；忽略历史演进中的关键时刻，仅注重连续性变迁方式、忽略非制度性观念与非正式规则的不同④；各层次分析要素间动力关系分析不足、微观机制分析不足以及忽视时点、次序与政治复杂性的理论缺陷⑤。因此，后续学者对于制度变迁的动因进行了深入研究，如拉坦在分析除制度变迁与技术变迁相互关系的原因外，还对诱致性的制度变迁模型进行了深入研究；林毅夫在发展诱致性制度变迁理论的同时，提出了强制性制度变迁理论；布罗姆利从制度交易的角度分析和探讨了制度变迁理论等⑥。这些研究成果，均在一定程度上弥补了诺思研究上的不足。

2.2.3.2 演化经济学的制度变迁理论和演化博弈的制度变迁理论

除了新制度经济学的制度变迁理论，西方经济学还有基于演化经济学的制度变迁理论和基于演化博弈的制度变迁理论。演化经济学的理论主要来源于达尔文（Darwin）进化论中的"自然选择"思想、熊彼特（Schumpeter）的创新理论以及赫伯特·西蒙（Herbert A. Simon）的人类行为与组织行为理论⑦。演化经济学基于达尔文的进化论，认为制度变迁是一个渐进的过程，在这一过程中，由于"突变"而造成制度变迁的非连续性，其中起决定性作用的是制度创新，推动着旧制度的灭亡与新制度的产生。与演化经济学的制度变迁理论不同，演化博弈的制度变迁理论认为制度变迁是经济行为人之间博弈而产生的结果。最早将演化博弈论运用到制度变

---

① 转引自：肖旭. 制度变迁与中国制度改革的文献综述 [J]. 首都经济贸易大学学报，2017，19（4）：96-104.

② 靳涛. 诺斯的成就与困惑：新制度经济史学制度变迁理论的绩效与问题 [J]. 郑州大学学报（哲学社会科学版），2003（3）：86-89.

③ 黄卫华，商晨. 新制度经济学制度变迁理论对制度均衡思想的疏漏 [J]. 经济纵横，2005（7）：44-46.

④ 杨光斌. 诺斯制度变迁理论的贡献与问题 [J]. 华中师范大学学报（人文社会科学版），2007（3）：30-37.

⑤ 蔡潇彬. 诺斯的制度变迁理论研究 [J]. 东南学术，2016（1）：120-127.

⑥ 具体内容可参见：卢现祥. 新制度经济学 [M]. 2版. 武汉：武汉大学出版社，2011：183-185.

⑦ 纳尔逊，温特. 经济变迁的演化理论 [M]. 胡世凯，译. 北京：商务印书馆，1997：23，35，42.

迁的是美国经济学家安德鲁·肖特（Andrew Schotter）[①]，肖特认为，随着博弈被重复地进行，博弈的参与者发展了某些特定的被社会认同的经验规则、规范、管理和制度，并传递给后代的博弈参与者[②]。在肖特看来，制度变迁是博弈双方采取不同策略所产生均衡解的变动。而日本学者青木昌彦则认为：制度是关于博弈如何进行的共有信念的一个自我维系系统。制度的本质是对均衡博弈路径显著和固定特征的一种浓缩性表征，该表征被相关域几乎所有参与人所感知，认为是与他们的策略决策相关的。这样，制度就以一种自我实施方式制约着参与人的策略互动，并反过来又被他们在连续变化的环境下的实际决策不断再生产出来[③]。演化博弈论可以在不依赖博弈参与人有计算能力的前提下来说明选择过程，也就是只要纳什均衡存在（事实上是肯定存在的，至少存在混合策略纳什均衡），那么策略选择将永远趋于纳什均衡，也就是旧制度将向新制度收敛[④]。

本书的制度结构维度分析，以西方经济学的制度变迁理论作为结构性失业制度分析的理论补充。西方经济学的制度变迁理论能够在一定程度上解释传统劳动就业制度变迁过程中的路径依赖与制度型结构性失业逐渐显化的特征。马克思制度及其变迁理论，主要从长期与本质层面分析制度变动，而西方经济学制度变迁理论则主要从制度变迁的具体过程与路径来分析。因此，本书在结构性失业的制度结构维度分析中，以马克思制度理论为基础，西方经济学的制度变迁理论作为补充，更能说明结构性失业衍生与显化的制度致因。

2.2.4　西方经济学的就业与失业理论

2.2.4.1　结构性失业理论

在现代经济学理论体系中，基于西方经济学范畴的结构性失业只是古典经济学就业理论定义的自然失业率的一个组成部分，自然失业率还包括摩擦性失业和周期性失业。英国经济学家威廉·贝弗里奇（William Beveridge）较早关注了失业产生原因中的劳动力市场的结构性因素，重点考察了劳动力市场本身的结构变动、空间结

---

①　肖特. 社会制度的经济理论 ［M］. 陆铭，陈钊，译. 上海：上海财经大学出版社，2004.
②　肖特. 社会制度的经济理论 ［M］. 陆铭，陈钊，译. 上海：上海财经大学出版社，2004：19.
③　青木昌彦. 比较制度分析 ［M］. 周黎安，译. 上海：上海远东出版社，2001：28.
④　马旭东. 演化博弈论在制度变迁研究中的适用性分析 ［J］. 中央财经大学学报，2010（3）：78-82.

构以及劳动力市场信息传播障碍等因素对失业的影响①。1936 年凯恩斯提出的就业理论是一种总量就业理论，只考察了资本主义社会中的总量失业的变化、就业水平的高低，而不分析就业结构变化。直到后凯恩斯主义经济学和新制度经济学才基于劳动力市场的结构性因素解释失业，主要包括劳动力市场技术结构分析、劳动力市场部门结构分析以及劳动力市场制度结构分析等，二者将结构性失业定义为失业与职位空缺并存的一种失业现象，这种现象随着技术变迁的速度加快而越来越突出。后凯恩斯主义学派的代表人物詹姆斯·托宾和詹姆斯·杜生贝从劳动力市场的技术结构层面分析结构失业问题。根据劳动力所掌握的技能不同，劳动力市场被进一步划分为若干个具有较强专业性但相互独立的细分市场。每个劳动力市场运行特点各不相同，从而产生了不同劳动力市场的相互隔离。除此之外，还存在因性别、年龄和地域而产生的局部市场，这些市场的供给或需求也很难彼此替代。由于劳动力市场的结构方面不相适应而产生的失业与就业岗位空缺同时并存的，被称为结构性失业。针对结构性失业问题，托宾强调需要政府采取措施对劳动力市场加以干预的同时，加强劳动力的技能培训与职业教育。

不同于托宾从劳动力市场的技术结构研究结构性失业，乔治·萨卡罗普洛斯（George Psacharopoulos）从劳动力市场的社会结构角度将劳动力市场划分为头等市场与次等市场，其中头等市场的工作岗位要优于次等市场，并且次等市场的劳动者向头等市场转移存在困难②。萨卡罗普洛斯认为提高劳动者知识水平与工作技能，有助于解决因头等市场与次等市场割裂而造成的结构性失业。诺贝尔经济学奖获得者彼得·戴蒙德（Peter Diamond）③、克里斯托弗·皮萨里德斯（Christopher A. Pis-sarides）、戴尔·莫滕森（Dale T. Mortensen）④ 基于市场搜寻理论，通过建立 DMP 模型对结构性失业问题进行了研究，DMP 模型解释了劳动力市场职位空缺与失业同时存在的原因与失业率的形成机制。与此同时，他们对于"规章制度和经济政策如何影响失业率、职位空缺和工资"也进行了深入研究。

① BEVERIDGE W H. Unemployment: a problem of industry (1909 and 1930) [M]. London: Longmans, Green and Co., 1980.

② 厉以宁，吴世泰. 西方就业理论的演变 [M]. 北京：华夏出版社，1988：154.

③ DIAMOND P A. Aggregate Demand Management in Search Equilibrium [J]. Journal of political economy, 1982, 90 (5): 881-894.

④ MORTENSEN D T. Chapter 15 Job search and labor market analysis [J]. Handbook of labor economics, 1986, 2 (86): 849-919.

2.2.4.2 劳动力市场分割理论

在新古典经济学中，劳动力市场可以由价格机制调节实现市场出清，劳动力的价格可以实现劳动力的供求均衡。从 20 世纪中期开始，新古典经济学关于劳动力市场的经典理论不断受到各方质疑，如美国经济学家莱斯特（R. A. Lester）和雷诺兹（L. C. Reynolds）在研究工资极差及其与劳动力市场结构的关系时指出传统的工资理论与厂商理论的局限性，为人们从新的视角去探索劳动力市场问题提供了重要启示[①]。

克拉克·科尔（Clark Kerr）于 1954 年在一篇题为《劳动力市场的分割》的文章中将劳动力市场划分为内部劳动力市场和外部劳动力市场，提出了劳动力市场分割的思想[②]。科尔在这篇文章中，将劳动力市场分割的理论源泉追溯到约翰·穆勒和约翰·埃利奥特·凯尔恩斯（John Elliott Cairnes）[③]。他们反对斯密关于劳动力市场具有竞争性质的假说，认为劳动力具有非竞争性。如穆勒在《政治经济学原理》中强调，"在'工资'这一标题下所要考察的是，第一，一般地决定或影响劳动工资的原因；第二，工资在各种职业间的差异"[④]，并进一步指出："工资，与其他事物一样，可用竞争或习惯来调节……竞争是工资的主要调节者，习惯和个人的性格只起修正的作用，而且这种作用也比较小。"[⑤] 穆勒深入地从个人偏好、自然垄断、国家政策（教育政策）、性别差异、法律制度和劳动者组织结构等多方面分析了工资差异的原因。而在最后，他强调在某些情况下，行会、法律制度、习惯等作用巨大，从而使得供给和需求根本不起作用，工资的决定和劳动力资源的配置是由私下的制度、规则和习惯决定的。这一观点可以被视为劳动力市场制度决定论的雏形，其中也隐含有劳动力分割的思想萌芽。

---

① 转引自：徐林清. 中国劳动力市场分割问题研究［D］. 广州：暨南大学，2004：20.

② Clark K. The Balkanization of Labor Markets［C］//Lloyd Reynolds, ed., Readings in labor economics and labor relations, NJ：Prentice Hall, 1978：62-71.

③ 约翰·埃利奥特·凯尔恩斯（John Elliott Cairnes, 1823—1875），爱尔兰古典政治经济学家。生于爱尔兰劳恩郡，毕业于都柏林三一学院。1856 年起任爱尔兰都柏林大学华特利讲座教授，1857 年任爱尔兰律师，1861 年起任戈耳韦女王学院政治经济学教授，1866—1872 年任伦敦大学大学学院政治经济学教授。1862 年出版《蓄奴国》一书，对美国内战起了巨大的影响。他还研究了爱尔兰土地及货币和物价等问题，著有《政府论文集》《理论与实用政治经济论文集》，代表作为《政治经济学原理新论》（1874）。

④ 穆勒. 政治经济学原理及其在社会哲学上若干应用：上卷［M］. 赵荣潜，桑炳彦，朱泱，等译. 北京：商务印书馆，2010：380.

⑤ 穆勒. 政治经济学原理及其在社会哲学上若干应用：上卷［M］. 赵荣潜，桑炳彦，朱泱，等译. 北京：商务印书馆，2010：380.

20 世纪 60 年代末 70 年代初，美国经济学家瑟罗①、多林格尔和皮奥雷②构建的二元结构劳动力市场模型将劳动力市场分为一级市场（primary market）和二级市场（secondary market）两个不同的市场，成为早期劳动力市场分割理论的典型代表。他们构建的这一模型也被称为"LMS"理论。劳动力市场分割理论认为劳动力市场并非完全竞争和统一的市场，而是非竞争与分割的市场。由于种种原因，劳动力市场被分割为一级市场和二级市场，两个市场在工资福利、工作环境、就业稳定、晋升机会等各方面存在较大差异，一级市场要显著优于二级市场。一级市场的雇主主要是一些大公司，属于资本密集型行业且具有较为发达的内部劳动力市场，具有较高的工资但是工资的高低主要取决于职位的高低。教育只是进入一级市场的敲门砖，而非决定性因素，因此在一级市场，学历只起信号传递的作用。二级劳动力市场的工作机会主要由中小企业提供，属于劳动密集型行业，工资主要由劳动力供需决定，且处于一个固定的较低水平。由于二级劳动力市场的劳动者在教育、工作技能、工作态度、以及技能培训等方面存在不足，所以很难进入一级劳动力市场，并且可能长期处于低收入乃至贫困状态。

2.2.4.3 城乡二元经济结构理论

美国著名发展经济学家刘易斯在《劳动力无限供给条件下的经济发展》一文中，首次系统地提出了二元经济结构理论，认为发展中国家普遍存在劳动力生产效率低下的传统农业部门和效率较高的现代部门并存的局面。劳动力从传统农业部门向城市现代工业部门转移是因为城市工业部门的收入水平更高，只要城市工业部门的一般工资水平高于农业部门，农业劳动者就会产生向现代工业部门转移的动机，只要城市工业部门能够持续提供足够的就业岗位，那么农业劳动者就会不断向城市转移，最终可以达到农业和工业的均衡发展，即二元经济转化为一元经济。这里包含两个前提条件：一是农村劳动力资源足够丰富；二是城镇部门能够持续提供足够的就业岗位。

其后，发展经济学家费景汉和拉尼斯认识到刘易斯模型忽视了农业劳动力转入城镇工业部门的两大条件：农业部门生产力提高和农业剩余产品增加，在修正刘易

---

① THUROW L C. Analyzing the american income distribution [J]. The American economic review, 1970, 60 (2): 261-269

② DOERINGER PETER B, PIORE M J. Internal labor markets and manpower analysis [M]. Lexington, Mass: DC Heath, 1971.

斯模型不足的基础之上，提出了以技术进步和生产效率提高为背景的农业剩余劳动力转移模型，即"费景汉－拉尼斯模型"。在这一模型中，农村劳动力向城镇工业部门转移划分为三个阶段。在第一阶段，传统农业部门存在大规模的剩余劳动力，农业生产中的劳动力边际生产力为零。在这种情况下，农业剩余劳动力向城市转移并不影响农业生产，并实现了劳动力资源的优化配置。此时，农业剩余劳动力的工资维持在一个非常低的水平，仅能够维持最基本的生计。在第二阶段，虽然农业剩余劳动力还在不停转移出去，但是已经不存在农业劳动力生产率为零的情况，原因在于从事农业生产的劳动数量持续减少，农业部门的劳动边际生产缓慢提高。因为，农业不存在绝对意义上的剩余劳动力，但农村劳动力的隐性失业现象仍大量存在，劳动力在城市工业中一般能够获得更加丰厚的劳动报酬，所以，农村劳动力还是会继续向城市工业部门转移。但是城市工业部门人口的增加，引起了农产品价格的上涨，从而导致了工业部门工资的上涨，才能吸引更多的劳动力。在第三阶段，农业部门劳动力减少直至隐性失业全部消失，农业部门的边际生产率达到了城市工业部门的水平。因此，农业部门劳动的工资水平已经逐渐高于制度工资，而只能由市场机制来形成，从而农业部门和工业部门走向一体化发展。

美国发展经济学家托达罗于 1969 年发表的《发展中国家的劳动力迁移模式和城市失业问题》一文针对刘易斯、费景汉－拉尼斯等二元经济结构模型不能解释 20 世纪 60 年代发展中国家城市失业和就业不足不断加剧时，仍有大量农村劳动力源源不断流入城市这一现象，提出了新的劳动力转移和就业理论。托达罗从农村剩余劳动力转移就业的预期出发，认为影响农村劳动力转移主要有两大因素：城乡工资差异和在城市找到工作的概率。他还指出以往发展经济学在研究这一问题过于简单化，"总是把它看作一种一个阶段的现象，即一个工人从低生产力的乡村直接转移到高生产力的城市工业工作。至于典型的没有技能的乡村移民是不是真能找到较高工资的固定的城市工作，这个问题就很少过问。普遍的和长期的城市失业和就业不充分的实际情况，证明这种迁移过程并不像这样简单的想法"[①]。托达罗从两阶段分析发展中国家的就业问题："发展中国家劳动力迁移更加真实的图画应该是把迁移看作两个阶段现象。第一阶段是没有技术的乡村工人移居城市并开始在所谓'城市传

---

① 托达罗. 发展中国家的劳动力转移模式和城市失业问题 [C] //外国经济学说研究会. 现代国外经济学论文选（第 8 辑）. 北京：商务印书馆，1984：166.

统'部门中担任一定时期的工作。第二阶段是终于获得一个较为固定的现代部门的工作。"①

由以上分析可知，托达罗二元经济结构性模型不同于刘易斯与费景汉-拉尼斯模型的地方在于，托达罗认为，乡-城人口流动是基于城乡预期收入与迁移成本的理性行为，而非人口流动促使城乡工资趋于一致。在现实经济中，从传统农业部门转移到现代工业部门的劳动力由于自身素质以及迁移决策中的诸多制约因素的存在，其就业概率并不是那么理想，同时往往基本上都是在城镇的次级劳动力市场就业，且容易遭受经济波动与政策变动的影响，由此而衍生出结构性失业。

西方经济学提出了较为完整的就业与失业理论，本书根据研究的需要，重点选取了结构性失业理论、劳动力市场分割理论与城乡二元经济结构理论作为本书的理论基础。这三个理论从不同的理论视角诠释了结构性失业产生的机制机理、影响因素与表现形式，从而为我国转型期的结构性失业研究提供了理论依据与分析工具。

2.2.5　产业结构调整升级理论

产业结构理论最早可以追溯到古典经济学家威廉·配第（William Petty）于1690 年在《政治算术》②一书中提出的思想，在该书中配第采用数据统计，分析比较了当时英国、法国和荷兰的国民收入，探讨了三国的共同经济规律。配第发现商业的收入要高于农业和工业，而工业又高于农业，并阐述了劳动人口由农业向工业和商业转移的思想。继配第之后，斯密在其经典著作《国富论》中论述了产业部门（branch of industry）、产业发展及资本投入应遵循农业、工业、批零商业的顺序。1940 年，英国经济学家科林·克拉克（Colin G. Clark）受配第的启发，在三次产业划分法的基础上提出劳动力在三次产业之间转移的规律：随着全社会人均收入水平的提高，劳动力由第一产业向第二产业转移，当人均收入进一步提高时，劳动力则由第二产业向第三产业转移。后人称之为"配第—克拉克定律"。西蒙·史密斯·库兹涅茨（Simon Smith Kuznets）于 1966 年从三次产业在国民经济中占比变化的角度论证了产业结构的演变规律。库兹涅茨把一个国家的国民经济划分为农业部门、工业部门和服务业部门，从产值和劳动力两个角度研究了一个国家产业结构在经济

---

① 托达罗. 发展中国家的劳动力转移模式和城市失业问题［C］//外国经济学说研究会. 现代国外经济学论文选（第 8 辑）［M］. 北京：商务印书馆，1984：167.

② 《政治算术》写作于 1672-1676 年，1960 年首次出版。参见：布鲁，格兰特. 经济思想史：第 8 版：英文［M］. 北京：北京大学出版社，2014：24.

增长过程中的演变规律。在一国经济发展过程中，工业产值比重趋于提高，工业劳动力比重也相应提高，而农业产业产值和劳动力比重则会逐渐下降，起初，服务业的产值比重趋于不变或略有上升，但最终服务业的产值比重和劳动力比重是上升的，乃至超过工业产值比重和劳动力比重。库兹涅茨对一国或地区内部三次产业结构变动的总结，进一步丰富和发展了产业结构演进理论。随后，美国经济学家钱纳里提出了工业化发展阶段的理论，认为经济发展由低级阶段向高级阶段演化的主要推动力为产业结构的变化。

美国经济学家华尔特·惠特曼·罗斯托（Walt Whitman Rostow）通过研究各国经济发展效率之中存在的差异，发现了经济增长过程中存在某种行业部门，在每个阶段，甚至在一个比较成熟并继续成长的发展阶段，都存在一些能够带动其他产业结构发展的部门，并称这些部门为行业领头羊，从而描绘出经济成长阶段的依次更替与部门依次变化之间的关系。罗斯托同时认为，经济之所以能够发展，正是这些在产业部门中占主导地位的行业迅速扩大的结果[1]。20 世纪 50 年代，日本经济学家筱原三代平首次提出优化产业结构的理论，明确提出了优化产业结构的两个基本原则："收入弹性原则"和"生产率上升率原则"。他认为，产业结构优化升级应率先在生产率上升快的主导产业中优化升级，同时，在人们收入水平不断提高过程中，用优先优化升级需求增长较快的产业作为龙头产业或主导产业[2]。其理论有力地推动了战后日本产业结构的优化升级和日本经济的恢复发展。随后，日本政府政策研究部门又在其基础上增加了劳动内容基准与环境基准的研究内容，至此，产业结构优化理论基本成型。现代产业经济理论认为，产业结构优化升级包括两个方面，一是产业结构合理化，二是产业结构高级化。产业结构合理化是指为提高经济效益，要求在一定的经济发展阶段上，根据科学技术水平、消费需求结构、人口基本素质和资源条件，对起初不合理的产业结构进行调整，实现生产要素的合理配置，使各产业协调发展。产业结构高级化，又被称为产业结构高度化，是指产业结构不断从较低的发展阶段向较高的发展阶段的演化过程。其内容包括：产值结构高级化、资本结构高级化、技术结构高级化、劳动力结构高级化[3]。产业结构高度化往往具体

①　转引自：杨国庆，杨奇.产业结构优化升级研究理论综述［J］.全国流通经济，2009（9）：7-9.
②　转引自：杨国庆，杨奇.产业结构优化升级研究理论综述［J］.全国流通经济，2009（9）：7-9.
③　中国大百科全书总编辑委员会.中国大百科全书 经济学 3［M］.北京：中国大百科全书出版社，1993：1170.

反映在各产业部门之间产值、就业人员、国民收入比例变动的过程上。产业结构高度化以产业结构合理化为基础，脱离合理化的高度化只能是一种"虚高度化"。产业结构合理化的过程，使结构效益不断提高，进而推动产业结构向高度化发展。可见，合理化和高度化是构成产业结构优化的两个基点。

产业结构转型升级是导致产业型结构性失业的重要因素，产业结构升级理论在解释产业结构变动的同时，也阐述了与之相关联的就业变动规律。作为就业结构的载体，产业结构转型升级是引领就业结构变动，推动就业结构转型的重要动力。同时就业结构的变动也反作用于产业结构，如就业结构滞后于产业结构，就会限制产业结构的进一步调整升级，因此，产业结构与就业结构协调发展才能最大限度地保障国民经济的稳定、协调、可持续发展。从结构性失业产生与显化过程来看，产业结构变动发挥了至关重要的推动作用，特别是在产业结构转型升级过程中，传统产业工人如何实现再就业和高新产业对于高新技术人才的需要如何满足，是必须面对的问题。故回顾与梳理产业结构调整升级理论，对于构建结构性失业的产业结构分析维度显得非常必要。

2.2.6 人力资本理论和社会资本理论

2.2.6.1 人力资本理论

人力资本理论萌芽于古典经济学家配第提出的著名论断"土地是财富之母，劳动是财富之父"。配第在他的经典著作《赋税论》中将"人"视为财富增长的重要因素，分析了人的劳动力存在差异的原因。古典经济学大师斯密则进一步指出个人能力的差异主要是后天教育、培训以及实践不同所导致的。斯密提出的"劳动是经济进步的主要力量"以及人力资本的投资及其收益问题等观点则是人力资本理论形成的直接源泉。斯密在肯定劳动创造价值以及劳动在各种资源中的特殊地位的基础上，明确提出了劳动技巧的熟练程度和判断能力的强弱必然要制约人的劳动能力与水平，而劳动技巧的熟练水平要经过教育培训才能提高，教育培训则是需要花费时间和付出学费的。这可被认为是人力资本投资的萌芽思想。斯密认为经济增长主要表现在社会财富或者国民财富的增长上，财富增长的来源取决于两个条件：一是专业分工促使劳动生产率的提高，因为分工越细人们的劳动效率越高；二是劳动者数量的增加和质量的提高。这些思想都为构建现代人力资本理论奠定了基础。

现代人力资本理论的首创者是美国著名经济学家西奥多·舒尔茨（Theodore W.

Schultz），他将人力资本的特征概括为以下四个方面：知识、技能、资历、经验及熟练程度等能力和素质是人力资本的主要类型；具体体现在从事工作的总人数及劳动市场上的总工作时间；且系统阐述了人力资本的概念和性质、人力资本的内容和形式；并对教育在一国经济增长中的贡献以及对教育投资的收益率进行了部分定量分析。因此，舒尔茨最早系统提出了人力资本理论，他侧重于人力资本的宏观方面，重点关注了经济增长过程中的人力资本与物质总量资本之间的比例关系。现代人力资本理论的代表人物之一雅各布·明塞尔（Jacob Mincer）在人力资本理论方面的贡献是将教育年限作为衡量人力资本投资的重要标准，计量分析了劳动者增加一年教育而增加的个人收入，即明塞尔收益率，同时他将人力资本理论研究由宏观社会扩展到了微观组织、家庭和个人。美国著名经济学家加里·S. 贝克尔（Gary S. Becker）主要采用经济学计量分析，系统阐述了人力资本理论，认为人力资本是通过人力投资形成的资本，是用于增加未来货币和收益的人力源泉的知识、技能和体能，从家庭生产时间价值及分配的角度系统分析了人力资本生产、人力资本收益分配规律以及职业选择等问题。这一分析弥补了舒尔茨只分析教育对经济增长宏观作用的欠缺，着重从微观上研究了人力资本与个人收入分配的关系，不仅研究了教育投资与收入之间的关系、家庭的生育决策、家庭形式的变化，而且研究了孩子的数量与质量之间替代关系以及政府行为对于提高家庭安排效率等过去被主流经济学理论所忽视的个人家庭人力资本投资决策问题。

总之，现代人力资本理论被广泛应用于经济增长、国际贸易与投资、人口流动以及劳动就业等诸多领域，其理论视角与研究方法有助于解决当前经济发展中的劳动力供需结构失衡而产生的结构性就业矛盾。

2.2.6.2　社会资本理论

哈尼凡（Hanifan）于 1916 年发表的《乡村学校社区中心》一文中首次提出"社会资本"（social capital）一词。但直到 1980 年，法国社会学家皮埃尔·布尔迪厄（Pierre Bourdieu）在《社会资本随笔》一文中，才正式提出"社会资本"这一概念，并将其定义为"……与群体成员相联系的实际的或潜在的资源的总和，它们可以为群体的每一个成员提供集体共有资本支持……"①。随后，美国芝加哥大学社会学教授詹姆斯·科尔曼（James Coleman）于 1988 年和 1990 年先后发表了题为《社会资本在人力资本创造中的作用》的论文和以《社会理论的基础》为书名的著作对社会资本理论进行了系统的阐述，从而完成了社会资本的研究框架②。至此，学者们对"社会资本"概念从不同角度加以了界定（见表 2-1）。

具体从社会资本概念的界定来看，布尔迪厄的社会资本的概念界定是从关系网络形式的存在进行界定的，主张"关系"的首要地位。布尔迪厄认为，社会资本是一种通过对"体制外关系网络"的占有而获取的实在或潜在资源的集合体，是个人和团体有意识投资的产物。而科尔曼是从社会结构的角度界定社会资本的，即"所谓的社会资本，是指个人拥有的以社会结构资源为特征的资本财产，社会资本由构成社会结构的各个要素构成，存在于人际关系的结构中，为结构内部的个人行动提供便利"③。随后诸多学者从不同视角和不同方面对社会资本概念进行了界定，例如亚历山大·波茨（Alejandro Portes）从网络成员关系定义社会资本；罗纳尔·博特（Ronald Burt）从"结构洞"的角度定义社会资本；林南（Lin Nan）从网络资源的角度定义社会资本；罗伯特·普特南（Robert Putnam）则从社会组织的角度定义社会资本；福山（Francis Fukuyama）从社会文化的角度定义社会资本（见表 2-1）。以上关于社会资本的定义，都是从某一个方面揭示了社会资本这一概念所涵盖的内容，王朝明等认为，无论是把社会资本界定为网络组织，还是价值规范、互惠信任、合作行动等，都是社会资本存在的形式或发挥的功能，而不是社会资本本身的定义，而社会资本是以资本形态嵌入制度化关系网络中，并能通过投资积累为网络中的行动者带来收益或便利的社会资源④。

---

① BOURDIEU P. The Forms of Capital［C］//Richardson, John G.（ed.）, Handbook of theory and research for the sociology of education, New York: Greenwood Press, 1986: 241-258. 转引自: 邹宜斌. 社会资本: 理论与实证研究文献综述［J］. 经济评论, 2005（6）: 120-125.

② 参见: 王朝明, 等. 社会资本视角下政府反贫困政策绩效管理研究: 基于典型社区与村庄的调查数据［M］. 北京: 经济科学出版社, 2013: 29.

③ 科尔曼. 社会理论的基础［M］. 邓方, 译. 北京: 社会科学文献出版社, 1999: 354.

④ 王朝明, 等. 社会资本视角下政府反贫困政策绩效管理研究: 基于典型社区与村庄的调查数据［M］. 北京: 经济科学出版社, 2013: 29-30.

表2-1 不同视角下的"社会资本"内涵

代表人物	内涵
布尔迪厄：关系网络	"……与群体成员相联系的实际的或潜在的资源的总和，它们可以为群体的每一个成员提供集体共有资本支持……"（1986）
科尔曼：社会结构	"是指个人拥有的以社会结构资源为特征的资本财产，社会资本由构成社会结构的各个要素构成，存在于人际关系的结构中，为结构内部的个人行动提供便利。"（1990）
博特：社会网络结构、"结构洞"	"网络结构中行动者提供信息和资源控制的程度，通过朋友、同事以及一般的熟人获取金融和人力资本的机会。"（1992）①
普特南：社会组织	"与物质资本和人力资本相比，社会资本指的是社会组织特征，例如信任、规范和网络，它们通过推动协调和行动来提高社会效益。社会资本提高了物质资本和人力资本的收益。"（1995）②
波茨：网络成员	"个人通过他们的成员身份在网络中或者在更宽泛的社会结构中获取稀缺资源的能力，这种资源获取能力不是个人固有的，而是个人与他人关系中包含着的一种资产，是社会嵌入的结果。"（1998）③
福山：社会文化	"所谓社会资本，是建立在社会或者特定群体之中成员之间的信任普及程度，是一个社团中，成员对彼此常态、诚实和合作行为的期待，其基础是社团成员共拥有的规范以及个体隶属于哪个社团角色。"（1995）④
林南：网络资源	"……内嵌于社会网络中的资源，行为人在采取行动时能够获取和使用这些资源。因而，这个概念包含两个重要的方面：一是它代表的是内嵌于社会关系中而非个人所有的资源；二是获取和使用这种资源的权力属于网络中的个人……"（2001）⑤

资料来源：王朝明，等.社会资本视角下政府反贫困政策绩效管理研究：基于典型社区与村庄的调查数据[M].北京：经济科学出版社，2013：29；邹宜斌.社会资本：理论与实证研究文献综述[J].经济评论，2005（6）：120-125；肖冬平，王春秀.社会资本研究[M].昆明：云南大学出版社，2013：7-13.

社会资本具有资本的一般属性，即资本的增值性、积累性、生产性、规模效应性、经济价值的可转换性以及折旧与更新属性，除此之外，社会资本还具有自身独特的属性。埃莉诺·奥斯特罗姆将社会资本的特征归纳为四点：①社会资本不会因为使用而枯竭但会因不使用而枯竭，即"用进废退"；②社会资本难以观察和度量；③社会资本容易通过外部干预而形成；④全国性和区域性政府机构强烈影响着个人

---

① BURT R S. Structural holes [M]. Cambridge：Harvard University Press, 1992.

② PUTNAM R D. Tuning in, tuning out：the strange disappearance of social capital in America [J]. political science & politics, 1995, 28 (4)：664-683.

③ PORTES A. Social capital：Its origins and applications in modern sociology [J]. Annual review of sociology, 1998, 24 (1)：1-24.

④ 福山.信任：社会道德与繁荣的创造 [M]. 李宛蓉，译.呼和浩特：远方出版社，1998：35.

⑤ 林南.社会资本：关于社会结构与行动的理论 [M]. 张磊，译.上海：上海人民出版社，2005.

追求长期发展目标所需要的社会资本类型范围①。除以上独特属性外，社会资本还具有无形性、社会网络性、外部性、不可让渡性、可再生性以及嵌入性等特性。此处从功能上讲，社会资本具有正负双重效应，有学者认为主要表现为"桥梁网络"（briding networks）和"联系网络"（bonding newworks），前者是包容的和开放的，异质性群体之间能够建立联系，社会资本能发挥积极作用；而后者是排斥外来者的，可能对参与网络的成员来说有积极作用，于网络以外人员或许带来消极的结果②。

人力资本理论和社会资本理论是构成本书从市场结构维度分析结构性失业的重要理论基础。在结构性失业群体中，因为缺乏必要的人力资本或社会资本而发生就业困难的群体占据了较大比重。尤其在劳动力市场分割的环境下，缺乏人力资本或社会资本，将会使得这部分就业困难群体面临更大的就业压力，同时会进一步加剧结构性失业。因此，从市场结构维度看，劳动者个人拥有的人力资本与社会资本的差异是导致结构性失业显化的内生机制，而本书选择人力资本和社会资本的相关理论正是要为阐述论证这一机制提供理论工具。

2.3 本书分析框架

2.3.1 分析框架图说明与"三维度"结构的内在逻辑

2.3.1.1 分析框架的简要说明

根据上述理论基础，本书以马克思主义政治经济学相关理论为基础，结合西方经济学的就业与失业理论、制度变迁理论、产业结构调整升级理论以及人力资本理论和社会资本理论，构建三个维度的理论分析框架，即制度结构维度、产业结构维度与市场结构维度，探讨我国结构性失业运行的多种机制。在对结构性失业理论分析与实证分析的基础上，构建三个维度的结构性失业预警机制。在实证方面，基于以上理论分析，首先，对结构性失业进行有效测度，即运用 Hodrick-Prescott 滤波、Band-Pass 滤波以及卡尔曼滤波（Kalman Filter）等方法从总失业率中分解出结构性失业；其次，从制度结构、产业结构与市场结构，对结构性失业的衍生机制、效应机制以及深化机制进行实证分析；最后，运用三种神经网络方法对结构性失业率进

---

① 肖冬平. 社会资本研究 [M]. 昆明：云南大学出版社，2013：14.
② 王朝明，等. 社会资本视角下政府反贫困政策绩效管理研究：基于典型社区与村庄的调查数据 [M]. 北京：经济科学出版社，2013：63.

行模拟与预测，以验证本书构建的结构性失业预警机制。并结合我国结构性失业具体问题，从"三维度一机制"角度提出相应的政策建议（见图2-1）。

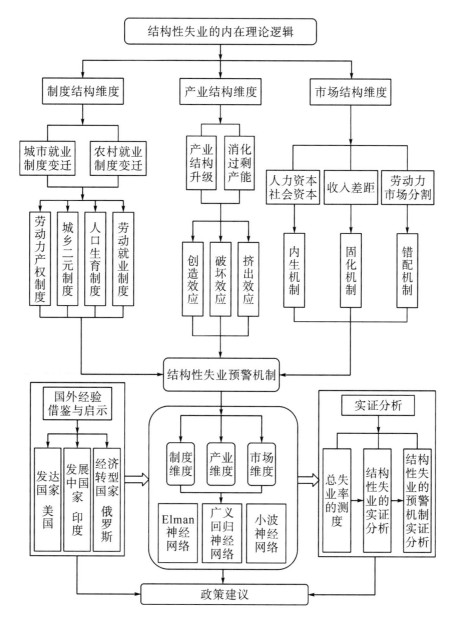

图2-1　结构性失业的"三维一机制"分析框架

2.3.1.2　"三维度"结构的逻辑贯通性

本书的研究重点发轫于制度结构、产业结构和市场结构三个维度的框架。而这三个维度之间的内生逻辑关系表明它们之间是相互作用、相辅相成的。

首先,制度结构是本书分析我国结构性失业生成、演化、凸显的前提条件,其他两个维度(产业结构维度与市场结构维度)都是以制度结构维度的理论分析为前提的。在转型时期,以经济体制改革为主要内容的制度变迁是我国结构性失业发生的制度现实,无论是产业结构还是市场结构都与经济体制改革不断深化有关,我国的结构性失业很大部分是由体制障碍造成的。结合本书主题,这里所研究的制度结构主要是指经济体制转型过程中影响结构性失业的制度环境及其变迁过程,主要包括劳动力产权制度、城乡二元结构体制、人口生育制度以及劳动就业制度四个方面。

其次,产业结构维度是本书探究结构性失业的核心内容。产业结构维度既是制度结构维度的延伸,也是市场结构维度的先导。具体而言,经济体制转型不仅体现在资源配置方式的转换,也表现为经济经营方式的转变;而产业结构优化升级,不仅是产业结构变动,也是宏观调控与微观管制方式的转变。产业结构是就业结构的载体,故产业结构维度对就业结构的影响是直接而深刻的,反映出劳动力市场就业结构的变动趋势。可以发现改革开放 40 多年来,我国就业结构随着产业结构的优化升级而不断调整,但是不容忽视的是我国就业结构的变动长期滞后于产业结构的变动,学术界在研究中将此称为"中国就业的非典型性"。同时,就业结构和劳动力供给结构与产业结构不匹配的问题日益严重,由此结构性失业问题则逐渐突出。每一次产业结构升级,都会导致落后产业内劳动力重新配置,转岗工人重新培训择业,新增劳动力摩擦性失业,他们中的一部分人很难适应新兴产业的技能与知识需求,因此,产业型结构性失业群体构成了我国结构性失业的重要组成部分。基于此,产业结构维度是分析我国结构性失业及其预警机制的核心内容,也就是说,分析结构性失业必须借助产业结构这一载体,注重产业结构变动对失业结构的影响机制分析。

最后,市场结构维度是本书分析结构性失业的关键环节。市场结构维度既是制度结构维度变动的深层次体现,也是产业结构维度变动的具体体现与现实反映。具体而言,劳动力资源配置方式转变是经济体制转型的内涵之一,也是经济发展方式转变的必然要求;同时,就业结构必然随着产业结构的优化升级而变动,这直接体现为劳动力市场上就业群体的变动,并反映出未来的就业趋势。市场结构维度主要基于劳动力市场分割,分析转型时期我国结构性失业深化过程中的市场配置因素。在市场结构维度方面,劳动力市场的分割是导致劳动力供需结构失衡的市场因素。无论是劳动力市场的体制分割还是产业分割,最终作用于劳动力市场,导致了不同劳动市场之间的劳动力非正常流动，具体表现为一方面存在职位空缺，另一方面劳动力供给过剩。结合我国劳动力的实际，多元复杂的劳动力市场分割是我国结构性失业治理面临的重大难题。加之我国劳动力人力资本匮乏内生于结构性失业之中，而收入差距扩大则固化了结构性失业。因此，市场结构维度是分析我国结构性失业及其预警机制的关键环节。

可见，本书正是通过"前提""核心""关键"这样三个逻辑贯通节点将制度结构、产业结构和市场结构三个层次分析融通和衔接起来，并在后续章节中具体展开、体现的。

接下来，对分析框架中"三维度一机制"的设计要点做概要性介绍，进一步的展开分析将在后续各章节中完成。

2.3.2 制度结构：结构性失业衍生的制度环境因素

在制度结构维度方面，本书以马克思制度理论为基础，结合西方经济学的制度变迁理论分析结构性失业衍生的四个制度因素，即制度结构维度分为四个方面。一是劳动力产权制度：结构性失业的产权条件。该部分主要分析了转型时期我国劳动力产权的制度构建过程与存在的制度缺陷，认为劳动力产权制度的不完善是导致结构性失业的产权条件。二是城乡二元体制：结构性失业的体制障碍。在回顾我国的城乡二元体制的基础上，分析了城乡二元体制导致了城乡劳动力的流动制度性障碍，认为以城乡分割的户籍制度为核心的二元体制，是导致我国结构性失业的制度性障碍，而户籍制度的结构并不能完全消除农村劳动力向城市转移的制度约束。三是人口生育制度：结构性失业的人口结构因素。人口的结构性转变与生育制度的变迁直接作用于劳动力供给结构。改革开放40多年来，我国经济社会发展取得了辉煌成就，但人口结构老龄化与少子化的趋势日益成为制约优化人口结构的主要因素。人口生育制度是主导人口结构转变的主要因素，同时人口结构直接影响劳动力的供给结构。从人口生育制度的变迁过程考察人口结构的转变和劳动力供给结构对于研究结构性失业问题显得非常必要。四是劳动就业制度：结构性失业的制度影响。尝试将劳动力就业制度进行细化，从宏观角度研究制度变迁维度下的结构性失业。转型时期劳动就业制度改革的起点是计划经济体制下的"统包统配"就业制度，改革的途径是通过渐进式、双轨制运行到实施全员劳动合同制，改革的方向是建立现代劳动力市场就业制度。结构性失业在就业制度的变迁过程中得以逐步显化。

2.3.3 产业结构：结构性失业激化的产业升级因素

从产业结构维度来探究结构性失业的演化扩展，可以发现改革开放 40 多年来，我国就业结构随着产业结构的优化升级而不断调整，但是不容忽视的是我国就业结构的变动滞后于产业结构的变动，同时就业结构和劳动力供给结构与产业结构不匹配的问题日益严重，由此结构性失业问题逐渐突出。因此，分析结构性失业必须借助于产业结构这一载体，注重分析产业结构变动对失业结构的影响机制。产业结构维度分为三个效应：产业结构升级中的就业创造效应、破坏效应和消化过剩产能中的就业挤出效应。在产业结构维度方面，本书以马克思主义经济学相关理论为基础，结合产业结构升级的理论，一是从宏观角度分析产业结构性升级对就业的创造效应和破坏效应，并以供给侧结构性改革、消化过剩产能为背景，分析其对就业的挤出效应。二是从中观角度分析行业结构转型升级中的就业创造效应与就业破坏效应，即行业结构变动的就业传导机制，并分析了传统行业消化过剩产能过程中的就业挤出效应。可以说，就业创造与就业破坏是产业结构转型升级中不可避免的现象，特别是经济转型时期，在我国就业结构转变滞后于产业结构转变而导致较为严重的结构性失业的情况下，就业的破坏效应更为明显。同时，进入经济新常态后，产能过剩问题日益凸显，消化过剩产能势必会对过剩产能所占用的冗余人员产生一定冲击，造成制造行业部分员工的下岗失业，引起结构性失业的增加。因此，在优化产业结构及转换经济增长动能过程中，不仅要综合考虑产业结构升级的就业创造与就业破坏效应，还要预防消化过剩产能而导致的就业挤出效应。

2.3.4 市场结构：结构性失业深化的市场配置因素

从市场结构维度分析结构性失业，主要基于劳动力市场分割，分析转型时期我国结构性失业的深化过程中市场配置因素。在市场结构维度，主要以马克思就业与失业理论为基础，借鉴人力资本理论、社会资本理论以及劳动力市场分割理论，分析结构性失业的内生机制和固化机制，以及劳动力市场分割下的劳动力流动和错配机制，进一步深入分析结构性失业深化的市场分割机制。我国的劳动力市场分割由来已久，其中首要的分割就是劳动力市场的城乡二元分割，这是制度因素导致的体制性分割。随着我国城市化进程的推进，劳动力市场体系逐步建立，但劳动力市场的分割并未消减，反而衍生出多种形式的劳动力市场分割，这是产业伴生性的分割，体现出显著产业升级转换的特点。从转型时期我国劳动力市场分割的演变来看，我国劳动力市场经历了从二元分割到多元分割，再由多元分割向市场一体化转变的趋势。劳动力市场分割导致劳动力供求错配是结构性失业产生的市场因素。本书从劳动者的人力资本与社会资本入手着重分析劳动力市场错配导致结构性失业的内生机制，并分析收入差距扩大视角下的结构性失业的固化机制。

2.3.5　结构性失业的预警："三个维度"的机制设计

本书关于结构性失业预警机制的设计以结构性失业的理论与实证研究为基础，主要基于三个维度构建结构性失业预警机制，即本书分析结构性失业的三个维度：制度结构维度、产业结构维度与市场结构维度。制度变迁是我国经济转型的重要现实基础，而我国的结构性失业很大部分是由体制障碍造成的，主要包括所有制结构与城乡二元结构制度，很多其他的制度变革都是以此为基础的，因此，制度结构是结构性失业预警机制的前提。改革开放40多年来，我国产业结构不断优化升级，而就业结构转换滞后于产业结构。每一次产业结构升级，都会导致落后产业内劳动力重新配置，转岗工人重新培训择业，但是他们中的一部分人很难适应新兴产业的技能与知识需求，因此，产业型结构性失业群体构成了我国结构性失业的重要组成部分。基于此，产业结构维度是我国结构性失业预警机制设计的核心内容。劳动力市场的市场分割是导致劳动力供需结构失衡的市场因素。无论是劳动力市场的体制分割还是产业分割，最终都作用于劳动力市场，导致了不同劳动力市场之间的劳动力非正常流动，具体表现为一方面存在职位空缺，另一方面劳动力供给过剩。结合我国劳动力的实际，多元复杂的劳动力市场分割是我国结构性失业治理面临的重大难题。加之我国劳动力人力资本匮乏内生于结构性失业之中，而收入差距扩大则固化了结构性失业。因此，市场结构维度是结构性失业预警机制设计的关键环节。

2.4　本章小结

本章首先对研究所涉及重要概念进行了界定，以厘清相关概念之间的关系。其次，提炼本书的理论基础。本书坚持以马克思政治经济学理论为基础，结合西方经济学的就业与失业理论、制度变迁理论、产业结构升级调整理论以及人力资本理论和社会资本理论，为后文对结构性失业的理论分析划定了理论运用范围。最后，介绍了本书研究的分析框架，本书结合理论基础与研究主题，构建了"三维度—机制"分析框架，主要从经济体制转型、产业结构变迁以及劳动力市场配置资源这三个维度分析结构性失业的内在理论逻辑，并在此基础上构建结构性失业预警机制。

3 体制改革、产业结构调整与劳动力 市场资源配置：结构性失业演进

如前所言，本书将结构失业的研究置于中国经济转型的现实背景，因此对于中国经济转型时期的人口总量增长与结构变动、经济体制改革与转型、产业结构调整以及劳动力市场建立与完善过程中的失业与结构性失业要做充分的了解。基于此，本章重点介绍改革开放 40 多年来，我国人口转变、体制改革、产业结构调整与劳动力市场配置资源下的结构性失业演进状况，作为现实经验分析为下一章节的理论分析做铺垫。

3.1 引言

从改革开放四十多年的实践经验来看，我国的经济转型主要包括经济体制转型与经济发展方式转变两个方面。改革开放初期我国的经济转型以经济体制转型为主，随着改革的深化和社会主义市场经济体制的逐步建立与完善，逐渐过渡到以经济发展方式转型为主。尤其是进入经济新常态后，经济增长由高速增长转变为中高速增长，经济结构面临结构转型压力的同时，以往增长方式不可持续，故"调结构稳增长"成为新常态下经济工作的重要内容。供给侧结构性改革提出的"三降一去一补"正是要解决经济发展过程中的结构性失衡问题，但经济转型发展过程中的"结构性阵痛"难以避免。在此背景下，我国经济运行中既存在经济体制转型所导致的结构性失业，也存在经济发展方式转变所引致的结构性失业。如产业结构调整作为经济发展方式转变的典型特征，其中蕴含了经济发展方式转变可能产生的产业型结构性失业风险。经济体制转型产生的制度型结构失业与经济发展方式转变呈现的产业型结构性失业风险交织在一起，共同出现在劳动力市场中，构成了转型期结构性

失业的主要组成部分，推动了总量失业向结构性失业的转化。

转型时期，我国的结构性失业日益凸显，主要表现为城乡分割体制下农民工"返乡潮"与企业"招工难"、产业结构调整过程中"技工荒"与低技能劳动者的"就业难"、区域劳动力市场结构性矛盾与下岗失业群体的再就业困难、高新技术人才短缺与大学毕业生就业难等日益突出的结构性就业矛盾。具体而言，国家统计局发布的《2018 年农民工统计监测调查报告》显示，农民工在总数增长的同时，进城务工数量减少 204 万人，下降了 1.5 个百分点①。表明农民工数量在增长，但返乡人数也在同步增长。同时，东部地区农民工需求数量在增长，而输入东部地区的农民工数量却在持续减少。区域型结构性就业矛盾主要表现为东北地区人口减少，劳动力供给短缺，而中西部地区劳动力供给则相对宽裕，劳动力的区域结构性失衡制约了区域经济的协调发展。除此之外，高级技术人才短缺，也严重制约了经济的转型发展。中国社科院社科文献出版社发布的 2017 年人才蓝皮书《中国人才发展报告（NO.4）》显示，我国高级技工缺口高达近千万人②。与高级技工人才短缺相对应的是我国大学毕业生"就业难"问题却日益严重。尤其是在近年来大学毕业生人数不断攀升的情况下，大学毕业生"就业难"问题将更加突出。根据麦可思研究院最新发布的数据，近年来全国大学生总体就业率呈下降趋势③。总体而言，我国的结构性失业问题较为严重，据国家统计局最新发布的数据，2019 年 4 月城镇调查失业率为 5%④，其中结构性失业人数占据了总失业人数的绝大部分。结构性就业矛盾所产生的结构性失业问题日渐突出，总的来说是由于经济体制转型、产业结构调整升级以及劳动力市场机制等诸多因素综合作用于劳动力供给与需求而导致的结构失业并逐渐显化。

根据我国转型期体制改革、产业结构调整和劳动力市场建立与完善的具体历程，本书将转型期结构性失业的演进划分为三个阶段，每个阶段呈现出各自的特征，概述如下。

---

① 国家统计局. 2018 年农民工统计监测调查报告［EB/OL］.（2019-04-29）［2024-03-31］. http://www.stats.gov.cn/tjsj/zxfb/201904/t20190429_1662268.html.

② 转引自：祝建波. 破"技工荒"需先转变观念［N］. 劳动午报，2017-3-14（02）.

③ 具体可参见：麦克思研究院，王伯庆，陈永红. 2019 年中国本科生就业报告［R］. 北京：社会科学出版社，2019；麦克思研究院，王伯庆，马妍. 2019 年中国高职高专生就业报告［R］. 北京：社会科学文献出版社，2019.

④ 国家统计局. 4 月份国民经济运行在合理区间稳中有进态势持续［EB/OL］.（2019-05-15）［2024-04-30］. http://www.stats.gov.cn/tjsj/zxfb/201905/t20190515_1664968.html.

第一阶段：初步显化阶段，呈现出隐性失业逐步转化为显性结构性失业的特征（1978—1992 年）。即隐性失业逐步演变为显性失业，结构性失业初步显现。这一时期随着农村与城镇经济体制改革，原就业领域释放出大量的剩余劳动力，原本计划经济体制下的隐性失业逐步显性化，显性失业除了总量就业问题还有结构性就业问题；前者转向结构性失业主要体现在农村转移劳动力就业问题和城镇国有企业改革中富余人员就业问题。

第二阶段：日渐凸显阶段，呈现出总量失业过渡到结构性失业的阶段性转变特征（1993—2012 年）。即总量失业问题逐步过渡到结构性失业问题，结构性失业问题开始引起各方关注。在这一阶段，先是由国有企业改革引发下岗失业潮，随后农村剩余劳动力转移就业面临困境，出现农民工"返乡潮"与企业"招工难"并行，随之又是部分大学毕业生面临"毕业即失业"的"择业难"问题。劳动力市场上面临"三碰头"的就业局面，结构性失业日益凸显。

第三阶段：就业结构性矛盾阶段，呈现出结构性失业由量变积累而产生质变，且上升为主要矛盾的阶段特征（2013 年至今）。即结构性失业上升为就业主要矛盾，成为制约经济转型与高质量发展的主要就业问题。步入经济新常态后，经济在迈入高质量发展阶段的同时，面临较大的下行压力，加剧了经济运行中的失业风险。而产业结构转型升级过程中，劳动力市场资源配置出现的高级技工人才短缺与普通劳动力供给过剩成为常态，结构性失业成为就业主要矛盾。结构性就业矛盾与就业发展不平衡不充分的问题十分突出，具体体现为三次产业就业发展不平衡、高质量就业不足、劳动力市场分割严重等就业问题日益成为制约经济高质量发展的瓶颈。

总之，结构性失业初步显现于改革开放初期，在社会主义市场经济建设的过程中日渐凸显，并在经济新常态背景下上升为制约就业高质量发展的主要矛盾。转型时期结构性失业产生与演化的主要原因可以归为结供给与需求两个方面，具体而言影响结构性失业的主要因素包括：人口总量增长与结构变动是劳动力供给总量增长与结构变动的基础性因素；经济体制改革与转型是促使隐性失业逐渐显性化并向结构性失业转变的推动因素；产业结构调整升级引致就业结构变动，但就业结构滞后于产业结构并引发产业型结构性失业；劳动力市场是劳动力资源配置的决定性因素，但劳动力市场分割、劳动力资源禀赋差异与收入差距的存在制约了市场决定性作用的发挥，从而固化了结构性失业。这些生成结构性失业的因素的作用将在本章下面各节中具体展开分析。

3.2 人口增长及结构变化中的总量就业压力与结构性失业状况

3.2.1 我国人口总量增长与就业总量压力

作为人口大国，我国劳动力供给过剩成为一种常态，给就业工作带来巨大压力。人口增长、计划生育以及人口结构对就业与失业的总量及结构影响甚大，可以说是一个基本的因素。从图 3-1 可以看出，1949 年新中国成立至改革开放这段时间，我国人口维持在一个较高的增长水平。20 世纪 70 年代以前，生育政策由放开鼓励逐步到节制生育，中国人口自然增长规模由新中国成立之初的 5.42 亿多人增长到 1969 年的近 8.08 亿人，年均增长率为 2.02%；接着从 8 亿增长到 10 亿仅用了十多年的时间（1969—1981 年）。直到 1982 年计划生育作为一项基本国策被写入宪法以来，中国的人口出生率才逐渐呈现出下降的趋势，人口的过快增长得到有效抑制，控制了人口总量。到 20 世纪末期，我国的人口自然增长率已经维持在 1% 以下的水平（见图 3-2），但由于庞大的人口基数，我国人口总数在 1999 年达到了 12.56 亿人，并于 2018 年达到了 13.95 亿人[①]。

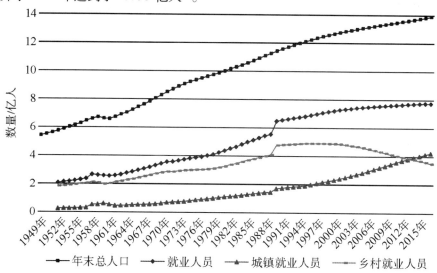

图 3-1　1949—2017 年我国人口总量与就业总量

数据来源：原始数据来源于我国历年统计年鉴。

---

① 数据来源于历年统计年鉴。

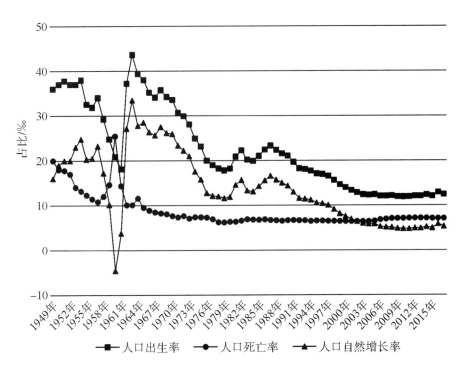

图 3-2　1949—2017 年中国人口出生率、死亡率和自然增长率

数据来源：原始数据来源于我国历年统计年鉴。

巨大的人口总量在为经济发展提供丰富劳动力资源的同时，也带来了较大的总量就业压力。从图 3-1 可以看出，我国的就业人员总量一直随着人口的不断增长而持续上涨，从 1952 年的 2.07 亿人增长到改革开放之初的 4.02 亿人。特别是在改革开放以后，经济体制改革释放了大量的农村剩余劳动力转移到城市就业，就业总量在不断攀升的同时，乡村与城镇的就业格局发生了显著变化。从图 3-1 可以看出，乡村就业人员在 1998 年达到最高点，之后开始逐渐下降，并于 2014 年起低于城镇就业总数。这既反映出城镇化进程中农村农业人口向城镇转移，也反映出我国城镇总量就业压力的逐渐增大。

自改革开放以来，我国的经济活动人口逐年增加（见图 3-3），这既得益于我国人口的增长，更为重要的是我国经济体制改革释放了经济活力，经济持续增长拉动了就业增长。

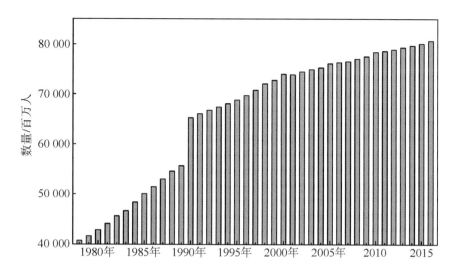

图 3-3　1978—2016 年中国经济活动人口数量

数据来源：原始数据来源于我国历年统计年鉴。

从图 3-4 可以看出，我国的城镇登记失业人数自 1984 年后逐渐攀升，从 235.7 万人上升到 2017 年的 972 万人，而城镇登记失业率也从 1984 年的 1.9% 攀升至 2009 年的 4.3%，之后一直维持在 4.1% 上下。虽然城镇登记失业人数和城镇登记失业率在统计范围与统计方法上存在一定的缺陷，但是这两个数据在一定程度上反映出了我国城镇总量就业压力不断上升的趋势。而由国家统计局数据，可知 2018 年 1—12 月城镇调查失业率一直保持在 4.8% 以上（见图 3-5），高于 2018 年城镇登记失业率 1 个百分点。

图 3-4　1978—2017 年我国城镇登记失业人数与城镇登记失业率

数据来源：原始数据来源于我国历年统计年鉴。

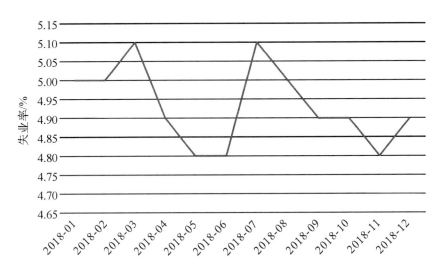

图 3-5　2018 年 1—12 月城镇调查失业率

数据来源：中经网统计数据库。

3.2.2　我国人口结构、劳动力结构变化与结构性失业凸显

改革开放 40 多年来，我国的劳动力人口一直保持着较为年轻的结构，人口抚养比一直处于相对较低的水平，这为经济的飞速发展提供了有利的人口条件。但是一个不容忽视的问题是我国劳动力人口的年龄结构在逐渐老化，并且呈现出加速趋势（见图 3-6）。

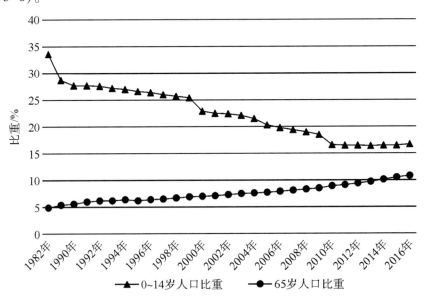

图 3-6　1982—2016 年中国 0~14 岁与 65 岁以上人口比重

数据来源：原始数据来源于我国历年统计年鉴。

劳动力年龄结构老化趋势明显。进入 21 世纪后，伴随着人口出生率的持续下降，人口自然增长率持续下降，表明我国社会已经进入低生育率社会。从社会抚养比来看，儿童抚养比持续下降，老年人口抚养比持续上升，表明新生儿出生率下降，但人口老龄化问题加剧，意味着未来劳动力供给逐渐减少，人口年龄结构趋于老化。从图 3-6 可以看出，我国 65 岁老年人口比重呈现不断上升的趋势，0~14 岁人口占比呈现下降趋势，表明我国的人口老龄化、少子化问题日益凸显。由国家统计局数据可知，2017 年我国 60 岁以上的人口比例超过 17%，约为 2 400 万人，65 岁以上人口比例超过 11%，约为 15 800 万人①，同比增速由 2008 年的 3.0% 增长至 2017 年的 5.5%。我国的老年人口比重严重超标，人口老龄化问题日益严重。在过去将近 40 年里，我国劳动力的年龄结构一直较为年轻，15~64 岁年龄段的人口增长至 2010 年的 74.5%，随后开始下降（见图 3-7）。而老龄人口所占比例则有加速上升的趋势。一方面，从劳动年龄人口的平均年龄及结构来看，我国劳动年龄人口的年龄结构逐渐老化，且近年来加速趋势明显。另一方面，由于国民经济的发展和科学技术在生产中的广泛应用，对劳动者的文化知识和技能水平提出更高的要求，劳动者接受教育的时间相对延长，劳动力资源中受教育的人数比例上升，因此，劳动参与率有逐渐下降的趋势。城市化进程的加快，促使农村年轻劳动力不断向城镇转移，城镇和农村劳动力人口的年龄结构表现出完全不同的发展趋势。由于年轻农村劳动力的流入，城镇劳动力规模不断扩大，故年龄结构一直相对年轻。而农村地区，由于年轻劳动力人口的持续迁出，农村劳动力人口在数量持续减少的同时，其年龄结构也将呈现快速老化的变化趋势。

无论是从劳动力规模还是从劳动力年龄结构来看，我国的劳动力供给结构都面临新的挑战，尤其是在供给侧结构性改革的背景下，加快转变经济发展方式，经济由高速增长转变为高质量发展，增长动能由要素驱动转换为创新驱动的一系列转变，最终都主要以产业结构升级和优化的方式表现出来。我国产业结构转型升级的方向主要是由劳动密集型向资本和技术密集型升级，由制造业为主向服务业为主转换，主要依靠的手段就在于提高全要素劳动生产率。在经济新常态背景下，深化推进供给侧结构性改革，促进产业结构转型升级与消化过剩产能同时进行，在短期内对劳

① 国家统计局. 中华人民共和国 2017 年国民经济和社会发展统计公报［EB/OL］.（2018-02-28）［2024-04-30］.http://www.stats.gov.cn/tjsj/zxfb/201802/t20180228_1585631.html.

动就业产生了较大的压力，劳动力市场的结构性失业问题更加突出。出生率下降和出生人口的减少，使未来劳动力供给总量趋于减少，劳动力成本持续上升，以致劳动密集型产业面临巨大挑战。资本和技术密集型产业的发展会扩大劳动力市场的技能缺口。而劳动力人力资本的形成并非朝夕之功，在劳动力市场上劳动力供给规模仍然维持高位运行的同时，面临着低技能劳动力供给过剩和高技能劳动力供给不足的双重局面，也就是就业总量压力与结构性失业压力并存的格局。而劳动力结构老化将会使得这一局势更加严峻。因为根据人力资本的形成规律，劳动者的人力资本投资基本集中在 30 岁以前，后期知识改善和文化程度提高的机会和可能性很小，而当今社会，知识更新速度快，无形之中加快了人力资本的折旧速度。因此，人口老龄化将会提高低技能劳动者的比重。

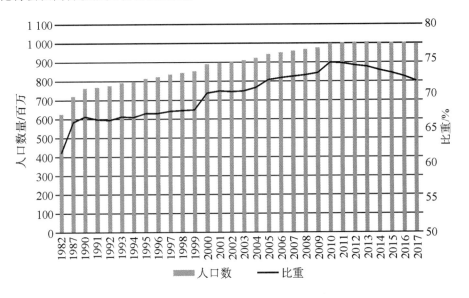

图 3-7　1982—2017 年中国 14~65 岁年龄段人口变化趋势

数据来源：原始数据来源于我国历年统计年鉴。

3.2.3　计划生育政策制度与改革：人口出生率增长的政策效应

新中国成立 70 多年来，我国的人口生育政策几经变动，经历从节制生育到计划生育的转变，同时也实现了从强制性变迁向诱致性变迁的体制转型，并且每一次变动无不体现出时代特征，政策的制定与出台都是在人口总量增长与结构转变的特殊时期。特别是计划生育政策在实施之初主要以降低生育率和控制人口增长为基本指向。

　　21世纪50年代中后期，面对日益增长的人口，国家领导人和学界开始有人担忧人口增长过快将会对国民经济发展增加压力，由此提出节育政策，成为新中国人口生育制度变革的逻辑起点①。在此之后，政府在部分市县进行了试点工作，但是随后经历了一段时间的曲折发展。直到1971年，国务院转发《关于做好计划生育工作的报告》，计划生育体制随着实践发展初步形成。1982年作为基本国策写入宪法，"晚婚、晚育、少生、优生"的生育政策形成，从而完成了从节制生育到计划生育的话语转换②。20世纪90年代后，我国的计划生育制度步入了法律制度完善、制度规范化阶段，在这一时期，中央与地方相继出台了一系列法律法规，通过制度化、常态化、规范化，计划生育制度在依法行政的基础上，逐步进行了制度建设，并努力提高了服务质量。2010年之后，为适应人口与经济发展形势，我国的人口生育制度经历了重大调整，即由各地方政府施行"双独二孩"政策，逐渐转变为全国的"单独二孩"政策。之后，《人口与计划生育法修正案（草案）》于2016年正式施行，标志着我国开始统一实施全面二孩政策，有助于缓解我国人口老龄化和养老保障的压力。

　　全面二孩政策实施之后，0~4岁儿童占总人口的比重由5.83%增长到5.91%（表3-1），其中2016年新生儿增长较快，儿童出生率提高的同时，相较于2015年，0-4岁儿童的性别比减小，有利于平衡人口性别，改善我国的男女比例失调问题。放开二孩后，我国育龄妇女的二孩生育率也有所提高，相较于2012年的10.29‰，上升至了2016年的14.48‰，但是一孩的出生率却呈下降趋势，由2012年的23.38‰下降到2016年的19.87‰（见图3-8），下降较为明显，反映了随着经济发展以及进入2012年经济新常态后，生育率呈现下降的趋势。

表3-1　中国0~4岁人口所占比重计性别比重

年龄	占总人口比重			性别比（女＝100）		
	2015年	2016年	增长率	2015年	2016年	增长率
0~4	5.83%	5.91%	1.37%	116.23	115.62	-0.52%
0	1%	1.05%	5.00%	112.55	116.22	3.26%

① 具体详细论述可参见：杨发祥. 新中国生育制度的历史回顾与反思 [J]. 历史教学问题，2011（1）：20-25.

② 杨发祥. 新中国生育制度的历史回顾与反思 [J]. 历史教学问题，2011（1）：20-25.

表3-1(续)

年龄	占总人口比重			性别比（女=100）		
	2015 年	2016 年	增长率	2015 年	2016 年	增长率
1	1.13%	1.05%	-7.08%	116.5	114.43	-1.78%
2	1.18%	1.22%	3.39%	116.62	116.15	-0.40%
3	1.31%	1.25%	-4.58%	117.22	114.42	-2.39%
4	1.21%	1.34%	10.74%	117.62	116.75	-0.74%

数据来源：历年中国人口和就业统计年鉴。

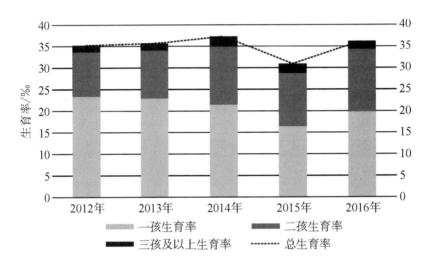

图3-8　中国育龄妇女生育率

数据来源：历年中国人口和就业统计年鉴。

　　具体从分年龄段、分城乡看，2016 年全面二孩政策放开后，除 15~19 岁的育龄妇女，其余年龄段的育龄妇女生育率均有不同程度的增加，25~39 岁的妇女作为主要的生育人群，生育率增加较为明显。相较于 2015 年，除 44~49 岁年龄段的育龄妇女二孩生育率下降外，其余年龄段二孩生育率均有所增加，可能是因为年龄较大，生育孩子存在较高的风险，所以二孩政策对其生育率影响不大；35~39 岁、25~29岁、40~44 岁三个年龄段的二孩育龄率有较大幅度的增长，二孩生育率增长率依次为 31.30%、22.43%、22.45%（见表 3-2）。2016 年全面二孩政策实施后，中国城市、镇、乡村各年龄段育龄妇女的总和生育率和二孩生育率均有不同程度的增长，相对而言，城市各年龄段育龄妇女的生育率增长要远高于镇和乡村（见表 3-3）。计划生育政策背景下，大部分生活在城市的"80 后""90 后"都是独生子女，承受了

"4+2"养老的压力，所以二胎的意愿更强，希望有两个孩子互相陪伴，也缓解后期的养老压力。2016年中国城市25~29岁、30~34岁和35~39岁三个年龄段的二胎生育率分别为24.53‰、25.93‰和14.52‰，分别增长了47.59%、19.22%、27.70%（见表3-4）。

表3-2　2012—2016年中国各年龄段育龄妇女生育情况

年龄	生育率	2012年	2013年	2014年	2015年	2016年	增长率
15~19岁	总计	6.72‰	7.84‰	11.19‰	9.19‰	8.33‰	-9.36%
	一孩	6.43‰	7.32‰	10.06‰	7.99‰	7.14‰	-10.64%
	二孩	0.25‰	0.5‰	0.89‰	1.12‰	1.13‰	0.89%
	三孩及以上	0.04‰	0.02‰	0.22‰	0.08‰	0.07‰	-12.50%
20~24岁	总计	72.8‰	69.53‰	79.77‰	54.96‰	61.12‰	11.21%
	一孩	60.23‰	58.17‰	60.46‰	40.17‰	44.85‰	11.65%
	二孩	11.78‰	10.73‰	17.96‰	13.39‰	15.08‰	12.62%
	三孩及以上	0.79‰	0.63‰	1.33‰	1.41‰	1.19‰	-15.60%
25~29岁	总计	96.82‰	93.97‰	93.62‰	74.31‰	88.05‰	18.49%
	一孩	65.68‰	61.22‰	54.13‰	41.55‰	49.43‰	18.97%
	二孩	28.44‰	29.75‰	34.77‰	28.8‰	35.26‰	22.43%
	三孩及以上	2.69‰	3‰	4.7‰	3.96‰	3.37‰	-14.90%
30~34岁	总计	50.81‰	50.84‰	49.03‰	45.31‰	52.27‰	15.36%
	一孩	22.21‰	22.84‰	17.01‰	14.98‰	18.61‰	24.23%
	二孩	24.46‰	24.15‰	25.74‰	25.42‰	29.29‰	15.22%
	三孩及以上	4.05‰	3.76‰	6.25‰	4.91‰	4.36‰	-11.20%
35~39岁	总计	17.15‰	18.68‰	17.04‰	18.6‰	25‰	34.41%
	一孩	4.8‰	5.96‰	4.3‰	4.63‰	8.19‰	76.89%
	二孩	9.91‰	9.95‰	9.71‰	10.96‰	14.39‰	31.30%
	三孩及以上	2.44‰	2.68‰	3.01‰	3.01‰	2.42‰	-19.60%
40~44岁	总计	5.47‰	4.66‰	3.96‰	5.37‰	9.07‰	68.90%
	一孩	1.51‰	1.52‰	0.75‰	1.85‰	5.19‰	180.54%
	二孩	2.88‰	2.35‰	2.22‰	2.45‰	3‰	22.45%
	三孩及以上	1.08‰	0.78‰	0.97‰	1.07‰	0.88‰	-17.76%

表3-2(续)

年龄	生育率	2012 年	2013 年	2014 年	2015 年	2016 年	增长率
45~49 岁	总计	1.56‰	1.76‰	1.07‰	3.11‰	6.1‰	96.14%
	一孩	0.75‰	0.8‰	0.17‰	1.25‰	4.68‰	274.40%
	二孩	0.58‰	0.61‰	0.54‰	1.23‰	1.07‰	−13.01%
	三孩及以上	0.23‰	0.35‰	0.37‰	0.63‰	0.35‰	−44.44%

数据来源：历年中国人口和就业统计年鉴。

  总的来说，全面二孩政策的实施有助于提高人口生育率，若人口生育能够达到人口更替水平，预计在未来的一段时间内我国将会面临人口数量上升带来的劳动力供给总量压力，但是长期来看，未来我国的劳动力供给结构会趋于改善。但是如果人口出生率保持不变或者降至更低水平，随着我国老龄人口数量的增长，我国劳动力总量将严重下降，劳动力供给的结构性矛盾也会更加突出。因此，实施全面二孩政策，可提高人口出生率，有助于未来的人口结构的改善和劳动力供给增加。

表3-3　中国城市、镇、乡村各年龄段育龄妇女总和生育率

年龄	城市			镇			乡村		
	2015 年	2016 年	增长率	2015 年	2016 年	增长率	2015 年	2016 年	增长率
15~19 岁	2.55‰	3.6‰	41.18%	6.54‰	7.13‰	9.02%	15.41‰	12.16‰	−21.09%
20~24 岁	27.17‰	38.95‰	43.36%	61.21‰	68.4‰	11.75%	81.38‰	79.86‰	−1.87%
25~29 岁	63.82‰	93.11‰	45.89%	77.73‰	87.12‰	12.08%	83.23‰	94.66‰	13.73%
30~34 岁	43.85‰	50.32‰	14.75%	45.29‰	50.93‰	12.45%	46.91‰	55.42‰	18.14%
35~39 岁	18.95‰	24.01‰	26.70%	18.28‰	23.11‰	26.42%	18.47‰	27.42‰	48.46%
40~44 岁	4.8‰	9.33‰	94.38%	5.27‰	6.14‰	16.51%	5.91‰	10.66‰	80.37%
45~49 岁	2.32‰	6.61‰	184.91%	2.14‰	3.76‰	75.70%	6.63‰	7.01‰	5.73%
总计	25.94‰	34.14‰	31.61%	31.87‰	35.69‰	11.99%	34.98‰	38.48‰	10.01%

数据来源：历年中国人口和就业统计年鉴。

表3-4　中国城市、镇、乡村各年龄段育龄妇女二孩生育率　　（单位:‰）

年龄	城市			镇			乡村		
	2015 年	2016 年	增长率	2015 年	2016 年	增长率	2015 年	2016 年	增长率
15~19 岁	0.21‰	0.78‰	271.43%	0.71‰	0.47‰	−33.80%	1.98‰	1.7‰	−14.14%
20~24 岁	4.5‰	8.21‰	82.44%	14.1‰	16.27‰	15.39%	22.58‰	21.6‰	−4.34%

表3-3(续)

年龄	城市			镇			乡村		
	2015 年	2016 年	增长率	2015 年	2016 年	增长率	2015 年	2016 年	增长率
25~29 岁	16.62‰	24.53‰	47.59%	32.04‰	37.11‰	15.82%	39.67‰	46.82‰	18.02%
30~34 岁	21.75‰	25.93‰	19.22%	27.64‰	30.09‰	8.86%	27.96‰	32.81‰	17.35%
35~39 岁	11.37‰	14.52‰	27.70%	11.42‰	15.16‰	32.75%	10.22‰	13.73‰	34.34%
40~44 岁	2.11‰	3.56‰	68.72%	2.39‰	1.89‰	-20.92%	2.78‰	3.16‰	13.67%
45~49 岁	0.58‰	0.99‰	70.69%	1.39‰	1.05‰	-24.46%	1.59‰	1.14‰	-28.30%
总计	8.87‰	12.32‰	38.90%	13.36‰	14.88‰	11.38%	14.82‰	16.37‰	10.46%

数据来源：历年中国人口和就业统计年鉴。

3.3 体制转型中的就业与失业状况

现阶段，我国正处于人口结构转变、供给侧结构性改革、产业结构转型升级的关键时期，国内改革发展进入深水区，国际情况复杂多变，贸易竞争愈演愈烈，在此背景下，劳动力供求关系变化也呈现出新的趋势。首先，劳动力供求的总量失衡一直未能有效缓解，劳动力供给的总量过剩问题由来已久，劳动力供给总量也居高不下。经济的持续高速增长并没有带来持续的高劳动力需求，尤其是近年来，我国劳动力需求弹性处于波动下降的变化之中。其次，我国持续走低的生育率和不断加速的人口老龄化进程，将促使我国逐渐迎来劳动年龄人口负增长的历史拐点[①]。最后，就在我国经济体制改革与产业结构转型升级进程中，劳动力供求结构性失衡问题不断凸显，"民工荒"和大学生"就业难"并存的局面逐渐向"打工难"和"就业难"演变，结构性失业已经在我们的经济生活中显现。

3.3.1 农村经济体制改革、农村剩余劳动力转移与就业问题

3.3.1.1 农村经济体制改革与农村剩余劳动力规模

1978 年以前，我国农村地区的二三产业一直处于抑制状态，劳动力主要集中于以土地为中心的农业生产中。当时的土地主要分为集体所有制下的人民公社土地和农民自留土地，由于人民公社体制下缺乏必要的激励措施，普遍存在"出工不出力"与"搭便车行为"。虽然人民公社的农业生产汇集了农村的主要劳动力，但是

---

① 吴玉韶. 中国老龄事业发展报告 [M]. 北京：社会科学文献出版社，2013.

产出难以达到国家的计划生产数量，造成了大量劳动力及其他资源的浪费。而在农民的自留地生产中，由于产出归自己所得，农民生产积极性和努力程度更高，但是由于这类土地数量上的限制，且受当时体制和政策层面的压制①，产量有限。因此，在人民公社制度背景下，土地和劳动力的错配，导致了大量的劳动力闲置。具体讲，1978 年 11 月，安徽省凤阳县小岗村农民自发进行土地包产到户的做法，经后来农村的改革实践证明，其标志着中国农村集体生产经营体制和农业劳动就业制度改革的发轫。家庭联产承包责任制破除了人民公社的"一大二公三纯"经营管理体制，使农民在获得土地承包经营权的基础上，获得了生产经营的自主权，同时纠正了农村分配制度中的平均主义，激发了农民群众生产劳动的积极性。也就是说，家庭联产承包责任制对农民提高农业产量起到了极大的激励作用。农业生产中的劳动需求是由土地数量和质量决定的。相对于土地，农村劳动力一直处于过剩状态，除了农业生产所需的劳动力之外，剩余的劳动力需要通过其他途径转移就业。国家统计局资料显示，基于 1978 年生产率计算的农业剩余劳动力数量在 1987 年达到了 3 347 万人（见表 3-5）；而根据相关研究数据，我国农村剩余劳动力数量庞大，1978 年农村剩余劳动力为 9 889 万人，占农业劳动力的比重为 34.92%，1990 年达到 2.06 亿人，占我国农业劳动力总量的 53.05%，之后开始下降，到 2002 年我国农村剩余劳动力依然高达 1.78 亿，约占农业劳动力总量的 48.32%②。

表 3-5　改革开放初期农业劳动生产率的提高和农业劳动力剩余

年份	农村劳动力数量/万人	农业劳动力/万人	农业人均产值/（元·人）	按 1978 年生产率计算的农业剩余劳动力数量/万人
1978	30 638	28 373	358.9	0
1979	31 025	28 692	438.8	319
1980	31 836	29 181	465.9	808
1981	32 672	29 836	518	1 463
1982	33 867	30 917	569.9	2 554
1983	34 690	31 209	628.3	2 836

---

① 最为突出的是"文化大革命"期间，农村农民的自留地、自留山林、自留草场、自留畜牧等被视为"资本主义尾巴"一类的东西要割掉。

② 熊祖辕. 中国失业治理研究 [D]. 成都：四川大学，2004：98.

表3-5(续)

年份	农村劳动力数量/万人	农业劳动力/万人	农业人均产值/（元·人）	按1978年生产率计算的农业剩余劳动力数量/万人
1984	35 968	30 927	742.2	3 554
1985	37 065	31 187	815	2 814
1986	37 990	31 311	882.7	2 938
1987	39 000	31 720	1 010.2	3 347

资料来源：国家统计局社会统计司. 中国劳动工资统计资料（1978—1987）[M]. 北京：中国统计出版社，1987. 转引自：赖德胜，李长安，张琪. 中国就业60年（1949—2009）[M]. 北京：中国劳动社会保障出版社，2010：126.

3.3.1.2 农村剩余劳动力转移就业的演进阶段

如上所言，农业生产领域中存在大量的过剩劳动力，这些劳动力在体制的桎梏被解除之后，就要外出寻找工作。于是农村剩余劳动力的转移也就引发了农民工问题。农民工问题归根结底还是农民的转移就业问题，问题的根源在于过多的农业劳动力与过少的农业资源之间的矛盾。农村剩余劳动力转移是指农村过剩劳动力从传统农业部门向第二和第三产业转移。由于第二产业和第三产业多集中在城镇地区，故农村剩余劳动力一般是向城镇转移，而城乡之间以及农业、工业和服务之间的收入差距是促使农业剩余劳动力转移的重要驱动因素。

我国的农民就业非农化于改革开放之后才真正放开，历经了从紧到松、从严到宽、从无序到规范、从歧视到公平的过程。我国农民工转移就业的基本规律是由低收入地区向高收入地区、由经济落后地区向发达地区、由农村向城市转移，也体现出发展中国家劳动力流动的一般规律。农民工转移就业是在农村"推力"与城市的"拉力"下进行的，转移受到了制度障碍的"阻力"，经历了制度改革、政策调整的"解阻"过程。总体上，农民工转移就业增加了农民收入，促进了城市建设，支撑了中国工业化发展，推动了劳动用工制度改革，催生了劳动力市场的建立和完善。概括而言，经济转型时期我国农村劳动力转移可分为以下各个阶段：

（1）起步阶段（1978—1983年）：区域控制较强，离土不离乡。1978年党的十一届三中全会将全党的工作重心转向社会主义现代化建设，国家放宽了农村剩余劳动力的转移政策，井喷式发展的乡镇企业①也吸收了大量的农村剩余劳动力，但农村劳动力向城市转移仍然受到城乡二元经济体制的限制。因此，这一阶段农村劳动力转移模式的显著特点是"离土不离乡，进厂不进城"。

改革之初，城乡之间的制度性障碍，限制了农村劳动力向城市工业和服务业的转移。在此背景下，农村地区的乡镇企业得到了快速发展，成为农村剩余劳动力转移就业的主要途径。乡镇企业的劳动力需求决定机制与一般市场经济体制下的企业劳动力需求决定机制相同，均是依照企业利润最大化条件下边际成本与边际收益相等的原则，因此可以把乡镇企业的就业人员近似等于实际劳动需求数量。从图3-9可以看出，自改革开放后，乡镇企业的就业人数一直呈增长趋势，占乡村劳动力的就业比例逐步提高，于2010年达到38.37%，在总就业人数中的比例也达到了20.88%。可以说，乡镇企业在解决农村剩余劳动力就业问题方面起到了关键作用。有的学者把城市、农村和乡村工业并存的局面称为"三元经济"模式，这种三元经济模式发展源于城乡劳动力流动障碍的存在，一旦这一障碍发生变化，三元经济模式也将随之发生改变。20世纪90年代中后期，随着改革的深入与市场经济体制的逐步建立，农村劳动力向城市转移的制度障碍逐步得到缓解，同时，城市经济恢复发展也产生了大量的劳动力需求。乡镇企业发展过程中，其劣势与不足逐渐显露，与城市工业的竞争处于劣势地位，此时乡镇企业就业人数占就业人数的比例逐步趋于稳定。工业与农业之间的差距，促使农村剩余劳动力逐步向城市工业和服务业转移，"打工潮"兴起，农民工成为城市工业和服务业就业的主力军。

---

① 在最初阶段，乡镇企业还被称为"社队企业"。

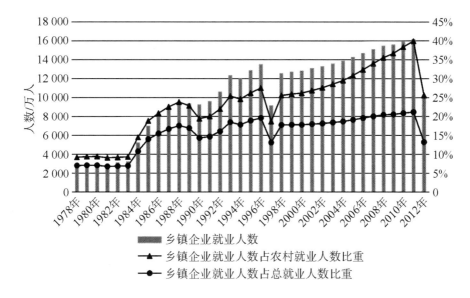

图 3-9 1978—2010 年乡镇企业的就业变动

数据来源：根据历年中国劳动力统计年鉴数据整理而成。

（2）快速发展阶段（1984—1991 年）：区域限制减弱，但后期缓慢。随着改革的深入，在城市倾向政策的推动下，各种资源向城市转移，城市和工业对劳动力的需求增长迅速。基于此，农村劳动力跨城区的限制减弱，可以在一定范围内流动。1984 年 10 月出台的农民集镇落户政策放宽了农民迁入城市的条件[①]；1986 年 7 月，国有企业的用工规定取消了对农村户籍工人的限制[②]。在政策的刺激下，1984—1988 年，我国农村劳动力累计向城市转移超过 5 500 万人，每年增长超过 23%[③]。但进城的农村剩余劳动力也带来了劳动纠纷、社会治安不稳定及交通拥挤等问题，且经济整顿和环境治理也减少了乡镇企业与城市的工作机会。为管制农村劳动力盲目流动，国家先后出台了"农转非"等一系列政策[④]，故我国农村劳动力向城市转移的速度在 1989—1991 年明显放缓，三年间累计转移农业剩余劳动力 296 万人，平

---

① 中央人民政府网.国务院关于农民进入集镇落户问题的通知［EB/OL］.（2016-10-20）［2024-04-30］. http://www.gov.cn/zhengce/ content/2016-10/20/content_5122291. htm.

② 中国法律法规信息库：《国营企业招用工人暂行规定》，http://law.npc.gov.cn/FLFG/flfgByID.action? flfgID＝11943&zlsxid＝02；中国法律法规信息库：《国营企业实行劳动合同制暂行规定》，http://law.npc.gov.cn /FLFG/ flfgByID.action? flfgID＝11943&zlsxid＝02

③ 刘怀廉.农村剩余劳动力转移新论［M］.北京：中国经济出版社，2004：47.

④ 政策包括《关于"农转非"政策管理工作分工意见的报告》与《国务院关于做好劳动就业工作的通知》等。

均每年增加 99 万人，平均每年只有 1.1% 的增长率①。

（3）迅速壮大阶段（1992—2000 年）：跨区域流动，"孔雀东南飞"。党的十四大明确了建立社会主义市场经济体制的目标，有力地推动了城市私营经济和外资企业的发展。尤其是在东南沿海地区，当地经济高速增长，私营企业快速发展，创造了大量的就业机会，去东南沿海地区打工成为农村劳动力转移就业的主要方式，被称为"孔雀东南飞"。在这一阶段，服务业与建筑业成为吸纳农村剩余劳动力的主力军，且随着流动人口就业证与暂住证制度的建立，我国农村劳动力转移政策由国家行政控制转变为经济、行政等并行的管理方式。但一些沿海城市制定的流动人口工种限制成为农村劳动力转移的新障碍。在此阶段的前期（1997 年之前），农村劳动力转移数量较大，但由于受到亚洲金融危机的冲击和国有企业下岗潮的影响，后期增速减缓。一些学者的研究资料显示，1992—1996 年，累计转移农业劳动力4 122万人，平均每年转移 824 万人，年均增长速度为 7.9%；1997 年开始，农业劳动力转移速度呈现出放缓态势，1997 年为 1.1%，1998 年为 0.6%，而 1999 年为0.4%②。从图 3-10 可以看出，在城镇单位就业的农村剩余劳动力数量于 1997 年后开始显著下降，但与此同时，东部地区城镇单位吸纳了全国近 60% 的农村剩余劳动力。尤其是长三角与珠三角地区城镇单位吸纳农村剩余劳动力的比重从 1993 年的31.33%上升到 1999 年的 36.5%。由此可见，这一阶段东南沿海地区成为农村劳动力转移的主要区域。

① 刘怀廉. 农村剩余劳动力转移新论 [M]. 北京：中国经济出版社，2004：47.
② 刘怀廉. 农村剩余劳动力转移新论 [M]. 北京：中国经济出版社，2004：48.

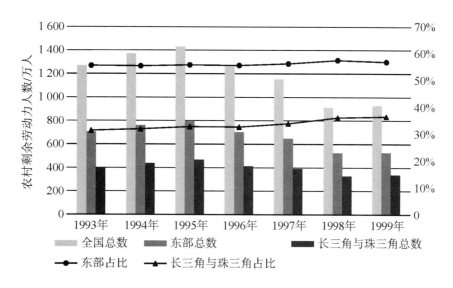

图 3-10 农村剩余劳动力城镇单位就业情况

数据来源：根据历年中国劳动统计资料数据整理而成。

（4）深化阶段（2001—2011 年）：关注农民工权益，消除就业歧视。进入 21 世纪后，国家政策由限制农村劳动力流动逐渐转变为鼓励农村劳动力流动，并更加关注保障农民工的合法权益，且先后发布了一些法律法规给予支持和规范。如，2002年提出积极引导农村剩余劳动力合理流动；2003—2005 年提出并不断完善农民工培训、子女教育及社会保险政策；2006 年提出解决农民工工资偏低和拖欠问题等。在一系列法律法规和制度完善的推动下，这一阶段的农村劳动力转移规模实现突破的同时，劳动力流动区域及从事的行业都有所扩展。2006 年国家统计局农村住户调查中，中部和西部地区外出务工的劳动力分别占 40% 和 27%，分别比 2005 年增长了6.4% 和 6.9%；2006 年外出务工的农村劳动力从事制造业的占比最高，为 35.7%；从事建筑业的占比为 20%；从事居民服务业和其他服务业的占比为 10.2%；从事住宿和餐饮的占比为 6%；从事批发零售业的占比 4.6%[①]。2008 年由美国次贷危机引发的金融危机席卷全球，导致企业就业机会减少，继而出现严重的农民工失业潮。据国家统计局的调查，受金融危机的影响，8.5% 的农民工（1 200 多万人）于 2009年春节前后失业返乡[②]。2008 年金融危机爆发后，为降低危机对就业的影响，国家

① 游钧. 2006—2007 年中国就业报告 ［M］. 北京：中国劳动社会保障出版社，2007：323-325.
② 人力资源和社会保障部专题组. 金融危机对我国就业产生的冲击 挑战 机遇 ［J］. 中国就业，2009
（11）：8-14.

实施了积极的财政政策和适度宽松的货币政策等一系列的刺激政策，使得农民就业增长又逐渐恢复。

（5）城乡就业一体化阶段（2012年至今）：深化城乡劳动就业制度改革，推动城乡就业一体化。进入经济新常态之后，我国农村剩余劳动力面临新的就业形势，受经济增速放缓以及国际经济环境恶化的影响，农民工总量增速呈下降趋势（见图3-11）。尤其东部地区农民工在就业总量中的占比也开始下降，2014年、2015年、2016年和2017年，东部地区吸纳的农民工就业占比分别为59.9%、59.4%、56.7%和55.8%[①]，也反映出了农民工返乡就业数量与占比的增加。而持续推进的城乡一体化建设也为城乡就业一体化发展提供了新的契机。在户籍制度改革的基础上，推进农村土地制度改革，深化城乡统一的社保制度与就业制度改革，建立城乡统一的公共服务体系与社会治理体系，从而实现了城乡就业机会的均等化。尤其是党的十九大提出乡村振兴战略，并给出具体规划，为农民工返乡创业，参与农村产业融合发展，建设新业态、新模式及创造新岗位提供了政策支持。这一阶段的改革有力地破除了城乡"二元"体制，推动新型城镇化进程和城乡就业一体化的发展，促进农业转移人口的市民化与农民工返乡创业协同发展。

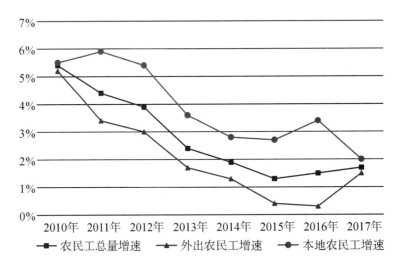

图3-11　2010—2017年农民工总量增长速度

数据来源：国家统计局发布的历年农民工监测调查报告。

---

① 数据来源于国家统计局发布的历年农民工监测调查报告。

3.3.2 国有企业改革、下岗失业再就业与实施扩大就业战略

在原计划经济体制下，由于政企不分、行政权代替了企业自主经营权，公有制企业逐渐蜕化为行政计划的执行部门，丧失了作为商品经济主体的独立性和自主性，企业的劳动力需求也就必然取决于计划产量所需要的劳动力数量而不是国民经济中的实际需求，价值规律无从体现，因此企业生产动力不足、效率低下，国企改革迫在眉睫。

从 1978 年改革开放伊始到 1992 年确定建立社会主义市场经济体制以来，随着国有企业的几轮改革，我国城镇劳动就业演化也大致分为以下几个阶段。

（1）国企改革的早期探索阶段（1978—1992 年）：扩权让利、租赁承包，打破固定用工，试点劳动合同制。此期间，标志性的政策主要包括：1979 年提出的扩大企业自主经营权的"放权让利"政策、1982 年推行的工业经济责任制、1983 年和 1984 年两次推行的"利改税"政策。企业改革的显著特点是：一是承认价值规律在资源配置中的作用，但仍然以计划经济为主，市场调节成分只起辅助作用；二是扩大企业的经营自主权，并将企业绩效与职工收入挂钩，开始在一定范围内突破全国统一化的工资体系。实践证明，信息不对称和约束机制不足，有限的市场化改革反而导致企业经营管理的严重短视行为、企业内部人控制泛起、工资与福利侵蚀利润等现象凸显，改革效果与预期发生背离。

1985 年，我国国有大中型工业企业开始实行承包经营责任制，企业活力得以增强。1986 年，股份试点推出，企业经济机制发生改变，成为自负盈亏的经营个体，既有利于企业筹集资金，也刺激了企业经营活力，带动了经济结构调整。1987 年，租赁经营责任制出台，部分国营小型工业企业有偿转让给了集体或者个人。与此同时，国有企业也开始试点劳动合同制，改革企业用工制度。国有企业原用工制度为"固定工制度"，这种制度是由国家统一安排工作，包揽就业，运用行政手段统一计划、统一招收、统一调配的用工制度，在这种制度下国家对劳动者的就业实行统分统配，企业、事业单位没有自主招工与辞退工人的权利，劳动者工作长期固定不变，一般不能离职。劳动用工制度改革打破了这种固定用工制度，目的是形成国家宏观调控下多种形式并存的全员劳动合同制，以实现个人竞争就业、企业自由择优选择员工的格局。劳动合同制打破了"铁饭碗""大锅饭"体制，真正实行"各尽所能、按劳分配"的分配制度，以充分调动人们的积极性，解放生产力。以签订劳动合同

的形式，规定劳动者和用人单位的权利与义务是劳动合同制的基本特征，实行责、权、利相结合。劳动合同制的适用范围，既包括全民所有制单位，也包括县（区）以上集体所有制单位；既包括普通工种，也包括技术工种。劳动合同制改革，需要工资、福利、保险制度以及其他方面改革的配套进行。劳动合同制度确定了企业用人的主体地位，为建立以市场为导向的新型就业体制提供了依据，有利于提高企业用工效率，促进劳动者多种形式就业。

（2）国有企业改革攻坚期（1993—2006 年）：建立现代企业制度，调整国有经济布局，推进国有企业战略性改组，实施下岗再就业工程。这一阶段国有企业改革先围绕建立现代企业制度这一目标持续深化改革，而后党的十五大确定了"抓大放小"方针，国企改革工作在培育与做大做强大型国有企业和企业集团的同时，对数量庞大的中小国有企业进行了改组、联合、兼并、股份合作、租赁承包以及出售等多种形式的改革。1999 年出台的《中共中央关于国有企业改革和发展若干重大问题的决定》为国企改革作出具体部署，即从战略上调整国有经济布局，坚持有进有退，有所为有所不为，坚持"抓大放小"，继续对国有企业实施战略性改组①。与此同时，随着国有企业推进现代企业制度和战略性改组，企业为了减员增效，开始消化堆积在内部的人员，大量国有企业的人员也要通过社会分流安置，因而出现原有计划经济体制下不存在的失业和再就业问题。

从图 3-12 可知，1993—1996 年，国有企业下岗失业人数逐步上升，由 1993 年的 300 万人上升至 1996 年的 1 214.8 万人，直到 1997 年国有企业下岗失业人数开始有所下降，但仍然有 1 151 万人。故 1998 年 6 月中共中央、国务院出台了《中共中央、国务院关于切实做好国有企业下岗职工基本生活保障和再就业工作的通知》。虽然推行了再就业工程，就业总量的压力仍然很大。直到 2001 年末依然还有近 2 000万国有企业下岗职工未实现再就业。

---

① 中共中央. 中共中央关于国有企业改革和发展若干重大问题的决定［EB/OL］.（2002-05-16）［2024-04-30］.http://cpc.people.com.cn/ GB/64162/71380/71382/71386/4837883. html.

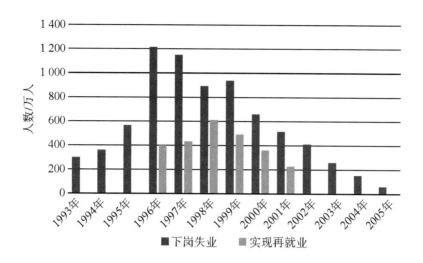

图 3-12　1993—2005 年末国有企业下岗失业与实现再就业人数

数据来源：历年劳动事业发展年度公报或者劳动和社会保障事业发展统计公

报。部分年份国有企业下岗失业实现再就业人员数据因没有公布而缺失。

　　2003 年 10 月，党的十六届三中全会通过《中共中央关于完善社会主义市场经济体制若干问题的决定》，进一步提出"大力发展国有资本、集体资本和非公有资本等参股的混合所有制经济，实现投资主体多元化，使股份制成为公有制的主要实现形式"①。在此期间基本实现了减轻国有企业负担、促进国有企业优胜劣汰、实现整体扭亏为盈的战略目标。这一时期的下岗失业问题与城镇就业掺杂在一起，失业问题更加严重。由国家统计局的数据可知，2001 年，在全国就业总量继续增长的情况下，城镇单位就业人员却比 2000 年减少了 447 万，年末城镇登记失业人数近 700 万人，城镇登记失业率上升到 3.6%，达到阶段性最高点。2002 年 9 月，中共中央、国务院出台关于做好下岗人员再就业的文件②，该文件在全面总结我国就业和再就业工作经验的基础上，针对当前及今后一个时期就业和再就业的新形势和新特点，重点围绕解决下岗失业人员再就业问题，提出了积极就业政策的基本框架。为了解决好转轨时期历史遗留问题，并为建立市场就业机制奠定基础，2005 年 11 月，中共中央、国务院下发进一步加强再就业的文件，该文件增加了就业扶持的范围和内

　　① 中共中央. 中共中央关于完善社会主义市场经济体制若干问题的决定[EB/OL].(2003-10-14)[2024-04-30].http://cpc.people.com.cn/ GB/64184/64186/66691/4494642. html.

　　② 人力资源和社会保障部. 关于贯彻落实中共中央 国务院关于进一步做好下岗失业人员再就业工作的通知若干问题的意见[EB/OL].(2014-07-17)[2024-04-30].http://www.mohrss.gov.cn/gkml/zcfg/gfxwj/201407/t20140717_136603. html

容，变更了原有的工作办法，延长了就业扶持政策的时间。同时积极梳理就业政策，总结了行之有效的经验，以备进一步颁布适合所有群体的"普惠制"政策文件。

（3）深化国有企业改革阶段（2007年至今）：国有企业重组，推行混合所有制改革，实施扩大就业战略，实现更充分就业和更高质量就业。这一时期的国有企业改革在深化公司制改造、加强宏观管理的同时，更加强调了国有企业功能界定、分类管理和加强国有资本管理，尤其是党的十八大之后，在经济新常态下，国企改革进入"全面深化阶段"，在分类改革的基础上，推进了国有资产监督管理体制、混合所有制的一系列改革，继续强化了国有企业的主导力和控制力。党的十九大则进一步要求深化国企改革与"加快国有经济布局优化、结构调整、战略性重组"，并要求将国企培育成具有全球竞争力的世界一流企业。

这一时期，我国的就业工作也面临较为严峻的考验。2008年由美国次贷危机引发的金融危机席卷全球，外贸出口增压；2012年我国经济迈入经济新常态，"三期叠加"，结构性风险显化；供给侧结构性改革持续推进，化解过剩产能、处置"僵尸企业"，企业职工安置分流压力大；贸易保护主义抬头，国际贸易风险加剧。

党的十七大确定了科学发展观的指导思想，提出了"实施扩大就业的战略，促进以创业带动就业"①的就业指导方针。在该方针的指导下，国务院于2008年2月发布促进就业的文件②，城乡各类群体的就业问题是该文件的工作重点。当年下半年，政府持续出台了扩大内需、拉动就业及刺激经济发展的政策，以应对金融危机的负面影响。党的十八大以来，坚持以人民为中心的新发展理念，促进就业摆在经济社会发展的优先位置，深入实施就业优先战略和更加积极的就业政策，尤其是在应对因化解过剩产能和处理"僵尸企业"工作中妥善安置国有企业的下岗职工。2017年2月，国务院发布了《"十三五"促进就业规划》，部署"十三五"就业工作的五个重点任务之一是加强重点群体就业保障能力，且提出了"高度重视化解产能过剩职工的安置工作"③。党的十九大报告提出要实现更高质量和更充分就业，并要求着力解决结构性就业矛盾，体现了就业是民生之本的发展理念。党的二十大报

---

① 胡锦涛.高举中国特色社会主义伟大旗帜 为夺取全面建设小康社会新胜利而奋斗——在中国共产党第十七次全国代表大会上的报告［M］.北京：人民出版社，2007.

② 中华人民共和国中央政府.国务院关于做好促进就业工作的通知［EB/OL］.（2008-02-19）［2024-04-30］.http://www.gov.cn/zwgk/ 2008-02/19/content_893083.htm.

③ 中国政府网：国务院关于印发《"十三五"促进就业规划》的通知［EB/OL］.（2017-02-06）［2024-04-30］.http://www.gov.cn/zhengce/content/2017-02/06/content_5165797.htm.

告提出强化就业优先政策，健全就业促进机制，促进高质量充分就业。

3.3.3 劳动就业制度改革背景下的劳动力市场发展状况

劳动就业制度作为经济体制的重要组成部分，其既由经济制度所决定，与经济体制内的其他制度息息相关，也反映了经济制度的特性，乃至成为经济体制改革的重要部分。劳动力作为一种重要的生产要素，是任何生产方式都不可或缺的，其配置方式与效率直接影响了生产的方式与效率。按照劳动力资源配置方式不同，可以将劳动就业制度分为完全计划就业模式、计划与市场相结合的劳动就业双轨制和完全市场就业模式。新中国成立之初，混乱的社会经济环境急需恢复秩序，工厂生产停滞、物资匮乏、社会公共服务设施需要重建，因此统一调配资源、行政计划干预经济成为非常之举。那时，无论是企业恢复生产，还是行政管理都需要大量的人员，因此，在劳动力调配方面实行统包统配就显得尤为重要。这一就业制度对于解决新中国成立初期出现的劳动就业问题、保障劳动人民的工作权利、安定群众生活和促进有计划地进行大规模社会经济建设都起到过积极作用，但是这一制度也加重了国家负担并导致了劳动力流动受阻[①]，随着时间的推移，其弊端日渐显露，必须加以改革。进入转型期，我国劳动力市场改革的起点是计划经济时期的"统包统配"就业制度，改革的目标是建立以市场为主导的现代劳动力市场制度，改革的途径是通过劳动就业双轨制过渡到现代劳动力市场制度。

3.3.3.1 劳动就业制度改革的起点——"统包统配"就业制度

"统包统配"就业制度属于典型的完全计划就业模式，国家通过行政手段对城镇劳动力实行统一计划、统一招收、统一调配及统一安排就业，劳动力不能自由流动，且工资福利、社会保障等都由国家承担。为了妥善解决原国民党军政人员、外国在华投资企业和官僚资本主义企业的职工、城市失业工人和没有工作的知识分子，连同大中专院校的毕业生和城乡复员军人等的就业问题，故新中国成立之后，国家建立了"统包统配"就业制度[②]。虽然在"三大改造"完成后，国家对就业制度进行了适当改革，例如强调要订立劳动合同，改进固定工制度，逐步把"只进不出"的状况改变为"有进有出"，但是由于计划经济体制的运行乃至后来"文化大革命"的冲击，用工制度改革被否定，"统包统配"就业制度下的固定工制度得以形成和

---

① 汤静波. 建国五十年来我国劳动就业的制度变迁 [J]. 上海经济研究，1999（10）：48-54.
② 蒋建华，等. 中华人民共和国资料手册 [M]. 北京：社会科学文献出版社，1999：705.

推行。在实行之初，这一制度对于保障职业稳定，维护正常的生产、工作秩序，促进社会安定团结等方面，曾起到一定的积极作用，但是这种用工制度过分强调固定性，缺乏灵活性，劳动力长期被固定在某一工种和岗位，与发展社会生产力和随后的经济体制改革不相适应[①]。其弊端在于容易造成待业人员对国家的过分依赖，在职职工产生"铁饭碗"思想，用人单位没有择人自主权，劳动者没有择业自由，企业缺乏生机与活力，国企生产效率也就无法长效提升。因此，固定用工制度必须改革。

3.3.3.2 劳动就业制度改革的途径——劳动就业双轨制

1978—1991 年，是我国开始推行经济体制改革并形成双轨制经济体制就业的时期，在劳动就业制度方面，打破计划就业的单一格局，不断加大市场配置劳动力的成分，进而形成了劳动就业双轨制。劳动就业双轨制是介于计划配置劳动力与市场配置劳动力之间的一种劳动就业制度，其形成与发展体现了我国经济体制的渐进式改革与双轨制运行的典型特征。我国的劳动就业制度改革首先由县办企业和乡镇企业开启。破除固定工制度，实行合同制度，主要内容包括：工人劳动合同制、干部聘任制与浮动工资制[②]。随后在外资企业、中外合资企业以及经济特区实行新的用工制度和工资制度。

劳动就业"双轨制"具有两层含义。一层含义是指两种劳动力配置方式并行（市场配置劳动力资源与计划配置劳动力资源两种方式共同运行），即在多种所有制经济共同发展下，部分行业或区域实行市场配置劳动力制度，而在国有经济、政府部门实行计划配置劳动力制度。另一层含义是指在国有企业或政府部门内部，实行

---

① 赖德胜，李长安，张琪. 中国就业 60 年（1949—2009）[M]. 北京：中国劳动社会保障出版社，2010：172.

② 自 1980 年，我国在部分企业开始实行劳动合同制。自 1986 年 7 月 12 日，国务院颁布了《国营企业实行劳动合同制度暂行规定》，这标志着劳动合同制度的正式建立，自 1986 年 10 月以后招工全部实行劳动合同制，对原有的固定工维持现行制度不变。在劳动合同制下，劳动者和用人单位通过平等协商签订劳动合同，明确规定双方的责、权、利；合同期满，经双方同意，可以续订；若一方作罢，可以解除合同。干部实行聘任制，按照任职条件，采取向社会公开招聘或内部招聘的形式任用干部的制度。其特点是由一级组织或按规定授权一级组织主要负责人，通过具有责任、权利和时间等彼此有约束关系的聘约聘任干部。浮动工资制度是指职工工资随企业经济效益和个人劳动贡献大小而上下浮动的制度。1979 年以来，它是在实行奖励制度的基础上，在贯彻经济责任制时，由广大企业职工创造的工资形式。其特点是：工资不仅要随企业经济效益高低而浮动，还要随个人劳动贡献多少而浮动；不仅有个人工资的浮动（如浮动升级、浮动工资标准等），还有企业工资总额的浮动；浮动程度有全浮动、半浮动、小浮动。参考资料：苑茜，周冰，沈士仓，等. 现代劳动关系辞典 [M]. 北京：中国劳动社会保障出版社，2000：245-246，萧浩辉. 决策科学辞典 [M]. 北京：人民出版社. 1995：663；王益英. 中华法学大辞典·劳动法学卷 [M]. 北京：中国检察出版社. 1997：59.

固定工和合同工两种用工制度，主要体现在国有企业中对新、老职工采用不同的人事制度，以及派遣性质劳务工、农业生产中富余的农民工等非正式工在制造业的大量使用①。

改革开放初期，计划经济体制下就业制度带来的就业问题日益凸显。1978 年待业人数达到 530 万人，1979 年待业人数为 568 万人，加之"文化大革命"期间上山下乡的知识青年相继返城，使得城镇就业工作面临严峻的挑战②。严峻的就业形势下，就业体制改革迫在眉睫，时值党的十一届三中全会召开不久，为改革传统就业制度提供了有利条件。1980 年 8 月"三结合就业"方针允许发展集体与个体经济，打破了统包统配的就业制度。外加，此前的国有企业先后经历放权让利、利改税、承包责任制的改革，动摇了传统就业制度的基础，为就业制度改革提供了便利条件。1982 年国家开启了对传统劳动就业制度的改革试点，以推行劳动合同制度，主要体现在招工制度和用工制度两个方面。在招工制度方面，主要是逐步扩大国有企业的招工自主权，强调面向社会公开招收、全面考核、择优录取的原则，允许企业在国家劳动工资计划指标内实施招工，并向当地劳动行政主管部门办理录用手续。在用工制度方面，对于新招收的工人实行劳动合同制，而原先的工人仍然实行固定工制，即"新人新办法，老人老办法"。至此，劳动就业双轨制得以成形。

综上所述，"三结合就业"方针的提出，标志着双轨制就业制度的正式成形。"三结合就业"方针，将劳动就业制度一分为二：一部分受市场调节，劳动力自由流动，自主谋职；一部分仍然由行政调节（政府控制），企业和职工在招工和应聘上没有独立决定进入和退出的自主权③。劳动就业双轨制在一定程度上缓解了社会主义经济体制改革初期的就业矛盾，对于转轨时期的就业发展具有一定的促进作用，但是劳动就业双轨制作为一种过渡性的制度，与社会主义市场经济体制的改革目标相距甚远。随着改革的深入，劳动就业双轨制的弊端也逐渐显现，双轨制并没有改变国有企业效率低下这一沉疴宿疾，人浮于事的现象仍未得到根本扭转；同时，也固化了国有经济和非国有经济之间劳动力自由流动的制度障碍，制约统一劳动力市

① 马勇. 劳动用工"双轨制"模式对社会生产率的影响 [J]. 学术交流，2014 (9)：127-132.
② 胡鞍钢. 从计划体制转向市场机制：对中国就业政策的评估（1949—2001 年）（上）[C] //国情报告第五卷 2002 年（上）. 北京：社会科学文献 出版社，2012：15.
③ 刘素华，苏志霞. 劳动就业制度改革三十年回顾与展望 [J]. 河北师范大学学报：哲学社会科学版，2009，32 (2)：30-33.

场的形成与发展。因此，社会主义市场经济条件下，劳动就业双轨制只能作为一种过渡性质的劳动就业制度，劳动就业制度改革的方向与目标是建立现代劳动力市场制度。

3.3.3.3 劳动就业制度改革的目标——现代劳动力市场制度①

我国社会主义经济体制改革的目标模式就是要建立和完善社会主义市场经济体制，与此相适应，劳动就业制度改革的目标也就是要建立"市场机制在劳动力资源开发利用配置中起基础性作用"②的现代劳动力市场。现代劳动力市场制度的建立是个漫长的过程。从 1992 年党的十四大明确社会主义经济体制改革的目标，到 1997 年年底，我国的劳动就业体制经历了由计划经济体制向社会主义市场经济体制的历史性转变，现代劳动力就业制度得以初步形成。2003 年，党的十六届三中全会提出了适应社会主义市场经济的就业方针，即坚持"劳动者自主择业、市场调节就业和政府促进就业"。2005 年年底，"市场导向就业机制"基本建立，标志着我国市场就业机制改革进入新的阶段，劳动力市场制度步入日益完善的时期。《中华人民共和国就业促进法》第三十二条规定："县级以上人民政府培育和完善统一开放、竞争有序的人力资源市场，为劳动者就业提供服务。""现代劳动力市场制度"逐渐被"统一人力资源市场"代替，统一人力资源市场的完善首先需要打破劳动力流动的制度障碍，以促进农村富余劳动力的转移和农村人口城镇化。2018 年 10 月 1 日正式实行的《人力资源市场暂行条例》，进一步规范了人力资源市场，促进了人力资源合理流动和优化配置，同时也对社会主义人力资源市场体系建设提出了更高要求。

统一人力资源市场是指在全国范围内由市场主体平等、市场客体发达、市场介体成熟、市场规则完善、资源配置弹性、市场保障有力等所构成的一种以人力资源市场配置为中心的场所、机制和制度等形成的有机体系③。统一人力资源市场的建设关键在于坚持市场机制在劳动力市场资源配置中的决定性作用，消除原先城乡劳

---

① 1993 年 11 月，党的十四届三中全会在《关于建立社会主义市场经济体制若干问题的决定》中首次提出了"劳动力市场"概念，2007 年通过的《中华人民共和国就业促进法》第三十二条规定：县级以上人民政府培育和完善统一开放、竞争有序的人力资源市场，为劳动者就业提供服务。"劳动力市场"逐渐被"人力资源市场"代替。

② 1994 年，劳动部研究制定了《劳动部关于建立社会主义市场经济体制时期劳动体制改革总体设想》，明确提出了"市场机制在劳动力资源开发利用的配置中起基础性作用"。

③ 李雄. 论我国统一人力资源市场的政策含义 [J]. 中国劳动，2016 (15)：4-8.

动力市场、区域劳动力市场、行业劳动力市场等分割的状态，从而建立健全社会主义市场经济体制下的统一开放、竞争有序的人力资源市场体系，以促进平等就业与共享改革发展成果。

任何制度的创立都是从不完善到完善的过程，在我国统一人力资源市场建立与完善过程中，还存在许多阻碍市场决定性作用的制度因素、经济因素与社会因素等，从而造成了人力资源市场暂时的分割状态，比如，城乡二元经济体制并未完全消除导致城乡劳动力资源市场的分割，行业垄断与行政垄断导致行业内部市场与外部市场分割，地区性差异导致的区域性市场分割，等等。从而造成劳动力市场结构性失业的产生与显化，比如农村剩余劳动力转移过程中的"民工荒"与"返乡潮"、国有企业改革中下岗失业人员再就业困难、部分大学毕业生"毕业即失业"的就业难、"技工荒"与高技术人才短缺等结构性失业问题，仍是不争的事实。

3.4 产业结构与就业结构的协调性分析

产业结构升级是转变经济增长方式的重要环节，体现了国民经济发展质态的变化。改革开放以来，中国经济实现了年均9%的高速增长，不仅在经济总量上大幅提高，更是在经济结构尤其是产业结构上实现了质的飞跃。当前中国正处于产业结构升级与转换时期，尤其是在当前经济增速由高速转为中高速的增长过程中，如何在保持经济总量增长的同时，提升经济发展质量，实现经济结构的调整与优化，对于推进供给侧结构性改革至关重要。

3.4.1 产业结构演变过程分析

改革开放以来，农村剩余劳动力不断向第二、第三产业转移，农业劳动人口不断减少；第三产业就业占比于1994年超过了第二产业就业占比，其增加值在2013年超过了第二产业，说明中国经济价值主体可能由第二产业转变为第三产业，这也必将深刻地影响经济增长与就业（如图3-13和图3-14所示）。此外，考虑到人口的增长与劳动力供给的因素，劳动力市场供需将会在经济新常态下呈现出一些新的特点，主要是劳动力供给将从峰值折转而下，刘易斯拐点显现，人口红利淡出；同时，熟练劳动力、新技工人员、服务信息人员等将呈现出劳动力需求缺口的状况。这些情况与产业结构升级共同对就业产生重要影响。

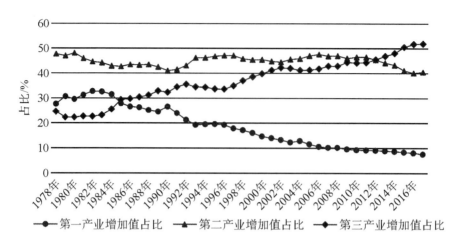

图 3-13   1978-2017 年三次产业增加值占比

数据来源：原始数据来源于我国历年统计年鉴。

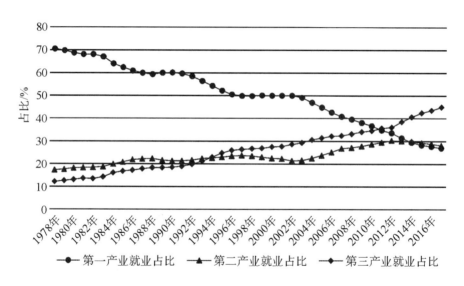

图 3-14   1978—2017 年三次产业就业占比

数据来源：原始数据来源于我国历年统计年鉴。

从图 3-14 可以看出，截至 2016 年年底，第三产业成为我国吸纳就业人员最多的产业。1978 年我国第一、第二、第三产业就业人员占比分别为 70.5 %、17.3 % 和 12.2%，时至 2017 年，三次产业就业人员占比分别为 27.0%、28.1 % 和 44.9%。同时，第一产业就业占比急剧下降，反映了我国农村大量的富余劳动力转移至第二和第三产业就业。这体现了发展经济学中劳动力人口的转移规律，即发展中国家在发展初期，农业剩余人口会向城市流动。而随着经济发展，三次产业之间的报酬差距逐渐缩小，现代部门的吸引力越来越小，将导致转移到第二、第三产业的农村富余劳动力越来越少，这也就是刘易斯拐点出现的基本原因。

改革开放以来，我国的产业结构不断转换升级，经济发展的就业创造效应不断提升。从产业结构来看，第一产业对 GDP 的贡献率不断下降，第二产业对 GDP 的贡献率则呈现出先增长后减弱的态势，而第三产业对 GDP 的贡献率一直处于上升状态，于 2015 年超越第二产业，成为对 GDP 贡献率最大的产业。具体来看，第二产业对 GDP 的贡献率从 1978 年的 61.8%，下降到 2017 年的 35.7%，而第三产业对 GDP 的贡献率则从 1978 年的 28.4%，上升到 2017 年的 59.6%（见表 3-6）。经济产值决定就业数量，第三产业在实现产值增长与 GDP 贡献率上升的同时，对就业的拉动作用也显著上升。

表 3-6 1978—2017 年我国三次产业对 GDP 的贡献率　　　　单位:%

指标	三次产业贡献率	第一产业对 GDP 的贡献率	第二产业对 GDP 的贡献率	第三产业对 GDP 的贡献率	指标	三次产业贡献率	第一产业对 GDP 的贡献率	第二产业对 GDP 的贡献率	第三产业对 GDP 的贡献率
1978 年	100	9.8	61.8	28.4	1998 年	100	7.2	59.7	33
1979 年	100	20.9	53.6	25.6	1999 年	100	5.6	56.9	37.4
1980 年	100	-4.8	85.6	19.2	2000 年	100	4.1	59.6	36.2
1981 年	100	40.5	17.7	41.8	2001 年	100	4.6	46.4	49
1982 年	100	38.6	28.8	32.6	2002 年	100	4.1	49.4	46.5
1983 年	100	23.9	43.5	32.7	2003 年	100	3.1	57.9	39
1984 年	100	25.6	42.7	31.7	2004 年	100	7.3	51.8	40.8
1985 年	100	4.1	61.2	34.8	2005 年	100	5.2	50.5	44.3
1986 年	100	9.8	53.2	36.9	2006 年	100	4.4	49.7	45.9
1987 年	100	10.2	55	34.8	2007 年	100	2.7	50.1	47.3
1988 年	100	5.4	61.3	33.4	2008 年	100	5.2	48.6	46.2
1989 年	100	15.9	44	40.1	2009 年	100	4	52.3	43.7
1990 年	100	40.2	39.8	20	2010 年	100	3.6	57.4	39
1991 年	100	6.8	61.1	32.2	2011 年	100	4.2	52	43.8
1992 年	100	8.1	63.2	28.7	2012 年	100	5.2	49.9	44.9
1993 年	100	7.6	64.4	28	2013 年	100	4.3	48.5	47.2

表3-6（续）

指标	三次产业贡献率	第一产业对GDP的贡献率	第二产业对GDP的贡献率	第三产业对GDP的贡献率	指标	三次产业贡献率	第一产业对GDP的贡献率	第二产业对GDP的贡献率	第三产业对GDP的贡献率
1994 年	100	6.3	66.3	27.4	2014 年	100	4.7	47.8	47.5
1995 年	100	8.7	62.8	28.5	2015 年	100	4.6	42.4	52.9
1996 年	100	9.3	62.2	28.5	2016 年	100	4.3	38.2	57.5
1997 年	100	6.5	59.1	34.5	2017 年	100	4.8	35.7	59.6

数据来源：原始数据来源于我国历年统计年鉴。

3.4.2 产业结构与就业结构协调性分析

3.4.2.1 就业弹性系数

分析产业结构与就业结构的协调性，还得考察各产业产值增长与就业增长的状态，这是用就业弹性系数来衡量的。简而言之，就业弹性系数是指经济增长变化一个百分点所带来就业变动的百分比。就业弹性系数衡量的是经济增长对就业增长的拉动作用，是就业增长率与经济增长率的比值，反映了经济增长每变化一个百分点所对应的就业数量变化的百分比。当就业弹性系数为正时，数值越大表明经济增长对就业增长的拉动作用就越大，数值越小表明经济增长对就业的拉动作用就越小。当就业弹性系数为负值时，存在两种情况：第一种情况是经济增长为正值，就业增长为负值，表明经济增长对就业具有挤出效应，此时弹性系数的绝对值越大，表明挤出效应就越大，弹性系数绝对值越小，表明挤出效应就越小；第二种情况是经济增长为负值，就业增长为正值，此时经济增长对就业具有"吸入"效应，此时就业弹性系数的绝对值越大，表明吸入效应就越大，弹性系数的绝对值越小，表明吸入效应就越小。

根据就业弹性系数计算的我国总就业弹性与三次产业就业弹性如图3-15所示。

从图3-15可以看出，自改革开放以来，我国总就业弹性虽一直为正数，但是绝对值较小，就业总弹性系数呈现下降趋势，尤其是进入21世纪以来，一直保持在0.1以下，表明我国经济增长对就业具有持续的拉动作用，但拉动作用有限。具体而言，2016年就业总弹性系数只有0.03，也就是说经济每增长1个百分点，只能带动就业增长0.03个百分点。由此可见，当前经济增长对就业的拉动效应偏弱，说明经济增长中技术含量比重加大，结构性失业呈不断深化的端倪。

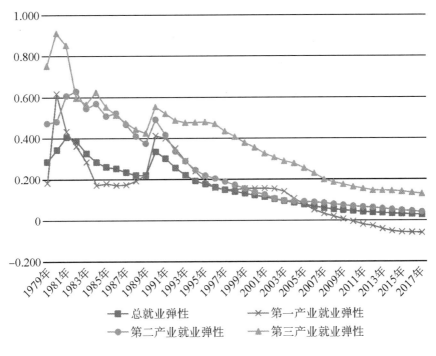

图 3-15 1979—2017 年我国三次产业就业弹性

分产业来看，第一产业就业弹性波动较大，下降幅度也较大，并从 2010 年开始转为负值，表明第一产业经济增长对就业由拉动作用转为挤出效应，且挤出效应在 2017 年达到 0.060，说明第一产业对就业增长的贡献率不断下降。第二产业就业弹性系数相对较为平稳，在 2001 年之前一直高于总就业弹性，之后逐渐降低，表明第二产业对就业的拉动作用逐步下降。第三产业就业弹性虽然整体也呈现下降趋势，但是一直高于第一、第二产业，并且下降幅度相对较小。第三产业一般都是劳动密集型产业，故其就业弹性能够维持在一个较高的水平，但第三产业中高新服务业（如金融保险业、信息服务业与房地产业都是资本密集型产业）的兴起，导致第三产业就业弹性下降。相比第一和第二产业，第三产业的就业弹性系数一直为正，表明第三产业成为拉动就业增长的主要产业。当前，我国第三产业发展还处于不充分的阶段，未来的发展空间仍较大，随着供给侧结构性改革与产业结构优化的不断推进，第三产业将会在未来提供更多的就业岗位。

3.4.2.2 比较劳动生产率与差异系数

产业结构与就业结构的协调性，归根结底是由生产发展水平所决定的，故需分析比较劳动生产率。比较劳动生产率是测度产业结构效益的一种有效方法，又称为相对劳动生产，它是指某一产业的产值比重与该产业就业劳动力比重的比值。经济发展过程中，不同产业的产出与就业增长幅度各不相同，故产业之间的比较劳动生产率也存在差异，但是从长期而言，各产业比较劳动生产率应趋近于1[1][2]。如果某一产业的比较劳动生产率明显小于1，则说明该产业吸纳了过多的就业人员，该产业部门的劳动力将会向其他产业部门转移。王庆丰为了进一步测度我国第一、第二、第三产业结构（以下简称三次产业结构）的比较劳动生产率偏离1的变化趋势，设计并计算了劳动生产率差异指数 V，计算公式为

$$V = \sqrt{\frac{\sum\limits_{i=1}^{3}(P_n - 1)}{3}} \tag{3.1}$$

由我国历年数据计算的三次产业比较劳动生产率与比劳动生产率差异指数如图3-16所示。

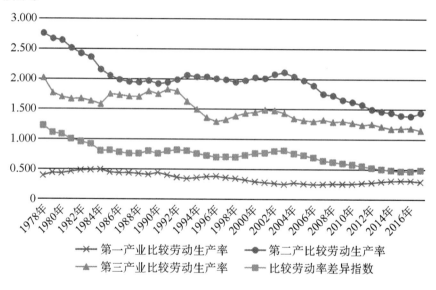

图3-16 1978—2017年我国三次产业比较劳动生产率与差异指数

从图3-16可知，我国比较劳动生产率趋势下降，但各个产业具有不同的波动特征。由具体数值可知（见图3-16），我国第一产业比较劳动生产率呈现下降趋势，且一直低于0.5，处于较低水平，说明第一产业存在大量的剩余劳动力需要转移。第二产业比较劳动生产率均大于1，且呈现出阶段性下降趋势，表明第二产业发展

① 王庆丰. 中国产业结构与就业结构协调发展研究［M］. 北京：经济科学出版社，2013：90.
② 景建军. 中国产业结构与就业结构的协调性研究［J］. 经济问题，2016（1）：60-65.

104

协调性越来越好，具有较强的劳动力吸纳能力。第三产业比较劳动生产率也都大于1，且逐步下降，同时小于第二产业比较劳动生产率，说明第三产业发展协调最好。第三产业位居中间水平，呈现出与第二产业相反的阶段趋势。

由发展经济学的相关理论，可知第一产业的比较劳动生产率将会随着经济发展和人均收入水平的提高逐渐趋于稳定，并将在进入高收入阶段后呈上升趋势。目前，我国人均 GDP 虽然有所提升，但是还处于中下的水平，故第一产业比较劳动生产率依然保持较低水平，也充分体现了我国第一产业的就业蓄水池作用。较多的农村剩余劳动力为工业和服务业发展提供了充足的劳动力，但是农业剩余劳动力的外流面临诸多障碍，故其速度还需不断提高。

第二产业与第三产业的比较劳动生产率在不断下降过程中，日益趋近于 1，符合经济发展的一般规律，表明劳动力在两者之间具有良好的流动性，但总体而言，三次产业比较劳动生产率仍然存在较大的差别。从比较劳动生产率的差异指数（见图 3-16）可知，三次产业之间的差别在逐步缩小，表明我国三次产业结构逐渐趋于合理，但仍然存在改进的空间，需要进一步调整产业结构。尤其是第三产业就业吸纳能力还待提高，第一产业依然存在较多剩余劳动力人口的情况下，更加需要疏通劳动在产业结构之间的流动障碍。

3.4.2.3 结构性偏离度分析

在产业结构转型升级过程中，产业结构的变动先于就业结构变动，但二者之间的变动关系存在一定的时滞与偏离。对于二者之间的偏离，一般使用结构偏离度加以衡量。本书使用各产业结构的比较劳动生产率与 1 的差来测定各产业结构的偏离度。当产业结构偏离度越接近零，说明产业结构与就业结构越匹配；当偏离度为正时，说明产业的 GDP 结构优于就业结构，意味着该产业的比较劳动生产率较高；当偏离度小于零时，表明该产业的 GDP 结构劣于就业结构，意味着该产业比较劳动生产率较低，且存在过剩产业人口。从经济发展的一般趋势来看，如果产业之间不存在劳动市场分割，各产业之间劳动力流动不存在障碍，那么随着经济发展，劳动力就会在三次产业之间充分流动，产业结构偏离度则会趋向于零。由国家统计局数据测算的我国三次产业的结构偏度离显示（见图 3-17），自 1978 年以来，我国第一产业结构偏离度均小于 0，且绝对值不断增大，说明农村有大量剩余劳动力。第二产业结构偏离度均大于 0，但不断减小，由 1978 年的 1.758 下降到 1990 年的 0.917，然后先一直缓慢上升到 2003 年的阶段性高点 1.111，随后加速下降到 2016 年的 0.385。这与加入 WTO 以后，我国第二产业转型和劳动关系素质提高有很大的关系[①]。第三产业结构偏离度的变动总体上可以分为五个交替变化的阶段：下降阶段（1978—1984 年）；上升阶段（1985—1991 年）；下降阶段（1992—1996 年）；上升阶段（1997—2001 年）；下降阶段（2002—2016 年）。尽管第三产业结构偏离度阶段性变动特征较为明显，但总体上呈现出下降趋势，表明第三产业就业渠道多、进入障碍少、就业吸纳能力强，即产业结构与就业结构的协调性较强。

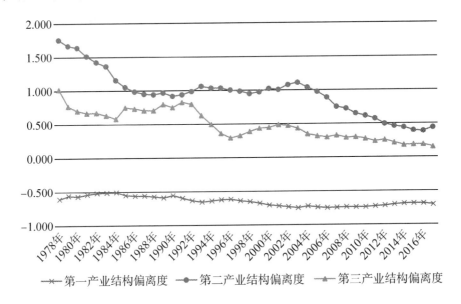

图 3-17　1978—2017 年我国三次产业结构偏离度

数据来源：原始数据来源于我国历年统计年鉴。

自改革开放以来，我国产业结构偏离度呈现不断下降的趋势，如第二产业、第三产业结构偏离度不断下降，分别由 1978 年的 1.758 和 1.020 下降到 2017 年的 0.439 和 0.150，表明我国的产业结构与就业结构趋于合理。但第一产业结构偏离度不但没有缩小，反而逐渐扩大，由 1978 年的 -0.607 下降到 2017 年的 -0.706（见图 3-17），虽然下降的幅度不大，但反映出我国第一产业比较劳动生产率相对较低与第一产业存在过剩劳动力的事实。

3.4.2.4　产业结构与就业结构协调系数

产业结构与就业结构的协调发展程度由产业结构与就业结构协调系数 H_{se} 表示，

---

①　景建军. 中国产业结构与就业结构的协调性研究 [J]. 经济问题，2016（1）：60-65.

且 $0 \leqslant H_{se} \leqslant 1$。$H_{se}$ 越接近于零，表明产业结构与就业结构协调性越差；H_{se} 越接近于
1，表明产业结构与就业结构的协调性越好，两者越均衡。计算公式为

$$H_{se} = \frac{\sum_{i=1}^{n}(S_i E_i)}{\sqrt{\sum_{i=1}^{n} S_i^2 \sum_{i=1}^{n} E_i^2}} \tag{3.2}$$

其中，S_i 为第 i 产业的产值结构，E_i 为第 i 产业就业结构。图 3-18 为根据这一公
式计算的我国 1978—2017 年产业结构与就业结构协调系数。

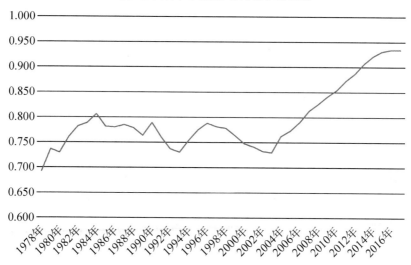

图 3-18　1978—2017 年我国产业结构与就业结构协调系数

数据来源：原始数据来源于我国历年统计年鉴。

如图 3-18 所示，我国产业结构与就业协调系数在 2003 年之前呈阶段性上升与
阶段性下降的波动趋势，2003 年之后一直呈现出上升态势。其主要原因在于，我国
产业结构调整政策转变与就业结构调整滞后，并随着产业结构调整有所改善。2006
年之前，我国产业结构与就业结构协调系数均小于 0.8，说明二者处于失衡的状态。
2007 年开始，产业结构与就业结构协调系数开始大于 0.8，且处于不断上升阶段，
2017 年达到 0.934，表明我国二者的协调性得到了较大的改善。

3.4.2.5　Moore 结构值

一些学者测度了就业结构滞后于产业结构的程度，如约翰·H. 摩尔（John. H.

Moore）提出运用空间向量方法计算的结构变动指数来衡量产业结构转型升级过程中的变化[①]，即 Moore 结构值，该值不仅能够灵敏地反映结构演变中各产业结构变动的过程，还能反映产业与就业结构的联动变化过程[②]。因此，本书运用该方法来测度我国产业结构与就业结构的 Moore 结构值来分析两者变动时间的不一致性。计算公式如下：

$$\theta_t = \arccos \frac{\sum_{i=1}^{n} W_{i,\,t} W_{i,\,t+1}}{\sqrt{\sum_{i=1}^{n} W_{i,\,t}^2 \sum_{i}^{n} W_{i,\,t+1}^2}} \tag{3.3}$$

其中，θ_t 为 t 期的 Moore 结构值，$W_{i,\,t}$ 表示第 t 期 i 产业的产值或就业所占的比重。反余弦函数的值域为 $0 \leq \theta \leq \frac{\pi}{2}$，因此 θ_t 表明产业结构或就业结构的相对变化程度，θ_t 值越大，表明相对变化程度越大。

图 3-19 显示了我国产业结构 Moore 结构值和就业结构 Moore 结构值的变动情况。1978—1988 年，就业结构调整滞后产业结构调整的趋势并不明显，原因可能在于改革开放初期的改革力度有限。例如，在 1982 年之前，家庭联产承包责任制并未大规模展开，而只是民间自发的行为，在 1982 年中央第一个关于农村工作的一号文件正式出台之后，"包产到户、包干到户"才得到官方文件的认可。虽然产业结构在调整升级，但对就业结构的拉动作用并不明显。因为改革之初，第一、第二产业均存在较多的冗余人员，尤其农村实行家庭联产承包责任制之后，虽然农业剩余劳动力较多，但并未能够顺利转移到其他产业，从就业结构的 Moore 可知，1978—1981 年就业结构变动呈下降趋势，表明就业结构变动趋势很小。而 1982—1987 年产业结构和就业结构的变动幅度均经历了由小到大再由大到小的过程，此阶段就业结构与产业结构的变动基本上保持一致。

---

① MOORE J H. A measure of structural change in output [J]. Review of income and wealth, 1978, 24（1）：105-118.

② 王庆丰. 中国产业结构与就业结构协调发展研究 [M]. 北京：经济科学出版社，2013：119.

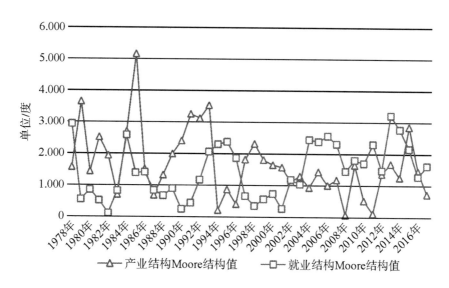

图 3-19　1978—2017 年我国产业结构与就业结构 Mooer 值

数据来源：原始数据来源于我国历年统计年鉴。

1988 年之后，就业结构滞后于产业结构的变动，但二者的变动趋势均较明显。如 1988 年产业结构变动幅度触底反弹，并于 1993 年达到了阶段高点，而就业结构变动幅度于 1990 年才到达阶段性低点，于 1995 年达到阶段高点。产业结构的下一个高点在 1998 年，然后处于波动下降阶段，又于 2004 年达到阶段高点，之后开始高位徘徊。进入 21 世纪后，就业结构滞后于产业结构的趋势并未得到根本性改变，平均而言，就业结构变动滞后于产业结构 3~5 年，但二者的变动周期明显缩短。

3.5　劳动力市场建构中的就业与失业演化状况

3.5.1　我国构建现代劳动力市场的基本状况

3.5.1.1　劳动力市场复苏于雇佣劳动，发展于社会主义市场经济建设过程

改革开放后，我国的劳动力市场复苏始于雇佣劳动的出现，得益于我国生产资料所有制结构的变化，伴随着私营经济的发展而壮大，新型劳资关系[①]浮出水面，资本雇佣劳动重返生产经营之中。但是雇佣劳动并非首先出现在城镇，而是出现在

---

　　① 新型劳资关系：新中国成立至 1957 年完成社会主义改造，我国经济成分中的"劳资关系"已被消除，直至改革开放之后，随着个体经济、私营经济以及外资经济等非公有经济的发展，劳资关系才重返我国经济生活之中，但这种劳资关系既不同于社会主义改造时期的劳资关系，也不同于资本主义制度下的劳资关系，而是公有制经济为主体的国家资本主义经济中的"新型劳资关系"。并且，这种劳资关系还仅涉及非公有经济关系，至于公有经济，尤其国有经济，公有资本雇佣劳动的"劳资关系"将在第 4 章劳动力产权制度中专门分析。

农村，1978 年后农村经济体制改革中，由人民公社体制转向实行家庭联产承包责任制，农民不仅获得了土地的承包经营权，而且获得了部分农业生产资料的所有权，并在此过程中，重建起农村个人财产所有制，同时农民获得自身劳动力产权。这一过程不仅完成了农业经营体制的制度变迁，同时也完成了农村劳动力产权的重新界定，为农村雇佣劳动力的出现奠定了制度与产权基础。土地承包经营权与劳动力产权的重新获得，刺激了农民的生产积极性，同时也为扩大生产经营与举办家庭手工业积累了资金，涌现出各种专业大户。在这些专业大户中，有些为了满足生产的需要，弥补家庭劳动力的不足，开始雇佣农村剩余劳动力，由此产生了农村雇工。由 1985 年《全国农村社会经济典型调查综述》的数据可知，雇佣劳动者约占农村总劳动力的 1.88%，且多集中于商品经济发展的东部沿海地区，如在广东省高达 5% 左右，在温州地区的某些乡镇更是达到了 50% 以上[①]。

在城镇地区，个体经济的发展为私营经济发展奠定了基础，私营经济成为改革初期解决失业问题的主要途径。1979—1981 年，随着"下乡知识青年"的陆续返城，迎来了改革开放后第一波失业高峰。为了解决城镇失业问题，党和政府实行"三结合"的就业方针，鼓励失业人员从事个体劳动，放开了集体经济和个体经济这两个就业渠道。相关研究资料显示，1980—1981 年，个体经济从业人员从 1979 年的 92 万人增加到 147 万人，工商管理部门认定的私营企业也于 1987 年达到 22.5 万家，雇佣了 360 万人[②]。

虽然私营经济的诞生和发展促进了劳动力市场的发展壮大，但在城镇非农业个体经济政策公布之前，使用雇佣劳动仍属非法，而雇佣劳动也不能超过"规定"的帮工、学徒 8 人的界限。私有经济直到 1987 年中共中央 5 号文件的出台，才首次明确承认私营经济的存在并允许发展。由此可见，改革初期的劳动力市场在发育过程中，仍然受到政策法规的制约，雇佣劳动也是以自发和隐蔽形式出现的。因此，雇佣劳动首先出现在除国有经济、集体经济以外的私有经济、中外合资、合作企业和外资企业中，后来才以国有经济与集体经济雇佣农民临时工的形式扩散到国有经济与集体经济中。

---

① 资料来源：《中国农业年鉴》编辑委员会. 中国农业年鉴（1986）[M]. 北京：中国农业出版社，1986：301-313.

② 资料转引自：冯兰瑞. 论中国劳动力市场 [M]. 北京：中国城市出版社，1991：32-33.

农村劳动力向城市转移是城市化进程中不可逆转的趋势，虽然自 20 世纪 50 年代起，农村劳动力就开始向城市转移，但都是按计划、小规模、局部的转移，并未形成大规模的、全国性的劳动力转移市场。而从 20 世纪 80 年代开始，农村剩余劳动力大规模地向城市转移，形成了所谓的"民工潮"，在全国自发地形成了劳动力市场（当时称之为"劳务市场"）。而城镇劳动力在这一时期，受劳动政策松动与国有企业用工制度改革的影响，也开始以"留职停薪"等形式流动，特别是劳动合同制的试行下，国有企业下岗职工与"下海经商"人员显著增加。但是在后期由于缺乏相应的制度安排与政策支持，加之不少企业在治理整顿过程中陷入资金拮据、流通不畅的境地，造成了市场疲软、生产停滞等一系列问题。这些问题严重地影响了乡镇企业、个体经济与私营经济的运行，导致招工数量急剧减少，失业增加。许多民工重新返回农村，劳动力市场呈现萎缩态势，失业率大幅上升。同时，1987—1991 年，国有企业推行用工制度改革，加大了固定用工制度的改革力度，许多国有企业削减正式职工数量，并开始"下岗分流"；同时国有企业经营也面临效益差、资金短缺的困境，不少企业出现了停产半停产、拖欠工资的现象。这一时期城镇劳动力市场发展遭遇困境，从城镇登记失业人数与城镇登记失业率的变化上就可见一斑（见表 3-7）。虽然劳动力市场制度在 20 世纪 80 年代末至 90 年代初发展遭遇挫折，但其在社会主义市场经济体系确立与建设过程中得以蓬勃发展和日臻完善。

表 3-7　1978—1992 年城镇登记失业人数与城镇登记失业率

年份	城镇登记失业人数/万人	城镇登记失业率/%
1978 年	530	5.3
1979 年	567.6	5.4
1980 年	541.5	4.9
1981 年	439.5	3.8
1982 年	379.4	3.2
1983 年	271.4	2.3
1984 年	235.7	1.9
1985 年	238.5	1.8
1986 年	264.4	2
1987 年	276.6	2
1988 年	296.2	2

表3-7（续）

年份	城镇登记失业人数/万人	城镇登记失业率/%
1989 年	377.9	2.6
1990 年	383.2	2.5
1991 年	352.2	2.3
1992 年	363.9	2.3

数据来源：原始数据来源于我国历年统计年鉴。

3.5.1.2 劳动力市场从二元分割到多重分割，并逐步走向城乡一体化的发展历程

我国的劳动力市场诞生于二元分割的城乡经济体制，天然就带有城乡二元分割的属性。尤其是二元社会结构下的户籍制度阻碍了劳动力在城乡之间的流动，形成了城乡分割的劳动力市场。改革开放之初，在城市劳动力市场，城镇居民一般通过正规的劳动力市场就业信息服务获取就业信息，从事的一般是一些相对较为体面的工作；而农村居民一般是借助一定的民间社会资本获取就业信息，大多从事的是一些重体力、环境恶劣的工作。除了城乡二元分割，我国劳动力市场还存在地区分割、市场产业分割、正式市场与从属市场、所有制分割、产权分割、岗位分割、体制内与体制外分割等，正是这些分割共同构成了我国劳动力市场的多重分割。而这些分割内部还存在更深一层次的分割，比如在劳动力市场体制内与体制外分割中，体制内市场又分割为体制内存量合同工准劳动力市场与临时工、农民工劳动力市场；体制外市场则分割为体制外城乡劳动力市场[①]。

随着市场化进程的发展，我国劳动力市场城乡完全分割的状态开始逐步放松，走向城乡一体化发展，主要体现在三个方面：一是户籍制度改革逐步朝着有利于劳动力流动的方向前进；二是用工制度的改革，逐步改革固定工制度，普遍实行符合现代企业制度的劳动合同用工制度；三是劳动力工资制度的改革，在坚持按劳分配的基础上，实施更加灵活的浮动工资、效益工资、岗位工资与绩效工资等形式。

（1）户籍制度改革推动了劳动力城乡一体化发展。改革开放初期，户籍制度改革初步破除了农村劳动力向城市转移的制度障碍，但没有破除农村劳动力进入主要劳动力市场的制度障碍，也就是说农村剩余劳动力可以在城乡之间流动（但必须付

---

① 李萍，刘灿.论中国劳动力市场的体制性分割 [J].经济学家，1999（6）：18-22.

出一定流动成本），但是并未获得进入正规劳动力市场的权利与能力，由此衍生出农民工结构性失业问题。户籍制度改革，主要是剥离城镇户籍上诸多的福利待遇（如教育、住房、医疗、就业等），是城乡分割的户籍制度转向城乡统一的户籍人口登记制度。为此，2013 年，党的十八届三中全会发布关于户籍制度的若干决定，提出合理确定大城市落户条件，有序放开中等城市落户限制，全面放开建制镇和小城市落户限制。2014 年 7 月，国务院发布的户籍制度改革意见标志着进一步推进户籍制度改革开始进入全面实施阶段①。统一户口登记制度，意味着以"农业"和"非农业"区分户口性质的城乡二元户籍制度将成为历史，更加凸显户籍制度的人口登记管理功能。在此基础上，各省（自治区、直辖市）根据各自的实际情况，相应出台了实施意见，推动了人口向小城镇迁移落户发展和控制大城市人口的合理流动。2015 年 10 月，《居住证暂行条例》的出台使得到常住户口所在地之外居住半年以上的有稳定就业或合法居所的公民可申请居住证。2016 年 10 月，国务院出台非户籍人口在城市落户政策，该政策要求在"十三五"期间年均转户超过 1 300 万人，以实现 2020 年全国户籍人口城镇化率提高到 45% 的目标②。

伴随着户籍制度的改革，我国农民工从当地转移就业模式到进城打工的"民工潮"再演变为"民工荒"的根源不在于农民工总体数量的减少，而在于农民工劳动力价格长期被人为压低和农民人力资本投入欠缺。一方面，一直低位徘徊的农民工工资不再具有吸引力，特别是一些就业环境差、劳动力强度大的工作岗位表现得更加明显；另一方面，与户籍制度改革相配套的社会保障体系并未能够覆盖进城务工人员，农民工面临子女入学难、医疗保险缺失、社会保障体系不健全、职业培训发展匮乏等诸多问题，因此劳动力流动、城乡分割的制度性障碍依然存在。

（2）改革企业固定用工制，实行劳动合同制度，建立与完善劳动力市场。建立与社会主义市场经济相适应的劳动就业制度，培育和完善劳动力市场是社会主义市场经济体制的内在要求。实行全员劳动合同制是对计划经济体制下的固定用工制度的进一步突破，为市场配置劳动力资源及促使劳动力供需双方双向选择提供了制度供给。扩大国有企业自主经营权则为国有企业自主用工提供了政策依据，国有企业

① 国务院. 国务院关于进一步推进户籍制度改革的意见［EB/OL］.（2014－07－30）［2024－04－30］.中华人民共和国中央政府网站 http://www.gov.cn/zhengce/content/2014-07/30/content_8944. htm.

② 国务院办公厅关于引发推动 1 亿非户籍人口在城市落户方案的通知［EB/OL］.（2016－10－11）［2024－04－30］.http://www.gov.cn/zhengce/content/2016-10/11/content_5117442. htm.

可以引入市场配置方式，优化组合企业员工，为全员实行劳动力合同制提供了便利。此外，全员劳动合同制度的推行，也倒逼了城乡劳动力市场一体化的发展，企业也可以在劳动力市场上择优聘用农村转移的劳动力。1993年，党的十四届三中全会通过建立社会主义市场经济体制的若干决定，将劳动力市场作为重点培育发展的要素市场。同年12月，劳动部发布劳动力体制改革的总体设想，进一步部署落实建立和培育劳动力市场体系，明确提出了全面推行劳动合同制的时间表。时至1996年年底，全国企业合同用工制的工人占职工总数的88.7%，1997年年底达到了97.5%。与此同时，国有企业职工下岗失业问题也更加突出，就业形势越来越严峻。从1998年开始到2000年，国有企业职工大规模大范围下岗待业，形成了改革开放以来的第二次失业高峰。国有企业职工大规模下岗失业，走向劳动力市场，他们的再就业问题成为当时就业工作的难题。劳动力用工制度改革突破了计划经济体制下劳动制度的束缚，从而为建立城乡一体化的劳动力资源市场奠定了制度基础。

（3）改革劳动力工资制度，完善劳动力市场配置资源机制。工资是劳动力市场的劳动力价格，工资制度改革是社会主义分配制度改革的关键环节，也是完善劳动力市场分配关系、构建现代劳动力市场体系的重要环节。随着改革的深化，工资作为劳动力的价格机制在劳动力市场中的调节作用逐步增强，成为调节劳动力供需的主要手段。从1978年开始到1990年，工资改革的思路主要是改革"统包统配"下的分配体制，构建反映劳动者生产率、体现企业分配自主权的收入分配机制。1993年11月，中国共产党第十四届中央委员会第三次全体会议提出"个人收入分配要坚持按劳分配为主体、多种分配方式并存的制度"，标志着我国在收入分配领域的改革进入新阶段，资本、技术等生产要素得以参与收益分配。多种所有制经济共同发展和多种分配方式并存的制度的实行标志着市场化进程的开启，同时也意味着收入差距扩大。具体表现为不同登记注册类型城镇单位之间的平均工资差距不断扩大、不同行业企业之间的平均工资差距以及城乡之间收入差距不断扩大。进入21世纪后，由工资造成的收入差距不但没有缩小，反而呈继续扩大的趋势，尤其是随着经济结构复杂化程度的加深和非公有制经济的发展，工资决定机制越来越多元化。体制内的工资决定机制虽然进行了一系列改革，突出岗位、绩效的激励功能，但是一定程度上依然留有计划经济体制工资制度的痕迹，行政事业单位就是如此。社会主义市场经济体制下劳动力市场工资制度改革就是要改革当前依然存在的制约统一劳动力市场形成的制度因素，逐步消除企业内部农民工与城市工人在福利上"同工不同酬"的不平等现象。针对拖欠农民工工资的问题，建立工资支付制度和工资集体协商谈判制度，利用多元工资形成机制和工资正常增长机制的同时，也要防止工资收入差距扩大而造成劳动力市场的分割与固化。

3.5.2 城乡分割的劳动力市场与农民工就业及失业状况

自 20 世纪 80 年代，农业生产经营体制的改革和农业生产技术革新促进了生产力的发展，数以亿计的农村劳动力得以从土地上解放出来。乡镇企业的兴起，成为这一时期农业剩余劳动力的主要就业渠道。但是在 80 年代后期，虽然农村深化改革与农业生产率的提高，释放出更多农村剩余劳动力，但是乡镇企业步入新的技术升级调整阶段，在转型与升级改造过程中，对农村劳动力的吸纳能力大大下降。由于农村人口基数较为庞大，虽然农村总人口和劳动力总量没有出现显著的降低，但是第一产业的就业人员占全部就业人员的比重却呈现出逐年下降的趋势。这是由于随着我国的城市化进程不断加快，农村劳动力不断从农业生产中剥离，自发地、大规模地涌入东部沿海城市和地方中心城市，成为我国第二、第三产业大军的重要组成部分，形成了数量巨大的、影响广泛的"民工潮"。在"民工潮"兴起的初期，农民工从事着制造业、建筑、社会服务、餐饮等工作，不仅拿着低于城镇职工平均工资水平的薪酬、享受不到城市职工的社保和医疗等社会保障与公共服务，而且还经常遇到工资拖欠问题。这些问题与农民工自身的文化程度不高、缺乏工作技能等原因不无关系，但根本原因在于城乡劳动力市场分割。

如前所述，我国城乡劳动力市场分割由来已久。市场分割主要体现在城市劳动力和农村劳动力在就业时因身份不同而分属于不同的劳动力市场，在工资福利、社会保障、就业机会等方面存在较大的差异，其产生主要是体制性因素造成的。虽然中央政府和地方政府出台了一系列促进农民工有序流动的政策，但是制约农民工转移就业的制度性障碍并没有完全消除，成为制约农民工转移就业、有序流动的主要因素。同时，城乡劳动力市场分割成为制约农民工有序流动、融入城市的重要因素，进城务工的农民工既缺乏社会保障，更缺乏身份认同，在面临经济波动或政策调整时，往往成为失业的"急先锋"。而 2004 年初现端倪一直延续到 2008 年上半年的"民工荒"，则是低廉的工资不再具有吸引力、刘易斯拐点到来、"人口红利"消失的前兆。"民工荒"首现于制造业发达的广东东莞、佛山、深圳等地，然后波及珠三角、长三角等东部沿海地区，并且蔓延到中西部地区的大中城市。由劳动保障部课题组发布的《关于民工短缺的调查报告》，可知珠三角、浙东南等加工制造业聚集区面临企业缺工的困境，尽管珠三角地区是广东 1 900 多万民工的主要聚集地，但该地区仍是缺工最为严重的地区，存在近 200 万人的缺口，缺工率达到 10%。此外，深圳用工缺口约 40 万，1.5 万家东莞企业中有 17% 的企业存在用工缺口。福建泉州及浙江温州等地均存在不同程度的招工难问题[①]。

如果说短短延续几年的"民工荒"是农村剩余劳动力因进城务工吸引力下降的主动选择，那么 2008 年金融危机之后，农民工"失业潮"则是经济下行压力下的被动选择。2008 年，金融危机席卷全球，我国东部沿海地区对外依存度较高的企业纷纷出现了外需疲软、订单不足的情况，受此影响，企业停产停工现象比较严重，农民工则被动歇业、失业和返乡。时任中央农村工作小组领导的陈锡文表示，我国 1.3 亿外出农民工中，大约有 2 000 万人受金融危机的影响失去工作或者还没有找到工作就返乡了[②]。由国家统计局的数据可知，截至 2008 年年底，返乡农民工已经超过 7 000 万人。由此可见，受金融危机影响，我国农民工产生了一波较为严重的"失业潮"与"返乡潮"。但是"民工荒"并没有就此远去，2010 年"民工荒"再次来袭，与之前相比，此次的"民工荒"范围更广、影响更深、缺口更大；且伴有"技工荒"与"普工荒"，结构性失业不断凸显。

可见，"民工荒"到"失业潮"、"返乡潮"与"技工荒"、"普工荒"并存的局面，反映出我国劳动力市场上总量就业问题到结构性就业问题转变与结构性失业的逐渐显化。"民工荒"很大程度上是由农民工的工资待遇低、劳动强度大、工作环境差导致的"自愿失业"，且此部分"自愿失业"的农民工的知识文化水平与劳动技能均存在不足；而企业需求量大的 18~25 岁的年轻女工和技能熟练工也存在严重短缺[③]，这部分劳动力需求的工资并不低。根据国家统计局第二次农业普查数据，2006 年年末外出务工的 1.3 亿农村外出劳动力中，绝大多数仅为初中文化程度，其次为小学文化程度，接受高中教育者仅占 8.7%，还有 1.2% 是文盲。因此，从某种意义上来说，"民工荒"的实质是"技工荒"，具有结构性失业的属性。2008 年首

---

① 劳动保障部课题组. 关于民工短缺的调查报告 [J]. 经济管理文摘，2004（20）：40-41.
② 陈锡文. 金融危机致 2 000 万农民工失业 [J]. WTO 经济导刊，2009（3）：18-18.
③ 劳动保障部课题组. 关于民工短缺的调查报告 [J]. 经济管理文摘，2004（20）：40-41.

先受到金融危机影响的依然是文化水平、劳动素质差的就业弱势农民工群体。与2006年的普查数据相比，2009年外出农民工就业群体的受教育程度与工作技能并无明显改变，且大多数外出农民工缺乏工作技能，有超过一半没有参加过任何技能培训。国家统计局公布的《2009年农民工监测调查报告》显示，在外出农民工中，文盲占1.1%，小学文化程度的占10.6%，初中文化程度的占64.8%，高中文化程度的占13.1%，中专及以上文化程度的占10.4%。虽然高中及以上文化程度的农民工比重较2008年提高了1.7个百分点，占23.5%[1]，但总体上反映出农民工就业群体的人力资本存量不足。

表 3-8　流动人口、农民工统计数据[2]

年份	全国人户分离的人口/亿人	流动人口/亿人	全国农民工/万人	外出农民工/万人
2008 年		2.01	22 542	约 13 000
2009 年		2.11	22 985	14 536
2010 年	2.61	2.21	24 223	15 335
2011 年	2.71	2.3	25 278	15 863
2012 年	2.79	2.36	26 261	16 336
2013 年	2.89	2.45	26 894	16 610
2014 年	2.98	2.53	27 395	16 821
2015 年	2.94	2.47	27 747	16 884
2016 年	2.92	2.45	28 171	16 934
2017 年	2.91	2.44	28 652	17 185
2018 年			28 836	17 266

数据来源：历年国家统计公报。

进入经济新常态后，我国流动人口和农民工总量增长的同时（见表3-8），农民工群体的年龄结构也发生了变化（见表3-9），即50岁以上的农民工比重有所上升，但"80后""90后"和"00后"新生代民工逐渐成为农民工主体，并于2017

---

① 国家统计局. 2009 年农民工监测报告[EB/OL]. (2010-03-19)[2024-04-30]. http://www.stats.gov.cn/ztjc/ztfx/fxbg201003/ t20100319_16135. html.

② 人户分离的人口是指居住地与户口登记地所在的乡镇街道不一致且离开户口登记地半年及以上的人口。流动人口是指人户分离人口中扣除市辖区内人户分离的人口。全国农民工数量包括年内在本乡镇以外从业6个月及以上的外出农民工和在本乡镇内从事非农产业6个月及以上的本地农民工两部分。外出农民工是指本乡镇以外从业6个月及以上的外出农民工。口径来源于国家统计局。

年首次超过 50%[①]。与 2009 年相比,文化程度、接受培训与技能水平也有了提高(见表 3-10 和表 3-11)。尤其是受过大专及以上学历的农民工有所增加,在一定程度上改善了农民工的知识与技能结构,但依然与我国劳动力需求结构不相适应。经济发展进入新常态后,产业结构转型升级、经济发展迈入高质量发展阶段,企业持续的"技工荒"成为制约经济高质量发展的软肋。熟练技术工人与高技能人才的需求短缺从珠三角、长三角等东部沿海等地蔓延到全国各地,这就形成了与农民工供给持续增加以至相对过剩的强烈反差,可以说,"技工荒"越演越烈,实质上反映了劳动力供给结构与需求不匹配的结构性矛盾,一边是农民工就业越来越难,供给过剩;一边是技术工人需求得不到满足,加剧了日益严重的结构性失业。

表 3-9 农民工年龄结构 单位:%

年龄段	2013 年	2014 年	2015 年	2016 年	2017 年
16~20 岁	4.7	3.5	3.7	3.3	2.6
21~30 岁	30.8	30.2	29.2	28.6	27.3
31~40 岁	22.9	22.8	22.3	22	22.5
41~50 岁	26.4	26.4	26.9	27	26.3
50 岁以上	15.2	17.1	17.9	19.1	21.3

数据来源:国家统计局《2017 年农民工监测调查报告》

表 3-10 农民工文化程度构成 单位:%

文化程度	农民工合计		外出农民工		本地农民工	
	2016 年	2017 年	2016 年	2017 年	2016 年	2017 年
未上过学	1	1	0.7	0.7	1.3	1.3
小学	13.2	13	10	9.7	16.2	16
初中	59.4	58.6	60.2	58.8	58.6	58.5
高中	17	17.1	17.2	17.3	16.8	16.8
大专及以上	9.4	10.3	11.9	13.5	7.1	7.4

---

① 国家统计局. 2017 年农民工监测调查报告 [EB/OL]. http://www.stats.gov.cn/tjsj/zxfb/201804/ t20180427_1596389.html.

表 3-11 接受技能培训的农民工比重   单位:%

类型	接受农业技能培训		接受非农职业技能培训		接受农业或非农职业技能培训	
	2016 年	2017 年	2016 年	2017 年	2016 年	2017 年
合计	8.7	9.5	30.7	30.6	32.9	32.9
本地农民工	10	10.9	27.8	27.6	30.4	30.6
外出农民工	7.4	8	33.8	33.7	35.6	35.5

数据来源：国家统计局《2017 年农民工监测调查报告》

3.5.3 区域劳动力市场结构性矛盾与下岗职工再就业

我国劳动力市场结构性矛盾还表现为区域性的结构性矛盾，这主要是区域经济发展不平衡所导致的，尤其是在国有企业改革过程中，国有企业分布不均衡以致国有企业相对集中的区域面临更为严重的下岗职工再就业问题。我国的东部沿海地区经济比较发达，尤其是民营经济占比较大，对于劳动力的需求也比较大，成为劳动力输入地区，而中西部地区经济发展相对落后，但国有经济占比相对较大，往往成为劳动力输出地区。新中国成立后，在国家"支持三线建设"的政策指引下，中西部地区集中了大批国有企业，一些原东部地区国有企业和职工响应号召，积极投身于中西部的建设中。改革开放后，随着东部及沿海地区经济发展以及劳动力流动政策的松动，劳动力逐渐由中西部地区流向东部地区。与此同时，改革开放拉开了国有企业改革的大幕，随着市场经济体制深化改革与国有企业改革的持续推进，中西部地区相对集中的一些国有企业隐性失业开始显性化与公开化。特别是东北地区的沈阳、哈尔滨这样的国有重工业大企业集中的老工业城市，面临巨大的下岗失业压力。许多下岗失业人员，在名义上还是某个国有企业的职工，但是既不能上班，也领不到工资。于是，显性化、公开化的下岗失业人员的再就业问题成为 20 世纪 90 年代中后期城镇就业工作的重中之重。

1993 年，党的十四届三中全会提出建立现代企业制度的目标，并对国有企业采取"抓大放小"的方针。随后，根据这一方针，国企改革工作在培育与做大做强大型国有企业和企业集团的同时，对数量庞大的中小型国有企业进行了改组、联合、兼并、股份合作、租赁承包以及出售等多种形式的改革，企业改制后的大量下岗职工需得到安置就业。进入 21 世纪后，现代企业制度得以初步建立。根据"有进有退，有所为有所不为"的基本原则，大量的中小企业退出了不具备竞争优势的领域，国有企业从过去的注重数量优势，转向更加注重质量优势，因此，国有企业单位数量不断减少，国有企业就业人员数量也在持续下降。国家统计局的统计数据显示，国有工业企业单位个数自 2000 年以来一直在不断减少，由 2000 年的 42 000 多家减少到 2016 年的 2 459 家（见图 3-20）。2000 年，国有单位职工尚有 8 100 万人，2008 年下降到 6 447 万人，减少了 1 600 多万人（见图 3-21）。由此可见，随着国有企业深化改革的不断推进，下岗失业人员的再就业问题仍然面临较大的压力。

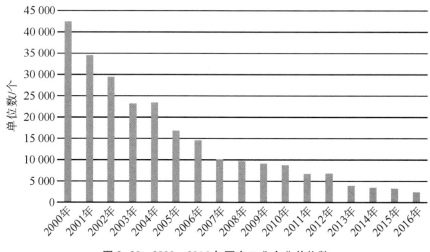

图 3-20　2000—2016 年国有工业企业单位数

数据来源：国家统计局。

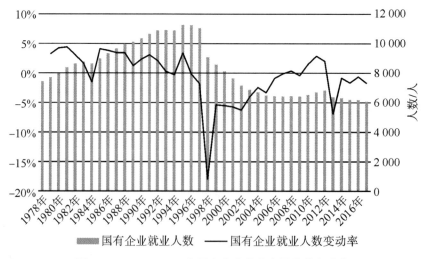

国有企业就业人数　——国有企业就业人数变动率

图 3-21　1978—2016 年国有企业就业人员及其变动率

数据来源：国家统计局。

　　我国的大中型国有企业集中分布在中西部地区，尤其是东北地区。原因在于1949 年新中国成立后，具有丰富矿产资源与良好工业基础的东北三省，兴建了一大批大中型国有企业，为新中国奠定了工业基础，为社会主义经济建设做出了卓越贡献。改革开放以后，在国有企业改革的浪潮中，中西部地区也就成为下岗失业相对集中的区域。20 世纪 90 年代，东北地区面临比其他地区更为严重的失业问题，下岗职工和贫困职工急剧增多，失业率大大高于全国平均水平①。比如，1993 年年底黑龙江省困难企业职工人数为 230 万人，占国有和集体企业职工总数的 32%；1994 年，辽宁省 867 万企业职工中，下岗失业职工 160 万人，占国有和集体企业职工总数的 18.5%②。这些集中了大量国有企业的区域，体制转型任务重、产业结构升级调整压力大、区域劳动力市场结构性失业矛盾的沉疴一时难以根除，即使到如今的供给侧结构性改革过程中，这些地区的一些传统行业中的国有企业也面临较大的结构性失业风险。朱鹤和何帆的研究显示，"僵尸企业"占比较大的地区是不发达地区和中等发达地区以及国有经济成分较高的省份，且国有企业更容易成为"僵尸企业"③。因此，中西部地区和东北地区，尤其是东北地区，在经历了 20 世纪 90 年代的国有企业"减员增效、下岗分流"改革后，又将要面临新一轮的深化改革与化解过剩产能而产生的结构性失业风险。2012 年经济进入新常态后，东北地区经济增速首先呈现出放缓态势，GDP 增速于 2014 年起低于全国水平（见表 3-12）。

表 3-12　2008 年至 2023 年全国及东北三省生产总值指数（上年＝100）

年份	全国	辽宁省	吉林省	黑龙江省
2008 年	109.7	110.7	112.0	110.3
2009 年	109.4	110.4	110.3	110.1
2010 年	110.6	110.3	110.4	111.7
2011 年	109.6	110.2	110.5	110.9
2012 年	107.9	108.9	108.9	108.7
2013 年	107.8	108.7	108.5	107.6
2014 年	107.4	105.7	106.3	105.3

①　刘拥. 第三次失业高峰：下岗·失业·再就业 [M]. 北京：中国书籍出版社，1998：210.

②　刘拥. 第三次失业高峰：下岗·失业·再就业 [M]. 北京：中国书籍出版社，1998：211-215.

③　朱鹤，何帆. 中国"僵尸企业"的数量测度及特征分析 [J]. 北京工商大学学报（社会科学版），2016，31（4）：116-126.

表3-12(续)

年份	全国	辽宁省	吉林省	黑龙江省
2015 年	107.0	102.8	106.1	105.4
2016 年	106.8	100.5	106.5	104.4
2017 年	106.9	104.2	105.2	106.0
2018 年	106.7	105.6	104.4	104.5
2019 年	106.0	105.4	103.0	104.0
2020 年	102.2	100.6	102.3	100.9
2021 年	108.4	105.8	106.5	106.1
2022 年	103.0	102.0	97.9	102.6

数据来源:国家统计局网站。

东北地区的产业结构以资源、重化工以及重型装备制造业为主,这些产业作为国民经济的基础性产业,更容易受到经济下行压力的影响,也是过剩产能相对集中的行业。因此,面对经济新常态下的新旧动能转换、结构性调整以及深化供给侧结构性改革,中西部地区,尤其是东北地区的劳动力市场在保就业方面面临巨大的压力;相反,东部劳动力市场由于民营经济充分发展,就业压力则相对小些。可见这种区域劳动力市场的结构性矛盾也会在不同区域的下岗职工再就业上体现出来。

3.5.4 劳动力市场供需结构矛盾与大学毕业生就业难问题

在统包统配的就业体制下,大学生曾作为"天之骄子",根本不存在找工作与就业难的问题;到1999年高校扩招之前,大学毕业生数量不多,市场需求量大,依然是劳动力市场的"香饽饽"。但之后,为缓解新增劳动力就业压力,高校年年扩招,大学毕业生数量年年攀升。他们已经不是由国家计划安排就业,而是通过市场应聘竞争就业,加上高校某些专业和课程设置与市场需求不相适应,劳动力市场上的供需结构性矛盾导致了大学毕业生的就业难问题,尤其2013年大学毕业生规模达699万人,迎来了"最难就业季",部分大学毕业生"毕业即失业"成为常态(见图3-22)。

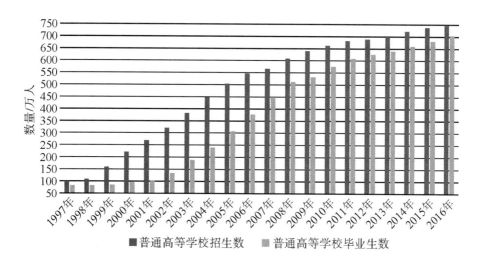

图 3-22 1997—2016 年全国高等学校招生人数与毕业人数

数据来源：中经网统计数据库。

如图 3-22 所示，从 1999 年起，我国大学生招生人数迅速增加，与扩招前的 1998 年相比增长了 47 个百分点，达到了 159.7 万人，此后，高校招生人数一路飙升，2017 年新毕业大学生达到 795 万人，2018 年新毕业大学更是达到了 820 万人。与高校招生数相对应，高校毕业生人数也节节攀升。无论是招生数还是毕业数的增速，都远远超过了同期的 GDP 增幅。但是大学毕业生就业难由来已久，早在大学扩招之前，大学毕业生就业不充分的情况就已存在，只是在高校扩招后更加突出。

从长期来看，由于大学生所学技能与市场需求不匹配，大学毕业生的就业问题逐渐严峻。根据 2010 年的人口普查数据，失业者中大学毕业未找到工作的大学本科、专科和研究生的比重达到 44%，占全部失业人员的 9.6%。按照 2010 年 2 283 万人的失业总规模，刚毕业的大学生找不到工作的规模将近 200 万人。而进入经济新常态以来，经济增速的下滑，势必会使得大学生就业形势更加严峻。未来，如果大学人才培养模式无法适应产业结构转型升级，大学毕业生知识结构与劳动力市场要求的劳动技能不匹配问题仍会非常严峻。

3.6 本章小结

改革开放 40 多年来，我国就业的矛盾既有总量矛盾，也有结构性矛盾，但结构性失业日益显性化，由总量就业矛盾逐步转化为结构性就业矛盾。在就业与失业矛盾转变的背后，是人口结构转变、经济体制的转型、产业结构的调整升级与劳动力市场体系的建立与完善。我国的结构性失业的演进可以划分为三个阶段：第一阶段（1978—1992 年），隐性失业逐步演变为显性失业，结构性失业初步显现；第二阶段（1993—2011 年），总量失业问题逐步过渡到结构性失业问题，结构性失业问题开始引起各方关注；第三阶段（2012 年至今），结构性失业上升为主要就业矛盾，成为制约经济转型与高质量发展的主要就业问题。结构性失业的每个阶段都体现出经济体制转型、产业结构转型升级以及劳动力市场建立与完善的典型特征。在转型期背景下，本章通过详述我国改革开放 40 多年来人口总量增长与结构变动、体制转型、产业结构调整升级、市场体系建立与完善的历程，详细分析了结构性失业演进的状况与特征事实。具体而言，首先，我国人口总量与结构变动是劳动力供给总量与结构变动的重要原因，即受人口快速增长及计划生育政策的影响，人口结构出现了"老龄化"与"少子化"并存的现象，影响了劳动力供给结构。其次，经济体制转型过程中巨大的隐性失业逐步转化为显性失业，总量就业压力增加的同时，结构性失业问题也不断凸显。再次，由于就业结构与产业结构变动的不一致性，就业结构调整明显滞后于产业结构调整，进而导致产业型结构性失业。最后，改革开放之后，劳动力市场从无到有、逐步建立与完善，但统一的劳动力市场并未形成，而是形成了多元分割的劳动力市场，从而加剧与固化了结构性失业。

4 "三维度"的结构性失业理论阐释与机制分析

从第 3 章的经验分析可以看出，经济转型时期我国结构性失业的显化受到多方面的影响。本章要在上述事实经验分析的基础上对结构性失业机理机制进行理论分析，主要围绕制度结构、产业结构与市场结构依次展开，运用理论基础中所涉及的诸多理论深入分析结构性失业的衍生机制、结构效应与深化机制，从而构建起符合我国国情、具有转型特点、彰显社会主义新时代特征的结构性失业理论分析范式，为结构性失业预警机制设计及实证分析寻求理论依据、提供理论支撑、奠定理论基础。

4.1 结构性失业衍生的制度结构维度分析

经济转型时期，我国劳动力市场演进的最主要特点在于制度障碍造成的市场侵害从完全分割演化到多重分割并逐步走向一体化。改革开放之初，主要体现为城乡劳动力市场分割，产生的原因在于城乡二元结构是体制性分割。随着改革的逐步深化，市场经济不断发展，城乡劳动力也加大了流动，我国城乡劳动力市场分割有所减弱，但因城乡户籍制度、多元所有制结构、城乡公共服务体制等因素相互交织，城市劳动力市场形成了复杂的多重分割。显然其中制度结构性因素不可小视，其对结构性失业的衍生有着极其重要的作用。

制度结构是本书结构性失业理论分析的前提设置，其他两个维度（产业结构维度与市场结构维度）都是以制度结构维度的理论分析为前提的。在转型时期，以经济体制改革为主要内容的制度变迁是我国结构性失业发生的制度现实，无论是产业结构还是市场结构都与经济体制改革有关。本书所研究的制度结构主要是指经济体制转型过程中影响结构性失业的制度及其变迁过程，主要包括劳动力产权制度、城乡二元体制、人口生育制度以及劳动就业制度四个方面。因此，本书研究的制度结构的内在逻辑关系在于，劳动力产权是结构性失业的产权条件，因为产权界定是市场经济条件下产权主体理性选择与市场配置资源的前提与基础；但是在经济转型过程中，城乡二元经济体制的存在，造成了城乡劳动力供给结构性失衡，从而成为结构性失业的制度性屏障；同时，内嵌于经济体制内的计划生育制度是影响劳动力供给结构转变的人口层面制度因素；而伴随着计划就业制度向市场就业制度的劳动就业制度变迁过程，隐性失业逐步显性化，同时逐步由总量失业问题为主导过渡到结构性失业问题为主导，具有明显的经济转型特征。

4.1.1　劳动力产权制度：结构性失业的产权条件

在社会主义市场经济条件下，在经济运行层面上合理设计劳动力产权制度，对于合理配置劳动力资源、提高劳动力素质、增加人力资本投资具有十分重要的意义[①]。如前所言，传统计划经济体制下，我国劳动力资源配置一直实行"统包统配，城乡分割"的就业制度，高度集中、高就业、低工资、平均主义大锅饭、固定用工、结构单一僵化是其主要特征。这种用工制度在当时特定的历史条件下，对于缓解劳动就业压力、调整劳动就业结构和产业结构、实现社会主义工业化，起到了重要作用。但在"一大二公"计划经济与人民公社体制下，劳动者个人在形式上不再拥有任何生产资料，包括自身蕴含的劳动力资源在本质上也被公有化，例如人力资源的市场交易被有关政策法规禁止；各行各业用工按照行政计划调派劳动力资源；国家对新增劳动力实行计划分配制度等。在此制度安排下，国家承担了经济活动中的失业风险。而在经济体制转型过程中，市场逐渐成为配置资源的主要手段。在劳动力市场建立与完善过程中，劳动力产权在国家与劳动者个人之间进行了重新界定，在此过程中劳动力的所有权逐步回归劳动者，重新确定了劳动力产权的个人所有性质。具体表现为，劳动者参与劳动力市场竞争，在自主择业的同时，也承担了相应的收益与风险。

4.1.1.1　劳动力产权的界定及形成过程

劳动力产权是指劳动力所有者对其劳动力所拥有的一种特殊权利，这种权利是指在国家法规限制和企业合约范围内，劳动者使用其劳动力获得收益或损失的权利，

---

①　张兴茂. 劳动力产权论 [M]. 北京：中国经济出版社，2001：129.

这是劳动力所有者在权利范围内的行为权①②③。范省伟和白永秀认为劳动力产权是由劳动力所有权引发的一组权利与对应的行为规则，具体包括：①生存权、发展权及再生产权等天然权利；②所有权及由此产生的占有权、使用权与支配权等④。黎煦则强化了对劳动力产权的界定，其认为需要考察的个体与国家、个体与企业两个层面约束，认为劳动力产权是国家在保护劳动者基本权利的基础上，劳动者和物质资本通过博弈在企业契约中取得的权利⑤。现代经济学意义上的劳动力产权指的是在市场交易过程中劳动力的所有权及其派生的使用权、支配权和收益权等一系列权利的综合，它和物质资本产权一样具有排他性、交易性等产权范畴的基本属性，并体现劳动者在社会经济活动的相互关系⑥。本书坚持马克思关于产权的基本观点，即从生产力与生产关系的角度来说，劳动力产权是指劳动力所有权及其所派生出来的使用权、占有权与支配权等一系列权利的集合，它是由生产力决定的生产关系范畴。因此，劳动力产权的界定是劳动力所有权归劳动者个人所有，而劳动力所有权的存续同劳动者生命机体具有不可分割性，劳动力市场交易的只是劳动力某段时间内的支配权和使用权。

劳动力产权的概念并非古而有之，而是在进入资本主义以后，随着资本雇佣劳动关系的产生，才逐渐成形的。奴隶社会下，劳动力产权无从谈起，奴隶从属于奴隶主，只不过是奴隶主的"会说话的工具"。正如产权经济学家巴泽尔所言："奴隶从头到脚都是奴隶主的财产，因此其劳动成果就法定属于奴隶主。首先，奴隶主拿走奴隶的任何东西，只不过是自己拿了从法律上说是属于自己的东西。他们有权利，也有力量做到这一点。"⑦ 奴隶主不仅掌握生产所需的物质资料，更是掌握创造价值的劳动的所有者，即奴隶。奴隶付出劳动，却没有劳动力的所有权，更没有劳动力产权以及基于劳动力产权的其他权利。封建社会下，农民获得一定程度的人身自由，不再完全从属于封建地主，对自身劳动力拥有一定的所有权和收益权，但农民

———————————

① 盛乐，姚先国.产权残缺劳动力的行为博弈 [J].中国经济问题，2001 (1)：44-48.
② 吴光炳.产权改革：我们忽视了什么 [J].经济体制改革，1997 (2)：104-107.
③ 叶正茂，洪远朋.关于劳动力产权的探索 [J].财经研究，2001，27 (1)：3-10.
④ 范省伟，白永秀.劳动力产权的界定、特点及层次性分析 [J].当代经济研究，2003 (8)：42-46.
⑤ 黎煦.中国劳动力市场变迁的产权经济分析 [M].杭州：浙江大学出版社，2006：50.
⑥ 罗润东.劳动力产权性质对失业风险分担机制的影响 [J].南开学报（哲学社会科学版），2002 (4)：38-44.
⑦ 巴泽尔.产权的经济分析 [M].费方域，段毅才，译.上海三联书店，1997：109.

以耕种为生，却拥有很少的土地或者没有土地，不得不寄身于封建地主。封建地主正是凭借封建土地制度所有制下的人身依附关系，以地租的形式攫取农民部分劳动成果。随着资本主义制度下的机器大生产的出现，工业取代农业成为主导产业，土地不再是全社会最主要的生产要素，资本则成为主导生产的首要要素。资本主义生产的典型特征在于资本雇佣劳动，劳动从属于资本，劳动力必然成为商品。按照马克思劳动力产权制度的思想，在资本主义私有制下，劳动者一无所有但从属于资本，"资本是资产阶级社会的支配一切的经济权力"①。由于劳动者除了劳动力之外，别的一无所有，只能出卖自己的劳动力获得自身所需物品，于是雇佣劳动制度便得以形成。资本家与劳动者在劳动力市场上的交换看似平等，其实只是以一种形式上的平等掩盖事实上的不平等，因为劳动力所有权与使用权随着生产资料和劳动力所有者的分离而分离，与其他生产资料一样，劳动力也从属于资本。在生产过程中，劳动者不仅创造了自身的价值，而且创造出比自身更大的价值，即剩余价值，而资本雇佣工人的目的就在于无偿占有剩余价值。

4.1.1.2 转型期劳动力市场培育与完善过程中劳动力产权制度构建

如前所述，在中国经济体制改革目标模式转向社会主义市场经济过程中，固定用工制度被逐步废除，取而代之的是劳动合同用工制度，劳动力产权才逐步回归劳动力所有者，传统计划经济制度形成的国家与劳动者之间的法权关系逐渐被经济关系取代。那么在社会主义初级阶段劳动力个人产权应该如何实现呢？在社会主义社会，实现了生产资料的公有制，意味着任何人不能凭借生产资料所有权对他人进行剥削，但是在社会主义初级阶段，生产力的发展还处于不充分、不发达的阶段，人民还需要凭借自己的劳动力向社会提供劳动才能换取生存所需要的生活资料，获取的数量还与自己向社会提供劳动的质量和数量挂钩。因此，承认劳动者向社会提供劳动的不同质量和数量是合理配置资源的前提，理论和实践已经证明计划配置劳动力资源还存在许多不足，需要借助市场这一配置资源的有效方式来实现劳动者之间、劳动者与社会之间的利益差别。而市场手段只是配置资源方式的一种手段，与社会制度无关，所以在社会主义初级阶段，市场配置资源是必然的决定性力量。通过市场来配置劳动力资源，具有独立人格与独立意志的劳动力所有者必须作为劳动力市

① 马克思，恩格斯.马克思恩格斯选集：第2卷［M］.中共中央马克思恩格斯列宁斯大林著作编译局，译.北京：人民出版社，2012：707.

场的行为主体，这样才能使劳动者利益得到保护和市场效应得到保证。故在社会主义市场经济条件下，要求将劳动力所有权回归劳动者个人，通过市场机制实现劳动力资源的优化配置和维护劳动力收益权。

因而，在经济体制转型过程中，我国劳动劳动力市场逐步建立，成为配置劳动力资源的主要手段。具体讲，劳动力市场的供给方是劳动力所有者的个人以及家庭，通过在劳动力市场上出卖劳动力的使用权和支配权以换取收入，购买维持生活的必需品，进行劳动力的生产与再生产。劳动力市场的需求方是企业，只有购买与生产资料相匹配的劳动力才能维持生产并获取利润。在其中调节劳动力供求关系的是价格机制，工资作为劳动力价值或价格的转化形式，既受到劳动力供求关系的影响，同时对供给与需求具有反作用，最终实现均衡价格调节下的供需均衡。现代劳动力市场运行机制的一个前提条件是，供求双方都是独立的产权主体。因为市场经济内在的价格机制对具备独立产权地位和独立意志的微观主体才起作用，对此西方现代产权经济学对此进行了更为具体的研究。著名的科斯定理表明，界定清晰的产权及其可交易性对于市场机制具有重大作用。市场经济的本质在于产权的相互交换。明晰的产权界定，可以使交易的双方形成合理的预期，促使交易的实现；反之，则会阻碍交易。同时，明晰的产权配置为产权的流动扫清了障碍，有助于实现资源的最优配置，否则产权流动将受到限制，从而陷入低效率的循环之中，传统计划经济体制的低效率就是实例。

在社会主义市场经济条件下，劳动力产权界定对劳动力资源的配置效率具有至关重要的影响，这可以从劳动力产权组合中的各项权利功能上表现出来。

第一，劳动力所有权。劳动力所有权的初始界定直接决定了劳动者在劳动力市场的地位和与用人单位的谈判能力。在计划经济体制下，劳动力所有权归国家所有，所以在统包统配的就业制度下，劳动者只能在国家的安排下就业。而在市场经济条件下，劳动力所有权的界定赋予了个人，有利于降低交易费用，因为在劳动力市场上，劳动者能够敏锐地察觉劳动力市场的变化并做出相对理性的反应及选择。劳动合同工制度下，具有劳动力产权中所有权的劳动者，一方面可以享有对劳动要素的收益权，另一方面又必须承担劳动力产权独立后的失业风险。所以，在转轨经济时期，劳动力市场建立和劳动力产权回归产权主体，意味着失业风险将由国家和个人共同承担，失业问题也由此产生。

第二，劳动力转让权。劳动力的转让权是由劳动力所有权的不可分割性决定的，同时又以劳动者个人生命体为载体。因此，劳动力转让权既受到劳动者个人意愿的影响，又受到劳动者生命体的影响，即在劳动力市场上，劳动力的购买者不能强迫交易，劳动力转让能否实现交易，由劳动者个人的意愿所决定，这就赋予了劳动者自主选择的权利；并且，劳动力的转让与流动因劳动者所处的空间与时间而受到限制，故劳动者会根据自身技能特点与劳动力需求状况进行迁移；并且劳动力具有不可储存性，劳动者出卖与用人单位购买只是特定时间的劳动力的使用权。因此，任何影响劳动者个人决策、劳动力流动的因素都有可能影响劳动力转让权的实现，从而加剧劳动力市场的结构性失业，比如劳动力市场的不公平待遇与歧视性政策、限制劳动力流动的制度障碍等。

第三，劳动力使用权。劳动力市场流转或买卖的只是劳动力的使用权，而使用权的合理配置关系到劳动力资源的优化配置。劳动力使用权经过劳动力市场的交易，转移到劳动力的购买者——用人单位手中，用人单位在使用劳动力的过程中需要在法律法规和道德的约束下，合理高效地使用劳动力。劳动者则需要根据劳动合同，在特定的时间完成一定质量和数量的劳动。由于劳动者的个人专业技能不同，劳动力市场供需双方的选择只是劳动力资源优化配置的第一步，用人单位根据劳动者技能，合理使用劳动力才是劳动力资源得到合理配置的最终环节。

第四，劳动力收益权。劳动力收益权是劳动者转让劳动力，从事劳动所获取收益的正当权利，是劳动力市场中劳动者要求劳动力购买方依据法律法规和劳动合同支付劳动工资的依据，也是劳动者获得人力资本投资收益及索取部分劳动剩余的权利与动机。价格机制是市场经济的核心，工资既受劳动力供求影响，又反作用于劳动力供求关系。只有赋予了劳动者参与劳动力市场竞争中讨价还价的权利，价格机制才能发生作用，否则劳动力市场价格机制无从谈及，市场配置劳动力资源也就无法实现。

第五，劳动力的再生产权利。劳动力的再生产是国民经济发展的基础，劳动力凭借劳动力收益，在商品市场上购买生活资料，实现了劳动力扩大再生产，同时也实现了生产资料的扩大再生产，为下阶段的社会扩大再生产准备了生产力。当劳动者处于失业状态时，劳动力的再生产权利需要政府给予保障。社会主义市场经济条件下，建立失业保险体系、构建社会保障体系是保障劳动力再生产权利的应有之义。

总之，独立的产权主体是市场经济的前提，同样独立的劳动力产权主体是劳动力市场的前提。在劳动力市场培育和完善过程中，对劳动力产权的保护至关重要。完善劳动力产权制度，首先要对劳动力产权进行合理的界定，其次才谈得上对劳动力产权的保护。经济体制转型时期，由于现代劳动力市场与劳动力产权制度的建立是一个漫长的过程，在此期间，劳动力产权界定不清晰或劳动力产权保护不到位导致的劳资关系冲突时有发生。问题的根源不仅在于制度变迁过程中的路径依赖（如官本位思想、"铁饭碗"观念等），还在于初始产权界定不清晰以及产权保护不到位等。劳动力产权界定不清，限制了劳动力市场配置功能的发挥，阻碍了劳动力这一要素的合理流动，从而可能加剧结构性失业。尤其是在劳动力市场不健全、不完善的情况下，劳动力产权的保护的缺失使得劳动者在劳动市场处于弱势，结构性失业风险也会加大。

4.1.1.3　转型期劳动力产权制度的现实问题及制度缺陷

转型实践证明，在经济体制改革时期，产权制度改革是重要的一环。在农村产权制度改革中，主要集中在农村土地产权制度与农村集体产权改革，在城市产权制度改革中，主要集中于国有企业产权制度改革。但我国的产权制度改革，主要侧重于物质产权改革，而对劳动力产权制度改革相对关注较少。

农村劳动力产权制度改革存在的主要问题在于劳动力市场分割与城乡二元经济体制分割。在广大农村，通过农村产权制度改革，实行农村家庭联产承包责任制，农业承包地采取"三权分置"，承包农户拥有承包权和经营权，在此前提下，农民对自己劳动力也就具备了自主处置和选择权，从而释放出许多农村剩余劳动力。随之而来的影响一方面是农村生产力的提高，另一方面是农村富余劳动力的转移问题。农村过剩劳动力面临转移性就业，而就业是民生之本，更是外出务工农民的生存之本。因此，在农村土地制度改革中，不仅需要确立与完善农村土地产权制度，还要建立农村劳动力产权制度，赋予农村劳动力以产权，完善农村劳动力产权保护制度。但是自劳动力市场就业制度建立以来，就一直存在主要的城市劳动力就业市场与次要的农村劳动力市场两个分割的劳动力市场，其存在的原因主要是某些制度性的分割或政策分割，如城乡户籍制度分割、城乡教育制度分割、城乡福利制度分割等。农民工进入城市务工，一般难以进入正式、规范的劳动力市场，而是进入不规范的次要市场，从事一些脏、累、苦、险，却收入较低、社会保障欠缺的工作。作为城市建设的一个重要群体，农民工对于城市经济建设起到了重要作用，但是并没有融入城市生活，而是形成了与城市居民几乎两个完全分割的社会群体。首先，他们从事的工作性质大多是临时性的，劳动强度一般较大，加班加时是家常便饭，如建筑工人、餐饮服务业服务员、环卫清洁工人等。其次，是在劳动保护、社会保险、安居住房、子女上学等方面享受不到与城市居民的同等待遇。最后，在日常生活方面，与城市居民相比，农民工在饮食、居住、服饰、娱乐等方面的消费水平仅能维持劳动力再生产的基本水准，难以融入城市生活。可以说，农村劳动力产权改革通过土地制度改革，将劳动力产权由依附于集体改为个人所有，但仅限于从事农业生产活动，而忽略农村劳动力转移过程中的劳动力的产权保护。由此，引发了改革进程中农民工进城务工中"同工不同酬""同工不同权"，甚至"工资拖欠""工伤事故无保障"等一系列的问题。

而城市国有企业的产权制度改革，主要存在的问题在于：一方面，基于私有制和充分市场经济前提下的产权理论成为指导政策选择的依据；另一方面，把产权仅仅界定在财产所有权层面上，把股权等同于所有权，而忽视了产权的其他内涵，忽视了产权对于企业的统一性和完整性的规定①。在原来传统计划经济体制下，国有企业劳动力产权界定模糊，但是基于"主人翁"地位而拥有住房、医疗、退休待遇等权利，但是在多元产权制度改革中，以"资本雇佣劳动"为导向的公司制改革②，重视物质资本产权而忽略了劳动力产权，由此带来了"强资本弱劳动"的倾向，使劳动者在国有企业改革中被边缘化的问题十分明显。特别是劳动力产权残缺导致了国企内部管理层与一般职工收入差距扩大的问题，更是引发公平与效益之间的矛盾。由于劳动力产权是一种权利的集合，劳动者只是出卖劳动力的使用权，但是劳动力的支配权缺失导致了劳动者不能获得应得劳动力收益权的全部收益。国有资本管理层通过资本雇佣劳动，获取劳动力的支配权，也就占有了企业的剩余索取权，并将

---

① 王素玲. 国企改革中的劳动力产权理论与实践研究 [D]. 成都：西南财经大学，2007.

② 这里的"资本"应该理解为"公有资本"或者"国有资本"，而劳动者也就是国家的雇员，列宁在阐述"国家资本主义"的含义时，也隐含了这个思想。他在《俄国共产党（布）第十一次代表大会闭幕词》中说道："国家资本主义，就是我们能够加以限制、能够规定其范围的资本，这种国家资本主义是国家联系着的，而国家就是工人，就是工人的先进部分，就是先锋队，就是我们。""这种资本主义（国家资本主义）是广大农民和私人资本所需要的，而私人资本做买卖应能满足农民的需要。必须让资本主义经济和资本主义流转能够像通常那样运行，因为这是人民所需要的，少了它就不能生活。"也就是说，在国家资本主义下，工人是作为国家的雇佣工人，工人成为苏维埃'国家雇员'说法。参见：中共中央马克思恩格斯列宁斯大林著作编译局. 列宁选集：第4卷 [M]. 北京：人民出版社，2012：670-671.

其形成的利润，截留作为高管层的过度职务消费额度和福利收益，从而引发国有企业之间及其内部收入分配不公与收入差距的扩大。

4.1.2　城乡二元结构体制：结构性失业的体制障碍

虽然我国城乡二元结构由来已久，但是城乡二元结构体制建立于20世纪50年代①。作为最大的发展中国家，我国的城乡二元经济协调发展一直是重中之重。从转型来看，经济转轨制国家的城乡二元经济体制演变的主线为制度变迁，辅线为经济发展②，我国的城乡二元经济体制与计划经济体制密切相关，是政府主导下的制度变迁的产物③。新中国成立伊始，我国仍然是一个落后的农业国家，虽然存在城乡二元经济结构，但是并未形成城乡二元经济体制。此时，刚诞生的新中国，依然积贫积弱，如何在短时间实现工业化、建立完整的工业体系迫在眉睫。第二次世界大战后，形成了社会主义与资本主义两大对立阵营，我国选择站在社会主义阵营，世界上第一个社会主义国家苏联在高度集中的计划经济体制下迅速实现的工业化道路及其模式，对我国的社会主义建设起了巨大的示范作用。为了尽快实现工业化，在缺乏技术支撑、资金支持的情况下，优先发展重工业，就必须要有特定的制度安排，如人为而非市场机制决定资本、能源、原材料及劳动力等的价格④，以降低重工业的发展成本；实行农产品统购统销制度，用工农产品价格的"剪刀差"获得支持重工业发展的资金。而这一切都必须有计划经济体制的建立相配套才能实现。计划经济体制下支撑二元结构的制度因素主要有：实行农产品统销统购制度，保证重工业发展所必需的农产品及其他自然资源；实行城乡分割的户籍管理制度，限制农村人口流动，保证农业生产的劳动力和固化城乡分割的福利分配；实行人民公社制度，控制农业生产，为重工业发展获取资金；等等。其中户籍管理制度是二元结构体制的核心制度安排，户籍管理上承载了城乡不同的教育制度、就业制度、住房制度、医疗卫生制度、社会保障制度等。城乡二元体制的形成、拓展和强化，使我国的城乡二元结构不仅未能随国家工业化的发展而逐步消弭，反而进一步加剧和凝固化⑤。于是在城乡二元结构体制下，城乡要素错配成为一种常态，要素错配也导致

---

① 厉以宁. 论城乡二元体制改革 [J]. 北京大学学报（哲学社会科学版），2008（2）：5-11.
② 蓝海涛. 我国城乡二元结构演变的制度分析 [J]. 宏观经济管理，2005（3）：47-49.
③ 朱志萍. 城乡二元结构的制度变迁与城乡一体化 [J]. 软科学，2008（6）：104-108.
④ 林毅夫. 论经济发展战略 [M]. 北京：北京大学出版社，2005.
⑤ 国务院发展研究中心农村部课题组，叶兴庆，徐小青. 从城乡二元到城乡一体：我国城乡二元体制的突出矛盾与未来走向 [J]. 管理世界，2014（9）：1-12.

了城乡二元结构转化的滞后，主要表现为生产要素配置的非农偏向导致了农业部门配置了过多的劳动力和过少的资本与技术，非农部门则配置了过多的资本技术和过少的劳动力[①]。并且从二元经济结构内生出分割的要素市场，由此传统部门的劳动力不能与现代部门的资本有效对接，从而形成了劳动与资本的双重过剩[②]。劳动力从农业部门向非农业部门转移是城乡二元经济结构转化的主要动力来源，但由于我国二元经济转换的特殊艰巨性，劳动力流动将长期存在[③]。

城乡劳动力错配是我国结构性失业的典型表现。如何从理论上加以解释呢？由发展经济学中的二元经济发展模型来看，虽然其对此给予了一定的阐释，但忽略了制度在城乡发展中的作用，其分析方法属于古典主义的经济分析方法。希金斯指出：欠发达地区表现出"二元性"的主要原因是要素与生产技术之间的相互作用，即如果劳动/资本比非常高，劳动密集、要素比例可变的部门（农业）中必定出现结构性失业[④]。希金斯的二元结构论强调了技术在二元结构转化中的作用，但仍然忽略了制度与文化因素的作用，即虽然其看到了禀赋差异导致结构性失业，但其理论并不适用于由计划经济向市场经济转型国家因经济体制变迁而产生的结构性失业。拉尼斯和费景汉的二元经济增长模型强调了资本积累、技术进步和劳动力再配置。这几个因素的结合，有助于非农业部门与农业部门的平衡发展，从而顺利地实现农业部门的剩余劳动力转移与二元经济结构的改善。迈克尔·利普顿（Michael Lipton）提出了"城市偏向论"，其理论认为，注重工业/城市经济活动而忽视农业部门的做法，虽然使经济总体上有所增长，但却造成停留在工业部门的大多数穷人仍然处于赤贫境地[⑤]。托达罗为了扩展早期的二元经济理论，提出了劳动力迁移模型，以解释农村人口流入城市和城市失业同步增长这一矛盾现象。威廉·E. 科尔和理查德·D. 桑德斯研究发现，在向城市迁移过程中，农村流动人口具有不同的人力资本，缺

① 王颂吉，白永秀. 城乡要素错配与中国二元经济结构转化滞后：理论与实证研究［J］. 中国工业经济，2013（7）：31-43.

② 王检贵. 劳动与资本双重过剩下的经济发展［M］. 上海：上海人民出版社，2002.

③ 蔡昉，都阳. 经济转型过程中的劳动力流动：长期性、效应和政策［J］. 学术研究，2004（6）：16-22.

④ HIGGINS B. The "dualistic theory" of underdeveloped areas ［J］. Economic development & cultural change, 1956, 4 (2)：99-115.

⑤ LIPTON M. Migration from rural areas of poor countries：the impact on rural productivity and income distribution. ［J］. World development, 1980, 8 (1)：1-24.

乏人力资本的流动人口往往进入城市生存部门①。由于发展中国家的大部分农村居民都没有接受过程度较高的正规教育，因此他们迁入城市后最终只能进入城市生存部门②。而我国的二元经济结构演变并没有呈现非农业部门和农业部门的均衡发展，原因在于城乡之间人为设置的城乡二元经济体制分割阻碍了要素禀赋的合理配置。其结果就是城市聚集了大量的资本、技术和福利，工业和服务业更多地运用偏向资本的技术，城镇居民享有国家安排的更多福利及公共服务；而农村农业则是另一番景象：农业技术进步滞后，滞留在农业内的劳动力众多，且由于教育、医疗、卫生保健资源匮乏，其人力资本投资明显不足。但是随着改革进程的推进，农业冗余人员将逐步由"隐性失业"转变为显性的"结构性失业"。

此外，与刘易斯经典二元理论模型不同，我国的城乡二元结构起源于重工业的赶超发展战略，以一系列不平等的制度为基础。许多研究表明，由于受户籍制度和土地制度的束缚，城乡劳动力之间的进一步转移受到阻碍，农村土地要素也难以得到优化配置，我国的农业生产率也难以提高，滞留在农业生产部门的剩余劳动力转移困难，进而也影响到非农业部门的升级。因此，城乡二元经济体制诱发的转型期结构性失业问题，同时也严重制约了产业结构的转型升级。可以说城乡二元经济体制包括一系列的制度框架。长期以来，一直存在的二元户籍制度，将公民划分为农业户口和非农业户口，二者之间的转换存在许多限制，阻碍了农村劳动力向城市的自由流动，制约了城市化和现代化的进程。在这种户籍制度环境下，城乡居民的就业环境和条件也存在巨大的差别，形成了城乡二元的就业制度。大多数城市并没有将农村劳动力纳入就业规划和劳动保障，缺乏城乡统一的劳动力资源管理制度，导致城乡劳动力市场分割。尤其是城市居民和农村农民工同工不同酬的现象普遍存在，农民工在子女就学、劳动保护、社会保险、医疗保健等方面难以享受到与城市劳动者平等的待遇，更何谈城市公共就业信息、职业辅导、技能培训等。当然，户籍制度改革是一个渐进且漫长的过程，长期来看，有助于消除城乡差别，促进劳动力在城乡之间的流动，但仅取消农业户口和非农业户口，而在社会保障、医疗卫生、教

---

① 在科尔-桑德斯模型中，城市生存部门的显著特点是具有非常低资本-劳动比和不需要正规的人力资本，因此，几乎不存在进入障碍。而城市现代部门则正好相反，具有较高的资本-劳动比，对劳动者的人力资本要求比较高，因此，进入门槛高。

② Cole W E, Sanders R D. Internal migration and urban employment in the third world [J]. American economic review, 1985, 75 (3): 481-494.

育培训等方面滞后于户籍改革的背景下，改革的意义形式大于内容，短期内难以奏效。因为，作为城乡二元经济体制组成部分的城乡分割的户籍制度，其虽然占据核心位置，但是仅仅消除城乡户籍差别，还不足以消除农民进城务工和加速城镇化的体制障碍①，农村户籍制度的背后，是农村土地制度。

农村经济体制改革以来，以家庭为主体的家庭联产承包责任制的改革，虽然克服了人民公社下土地制度的弊端，取得了制度创新过程中的经济绩效，但是家庭并不是严格意义上的现代农业分工组织，而只是构成不同形式农业生产组织的传统基本组成单位。在市场化改革过程中，以家庭为主的农业经营越来越难以适应市场经济发展和农业现代化的要求，特别是小农户经营条件下，竞争能力弱、抗风险能力差、获取信息能力有限，往往成为市场竞争中的弱势群体，同时又不利于农业生产技术的普及和适度规模化经营以及机械化作业的推广，在一定程度上制约了农业现代化的发展。尤其是从人民公社制度下的土地制度到家庭联产承包责任制这一制度变迁，只是改变了城乡二元结构体制的具体的制度形式，为农业剩余劳动力转移打开了"一扇门"，但并没有改革城乡二元结构体制的实质，即消除农业剩余劳动转移的"门槛"。要清除这个障碍，还得依赖于农业土地制度改革基础上的农业生产经营体制的不断创新。

4.1.3 人口生育制度：结构性失业的人口结构因素

人口的结构性转变与生育制度的变迁直接作用于劳动力供给结构。人口生育制度是主导人口结构转变的政策因素，同时人口结构直接影响劳动力的供给结构。因而，从人口生育制度的变迁过程考察人口结构的转变和劳动力供给结构对于研究结构性失业问题显得非常必要。从第三章的经验分析，可知改革开放40多年来，我国经济社会发展取得的辉煌成就，一定程度上得益于"人口红利"，但是我国人口结构老龄化与少子化的趋势日益成为影响人口结构变化的主要因素。为此出台的"全面放开二孩政策"实施后，我国的人口出生率虽然出现了明显增长，但是还并未达到预期效果，这会给未来劳动力供给及结构性失业带来什么样影响，均需要在理论上加以分析说明。

从路径选择来看，20世纪七八十年代，我国出台的计划生育政策内嵌于计划体制，其政策目的在于降低生育率、控制人口过快增长。计划生育政策自推行以来，

---

① 厉以宁. 论城乡二元体制改革 [J]. 北京大学学报（哲学社会科学版），2008（2）：5-11.

虽然在一定程度上缓解了我国人口过快增长的压力，但同时也潜伏了人口老龄化、少子化、加剧男女性别比例失调和劳动力年龄结构不合理等问题。随着我国步入以低生育率、低死亡率为特征的"后人口转变期"，计划生育制度模式越来越不适应新时期的人口格局，难以应对多元化的生育需求。计划生育制度在实施过程中主要依靠行政手段，长期以来采取"一票否决制"，强化了生育制度作为政府、企事业单位考核以及对员工管理的强制性要求，在实行"独生子女"政策与"单独两孩"政策时期，尤为明显。而实行"全面两孩"政策后，这一特点就开始淡化，更多地通过经济利益进行诱导，而非行政命令的强制性安排。

从理论上来讲，人口生育制度在变迁过程中，从倡导节制生育到强制计划生育制度，体现出正式制度的强制变迁特点。这种强制的制度变迁是自上而下进行的，其中国家领导人起到重要作用，如邓小平与陈云同志在多次在公开场合强调"人多"与"贫穷"的矛盾，从而要实行"一对夫妇生育一个孩子"与"独生子女"政策[①]。但是计划生育制度的强制变迁过程，却忽略了非正式制度的影响，比如传统生育观念中的"重男轻女""养儿防老"等，也忽视了生育对于个人人生意义和价值的实现，同样也忽视了生育行为受到经济、文化和社会发展等多重因素的影响。

我国人口生育制度的变迁依赖于所面临的经济社会环境的变化，特别是经济发展状况与人口总量与结构的变化，但最终目的在于促进经济发展。改革开放以后，我国的经济发展取得了举世瞩目的成就，既得益于经济体制改革释放了活力，又得益于巨大的"人口红利"。我国计划生育制度自实行以来在控制了人口总量增长的同时，也见证了人口结构的转变。进入 21 世纪后，随着人口老龄化与少子化趋势的加剧，劳动适龄人口不断减少，人口生育制度面临重大调整。虽然经济发展程度是影响人口出生率、死亡率与自然增长率的重要因素，但是从人口生育制度的变迁来看，我国人口总量与结构的变动更多地源于制度因素，即计划生育制度深刻地影响了我国人口结构的转变，从而使我国劳动力供给结构发生深刻的变革。从我国的劳动力供给数量及增长来看，15 岁至 64 岁这一年龄段，是我国劳动力供给的主要来源，直接决定着我国劳动力的供给数量。近年来，这一年龄段人口数量呈现出阶段性下降的趋势，在 2013 年达到最高峰后，增长率转为负值，总量开始不断下降，相应的劳动力数量增长速度也不断减缓，具体表现为劳动力增长率不断下降，并于

---

① 陈剑. 中国生育革命纪实（1978~1991）[M]. 北京：社会科学文献出版社，2015：37.

2017 年开始转为负增长。再从我国的就业增长率来看，我国就业增长率从 2006 年开始就保持低位徘徊的状态，一直低于 0.5%。随着人口增长的减缓，我国就业也开始进入低速增长阶段，甚至开始下降（见图 4-1）。在总量和增长速度双双下降的同时，我国的劳动力数量和所占人口比例也开始下降，"低出生率、低死亡率、低增长率"所导致的人口结构的老龄化与少子化现象日益突出。因此，进入经济新常态后，我国已经难以依靠劳动力总数的增长来支撑经济增长，而是应该依靠劳动力结构的改善、劳动参与率的提高以及劳动效率的提升来实现经济平稳增长和跨越中等收入陷阱。

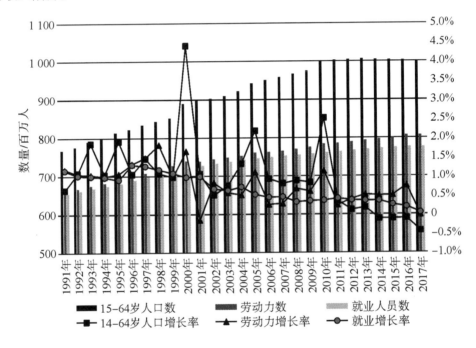

图 4-1 1991—2017 年我国劳动力供给总量与就业

数据来源：我国历年统计年鉴。

可以说，我国的人口政策由"单独二孩"转变为"全面二孩"的一个重要原因是跨越第一个刘易斯转折点后[①]，我国越来越呈现出人口年龄结构与劳动力供给结构同时失衡的状态。随着边际生产率的上升，工资水平也不断提升，在跨越第一个刘易斯转折点后，农村剩余劳动力转移速度下降，但我国的传统部门还存在大量剩

---

① 理论上，将农业部门的制度工资水平开始提高称为（第一个）刘易斯转折点；而进一步将农业部门边际生产率与工业部门边际生产率相一致时，即两部门边际产出相等时，称为（第二个）刘易斯转折点或"商业化"点，随之二元经济才转化为一元经济。

余劳动力有待转移。这并不完全与刘易斯模型相吻合，而农村仍然存在大量剩余劳动力的原因在于产业结构转型升级对劳动技能的要求提高，而缺乏教育与培训的农村剩余劳动力并未形成有效供给，从而导致跨越第一个刘易斯拐点后，在城市劳动力工资持续上升的情况下，农民工"就业难"与城镇劳动力市场"招工难"并存的结构性问题开始出现。

刘易斯在《二元经济论》中指出，第一个转折点在非资本主义部门的增长停止，其平均收入提高了，并使得资本主义部门的工资上升时出现。第二个转折点出现于资本主义与非资本主义部门的边际产品相等时，这样我们便到达了新古典学派的单一经济的状态[①]。我国目前城镇劳动力工资上升主要在于技术人才劳动力工资的相对上升，而并非所有劳动力工资的上升。这一点不仅体现在长三角与珠三角技术工人与普通农民工的收入差距，也体现在东中西部地区农民工工资收入差距上[②]。实际上，从工资收入差距上折射的"技工荒"，反映了劳动就业的结构性矛盾。进入 21 世纪来的两次"民工荒"，反映了我国劳动力市场由总量矛盾转化为结构性矛盾，也说明了农村剩余劳动力从无限供给转向有限剩余的阶段。这个阶段，体现出我们国家所具有的独特现象：农村剩余劳动力的这种有限剩余，很大程度上是指高技能劳动力的有限剩余，而低技能的劳动力依然存在严重过剩。因此，在当前阶段虽然我国已经跨越了第一个刘易斯转折点，但并不是完全意义上的跨越，或者说还没跨越"商业化点"（第二个刘易斯转折点）。现实中依然存在大量的剩余劳动力和因为缺乏工作技能而又重新回到农村的农民工，以及部分在城市化进程中"被城市化"而滞留在城市成为城镇失业人员的新市民。故我国的"人口红利"窗口并未完全关闭，还存在潜在的"人口红利"，这种潜在的"人口红利"需要通过加强教育、培训及医疗保健来予以充分发掘，以适应供给侧结构性改革发展的需要，否则就有可能转化为经济高质量发展过程中日益严重的"人口负债"。

总之，人口过快增长带来的人口总量压力加快了人口生育政策调整过程中计划

---

① 刘易斯. 二元经济论 [M]. 施炜，等译. 北京：北京经济学院出版社，1989：112.

② 上海人力资源与保障局发布的数据显示，2017 年，上海技能人才工资中位数为 9.54 万元，即有一半的技能人才工资高于 9.54 万元，为 2017 年全市职工平均工资（8.56 万元）的 1.1 倍。高技能人才的工资水平更高，中位数为 12.50 万元，即有一半的高技能人才工资高于全市职工平均工资的 1.5 倍。而国家统计局发布的《2017 年农民工监测调查报告》显示，2017 年全国农民工月均收入为 3 485 元，其中东部地区农民工月均收入为 3 677 元，中部地区农民工月均收入 3 331 元，西部地区农民工月均收入 3 350 元，东北地区农民工月均收入 3 254 元。

生育政策的出台，从而带来了人口结构和劳动力供给结构的变动，其中潜伏着结构性失业显性化的因素。随后计划生育政策的调整松动以及"全面二孩"政策的推出正是基于人口结构出现的"老龄化"与"少子化"所影响的劳动力供求结构性矛盾，并伴随着潜在的人口增长危机而进行的生育制度调整。

4.1.4 劳动就业制度：结构性失业的制度影响

我国劳动就业制度已经历计划经济体制下的"统包统配"就业制度、经济体制改革初期的双轨制就业制度和社会主义市场经济下的劳动力市场就业制度三个不同阶段的改革。在改革的三个阶段，我国的失业也呈现出不同的特点，反映出就业制度变革对失业的深层次影响，这需要从理论上加以分析揭示。

4.1.4.1 "统包统配，城乡分割"与固定工就业制度下的隐性失业

如前所述，"统包统配，城乡分割"的就业制度是在新中国成立时百废待兴，而国际形势十分动荡的历史背景下实行的。当社会主义三大改造完成后，我国建立起社会主义计划经济体制，在劳动就业制度方面，通过固定工制度在表面上消灭了失业，但是失业并不是不存在，而是以隐性方式存在。计划经济体制下隐性失业产生的原因在于特定时期的劳动就业制度。制度作为生产关系的范畴，是由生产力所决定的。经过社会主义三大改造，我国虽然初步建立了社会主义经济制度，但是建立起来的社会主义还是不发达的社会主义，还处于社会主义的初级阶段。在没有除苏联以外可借鉴的社会主义建设经验的背景下，只有照搬苏联模式。在劳动就业制度方面，典型的特征就是在国有企业固定工制度和人民公社制度下，激励不相容，劳动者逐步缺乏积极性，生产效率不高。新中国成立初期执行重工业优先发展的战略，需要农业向工业输送资本积累与生产资料，人民公社制度实现了生产资料与劳动力的公有化，在将农村劳动力固定在土地上的同时有利于稳定农业生产。在城镇国有企业中，劳动力由国家计划统一安排，企业实行固定用工制度，并且承担起社会应该承担的各种社会保障，增加了企业负担，影响了生产效率。结果无论是农村集体经济组织，还是城镇公有制企业，都吸纳了与生产能力不相匹配的过剩劳动力，潜伏着隐性失业的因素，主要表现在：

一是农村劳动力流动受阻，滞留乡村，构成了乡村的隐性失业人员。在农村，与城镇的劳动力的"劳者有其岗"相对应的是"耕者有其田"。由于土地收归国有或归农村集体所有，农民又因严格的户籍管理制度，只能待在乡村，过着面朝黄土

背朝天的生活。而农村和农业实行的"人民公社"这种"政企合一"的管理制度，导致农民在农业生产中缺乏积极性，出工不出力等懈怠行为影响了农业生产效率。户籍制度在很长一段时间内限制了农村剩余劳动力的转移，农业生产增长缓慢甚至停滞，直接影响了社会主义经济建设。

二是国有经济与集体经济大量的冗余人员，构成了城镇的隐性失业人员。计划经济体制下，实现了生产资料公有制，国家负责劳动力调配与安置工作，通过行政命令将劳动者安置在国有与集体企业。在固定工制度下，国有与集体企业无权开除员工，造成了员工只能进不能出的局面，"铁饭碗"成为社会主义计划经济体制下的主要特征。经过多年的累积，无论是国有企业还是集体企业都累积了大量的冗余人员，严重地影响了企业的效率，造成了企业人浮于事、效率低下的局面。

三是知识青年下乡，使乡村成为城镇劳动力供给的"蓄水池"。为了解决城镇地区的待业青年学生问题，1968—1970年举行了声势浩大的"知识青年下乡"运动，将几千万城镇过剩劳动力下放到乡村地区。此举虽然暂时缓解了城镇的失业问题，但是正如前文所分析的，我国农村原本就存在大量的剩余劳动力，加之城镇知识青年的到来，更是加剧了农村劳动力就业的困境。同时，就业政策的变动导致劳动力短缺与过剩交替出现，如有时需要到农村大量招工，有时又将城镇剩余劳动力遣回农村，引起了劳动力在城乡之间的大幅流动，也造成工农业产量的剧烈波动①。

可见，在传统劳动就业制度下，劳动者因为体制性因素被固定在农村或公有制经济中，且远远超过了生产所需的数量，但难以将多余的劳动力重新配置。这种由体制因素而导致的隐形失业，本质上就是一种结构性失业。从制度层面看，传统就业制度下所存在的隐性失业反映出劳动就业制度不适合生产力发展要求而潜藏着的结构性失业因素，体现在农村就是刘易斯模型中所指的边际劳动生产率为零的剩余劳动力，但是与刘易斯模型所不同的是，在刘易斯模型中，随着农村剩余劳动力的转移，农业生产的边际劳动生产率将持续提高，而计划经济体制之下不存在农业剩余劳动力向城镇工业部门的转移，因此，农业生产部门中始终存在边际劳动力生产率为零的隐性失业人员。城镇的国有或集体企业由于肩负起解决城镇就业的重任，更是集中了大量隐性失业人员，这部分隐性失业人员的实际生产率低于实际工资率。在固定用工制度下，城镇国有或集体企业缺乏自主用工与辞退工人的权力，而同时

---

① 汤静波. 建国五十年我国劳动就业的制度变迁 [J]. 上海经济研究, 1999 (10): 48-54.

又必须承接国家计划分配的新劳动力，企业负担的劳动力只出不进，在进一步提高了企业运行的人工成本的同时，隐性失业更加严重。但在僵化的计划经济体制下，无论是滞留于农村的剩余劳动力，还是国有或集体企业中的冗余人员都难以通过转移就业的方式重新择业，从而限制了劳动力资源作为一种生产要素的功能的发挥，造成了人力资源的浪费，也阻碍了生产力的进步与经济发展。

通过以上分析可以看出，潜伏在城乡经济体制体内的"隐性失业"由来已久，当经济体制一旦转型，劳动就业制度发生改革，这种巨量的隐性失业就会显性化，不仅会影响失业总量，而且对失业结构，即结构性失业带来深刻的影响。隐性失业转向结构性失业就成为不争的事实。其中劳动制度的变迁作用甚大，因为劳动就业制度要与一定经济基础相适应，尤其是在生产力尚不发达的社会主义初级阶段，社会主义经济建设需要激发劳动者的生产积极性与生产效率。提高劳动生产率，一定要充分考虑了制度因素对劳动就业和经济绩效的影响。无论是马克思的制度理论还是新制度经济学，都考虑制度因素对于经济增长和就业的影响，但不同的是，新制度经济学只是单纯地从交易成本、产权界定与制度变迁等制度运行层面解释经济增长，而马克思的制度理论则深入地研究了经济基础与上层建筑、生产力与生产关系辩证关系，既分析了人类社会制度发展的历史规律，又为具体制度变动与发展规律提供了研究方法。

4.1.4.2 双轨制就业制度下劳动力供需结构性失衡

如前所述，从计划经济向市场经济转换过程中，原隐蔽在城市与农村的隐性失业随着市场改革的深化而逐渐显性化、公开化，为结构性失业的凸显提供了准备条件，与之相伴随的还有双轨制就业制度下劳动力供需结构性失衡问题，进一步推动了结构性失业的深化。

不可否认，在固定工实行的初期，国有企业职工主人翁地位的确立，激发了生产的积极性，但是后期平均主义的盛行和冗余人员问题的凸显，使生产效率大不如初。国有企业的员工之间存在散漫懈怠之风，相互影响，降低了企业的生产效率。在实行双轨制后，由于实行"能进能出"的劳动合同制度，新进员工相比以前的老员工工作更加努力，因为通过公开招聘的方式，应聘人员在固定工制度下很难进入国有企业，所以新员工更加珍惜来之不易的工作。由于合同制的学习效应，老员工工作较之以前也有所努力。

虽然"双轨制"增进了员工之间的有效竞争，提高了国有企业的生产效率。但是对于"双轨制"，同一企业内部存在两种不同的身份认同：固定工与合同工，即编制内人员与编制外的"临时工"。传统观念下，编制内人员属于吃国家的"铁饭碗"，而编制外，只能是国有企业的"临时雇佣人员"，两者不仅是身份与称谓的不同，而且在工资待遇、员工福利与社会保障等诸多方面存在显著差别。我国的劳动法律法规明文规定要"同工同酬"，但是在"双轨制"下，薪酬不是按劳分配而是按身份分配，两者相差可能达一倍多①，而这仅仅是显性的差异，更遑论社会福利、社会保障与社会地位等差异。尤其是在"双轨制"改革后期，"同工不同酬"引发了合同工强烈的不公平感②③。而员工的不公平感会降低员工的工作绩效、组织能力行为，增加反生产力行为和离职率，进而降低企业生产率④。

可见，劳动就业双轨制存在两个分割的劳动就业：一个是体制内的劳动力就业，一个是体制外的劳动力就业。这种双轨制就业制度体现出，体制内劳动力就业与体制外劳动力就业无论是身份地位还是工资都存在很大差别。然而，劳动就业双轨制作为一种过渡性质的就业制度，其通过在计划经济体制中逐步引入市场配置劳动力资源，向现代劳动市场过渡，在一定程度上体现了制度变迁的内生因素影响。正如前文分析，由于计划经济体制下，劳动力得不到合理的配置，从计划经济体制内部催生了劳动力市场。劳动力市场首先发端于经济体制率先改革的农村生产经营组织与乡镇企业，其次扩展到城市国有与集体企业，经历了从无到有、从小到大的发展过程。农村土地制度改革释放了大量的剩余劳动力，其远超乡镇企业发展所需劳动力数量，而国有企业原本就存在大量的隐性失业人员需要下岗与安置就业。这就激化了劳动就业双轨制初期劳动力供需矛盾，表现为农村剩余劳动力转移就业难和下岗职工再就业难。20世纪90年代后，民营经济发展壮大成为吸纳农村剩余劳动力的主力，同时也形成了两种不同所有制的就业分割：国有经济与民营经济。一方面，国有经济待遇相对要优于民营经济，加之受传统就业观念影响，虽然随着国有企业在不断深化改革，其对于劳动力

① 白天亮. 同工同酬之路还有多远？[J]. 四川党的建设（城市版），2010（6）：18-19.
② 王继承. 中国企业人力资源管理模式中的"双轨制"现象：基于中国12家成功企业的案例研究 [J]. 管理世界，2009（b12）：38-53.
③ 刘洪，马璐. 用工"双轨制"存续的潜在危机及并轨路径与策略 [J]. 南京社会科学，2011（8）：31-37.
④ 张志学，秦昕，张三保. 中国劳动用工"双轨制"改进了企业生产率吗？：来自30个省份12314家企业的证据 [J]. 管理世界，2013（5）：88-99.

需求数量逐渐减少、质量要求越来越高，但是劳动力供给充足；另一方面，民营经济发展迅速，产生了大量的劳动力需求，但是薪资与福利待遇不如国有企业，因此劳动力供给相对短缺，并最终演化为"民工荒"与"技工荒"，造成了劳动力供需结构的失衡，这种失衡推动了我国结构性失业的不断深化。

4.2 结构性失业效应的产业结构维度分析

4.2.1 经济发展变动中的产业结构合理化与高级化

产业结构转型升级主要就是在技术进步的推动下、在政府产业政策的带动下，根据经济社会发展的需要，逐步实现产业合理化与高级化的过程。实现经济更高质量的发展，就必须要推动产业结构转型升级，在提高全要素生产率基础之上实现产业结构的合理化与高级化。产业结构合理化与高级化是经济高质量发展的基本要求，是深化供给侧结构性改革、转变经济发展方式、推动技术升级的核心动能。从当前我国所面临的结构性问题来看，推动产业结构战略性调整、实现产业结构性合理化与高级化是解决结构性问题的关键。

产业结构合理化和高级化是产业结构转型升级的两个主要标志，其中产业结构合理化是产业结构转型升级的基础和前提，产业结构高级化是产业结构优化的目标和方向。根据发达国家以及新兴工业化国家的发展经验看，可以根据"配第-克拉克定理"和"库兹涅茨法则"从三次产业的产值结构与就业结构对产业结构合理化与高级化做总体的判断与描述。配第在《政治算术》中提出三次产业的就业结构变动的思想，而这一观点再由克拉克在其《经济进步的条件》一书中加以进一步的阐述，克拉克在对一些国家的横向比较与纵向研究的基础上，发现劳动力在三次产业之间的变动规律"随着时间的推移和社会在经济上变得更为先进，从事农业的人数相对于从事制造业的人数趋于下降，而从事制造业的人数先上升到某一高度后趋于下降，而从事服务业的人数趋于上升"[①]，从而形成"配第-克拉克定理"。库兹涅茨根据发达的资本主义国家经济增长的历史进程，认为其经济结构不断调整、改善、转变的过程，是经济增长的条件也是结果，并具体分析了三次产业结构的变动规律，得出国民经济的比重从由第一产业占主导转为第二产业为主导，再到第三产业为主导的演变规律。在库兹涅茨看来，发达国家在经济发展过程中，三次产业的产值结

---

① CLARK C. The conditions of economic progress [M]. London：macmillan and co，1940：220.

构与就业结构变动是相似的，在经济发展的初始阶段，第一产业产值占比 40%以上，第一产业就业占比为 50%~60%，第二产业产值占比在 22%~25%，第三产业就业占比仅 20%~40%；随着经济发展程度的提高，第一产业就业占比下降到 10%~20%，第二产业产值占比上升到 40%~50%，第三产就业占比超过 40%，但是很多国家第二产业就业上升的幅度小于或大体等于第三产业就业，第三产业份额的显著上升，主要抵消了第一产业下降的份额①。

按照"配第-克拉克定理"和"库兹涅茨法则"，我国的产业结构分别于 1997年和 1993 年达到了发达国家工业化的中级水平，但距高级水平还有相当大距离。这从侧面说明了改革开放以来我国的产业结构在不断演变及趋于合理化的同时，逐步向高级化迈进。我国经济发展中的产业结构演进规律也验证了生产效率的提升和结构的改善是经济增长的基础条件，而技术和知识的积累是社会长期发展的根本源泉。我国产业结构逐渐从由农业主导转变为工业主导，再到第三产业超越第二产业为主导，归根结底在于体制改革解除了束缚生产力的制度因素，从而推动生产力的发展。在迈向高质量发展阶段后，无论是经济发展质量与动能转换、产品的供给质量与供给结构，还是就业结构的改善与实现更高质量的就业等诸多方面，都对产业结构提出了更高要求，不仅要在产业结构合理化的基础上实现产业结构的高级化，同时还要进一步要求实现产业结构的高技术化、融合化、国际化与服务业化等，即实现产业结构的软化②。

4.2.2 产业结构升级中的就业创造效应与破坏效应

产业结构升级是转变经济增长方式的重要环节，体现了国民经济发展的质态的变化。改革开放后，中国经济上有了高速发展的道路，不仅在经济总量上大幅提高，更是在经济结构上尤其是产业结构上有了质的飞跃。当前中国正处于产业结构升级与转换时期，在经济增速由高速转为中高速的增长过程中，如何在保持经济总量增长的同时，实现产业结构的调整与优化，对于推进供给侧结构性改革至关重要。

众所周知，技术进步是推动产业结构转型升级的根本动力。在马克思就业与失

---

① 库兹涅茨. 现代经济增长 [M]. 戴睿，易诚，译. 北京：北京经济学院出版社，1989：76-135.

② 产业结构的软化是在信息技术革命发展背景下，产业结构的中性逐渐向信息产业和知识产业等"第四产业"偏移，并逐渐建立起以知识为核心的各产业之间的相关联系。产业结构软化是后工业时期的产业衡量标准，这一概念有日本学者田地龙一郎等首次将"产业结构软化"应用于经济学领域，用以描述世界经济模式。参见：段敏芳，郭忠林. 产业结构升级与就业 [M]. 武汉：武汉大学出版社，2013：71-72.

业理论看来，一方面，技术进步可以创造新的工作岗位，扩大就业；另一方面，技术进步在提高生产率的同时，也会摧毁旧的工作岗位，发生技术型结构性失业，形成"对劳动的需求，同资本量相比相对地减少，并且随着总资本量的增长以递增的速度减少"①，即"机器排挤工人"。具体讲，首先，无论是产业结构合理化还是产业高级化，一个典型的特征就是用机器替代人力，发展到互联网"工业4.0"时代就是用智能机器人替代人力，因此，机器对劳动力的替代无可避免，即科技创新条件下，产业结构调整，产生就业破坏效应。其次，机器大生产增加了对劳动力的需求，"如果机器占领了某一劳动对象在取得最终形式前所必须经过的初期阶段或中间阶段，那么，在这种机器制品进入的那些仍保持手工业或工场手工业生产方式的部门中，对劳动的需求就随着劳动材料的增加而增加。"② 并且，机器的广泛使用，在催生了新的产业部门的同时，社会生产部门的分工也越来越细，这些新产生的部门与细化的分工，创造了新的劳动就业岗位，加大了对劳动力的需求。所以，技术进步推动下的产业结构升级对就业与失业的影响，是一把"双刃剑"，最终效应表现为就业创造和所排挤出的劳动力人数之差。

因此，可以将产业结构升级对就业的影响总结为就业破坏效应与就业创造效应。就业破坏效应就是指在产业结构升级过程中，因技术进步导致传统产业工作机会的减少，其背后的原因在于资本密集产业逐步取代劳动力密集产业，从而减少了劳动需求，出现了失业增长；就业创造效应是指在产业结构升级中，技术进步扩大了社会生产与再生产的规模，创造了更多的就业岗位，从而增加了对劳动力的需求，促进了就业增长。

产业结构升级的就业破坏性和创造效应还可以从数理推导及测算上加以证明，本书研究参考了邹一南等③的研究成果，推导过程如下。

具体讲，不同时期的就业变化可以表示为：

$$\Delta L = L_{t+1} - L_t \tag{4.1}$$

式（4.1）中 L_{t+1} 和 L_t 分别表示报告期和基期的就业量，ΔL 表示两期之间的就业量

---

① 马克思，恩格斯. 马克思恩格斯文集：第5卷 [M]. 中共中央马克思恩格斯列宁斯大林著作编译局，译. 北京：人民出版社，2009：726.

② 马克思，恩格斯. 马克思恩格斯文集：第5卷 [M]. 中共中央马克思恩格斯列宁斯大林著作编译局，译. 北京：人民出版社，2009：511.

③ 邹一南，石腾超. 产业结构升级的就业效应分析 [J]. 上海经济研究，2012（12）：3-13.

变化。如果以 R_{t+1} 和 R_t 分别表示报告期和基期的整体经济就业产出比，即有 $R_t = L_t/Y_t$，Y_t 表示 t 时期的产出水平，于是有：

$$L_{t+1} - L_t = R_{t+1}Y_{t+1} - R_tY_t = R_{t+1}(Y_{t+1} - Y_t) + (R_{t+1} - R_t)Y_t \qquad (4.2)$$

将（4.2）代入（4.1）得

$$\Delta L = (R_{t+1} - R_t)Y_t + R_{t+1}(Y_{t+1} - Y_t) \qquad (4.3)$$

对（4.3）进一步分解：

$$\Delta L = (R_{t+1} - R_t)Y_t + R_{t+1}(Y_{t+1}^A - Y_t^A) + R_{t+1}(Y_{t+1}^F - Y_t^F) \qquad (4.4)$$

式（4.4）中，Y_{t+1}^A 和 Y_t^A 分别为报告期和基期的全要素生产率所贡献的产值，Y_{t+1}^F 和 Y_t^F 分别为报告期和基期的全要素投入所贡献的产值。其中，等号右边的第一项表示由产业结构升级所带来的就业产出比变化导致的就业量变化，定义为产业结构升级的就业破坏效应；第二项表示由产业结构升级带来的全要素生产率提高型经济增长所带来的就业变化，为产业结构升级的就业创造效应；第三项表示要素投入型经济增长所带来的就业量变化，但这一部分不属于产业结构升级的就业效应。

因此，定义产业结构升级的就业破坏效应为 EP，就业创造效应为 EC，则（4.4）式可以表示为

$$\Delta L = \text{EP} + \text{EC} + R_t(Y_{t+1}^F - Y_t^F) \qquad (4.5)$$

其中，$\text{EP} = (R_{t+1} - R_t)Y_t$。本书所关注的就是式（4.5）等号右边的第一项和第二项，即产业结构升级的就业效应 E：

$$E = \text{EP} + \text{EC} = (R_{t+1} - R_t)Y_t + R_{t+1}(Y_{t+1}^A - Y_t^A) \qquad (4.6)$$

产业结构升级的就业破坏效应为

$$\text{EP} = (R_{t+1} - R_t)Y_t =$$

$$\left[\sum_{i=1}^n R_{i,\,t+1}(x_{i,\,t+1} - x_{i,\,t})\right]Y_t + \left[\sum_{i=1}^n (R_{i,\,t+1} - R_{i,\,t})x_{i,\,t}\right]Y_t \qquad (4.7)$$

产业结构升级的就业创造效应为

$$\text{EC} = R_{t+1}(Y_{t+1}^A - Y_t^A) = R_{t+1} \cdot \text{TSE}_t \cdot Y_t + R_{t+1} \cdot \sum_{i=1}^n x_{i,\,t}\text{TFP}_{i,\,t} \cdot Y_t \qquad (4.8)$$

$$\text{TSE}_t = G(A)_t - \sum_{i=1}^t x_{i,\,t}G(A)_{i,\,t} \qquad (4.9)$$

式（4.9）中，TSE 为结构变迁的经济增长效应（total structural effect）[1]，$G(A)_t$ 为

---

① 刘伟，张辉. 中国经济增长中的产业结构变迁和技术进步 [J]. 经济研究，2008（11）：4-15.

总量水平的全要素生产率（TFP），G（A）$_{i,t}$为第 i 产业 t 期的全要素增长率。

本书基于 DEA-Malmquist 指数方法核算 28 个省份的 TFP 值，涉及的数据主要包括各省份的三次产业的 GDP、就业人数以及资本存量。数据主要来源于历年中国统计年鉴以及各省份的统计年年鉴，其中 2016 年的数据来源于各省份的 2016 年的国民经济和社会发展统计公报。

本书所使用的 GDP 产值依据 GDP 平减指数，调整为 1978 年的不变价格，对于资本存量采用永续盘存法，其计算公式为

$$K_t = K_{t-1}(1 - \delta) + \frac{I_t}{P_t} \tag{4.10}$$

式（4.10）中，K_t 为第 t 期的资本存量，I_t 为第 t 期的固定资产投资，P_t 为第 t 期的以 1978 年不变价格的固定资产投资价格折算指数，δ 为折旧率。各省份基期（1978年）的资本存量采用徐现祥等[1]估算的结果，折旧率参照张军等[2]的研究，取值为 0.096，从而测算出 1978—2016 年中国分省份的产业结构变动中的就业破坏效应和创造效应（见图 4-2）。

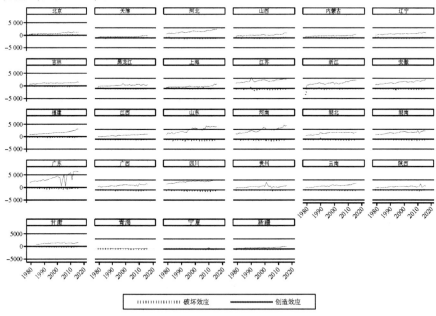

图 4-2　1978—2016 年中国分省产业结构变动的就业破坏效应和创造效应

①　徐现祥，周吉梅，舒元.中国省区三次产业资本存量估计 [J].统计研究，2007，24（5）：6-13.
②　张军，吴桂英，张吉鹏.中国省际物质资本存量估算：1952—2000 [J].经济研究，2004（10）：35-44.

从总体上来看，产业结构变动的创造效应呈现出不断上升的趋势，说明中国在产业结构升级过程中创造了较多的工作岗位。样本 28 个省份的破坏效应从直观上看基本一致，少数省份波动较大。改革开放以后，第二产业和第三产业的发展，吸纳了大量的农村剩余劳动力。

4.2.3 消化过剩产能中的就业挤出效应

众所周知，经济增长与失业一直是经济学关注的重点问题，作为宏观经济重要规律之一的"奥肯定律"，揭示了失业率与产出变化之间的数量关系。"奥肯定律"是对发达国家经济增长与就业数据的经验总结，其应用要求完善的市场环境和市场机制[①]。欧美发达国家在 20 世纪上半期基本上已经完成了工业化和城市化，实现了二元经济向一元经济的转变，农业增加值和农业劳动力占整个国民经济的比重大多已经降至很低的水平，已经不存在大规模的劳动力由农村向城市转移的问题。而中国作为"后发国家"，在工业化和城市化进程中，农村存在大量的劳动力需要向城市转移。虽然"奥肯定律"在中国的适用性没有得到充分的验证，但是其揭示的经济增长与就业之间的数量关系，对于经济增速下滑、潜在失业风险凸显的中国，依然具有一定的解释力。尤其自中国经济进入"新常态"以来，经济增速由高速转变为中高速增长，劳动力市场的供给总量增加值开始减少，企业用工成本上升，但是劳动力总量依然过剩、结构性短缺问题凸显。经济增速的下滑，势必会影响就业，导致失业率的上升。根据 IMF 的研究报告，产能过剩导致资源错配的情况下，中国经济的年增长率有可能降至 4%，这对就业增长将产生直接深远的影响。

诸多学者将产能过剩的直接原因归结于固定资产投资，认为产能过剩是固定资产投资所形成的物质资本存量的结果[②][③]；也有学者的研究结果表明，单位固定资产的单位产出与产能利用率[④]的变化趋势大致相同[⑤]；而产能利用率在衡量产能过剩方

---

① 蔡昉. 为什么"奥肯定律"在中国失灵：再论经济增长与就业的关系 [J]. 宏观经济研究, 2007 (1)：11-14.

② 韩国高, 高铁梅, 王立国, 等. 中国制造业产能过剩的测度、波动及成因研究 [J]. 经济研究, 2011 (12)：18-31.

③ 何蕾. 中国工业行业产能利用率测度研究：基于面板协整的方法 [J]. 产业经济研究, 2015 (2)：90-99.

④ 所谓产能利用率 (capacity utilization, CU) 是指实际产出与潜在产出之比；参见：RICHARD H, JIM T. The measurement of capacity utilization [J]. Applied economics, 1985, 17 (5)：849-866；NELSON R A. On the measurement of capacity utilization [J]. Journal of industrial economics, 1989, 37 (3)：273-286.

⑤ 曲玥. 中国工业产能利用率：基于企业数据的测算 [J]. 经济与管理评论, 2015 (1)：49-56.

面是一个重要指标。基于此，本书参照 Klein 和 Long[①] 以及 Berndt 和 Morrison[②] 所用的峰值法测度中国 1979—2016 年的产能利用率，将潜在产能设定为资本存量的生产函数，并假定潜在产能 Z_t 与资本存量 K_t 成比例，即

$$Z_t = f(K_t) = A \cdot K_t \tag{4.11}$$

式（4.11）中，Z_t 为产能，K_t 为按 1978 年不变价格折算的资本存量，A 为待定常数，并假定 A 的取值为在本书研究期间 T（1979—2016 年）的产能利用率最大值，为 1.00，即 $A = A_t = \max_{t \in T}\{A_t = \mathrm{RGDP}_t / K_t\} = 1$。因此，产能利用率计算公式为

$$\mathrm{CU}_t = \frac{\mathrm{RGDP}_t}{Z_t} = \frac{\mathrm{RGDP}_t}{f(K_t)} \tag{4.12}$$

式（4.12）中，CU_t 为第 t 年的产能利用率，RGDP_t 为 t 年按 1978 年不变价格计算的实际国民生产总值。表 4-1 为本书测算的 1979—2016 年全国和分省份整体产能利用率和工业产能利用率的平均水平。可以看出中国的整体产能利用率高于工业产能利用率，产能过剩主要集中于第二产业。

图 4-3 显示了 1979—2016 年中国分省份（由于数据的缺失，剔除了重庆、海南和西藏三个省份，下同）的工业产能利用率时间变化趋势，总体来看，工业产能利用率经历了改革开放后的逐步上升，在 2006 年左右达到峰值后开始下降，尤其是在应对 2008 年金融危机中的经济刺激政策过大，大量的投资只能在短期内稳定经济增长，但是在长期内却助推了过剩产能的增加。特别是在金融危机后需求下降，尤其是来自国外的需求大幅下降，产能利用率持续走低，产能过剩的结构性矛盾日益突出。

表 4-1　1979—2016 年全国和分省份产能利用率平均水平

区域	整体产能利用率	第二产业产能利用率	区域	整体产能利用率	第二产业产能利用率
全国	0.74	0.68	山东	0.59	0.63
北京	0.61	0.76	河南	0.79	0.57
天津	0.68	0.70	湖北	0.77	0.80

① KLEIN L R, LONG V. Capacity utilization: concept, measurement, and recent estimates [J]. Brookings papers on economic activity, 1973, 1973 (3): 743-763.

② BERNDT E R, MORRISON C J. Capacity utilization measures: Underlying economic theory and an alternative approach [J]. American economic review, 1981, 71 (2): 48-52.

表4-1(续)

区域	整体产能利用率	第二产业产能利用率	区域	整体产能利用率	第二产业产能利用率
河北	0.67	0.61	湖南	0.80	0.60
山西	0.77	0.74	广东	0.82	0.68
内蒙古	0.76	0.74	广西	0.69	0.56
辽宁	0.80	0.78	四川	0.72	0.63
吉林	0.81	0.62	贵州	0.72	0.74
黑龙江	0.79	0.66	云南	0.77	0.69
上海	0.76	0.63	陕西	0.79	0.58
江苏	0.63	0.86	甘肃	0.71	0.69
浙江	0.69	0.77	青海	0.77	0.79
安徽	0.79	0.58	宁夏	0.71	0.61
福建	0.72	0.71	新疆	0.81	0.86
江西	0.75	0.55			

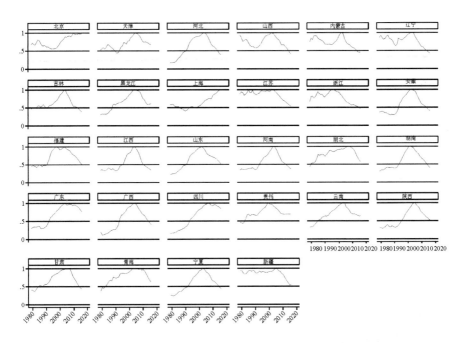

图4-3　1979—2016分省份第二产业产能利用率

按照马克思就业与失业理论的定义，失业是指劳动者与生产资料的相分离的状态。而在过剩产能企业中，超过社会需求的那一部分产能要么处于闲置状态，要么生产出的产品在商品市场上无法实现价值。因此，当过剩产能处于闲置状态时，劳动者事实上处于一种与生产资料相分离的状态，属于不充分就业，这既是一种对劳动力的浪费，也是一种生产资料的浪费。消化过剩产能就是通过市场与行政的手段，使这部分生产资料转为他用，在这一过程中，就业岗位减少成为必然，这就是就业的挤出效应，也属于因结构调整而出现的结构性失业状态。当前消化过剩产能作为供给侧结构性改革的重要任务之一，所产生的就业挤出效应主要体现为职工安置过程中面临的就业岗位减少，职工再就业困难以及企业的内部劳动市场结构性问题突出等问题。尤其在中国经济步入新常态后，经济增速放缓，结构性矛盾凸显，经济增长面临动力转换的压力，因此消化过剩产能是转变经济发展方式、转换经济增长动力的重要前提。消化过剩产能，淘汰落后产业是供给侧结构性改革的首要任务，是调整供求关系、促进供需平衡的关键，也是调整经济结构、转变经济发展方式的重要举措。然而，在推进供给侧结构性改革的过程中，消化过剩产能势必会导致就业岗位减少、结构性失业人数溢出，社会面临的失业风险增大。一方面，产能过剩行业基本是传统重化工行业，存在大量的冗余人员。这部分的冗余人员一般具有年龄偏大、技能单一、转岗就业的难度大等特点。另一方面，产能过剩行业存在一批"僵尸企业"，尤其是一些活力殆尽的大型国有企业，这些企业规模大、员工多，一旦破产淘汰，引发的失业问题会对社会稳定产生一定的冲击。

4.3 结构性失业深化的市场结构维度分析

4.3.1 劳动力市场分割下的结构性就业矛盾与错配机制

自我国劳动力市场诞生以来就一直伴随着总量就业矛盾与结构性就业矛盾，只是在不同的阶段，矛盾的主要方面不同而已。改革开放之初，主要面临的是劳动力供给总量要高于就业岗位的创造总量，这是可以通过经济发展的方式加以解决的。经过改革开放四十多年的发展，总量就业问题依然存在，但同时结构就业矛盾相较于以前，更加突出。前文已经分析了我国劳动力市场存在结构性失业的制度与产业因素。从市场维度来看，劳动力市场结构失衡主要体现在劳动力供给与需求结构的变化导致结构性就业矛盾，即"就业难"与"招工难"同时并存。具体表现为城乡分割劳动力市场下农民工转移就业问题、区域劳动力市场结构性矛盾与下岗职工再就业问题、劳动力市场供需结构失衡与大学毕业生就业难等。这些问题的产生，与我国城乡分割、区域分割与行业分割导致的劳动力市场错配机制密不可分。劳动力市场的错配机制就是指劳动力市场因为城乡分割、区域分割以及行业分割等而造成劳动力资源供给与需求在数量与质量两方面存在扭曲。

在完全竞争的劳动力市场中，劳动力供给者作为流动的行为主体，其能够根据自身的成本-收益原则，在部门、行业与区域之间自由流动，从而实现供求之间的平衡。而在劳动力市场分割的情况下，劳动力在部门、行业或区域之间流动受到某种障碍而不能实现自由流动，从而导致劳动力市场难以实现市场资源合理配置。我国劳动力市场存在多重分割机制，城乡分割、区域分割和行业分割三者相互交织在一起，城乡分割将劳动力市场分为农民工与外来市民、农民工与本地市民，区域分割将劳动力市场分为农民工与本地市民、外来市民与本地市民，而行业分割为垄断行业与开放行业，同时又对农民工群体、本地市民与外来市民实行不同的劳动就业政策。

在这种多重分割机制的背后是不同的政治-经济力量将劳动力市场划分为若干个相互隔离、各具特色并且拥有各自运行规则的劳动力市场，比如农民工市场、下岗（转岗）重新安置再就业市场、大学生就业市场以及垄断行业的内部市场等。这些多重的分割机制造成了劳动力资源在不同劳动力市场的错配。分割劳动力市场的形成过程，意味着某些就业岗位与具有某种优势的劳动力可以结合在一起，但被分割于不同的市场环境，从而无法形成一个稳定有效的就业市场；同时也意味某些就业弱势群体的边缘化，从而无法实现充分就业①。这不仅意味着某些劳动力供给被边缘化，而且作为劳动力的需求方，某些企业也被边缘化，从而导致了部分工作岗位空缺与劳动力失业并存的局面，反映在我国现实经济中，具体表现为劳动力供需结构失衡下的错配机制发生作用所导致的结构性失业。这种结构性失业不仅存在于主要劳动力市场，同样也存在于次要劳动力市场，还表现为主要劳动力市场与次要劳动力市场之间的结构性失衡。比如高端技术人才供给短缺与大学毕业生就业难就是主要劳动力市场的结构性失业问题；农民工转移就业过程中的"民工荒"与"返乡潮"属于次要劳动力市场的结构性失业问题，垄断行业与非垄断行业之间的流动障碍导致的结构性失业就是主要市场与次要市场之间的结构性失衡，还有区域之间

① LOVERIDGE R, MOK A. Theories of labour market segmentation: a critique [M]. London: martinus nijhoff social science division, 1979: 27.

的结构性失业也属于此类。正是这种分割的劳动力市场，形成了相对封闭、缺乏流动的市场，劳动力资源难以实现相互交流，这种分割的劳动力市场进一步扭曲了劳动力市场的资源配置机制，从而产生较为严重的结构性失业。

当前我国的劳动力教育程度普遍偏低，而我国产业结构面临进一步调整升级，现有劳动力的知识储备难以适应高端产业的发展需要。从 2006—2022 年我国就业人员的年龄结构来看，我国 16~19 岁和 20~24 岁年龄段的就业人员占比下降趋势明显（见表 4-2）。

表 4-2　2006—2016 年不同年龄段就业人员构成　　　　单位:%

年份	16~19 岁	20~24 岁	25~29 岁	30~34 岁	35~39 岁	40~44 岁	45~49 岁	50~54 岁	55~59 岁	60~64 岁	65 岁以上
2006 年	4.3	8.1	9.5	12.3	15.1	15.3	9.6	10.6	7.0	4.0	4.2
2007 年	3.7	8.1	9.7	11.3	15.2	15.3	9.6	10.7	7.6	4.3	4.4
2008 年	3.5	8.6	9.7	10.7	14.4	15.0	10.8	10.6	8.0	4.4	4.5
2009 年	3.2	9.2	9.6	10.3	14.1	14.9	11.9	9.8	8.2	4.6	4.4
2010 年	3.2	11.1	11.1	11.0	13.7	14.7	12.2	8.0	7.4	4.0	3.5
2011 年	2.5	10.9	11.3	11.6	13.4	15.2	13.0	6.9	7.4	4.1	3.8
2012 年	2.0	10.0	11.2	12.2	12.1	15.3	13.2	7.5	7.5	4.8	4.1
2013 年	2.0	9.4	11.6	11.4	11.4	14.9	13.1	8.4	7.7	5.1	4.2
2014 年	1.8	8.7	12.5	12.0	11.1	14.4	13.1	9.5	7.1	5.5	4.4
2015 年	1.6	8.1	13.1	12.3	11.3	14.8	13.0	10.4	6.3	5.1	4.1
2016 年	1.4	7.5	12.9	12.8	11.3	14.7	12.7	11.1	5.8	5.3	4.5
2017 年	1.3	7.2	12.5	13.4	11.6	13.9	13.0	11.3	5.8	5.1	4.9
2018 年	1.2	6.8	12.1	13.9	11.7	13.4	13.0	11.3	6.1	4.9	5.2
2019 年	1.0	6.6	12.1	13.9	11.5	13.7	11.7	7.7	6.6	5.7	
2020 年	0.9	5.7	10.8	14.2	11.7	11.2	13.3	12.3	8.6	4.6	6.7
2021 年	1.0	5.6	10.5	14.6	11.7	11.1	12.5	12.3	8.7	4.4	6.9
2022 年	0.7	4.8	9.3	13.2	12.6	11.4	11.9	13.2	10.3	4.5	8.3

注: 数据来源于历年中国人口和就业统计年鉴，其中 2010 年数据为第六次全国人口普查数据。

随着新增就业人群中大学毕业生所占比重的提升，我国就业人员的教育结构得到了一定程度的改善，但是依然难以满足经济转型发展的需要。从 2006—2016 年我国就业人员的教育结构来看，我国就业人员中未上过学和小学文化程度的占比持续下降，同时大学专科与大学本科占比上升趋势较为明显。初中文化程度的就业人员占比依然占较大的比重，2010 年第六次全国人口普查数据显示，初中毕业的就业人数占比为48.8%，表明我国就业人员的人力资本在优化的同时，依然处于较低水平（见表4-3）。当前偏低的劳动力教育水平难以适应我国产业结构进一步升级的需要，特别是难以满足高端产业转型升级对高端人才的需要。这些现象反映了劳动力资源市场因错配机制而产生的结构性失业。

表4-3　2006—2016年我国就业人员受教育程度　　　单位:%

年份	未上过学	小学	初中	高中	大学专科	大学本科	研究生
2006年	6.7	29.9	44.9	11.9	4.3	2.1	0.2
2007年	6	28.3	46.9	12.2	4.3	2.1	0.2
2008年	5.3	27.4	47.7	12.7	4.4	2.3	0.2
2009年	4.8	26.3	48.7	12.8	4.7	2.5	0.2
2010年	3.4	23.9	48.8	13.9	6	3.7	0.4
2011年	2	19.6	48.7	16.7	7.6	4.9	0.4
2012年	2	19	48.3	17.1	8	5.2	0.5
2013年	1.9	18.5	47.9	17.1	8.5	5.5	0.5
2014年	1.8	18.1	46.7	17.2	9.3	6.2	0.5
2015年	2.8	17.8	43.3	17.3	10.6	7.5	0.7
2016年	2.6	17.5	43.3	17.2	10.9	7.7	0.8
2017年	2.3	16.9	43.4	18.0	10.6	8.0	0.8
2018年	2.3	16.4	43.1	18.0	10.8	8.5	0.9
2019年	2.2	15.7	40.6	18.7	12.0	9.7	1.1
2020年	2.4	16.3	41.7	17.5	11.3	9.8	1.1
2021年	2.3	15.8	41.0	17.8	11.5	10.3	1.3
2022年	2.4	18.4	39.2	15.9	1.7	11.1	1.3

注：数据来源于历年中国人口和就业统计年鉴，其中2010年数据为第六次全国人口普查数据。为与教育部学历保持一致，对受教育程度分类进行了合并调整，其中高中包括中等职业教育，大学专科包括高等职业教育。

当前，消化过剩产能，推动产业结构升级，既是对传统产业的一次深化改造，也是占领未来全球经济制高点的高新产业布局，是实现经济高质量发展的关键措施。消化过剩产能，推动产业结构升级，导致传统岗位就业人员因工作技能单一、知识技能结构老化而产生就业难问题，而高新产业发展迅速，但高技术人才短缺，出现其职位空缺的结构性失业问题，成为制约产业结构转型升级的桎梏。从马克思就业与失业理论来讲，这既是资本有机构成提高，对劳动力产生的挤出效应，又是资本积累导致劳动者在劳动市场中被分化与分割的具体体现。马克思就业与失业理论从资本积累的角度解读了劳动力市场分割的历史过程。资本追求无限增值的客观属性使得劳动力市场中工人被分化与分割，这是资本积累在特定历史时期的必然结果①，其中技术性失业也必然发生。因为，产业结构升级依赖于科技创新，尤其是在信息技术非常普及的 21 世纪，工业制造逐步转变为"工业智造"，工业机器人成为"工业 4.0"的标配。单从资本的逐利性来说，这一切都是为了追求剩余价值，但是在这一过程中传统产业工人逐步被从工作岗位上挤压出来，面临着重新择业的压力。为此，马克思指出："正像只要提高劳动力的紧张程度就能加强对自然财富的利用一样，科学和技术使执行职能的资本具有一种不以它的一定量为转移的扩张能力。"② 同时，科技创新和机器的使用，降低了生活资料的价格，从而降低了劳动力的再生产成本，这意味着劳动者再生产成本和劳动者工资相对下降。"但是我们已经知道，工人之变得便宜，从而剩余价值率的增加，是同劳动生产率的提高携手并进的，即使在实际工资提高的情况下也是如此。"③ "劳动生产率的增长，表现为劳动的量比它所推动的生产资料的量相对减少，或者说，表现为劳动过程的主观因素的量比它的客观因素的量相对减少。"④ 在这一过程中，资本价值构成发生了结构性改变，即资本可变组成部分减少而不变组成部分增加，这将直接导致了劳动者工资水平和整个社会就业总量的下降，劳动者面临更为严峻的就业形势。"可见，一方面，在积累进程中形成的追加资本，同它自己的量比较起来，会越来越少地吸引工人。另一方面，周期地按新的构成再生产出来的旧资本，会越来越多地排斥它以前所雇用的工人。"⑤ 中国特色社会主义就业与失业理论在继承和发展马克思就业与失业理论的基础上，进一步论证了社会主义市场条件下劳动力成为商品和企业与职工双向选择的理论内涵，说明技术性失业不可避免。在我国产业升级过程中，传统产

---

① 肖潇. 中国劳动力市场分割形成机制与形态演变研究 [M]. 北京：人民出版社，2017：35.
② 马克思. 资本论：第 1 卷 [M]. 中共中央马克思恩格斯列宁斯大林著作编译局，译. 北京：人民出版社，2012：699.
③ 马克思. 资本论：第 1 卷 [M]. 中共中央马克思恩格斯列宁斯大林著作编译局，译. 北京：人民出版社，2012：697-698.
④ 马克思. 资本论：第 1 卷 [M]. 中共中央马克思恩格斯列宁斯大林著作编译局，译. 北京：人民出版社，2012：718.
⑤ 马克思. 资本论：第 1 卷 [M]. 中共中央马克思恩格斯列宁斯大林著作编译局，译. 北京：人民出版社，2012：724.

业中工人下岗失业和再失业，也正是在这种资本积累与资本有机构成提高中面临结构性失业的压力，而科技进步推动产业升级，对劳动技能提出了更高的要求，这就形成了技术进入壁垒，实则是劳动力资源错配机制发生作用从而限制了下岗失业人员的再就业。因此，在推动产业结构升级中，要坚持科技创新的引领作用，更需要坚持以人民为中心的发展理念，实现更高质量的就业发展。

大学毕业生作为社会的宝贵财富，其是引领科技创新、推动产业结构转型升级的生力军。而劳动力市场上出现的大学毕业生就业难问题不仅限制了大学毕业生个人价值的实现，同时也是人力资源开发的巨大浪费。大学毕业生就业难的原因很多，比如教育体制存在弊端、课程设置不合理、择业观念待改进等。但仅从劳动力市场机制来看，主要原因还在于市场机制不完善和分割就业体制下的劳动力资源错配机制。前文已述，资本积累与资本有机构成提高，在减少低技能劳动力需求的同时，增加了对高技能劳动力的需求。虽然大学生具有较高的知识文化水平，但是缺乏实践经验而未能掌握高新产业所需要的高技能，难以胜任工作，从而造成大学毕业生的结构性失业。然而这只是浅层次的原因，深层次的原因在于劳动力市场分割条件下非对称信息增加了大学毕业生与企业的搜寻成本，致使市场匹配机制出现了障碍。

大学毕业生和用人单位作为劳动力市场供需主体，各自都理性地追求自己的利益目标，而劳动力市场功能实现将"合适的人配置到适合的岗位上"这一过程在完全信息的情况下是可行的，但完全信息却只是理想状态。在大学毕业生就业市场中，还涉及高校这一中介，即大学生就业市场的信息不对称发生在大学毕业生、高校与用人单位三者之间。分别来看，首先，高校对于劳动力市场的企业的用工需求不甚了解，设置专业、传授知识往往具有滞后性；其次，用人单位对于大学毕业生的专业知识、工作技能了解不充分，而大学生对于用人单位的招聘需求了解不充分；最后，高校对于大学生学业情况有大概的了解，但是学校就业指导部门掌握的信息单一，缺乏对大学生的个性分析，开展的就业指导流于形式。因此，信息不对称加大了大学毕业生的就业难度，即影响了大学毕业生求职的匹配效率。

根据工作搜寻模型，大学毕业生就业的匹配成功数量主要由正在寻找工作的大学毕业生数量（U）、用人单位提供的工作岗位数量（V）以及影响求职者和空位之间

匹配效率的其他因素组成，包括搜寻成本、搜寻方法以及在岗搜寻的人数等①。具体的匹配函数为

$$M = M(U, V, Z) \qquad (4.13)$$

大学毕业生在劳动力市场择业过程中，首先，绝大多数毕业生（甚至包括一些农学专业毕业生）将农业与一些工资待遇低、工作条件差的就业岗位排除在外，这样就减少了可供选择的岗位（V），同时，每个大学毕业生对工资预期（W'）不同，只有当工资等于或高于预期时，才会选择就业；其次，企业对每个工作岗位要求不同，企业只有在给定的工资下（W），只有符合工作岗位的条件大学毕业生才会录用。由于信息不对称，大学毕业生往往过于高估自己的就业能力，从而导致 $W' > W$，即大学毕业生预期工资高于企业的给定工资，从而造成大学毕业生的"自愿失业"增加。一方面，对于用人单位倾向于招聘"985"或"211"高校的毕业学生，一般会对民办学校与高职高专学生实行歧视性的政策；另一方面，一些高新技术岗位对于大学生学历提出了更高的要求，很多创新研究型的岗位本科毕业生难以胜任，还有一些企业倾向于招聘工作技能成熟的员工，而对于缺乏实践经验的大学毕业生不愿意支付培训费用，这就大大缩小了可供选择的范围（U）。除此之外，无论是大学毕业生还是用人单位都面临搜寻成本问题，用人单位面临甄别求职者信息成本、培训成本以及解聘成本等问题；而大学毕业生面临工作转换、跨区流动以及在城市安家落户等成本，这些成本大大限制了大学毕业生和用人单位的工作搜寻。

综上所述，大学毕业生、用人单位在工作搜寻过程中，面临诸多不利因素，造成了大学毕业生"毕业即失业"与用人单位职位空缺并存的现象，大大加深了我国劳动力市场上的结构性就业矛盾，导致了结构性失业的增加。

4.3.2 人力资本、社会资本视角下劳动力市场配置的结构性失业内生机制

转型时期，我国多重分割的劳动力市场中最主要的还是城乡二元分割的劳动力市场，其次是企业用工制度的"双轨制"（所有制分割）。城乡二元分割劳动力市场的制度条件之一的户籍制度，虽然经历了几个阶段的改革，已经不再涉及城乡个人权利及福利差异的根本性问题，而是涉及资源如何配置的问题②。现存户籍制度仍

---

① 赖德胜. 劳动力市场分割与大学毕业生失业 [J]. 北京师范大学学报（社会科学版），2001（4）：69-76.

② 姚洋. 中国道路的世界意义 [M]. 北京：北京大学出版社，2011.

然将在城镇劳动力市场搜寻工作的劳动力分为两种类型：拥有城市户籍和农村户籍。另外，截至 20 世纪 90 年代的就业"双轨制"下，不同所有制类型的企业雇佣员工的方式，决定着劳动力市场上存在两种类型的岗位部门：体制内的国有企业，实行固定工制度；体制外的非国有企业，实行劳动合同制度。

劳动力市场分割并不是说不同劳动力市场之间不存在劳动力流动，而是指劳动力流动存在障碍，流动成本是劳动力流动障碍的直接表现，即劳动力在不同市场之间的转移是需要付出代价的。我国农村劳动力面临的就业途径主要有农村就业、城市正规部门及非正规部门的就业三种方式。虽然进入城镇非正规部门就业较为容易，但是同样需要付出成本，如专业技能培训的人力资本投资成本、撂荒农村土地的机会成本、远离家乡和原有社会关系的社会资本投入成本等。城市正规就业部门主要以下岗失业的方式被动向非正规就业部门转移就业；从城市非正规就业部门流向城市正规部门就业的一般是在非正规部门就业中获得丰富劳动经验，提高了劳动技能、管理水平的熟练劳动者（也包括部分大专毕业生）；从农业就业部门直接跨入城市正规就业部门的人员主要是农业技术或管理人员，且人员数量有限。而从城镇就业部门流动到农村就业部门的人员基本上可以忽略。

可见，劳动者在各部门转移就业有诸多因素的影响作用，其中劳动者个人所拥有的人力资本和社会资本状况，是重要的因素。并且这还关系到劳动力市场配置中发生的结构性失业的内生机制。所谓基于人力资本与社会资本视角下结构性失业的内生机制主要是指在经济转型时期，且劳动力市场分割条件下，劳动者个人拥有的人力资本与社会资本差异致使劳动供求的结构性失衡。这一内生机制强调的是人力资本与社会资本内嵌于劳动力的供给结构与需求结构，在劳动力市场分割中自我适应及强化的传导机制导致结构性失业的固化。在劳动力需求与供给结构方面，人力资本的市场配置是既关系到宏观经济层面能否实现充分就业，又影响了微观层面的个人就业和企业的经济效益，而社会资本在某种程度上是影响个人人力资本实现的重要中介，同时对于劳动力市场劳动力资源合理配置与就业公平也具有重要的影响。

4.3.2.1 劳动力市场分割下人力资本导致的结构性失业

古典经济学通常假定劳动力市场的劳动力供给具有同质性和完全弹性，即劳动力市场是一元和统一的。其实，这一假定与劳动力市场实际情况相差甚远，因为劳动者的人力资本禀赋各异。人力资本理论认为，劳动力素质各不相同，原因在于其接受的教育培训、身体健康、劳动经验与技能等方面存在个体差异。从劳动力的供需结构来看,人力资本结构内嵌于劳动力的供需结构,因此,劳动力供需结构失衡的一个重要方面就是人力资本结构失衡,主要表现为劳动者的知识文化水平与劳动力技能的供需结构性失衡。从结构性失业的类型上看,人力资本导致的结构性失业,应该归为技能型结构性失业或知识型结构性失业。从人力资本理论来讲,人力资本投资主要包括教育、健康与培训三个方面,无论是劳动者的知识储备还是劳动技能,都主要通过这三个方面获得。教育与职业技能培训是提高劳动者人力资本存量的主要途径,特别是对于次要劳动力市场的劳动者来说更是如此。但相比于主要劳动力市场,次要劳动力市场的劳动者所受教育程度低,在职培训更是少之又少。因此,次要劳动力市场的劳动者拥有较小的岗位晋升的机会或是流向更高层次的劳动力市场,往往造成劳动力市场缺乏流动性,也在一定程度上浪费了人力资本。正如舒尔茨所言,资源错配等同于低生产率资源的配置[①]。在劳动力市场分割的情况下,劳动者的人力资本的投资回报率会受到限制,从而影响劳动者的人力资本投资,当经济下滑或不景气时,人力资本匮乏的劳动者将首先遭受冲击。基于此,我们假设分割劳动力市场中的劳动者难以获得预期的人力资本投资收益率,往往选择降低人力资本投资。同时假定,相对绩效影响了劳动者的生产积极性和人力资本投资积极性。

如人力资本理论所言,教育和培训都是人力资本的投资行为,从人力资本投资的成本-收益分析来看,人力资本投资的成本主要包括直接成本(如接受教育的学费、书本费用、生活费等)、间接成本和机会成本(放弃的工资性报酬)。明塞尔在分析中假设了教育费用为零[②],但在本书的分析中教育费用与书本费等一起计入直接成本。因此,进行人力资本投资(包括教育与培训两种形式)的成本-收益曲线为 BCC,而没有进行人力资本投资的成本-收益曲线为 HH(见图4-4)。两个曲线呈现一定水平的"倒U"形弯曲,表明工资收入起步较低,然后随着劳动者年龄增长与工作经验积累而增长,并在劳动者工作年龄的后期出现下降,但教育与培训能够延缓这种下降的到来。显然,只有当人力资本投资所增加的收入大于直接成本与间接成本之和,人力资本投资才会发生。这一分析既适用于个人人力资本投资中的教育投入,也可以用来解释企业在培训方面投入。企业培训职工所包含的成本也包

---

① 舒尔茨. 论人力资本投资 [M]. 吴珠华, 等译. 北京: 北京经济学院出版社, 1990: 19.

② 明塞尔. 人力资本研究 [M]. 张凤林, 译. 北京: 中国经济出版社, 2001: 29.

括直接成本（培训的直接支出）和间接成本（职工因培训而不能参加工作而损失的企业利润）。因此，只有培训给用人单位增加的收入大于直接成本和间接成本时，企业才会对员工进行培训。

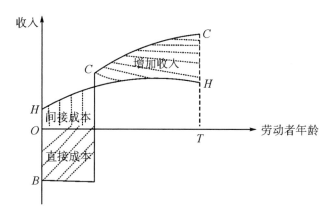

图 4-4　人力资本的成本-收益分析

由于在个人人力资本投资中，接受高等教育是最主要的人力投资方式，高等教育投资所带来的收益主要是未来的收入，而教育所发生的成本却是近期产生的，因此需要将未来增加的收入通过贴现的方式折算为现值，可与成本进行比较。假设劳动者在18岁高中毕业时有两种选择，一是进行人力资本投资，接受高等教育，二是直接参加工作，那么结果高等教育所获得的净收益用公式表达为：

$$V_{\text{edu}} = \sum_{i=18}^{T} \frac{Y_i^C - Y_i^H}{(1+r)^{1-18}} \qquad (4.14)$$

在式（4.14）中，V_{edu} 表示接受高等教育所获得净收益的净值，T 表示退休年龄，Y_i^C 和 Y_i^H（$i = 18$，19，$\cdots$，T）分别表示接受与不接受高等教育所获得的净收入流，r 表示主观贴现因子，r 越小，表示一个人越是偏好未来，未来收入的贴现值就越大。假定 Y_i^C 和 Y_i^H 这些变量是外生给定的，则接受高等教育的一定是相对偏好未来的人。低利率的情况下，理性的教育投资的选择是将人力资本投资进行到教育的内部收益等于利率的位置，即使式（4.14）中 V_{edu} 等于零时 r 的值。因此，一个理性的教育投资者，会在较低的利率时，增加教育投资。

明塞尔在考察教育与培训等人力资本投资收益的基础上，进一步分析了人力资本和搜寻行为对于厂商之间劳动流动的人际结构和生命周期结构所具有的含义[①]。

---

① 明塞尔. 人力资本研究 [M]. 张凤林，译. 北京：中国经济出版社，2001：186.

不仅进行人力资本投资需要考虑成本-收益，而且在劳动力市场条件下，还考虑了人力资本流动配置同样取决于人力资本对于预期收益与成本的权衡比较，或者说，制度因素等是通过影响人力资本流动的成本与收益来影响人力资本的流动决策的，即取决于劳动力流动的成本-收益机制。人力资本流动投资成本是人力资本转移到其他地区就业所需要花费的交通、饮食、安居等费用，而收益则是指可获得的预期收入。具体可以用以下公式表示：

$$V_{ct} = \sum_{t=1}^{n} E_t (1+r)^t \pm \sum_{t=1}^{n} G_t (1+r)^t \qquad (4.15)$$

式（4.15）中，V_{ct} 为第 t 年人力资本流动费用，E_t 为第 t 年人力资本流入地域增加的效益，G_t 为第 t 年人力资本流出地域增加（取加号）或者减少（取减号）的收益，r 为贴现率。

从人力资本个人角度看，其取得收益可用下述公式计算：

$$V = \sum_{t=1}^{n} B_{t1} - \sum_{t=1}^{n} B_{t0} (1+r)^t - C \qquad (4.16)$$

式（4.16）中，V 为净收益的现值，B_{t1} 为第 t 年新工作产生的效用，为人力资本流动投资收益；B_{t0} 为第 t 年原工作产生的效用；n 为预计新工作从事的时间长度；r 为贴现率；C 为流动自身的效用损失（包括直接成本和心理成本）。

从以上分析可以看出，人力资本流动的净收益值越大，从事新工作获得的效用也就越大，在原工作岗位上就越不愉快，人力资本在新工作中保留的时间也就越长，即 n 越大。权衡流动的收益与损失的净收益现值越大，从新工作中获得的效用越大，就越容易流动。

人力资本作为重要的稀缺资源，它的配置不仅受到市场供求关系的影响，而且受到市场分割、制度结构以及价值观念与文化等因素的影响。特别是劳动力市场分割的背景下，主要劳动力市场较高的工资水平和优越的工资环境及福利待遇是吸引劳动力由次要劳动力市场向主要劳动力市场转移的主要因素，但是主要市场与次要市场之间存在流动障碍，阻碍了人力资本流动。这不仅影响到人力资本的市场配置，同时也影响到人力资本的投资决策，从机制机理上看，这也是人力资本视角下结构性失业内生机制作用的表现。

可见，城乡劳动力市场分割是制约城乡人力资本投资和积累的重要因素。首先，城乡二元经济体制下，城乡收入差距较大且教育资源分配不均，农村劳动力进入城镇就业存在竞争力的先天不足。农村劳动力到城镇就业，只能局限于非正规部门，这些部门对劳动者的技能要求低，大多是劳动密集型产业，人力资本投资成本较低。其次，劳动力市场的制度性分割在一定程度上阻碍了我国的城市化进程，农村人力资本及其投资收益率均较低的恶性循环加大了结构性失业的治理难度。最后，某些歧视性的劳动就业管理政策和较低的人力资本积累致使农村劳动力的工资水平低于城镇劳动力工资水平，从而导致了农村劳动力低收入水平与低人力资本投资之间的恶性循环。

进一步讲，城乡分割的劳动力市场影响了农村专用性人力资本投资。虽然城乡户籍制度改革在一定程度上消除了城乡之间劳动力的流动障碍，但是并未消除城乡在教育投资上的差距。从城乡居民自身的人力资本禀赋结构看，一方面，城乡居民在先赋结构存在差异，主要包括由先天性因素所决定的身体健康状况、性别、身高与相貌等。虽然先赋结构由先天因素决定，但可以通过美容、衣着打扮等改变相貌，提高人力资本存量。另一方面，城镇居民在收入与福利待遇方面远远超过了农村居民，导致了后赋结构，如在教育、医疗保健等方面的投入也相对高于农村居民。因此，城乡劳动力人力资本投资差距并未缩小，这就造成了农村劳动力专注于普通性人力资本投资，而忽略了专用性人力资本投资，致使大部分的农村劳动力只能在次级劳动力市场就业。再从城乡居民人力资本投资差异的代际传递看，进一步固化了劳动力市场的结构性失业。根据邓肯-布劳的地位获得模型可知劳动者就业地位的获得主要依赖于先赋性因素和自致性因素。教育既是先赋性因素，即父母的教育通过代际传递到子女，影响到子女的人力资本投资；又是自致性因素，即劳动者自身的受教育状况。从教育对于劳动力人力资本的形成来看，农村居民由于自身受教育程度不高，对于教育形成人力资本的认知不足，加之受经济条件的限制，对于子女的教育投入与城镇居民存在较大的差距。自致性因素既包括自身的教育程度，也包括自己的身体健康状况、首份工作的起点与努力程度等。身处农村教育的大背景下，大量的留守儿童缺乏父母的监管与陪伴，往往在完成义务教育阶段的学习后，就外出务工，成为新一代的农民工，从而致使自致性因素中自身教育的不足，进而影响到了首份工作的起点，不利于后期的人力资本积累。

从人力资本投资构成中的教育投资、医疗保健投资与劳动力流动支出来看，农村居民的这三项支出显著低于城镇居民。平均而言，农村居民交通和通信支出、教育文化娱乐和医疗保健不足城镇居民的50%，且差距有进一步扩大的趋势（见表4-4），由此可见城乡居民之间的人力资本积累差距较大，且二者差距在短期内难以消除。城乡之间的人力资本投资差异，不仅有城乡收入差距的影响，还在于城乡二元劳动市场分割，降低了农村劳动力人力资本投资的预期收入与收益率，从而降低了农村人力资本投资的意愿。

表 4-4　1992 年至 2022 年城乡人均人力资本投资　　　　单位：元

年份	城镇居民人均消费支出			农村居民人均消费支出		
	交通和通信	教育文化娱乐	医疗保健	交通和通信	教育文化娱乐	医疗保健
1992	44.2	147.5	41.5	12.2	43.8	24.2
1993	80.6	194	56.9	17.4	58.4	27.2
1994	132.7	250.8	82.9	24	75.1	32.1
1995	183.2	331	110.1	33.8	102.4	42.5
1996	199.1	375	143.3	47.1	132.5	58.3
1997	232.9	448.4	179.7	53.9	148.2	62.5
1998	257.2	499.4	205.2	60.7	159.4	68.1
1999	310.6	567.1	245.6	68.7	168.3	70
2000	427	669.6	318.1	93.1	186.7	87.6
2001	457	690	343.3	110	192.6	96.6
2002	626	902.3	430.1	128.5	210.3	103.9
2003	721.1	934.4	476	162.5	235.7	115.8
2004	843.6	1 032.8	528.2	192.6	247.6	130.6
2005	996.7	1 097.5	600.9	245	295.5	168.1
2006	1 147.1	1 203	620.5	288.8	305.1	191.5
2007	1 357.4	1 329.2	699.1	328.4	305.7	210.2
2008	1 417.1	1 358.3	786.2	360.2	314.5	246
2009	1 682.6	1 472.8	856.4	402.9	340.6	287.5
2010	1 983.7	1 627.6	871.8	461.1	366.7	326
2011	2 149.7	1 851.7	969	547	396.4	436.8
2012	2 455.5	2 033.5	1 063.7	652.8	445.5	513.8
2013	2 318	1 988	1 136	875	755	668
2014	2 637	2 142	1 306	1 013	860	754

表4-4(续)

年份	城镇居民人均消费支出			农村居民人均消费支出		
	交通和通信	教育文化娱乐	医疗保健	交通和通信	教育文化娱乐	医疗保健
2015	2 895	2 383	1 443	1 163	969	846
2016	3 174	2 638	1 631	1 360	1 070	929
2017	3 322	2 847	1 777	1 509	1 171	1 059
2018	3 473	2 974	2 046	1 690	1 302	1 240
2019	3 671	3 328	2 283	1 837	1 482	1 421
2020	3 474	2 592	2 172	1 841	1 309	1 418
2021	3 932	3 322	2 521	2 132	1 646	1 580
2022	3 909	3 050	2 481	2 230	1 683	1 632

数据来源:由历年统计年鉴整理而成。

另外,从企业内部来看,我国企业的人力资本积累以及员工的素质还普遍处于较低水平。具体表现为体制转型因素影响职工个人人力资本投资动力不足、职工的受教育年限较短以及企业用于人力资源开发的经费不足。上述现象的产生也与劳动力市场分割密不可分。首先,劳动力市场分为内部市场与外部市场,两者之间缺乏流动性,因此内部劳动力市场很少感受到外部市场的压力。尤其在传统计划体制遗留的影响下,国有企业与工人之间固定的用工制度和政企不分的经营体制,使得一个企业就是一个小型的社会,企业几乎为员工提供了包括个人生活、子女教育等在内的全部服务设施。在缺乏必要的淘汰机制的情况下,企业很少能够辞退员工,而员工也很少主动辞职。虽然随着国企改革的推进,僵化无活力的国有企业经营体制及用工制度已经有所改变,但是在某些领域中传统计划体制遗留的影响依然存在,而且国有企业的进入通道依然比较狭窄,内部缺乏竞争压力,劳动工资与工作绩效脱钩。在此制度安排下,无论是企业还是个人,都缺乏人力资本投资的动力。其次,劳动力市场分割下,私营企业大多从次要劳动力市场招工,职工原来的人力资本水平较低,加之私营企业从成本-收益比较出发,倾向于追求更高利润,不愿意做职工人力资本投资这些周期长、成本大、回报慢的行为选择,甚至以损害职工健康(人力资本存量)为代价,牟取暴利。私营企业职工培训不够、劳动保护欠缺、人力资本投入不够,也是相关制度短缺的一种结果。再次,在劳动力供给过剩而物质资本供给短缺的情况下,企业更倾向于节约物质资本而更多使用劳动力进行生产,同时缺乏充足的物质资本对人力资本进行投资。基于资本的相对短缺以及更高的投资收益，很多企业往往只看到了资本投资所带来的短期收益，而忽视了人力资本投资的长期收益，这是企业人力资本投资不足的重要原因，这在一些私营企业中表现尤为突出。最后，形式化的企业内部在职培训使得人力资本的培训成本大于收益，人力资本积累有限。企业中普遍存在的一个现象是注重学历而忽视实际工作能力，岗位晋升中学历重要性要显著高于工作能力，这使得员工热心学历教育，而对工作技能的提升缺乏热情。

总之，从以上分析可以看出，劳动力市场分割条件下人力资本投入和流动不足所反映的结构性失业内生机制就在于，人力资本投资与流动受到限制，造成了结构性失业的产生与强化。主要表现为主要劳动力市场的人力资本充足与次要劳动市场的人力资本投资匮乏，并进一步抑制了次要劳动力市场的人力资本投资与流动，从而形成一个恶性循环：劳动力市场分割—结构性失业严重—人力资本投资匮乏—劳动力市场分割。破除这一恶性循环的关键在于消除劳动力市场分割机制，促进次要劳动力市场的人力资本投资，从而使结构性失业得到缓解。

4.3.2.2 劳动力市场分割下社会资本导致的结构性失业

基于我国劳动力市场转型背景下劳动力市场分割的特征事实，加大人力资本投资也许是好的选择之一。人力资本投资虽然很难突破市场结构的制度障碍，但却有助于缓解因劳动力市场机制本身不完善导致的结构性失业。劳动力市场分割条件下结构性失业内生机制的另一个视角可以从社会资本来看待。社会资本对就业的正负双重效应主要表现为：社会资本正面效应为增进就业的机制，在于节省交易费用，共享劳动力市场信息，提高劳动力配置效率；社会资本的负面效应在于劳动力市场分割下的就业歧视或排斥，将促使结构性失业的恶化。以农民工进城务工为例，农民工作为城市基础建设、产业工人的重要组成部分，其在求职就业过程中，不仅面临人力资本投资不足的困境，同时也受到社会资本积累匮乏的制约。农民工在进城务工过程中，社会资本功能中的网络、信任、合作、互惠等方式成为他们获取工作乃至收益、福利较高岗位的重要途径，对于农民工经济社会地位的获取具有重要的影响。但是同时，社会资本因地域、家族血缘、传统观念等因素的作用，又"固化"了劳动力的流动，限制了人力资本作用的发挥，不利于劳动力的合理流动。

社会资本的滥用最明显的弊端就是造成社会歧视①，社会歧视在就业市场影响了人才的自由充分流动，造成了劳动力供需失衡，使得劳动力价格的工资机制难以发挥市场调节作用。布劳-邓肯的"地位获得模型"揭示了父辈的资源往往通过教育代际传递给子女，如转型时期的中国，行业分割比较明显，行业间的代际流动主要以继承性流动为主②。尤其是在大学毕业生就业过程中，在劳动力市场分割的条件下表现得更为明显，滥用社会资本在增加大学生就业的不公平现象的同时，也阻碍了劳动力资源的合理配置。高校毕业生作为国家宝贵的人才资源，在就业市场得不到公平的对待，就会影响其价值观念，不利于人才的培养和社会尊重知识风尚的形成，进而影响到人们人力资本投资的积极性，其结果可能影响国民素质的提高与经济高质量的发展。

目前，农民工的劳动力转移性就业与大学毕业生的新增劳动力就业构成了我国新增经济活动人口中的两大就业主体，也是我国劳动力市场上结构性失业的两大主体。农民工人力资本结构与社会资本结构决定了他们从事的一般是以劳动密集型为主的行业，即集中于建筑业、制造业、采掘业、化工业与低端服务业，这些行业既是国民经济的基础，也是最容易遭受经济波动、外贸环境与产业政策影响的行业，也是劳动力流动最为频繁、结构性失业较为严重的行业。受过高等教育的大学生作为具有一定文化知识的劳动力群体，他们一般从事的职业处于产业链的中高端，具有一定的技术含量，需具备一定的人力资本积累。但是我国高等教育的课程设置以及不正确就业观念的作祟，导致了一部分大学毕业生就业状况并不理想，"毕业即失业"成为大学生就业中的热点话题和现实情况。农民工与大学生的就业困境表明了社会资本在结构性失业中的作用与机制。

总之，结构性失业的内生机制表明，劳动力市场分割条件下社会资本作为非市场力量，无论是在主要劳动力市场还是次要劳动力市场，社会资本都有助于降低信息搜集成本，提高寻找工作的概率，但是如果社会资本负面效应作用于主要市场或次要市场，就会加大两个市场的劳动力转移障碍。同时劳动者的社会资本拥有量不同，更容易造成劳动力市场供求机制扭曲。从大学毕业生就业和农民工转移就业的

---

① 成春. 大学生就业制度改革过程中市场机制的完善：从注重社会资本向注重人力资本的转化 [J]. 天府新论，2009（5）：63-65.

② 许庆红. 市场转型、劳动力市场分割与代际行业流动 [J]. 青年研究，2018（2）：1-13，94.

分析中可以看出社会资本发挥作用的大小取决于他们所处的经济社会地位，即越是在经济上低收入、处于社会底层的弱势群体，所拥有的社会资本以及通过社会资本获得的收益就越低，获得的就业机会就越少。因此，社会资本对于贫穷弱势群体就显得没有那么有利。

4.3.3　收入差距扩大视角下劳动力市场价格反映的结构性失业固化机制

如上分析，劳动力市场分割不平等效应的延伸是低收入群体只能委身于次要劳动力市场，劳动力市场分割所产生的收入分配不平等与收入差距扩大，则又会加剧劳动力市场分割，并导致主要市场与次要市场之间分割机制进一步固化，最终表现为劳动力在两个市场之间流动更加困难与结构性失业难以消除。这就是劳动力市场分割下结构性失业的固化机制。

收入分配不平等与收入差距扩大会对一个国家的经济发展和社会发展产生诸多的负面影响。如前文所述，过大的收入差距使得贫困人口和低收入群体缺乏人力资本投资，进入低收入与低人力资本积累的恶性循环，以致陷入长期贫困陷阱，进而固化社会阶层。当前中国经济步入新常态，经济增速下行压力加大。如果一旦经济陷入下滑或者长期的衰退，收入差距扩大、收入分配不平等以及失业问题将会凸显。

从近年来我国披露的数据来看，以基尼系数表示的收入差距虽然并未出现较大幅度波动，却也一直维持高位运行的状态，2000年以来我国基尼系数一直高于国际贫富差距的警戒线0.4。2017年我国的基尼系数为0.467，相比于2016年的0.465，上升了0.002个百分点，比2015年的0.462上升了0.005个百分点[①]。可见，城乡居民人均收入差距明显呈扩大趋势。由城镇与农村居民人均可支配收入（见表4-5和表4-6）可知，二者的高收入组人均可支配收入增长均显著高于低收入组，说明城乡居民收入差距扩大的同时，城镇与农村居民内部之间的收入差距也在不断扩大。

表4-5　2014—2022年城镇居民按收入五等份分组的人均可支配收入

年份	低收入户		中等偏下收入户		中等收入户		中等偏上收入户		高收入户	
	收入值/元	增长率	收入值/元	增长率	收入值/元	增长率	收入值/元	增长率	收入值/元	增长率
2014	11 219	13.40%	19 651	11.50%	26 651	10.20%	35 631	9.30%	61 615	6.70%

---

① 数据资料来源于国家统计局网站。

表4-5(续)

年份	低收入户		中等偏下收入户		中等收入户		中等偏上收入户		高收入户	
	收入值/元	增长率	收入值/元	增长率	收入值/元	增长率	收入值/元	增长率	收入值/元	增长率
2015	12 231	9.0%	21 446	9.1%	29 105	9.2%	38 572	8.3%	65 082	5.6%
2016	13 004	6.3%	23 055	7.5%	31 522	8.3%	41 806	8.4%	70 348	8.1%
2017	13 723	5.5%	24 550	6.5%	33 781	7.2%	45 163	8.0%	77 097	9.6%
2018	14 387	4.8%	24 857	1.3%	35 196	4.2%	49 174	8.9%	84 907	10.1%
2019	15 549	8.1%	26 784	7.8%	37 876	7.6%	52 907	7.6%	91 683	8.0%
2020	15 598	0.3%	27 501	2.7%	39 278	3.7%	54 910	3.8%	96 062	4.8%
2021	16 746	7.4%	30 133	9.6%	42 498	8.2%	59 005	7.5%	102 596	6.8%
2022	16 971	1.3%	31 180	3.5%	44 283	4.2%	61 724	4.6%	107 224	4.5%

数据来源：国家统计局。

表4-6 2014—2022年农村居民按收入五等份分组的人均可支配收入

年份	低收入户		中等偏下收入户		中等收入户		中等偏上收入户		高收入户	
	收入值/元	增长率	收入值/元	增长率	收入值/元	增长率	收入值/元	增长率	收入值/元	增长率
2014	2 768	-3.8%	6 604	10.7%	9 504	12.6%	13 449	13.8%	23 947	12.3%
2015	3 086	11.5%	7 221	9.3%	10 311	8.5%	14 537	8.1%	26 014	8.6%
2016	3 006	-2.6%	7 828	8.4%	11 159	8.2%	15 727	8.2%	28 448	9.4%
2017	3 302	9.8%	8 349	6.7%	11 978	7.3%	16 944	7.7%	31 299	10.0%
2018	3 666	11.0%	8 508	1.9%	12 530	4.6%	18 051	6.5%	34 043	8.8%
2019	4 263	16.3%	9 754	14.6%	13 984	11.6%	19 732	9.3%	36 049	5.9%
2020	4 681	9.8%	10 392	6.5%	14 712	5.2%	20 884	5.8%	38 520	6.9%
2021	4 856	3.7%	11 586	11.5%	16 546	12.5%	23 167	10.9%	43 082	11.8%
2022	5 025	3.5%	11 965	3.3%	17 451	5.5%	24 646	6.4%	46 075	6.9%

数据来源：国家统计局。

从图4-5可以看出，城乡居民之间的人均可支配收入差距的绝对值与相对值都在不断扩大，而城乡收入差异系数①自1986年后一直维持在0.5以上，表明了以城

---

① 注：城乡居民收入差异系数（urban-rural resident income difference coefficient，URIDC）等于1减去农村居民人均纯收入与城镇居民人均纯收入的比值。URDIC的变动范围为[0,1]，当URDIC大于等于0.5时，即农村居民人均纯收入不到城镇居民人均纯收入的一半时，处于城乡二元结构状态；当URDIC大于等于0.2且小于等于0.5时，处于由二元结构向城乡一体化过渡阶段；当URDIC小于0.2时，意味着基本上完成了城乡一体化。

乡居民收入衡量的城乡二元结构并未得到改善。

城乡居民的收入差距导致了城乡居民人力资本的投资差距。农村居民人均收入偏低制约了人力资本投资，从而成为导致结构性失业的重要原因。而城乡之间的收入差距与劳动力市场分割密切相关。根据二元经济理论可知，城乡之间的收入差距是农村劳动力向城市转移的主要推动力，当城乡之间不存在流动障碍，劳动力就会从低收入地区自发地转移到高收入地区，从而使工资趋近于劳动力边际生产率。但是制度的阻碍限制了城乡劳动力的合理流动，从而使得城乡收入差距得以长久存在。另外，城乡居民之间的社会保障体系存在明显的差别，城镇居民在医疗保健、教育资源、社会保险、就业培训等公共服务体系的完善方面显著高于农村居民，进一步影响城乡之间的收入差距。具体讲，城乡之间的收入差距直接导致城乡居民教育投入支出存在差异，从而影响城乡居民的人力资本积累。

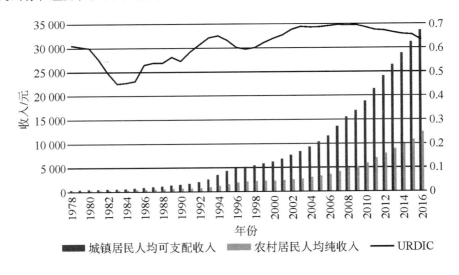

图 4-5　城乡居民人均收入对比

注：数据来源于国家统计局，2013 年城乡住户调查改革后，统计口径与以前有所不同，2013 年起数据为新口径数据。

改革初期，国有经济中"同工不同酬"现象一度普遍存在，企业用工制度出现"双轨制"的情况下，劳动力价格的双重价格是合同工和固定工之间的收入差距存在的主要原因。至今这一现象虽然已经大为改变，但仍未绝迹，国有企业中依然存在为数不少的劳务派遣员工，他们与正式员工做着同样的工作，但是这些员工不仅是在身份上不同于企业的正式在编员工，而且在工资收入、福利待遇、社会保障等方面都差于正式员工。经济转型时期，更为严重的分割在于行业分割，行业分割的显著特点在于不同行业之间日益扩大的收入差距。以工资水平衡量的行业之间的收入差距并没有随着我国市场化的推进而趋于缩小，反而呈现逐年扩大的趋势，特别是一些具有行政性垄断的行业，如电力、石油、金融等行业工资及隐形福利远远高于社会平均水平①。

从图4-6可以看出，信息软件产业、金融业、电力热力燃气水等高新科技或垄断行业显著高于其他传统行业平均工资水平。从企业的注册类型来看（见图4-7），外商投资企业、股份有限公司以及国有企业收入高于城镇企业平均工资，集体企业工资一直低于城镇企业平均工资。这表明不同注册类型的企业工资变动趋势各不相同，存在较大差距。同时，不同注册类型企业之间的收入差距中收入高于平均工资水平的行业一般要么属于国有垄断行业，如电力、热力、燃气、水等，要么是对人力资本要求较高的行业，比如信息软件业和科研技术业，但这些行业吸纳就业的能力有限。而诸如农林渔牧、制造业与建筑业等行业属于吸纳就业能力较强的行业，但工资水平远低于城镇企业平均工资水平。这些低于城镇企业平均工资水平的行业一般都是结构性失业人员较为集中的行业，由于高收入行业存在较高的进入壁垒，对于低收入行业的结构性失业人员来说，很难实现向高收入行业的跨越。从图4-6中可以看出，我国的行业分割并没有随着改革的推进而有所缓和，而是借助收入差距不断得以加强。

20世纪90年代中期以来，随着国有企业改革的深化，许多国有企业在破产重组的同时，下岗失业人员增多，成为城市贫困人口的主要来源之一。这一现象似乎反映出我国劳动力市场的所有制分割逐渐转向行业分割，于是不难发现，国有企业的下岗失业人员主要来自传统工业、商业和服务业等竞争激烈的行业，而那些金融保险、邮电通信、铁路、航空、烟草、石油和供水供气等垄断性质较强的国有企业并不存在大量的下岗失业现象②。这一现象说明了国有企业下岗失业主要集中于某些开放竞争性行业。因此，可以看出我国劳动力市场的行业分割现象具有显著的垄断性质。内部人控制与内部劳动力市场垄断是其典型特征之一。垄断企业存在内部

---

① 国家发展和改革委员会就业和收入分配司，北京师范大学中国收入分配研究院. 中国居民收入分配年度报告（2017）[M]. 北京：社会科学出版社，2018：23-24.

② 晋利珍. 改革开放以来中国劳动力市场分割的制度变迁研究[J]. 经济与管理研究，2008（8）：64-68.

人控制，通过人为设置高进入壁垒，限制了从社会公开市场招聘员工，对于新产生的劳动力需求，往往通过"萝卜招聘"① 的方式，形成相对封闭的内部市场。而那些高收入且非垄断性的行业，往往也具有较高的进入壁垒，即要求具有非常高的人力资本投资与专业技能。而专业知识的学习与丰厚的人力资本投资要求较高的经济投入且投资周期较长，往往是低收入群体难以承担的。这样收入差距扩大的情况下，不同劳动力市场的劳动力市场价格既是劳动力市场分割的具体表现，也是进一步固化劳动力市场分割的重要因素。

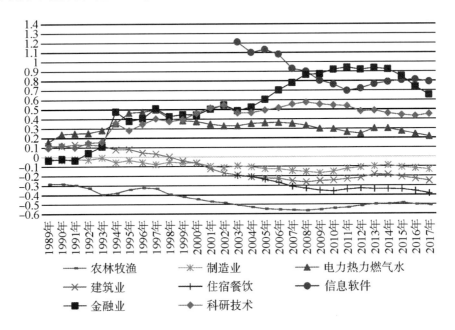

图 4-6　按行业划分的城镇单位工资与平均工资的差率（部分）

注：原始数据来源于国家统计局。

---

① "萝卜招聘"比喻为关系户量身定制招聘条件或者工作岗位，以达到让其成功应聘的招聘方式方法。

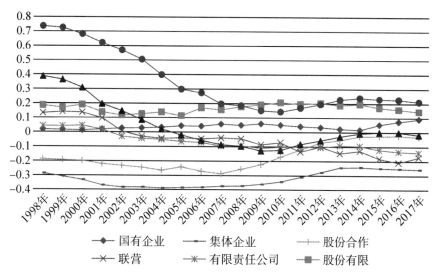

图 4-7 按注册类型划分的不同城镇企业工资与城镇平均工资的差率

注：原始数据来源于国家统计局。

4.4 本章小结

本章从制度结构、产业结构与市场结构对我国转型时期的结构性失业进行了深入的理论分析。各个部分侧重点各有差异却又相互关联，共同构成了本书结构性失业的理论分析部分。在制度结构维度，首先，基于劳动力产权理论分析结构性失业产生的产权条件，认为劳动力产权的界定模糊与制度缺陷，导致了劳动力产权保护制度的缺失。其次，分析了结构性失业的体制障碍，认为二元分割的城乡经济体制是导致体制型结构性失业、城乡劳动力错配的根本性制度障碍。再次，从人口生育制度变迁与人口结构变动角度分析结构性失业产生的人口结构因素，认为人口结构变动促使了人口生育制度变迁，但是在短期内难以改变劳动力供给结构失衡的现状。最后，从劳动就业制度的建立与完善过程分析不同劳动就业制度及其变革中产生的结构性失业。在产业结构维度，重点分析了产业结构升级的就业创造效应与破坏效应和消化过剩产能过程中的就业挤出效应。分析结果表明，改革开放40多年来，总体而言就业创造效应大于就业破坏效应，但是在就业创造过程中技术进步与产业结构升级导致了产业型结构性失业与技术型结构性失业。在市场结构维度，基于劳动力市场分割分析了劳动力市场的供需结构失衡下的结构性失业错配机制、人力资本与社会资本视角下的结构性失业内生机制、收入差距视角下的劳动力市场价格机制导致的结构性失业固化机制。

5 "三维度"的结构性失业预警机制设计与测度分析

本章结构性失业预警机制的设计以结构性失业的理论分析为基础,尝试建立起"三维度"的结构性失业预警机制,弥补已有失业预警机制研究存在的不足。也就是从制度结构维度、产业结构维度与市场结构维度构建结构性失业预警机制、选取预警指标。接着对结构性失业率进行科学有效的测度,保证预警机制的全面性、准确性与可操作性,为结构性失业的实证与预警模型的预测分析做铺垫。

5.1 结构性失业预警:基于"三维度"的机制设计

从预警理论讲,失业预警机制是建立在就业与失业统计基础之上的,缺乏必要统计数据,失业预警机制只能是空中楼阁。而结构性失业的周期一般较长,属于中长期性失业,在我国现有的统计指标体系中,并没有涉及中长期的失业指标,我国公布的城镇登记失业数据难以满足失业预警的需要。因此,在构建结构性失业预警机制过程中,本书仅将城镇登记失业率作为参考,而不作为研究的重点。恰恰结构性失业预警是根据宏观经济运行形势,针对可能引发结构性失业的"警源"进行监控和综合分析,结合一定的统计方法加以量化分析,诸如构建分析指标,进行模型预测,以提前预防和进行适当的调节。当前我国的失业预警尚还处于起步阶段,在失业统计、预警指标、预警模型等方面都存在较大的提升空间。本书所研究的结构性失业预警机制主要包括对结构性失业产生的"警源"(三个维度)的量化,并以此为基础进行实证分析与预测,具体包括"三个维度"的预警机制设计、预警数据的选取与指标合成、警情测度与预警分析。

可见,在结构性失业预警机制中,"三个维度"的预警设计从制度结构、产业结构与市场结构三个维度构建，其中根据前面的章节已经从制度结构维度、产业结构维度与市场结构维度对我国结构性失业的制度结构衍生机制、产业结构效应机制及市场结构深化机制进行理论探讨，从而为结构性失业预警机制的设计奠定了理论基础。基于此，本书将制度结构变动作为结构性失业的预警机制的制度前提，将产业结构变动作为核心内容，将市场结构作为关键环节，从而搭建起结构性失业预警机制的基本框架（见图5-1）。

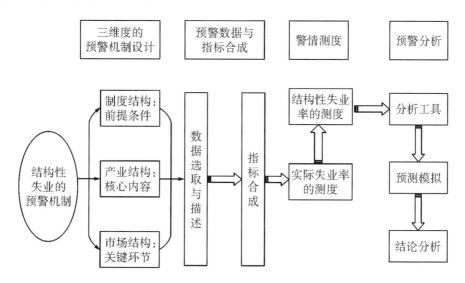

图5-1　结构性失业预警机制设计

从图5-1可知，预警数据与指标的合成，是基于预警机制设计的"三个维度"，选取预警数据，构建预警指标，并具体刻画各个数据和指标同结构性失业之间的变动方向与趋势。警情测度主要运用多种方法对实际失业率与结构性失业率进行测度。首先，借鉴国内的成熟方法，对我国经济运行中的实际总失业率进行测度，其次，再运用多种方法（HP滤波、BP滤波以及卡尔曼滤波），把结构性失业率从实际失业率中分离出来。预警分析主要包括分析工具、预测模拟与结论分析，本章将介绍的分析工具为三种神经网络模型：Elamn神经网络、广义回归神经网络（GRNN）和小波神经网络，考虑到结构性失业预警机制的实证与预测模拟是以结构性失业的三个维度实证为基础的，同时也是为了保证本书分析框架逻辑次序展开和结构的完整性，具体的预测模拟与实证分析在后续章节（第6章第2节和第3节）中展开分析。

5.1.1 制度结构：结构性失业预警机制设计的前提描述

转型时期，制度变迁是我国经济转型重要的现实基础，而我国的结构性失业很大部分由体制性障碍造成。我国结构性失业在城乡二元体制结构与劳动就业制度的变迁中逐步从总量失业中显现出来，体现出了显著的制度转型特征，同时也反映出中国特色社会主义市场经济体制从建立到完善过程中对于总量失业与结构性失业认识的逐步深化。构建结构性失业预警机制，最根本的现实就在于认清我国社会主义的制度属性与发展阶段，具体落脚点在于社会主义市场经济体制建设过程中的劳动力产权制度、城乡二元制度、人口生育制度以及劳动就业制度等。因此，制度结构是结构性失业预警机制的前提条件。

改革开放 40 多年来，我国的城镇化水平飞速发展，发展速度之快已经远远超过改革前我国城市化发展的进程，但是同时不可否认的是，在快速城镇化过程中，资源不断向城镇聚集，而乡村一直处于相对落后、发展动力不足的状态。单从城镇人口与农村人口的增长率来看，城镇人口增长率一直维持在 2% 以上的增长水平，而农村人口则从 1996 年开始就保持着负增长的态势，说明农村人口在持续流出。农村人口向城市转移，一方面促进了城市的经济发展，但是另一方面也导致农村人才的匮乏，譬如因青壮年劳动力外出务工，农村土地撂荒严重，产生了"谁来种地"的问题，且农村"空心化"现象越来越常见。而在我国国有企业与集体企业改革过程中，国有企业在发展壮大的同时，在国民经济中的比重下降，就业的份额也在减少，而非公有制经济的发展壮大，吸纳了更多的就业，成为劳动力市场最主要的劳动力需求方。以上的变动趋势，从就业结构层面反映出了体制改革的不断深化。我国改革开放 40 多年，最大的变革在于所有制结构的变动，从"一大二公三纯"的所有制结构逐渐过渡到非公有制经济，非公有制经济从无到有，深刻地影响着城乡就业与失业的变化。

而城乡二元体制与城镇国有企业改革，都是在改革生产关系的基础上，促进了生产力发展，但是却不得不面对改革过程中不断释放出的总量就业压力与日益突出的结构性失业问题。因此，构建结构性失业预警机制首先要关注的是经济体制转型过程中劳动力产权制度、城乡二元体制、生育制度以及劳动就业制度变迁所引致的结构性失业显化的制度性障碍。

这样，可以说我国的结构性失业根植于经济体制转型的现实背景，从制度结构入手，分析结构性失业制度层面的"警源"，是构建结构性失业预警机制的前提条件。从制度结构维度出发，认识结构性失业预警设计的前提条件主要包括城乡二元结构、城镇化发展水平、城乡收入差距以及所有制结构改革等。图5-2表明了结构性失业的制度结构维度与结构性失业预警机制的内在联系。前文结构性失业的理论分析，从城镇就业制度变迁与农村就业制度变迁入手，具体分析了劳动力产权制度、城乡二元体制、人口生育制度以及劳动就业制度变迁，从而搭建起结构性失业制度结构的理论分析路径。而本章在结构性失业预警机制设计中，对应将要点划分为城乡二元结构、城镇化水平、城乡收入差距与所有制结构改革，这些既是我国制度结构变迁的延伸，又是结构性失业产生与显化的具体制度因素，也是结构性失业预警机制在我国城乡二元分割、所有制改革背景下所要重点考察的内容。

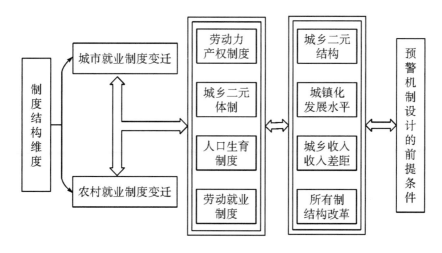

图5-2 结构性失业预警机制设计的前提条件

总而言之，由上文的理论分析可知，转型时期我国的结构性失业中很大一部分都属于制度型结构性失业。对于结构性失业的制度维度预警指标的选取，本书主要从我国的城乡二元分割和所有制结构改革的现实出发，选取能够衡量城乡二元经济体制变革的指标，主要包括二元对比系数（DCC）[①]、城镇化率（以城镇人口衡量）、城乡收入对比系数（URDIC）、城镇不同所有制就业人数占比等。

---

① 二元对比系数（dual contrast coefficient，DCC）又称为"二元生产率对比系数"，即农业生产比较效率与非农业生产效率的比值乘以100%。城乡二元对比系数与二元经济结构的强度呈反方向变动，一般情况下，二元对比系数越小，两部门的差别越大，二元结构越明显。发展中国家的二元对比系数通常为31%~45%。而发达国家一般在52%~86%。转引自：韩正清.城乡二元经济结构强度演变实证分析［J］.商业时代，2009（36）：109-111.

5.1.2 产业结构：结构性失业预警机制设计的核心内容

改革开放 40 多年以来，我国产业结构不断优化升级，而就业结构转换滞后于产业结构。每一次产业结构升级，都会导致落后产业内劳动力重新配置，转岗工人重新培训择业，但是他们中的一部分人很难适应新兴产业的技能与知识需求，由此导致的产业结构型失业群体构成了我国结构性失业人口。其中的影响因素，可进一步分析为：首先，是就业结构变动的滞后性。就业结构以产业结构为载体，产业结构变动往往先于就业结构变动，而就业结构变动滞后于产业结构变动，既是我国就业结构非典型性的体现①，也是产业型结构性失业的主要原因。20 世纪 90 年代以来，大规模的农村剩余劳动力转移过程中发生的就业难和"民工荒"就是其典型的反映。所以，我国的结构性失业的演化凸显，是因为产业结构转型升级中就业结构的滞后。其次，是技术进步。从产业结构转型升级理论来讲，引发产业结构转型升级的必要因素是需求结构变化。在开放经济条件下，需求结构变动包括国内的需求结构与国外需求结构，当前我国已经迈入了中国特色社会主义新时代，社会主要矛盾发生了改变。主要体现为，大众需求结构从过去的"吃得饱、穿得暖、住得下"向"吃得精、穿得好、住得宽"转变，当然这一转变建立在量的基础上向质的转变上。这样不平衡、不充分的现实发展情况，成为制约满足人民追求美好生活需求的羁绊。从国外需求总量与结构变动来看，我国劳动力成本上升的背景下，国外市场对于制造业产品的需求转到东南亚或其他发展中国家，同时国外消费结构升级，对于中国的产品出口也形成了不小的挑战。要扭转这一状况，仅从产业结构来看，就是要进一步优化产业结构，改善产品供给结构。要达到这一目的，技术的创新进步就是关键了。联系到就业来看，技术进步的方向是更加智能化与劳动力节约化，在创造新的岗位的同时也会对现有的就业岗位造成一定的破坏效应，从而导致部分落后传统产业就业岗位的消失。而这种不平衡的产业结构变动，往往阻碍了劳动力在产业结构之间合理流动。因此，在我国产业结构变动过程中，就业结构往往滞后于产业结构而导致结构性失业。基于此，结构性失业预警机制设计应以产业结构转换升级作为核心内容。

---

① 按照"配第-克拉克定律"，一二三产业随着经济发展，产值占比顺次转移，劳动力占比也紧跟着转移，就业结构也就随之变化。发达国家的经验已证明了这一系列的变化。但由于中国的特殊国情，就业结构却长期滞后于产业结构的变化，这种状况被称为"就业结构的非典型性"。

因此，联系产业结构维度，作为结构性失业预警机制的核心内容可以进一步划分为产值结构、就业结构、全要素生产率以及产利用率等一系列指标（见图5-3）。

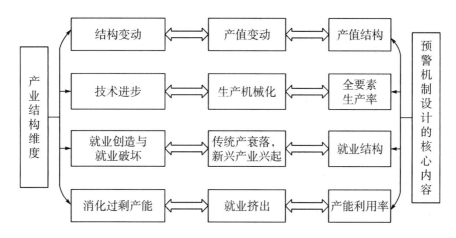

图5-3 预警机制的设计的产业结构维度

前文结构性失业产业结构维度的理论分析为结构性失业预警机制设计奠定了理论基础，产业结构维度的结构变动、技术进步、就业创造与就业破坏以及消化过剩产能的挤出效应在预警机制中得到充分体现。产业结构及其变动既包括按三次产业划分的产值结构及其变动指标，也包括按三次产业划分的就业结构及其变动指标，同时还包括产值结构与就业结构之间的相互影响的变动趋势，即产业结构与就业结构的协调性。全要素生产率衡量了投入要素的生产效率，是测度技术的进步、结构改善、专业化生产与创新的重要指标。另外，从产业结构看，三次产业的全要素生产率及其变化趋势反映出资源在三次产业之间的配置效率、产业结构转型升级中的合理化和高级化的变动趋势与发展方向。但随着技术进步，资本有机构成提高，会导致传统产业的人员被挤出就业岗位，且陷入再就业困难和新兴产业"招工难"的两难困境。产能利用率衡量了国民经济生产力运转与发挥的程度，同时也反映了固定资产对就业的吸纳程度。在供给侧结构性改革中，消化过剩产能、处理"僵尸企业"，不可避免地会使就业岗位减少，隐性失业人员和不充分就业人员面临失业风险，也往往通过结构性失业增长表现出来。

综上所述，结构性失业预警机制设计的产业结构维度所涉及的指标主要包括：三次产业的产值结构、就业结构、就业弹性、比较生产率（差异指数）、产业结构与就业结构协调系数、产业结构 Moore 值、就业结构 Moore 值、全要素生产率以及产能利用率等。

5.1.3 市场结构：结构性失业预警机制设计的关键环节

通常，劳动力的市场结构包含劳动力供给结构与需求结构，这也是结构性失业预警机制设计所要重点关注的两个方面。如前所述，劳动力市场的分割是导致劳动力供需结构失衡的市场因素。无论是劳动力市场的体制分割还是产业分割，最终都需要作用于劳动力市场，导致了不同劳动力市场之间的劳动力非正常流动，具体表现为一方存在职位空缺，另一方劳动力供给过剩。结合我国劳动力市场的实际，多元复杂的劳动力市场分割是我国结构性失业治理面临的重大难题。加之我国劳动者人力资本匮乏内生于结构性失业之中，而收入差距扩大则有固化结构性失业的倾向。因此，市场结构是结构性失业预警机制设计的关键环节。当然，这里的市场结构，根据本书研究需要，仅限定为劳动力市场结构，除了前文分析的劳动力供给、人力资本积累、以及收入差距等之外，还包括影响劳动力需求的市场因素，如经济增长、进出口贸易、能源及生产原材料、财政与货币以及价格变动等因素。

首先，经济增长一直是拉动就业增长的首要动力。由国家统计局数据可知，2017 年我国就业人员达到 77 640 万人，相比于 1978 年的 40 152 万人增长了将近一倍。具体从城乡就业人员看，我国城镇就业人员不断增长，由 1978 年的 9 514 万人增长到了 2017 年的 42 462 万人，增长了将近 3.5 倍①；乡村就业人员则从 1997 年开始转为负增长，表明了我国城镇化进程中，农村富余劳动力得到了有效转移，意味着我国城镇化与工业化不断推进，带动了我国的城乡就业结构不断提升，人民生活不断得到改善。

其次，进出口作为拉动经济增长的"三驾马车"之一，对于推动国民经济增长、促进就业具有重要的作用，同时也是反映经济发展的"晴雨表"，能够实时地反映经济的活跃程度。进出口包括两个部分，分为出口与进口，出口为国内产品提供了市场，带动产业发展，有利于扩大就业；进口为国内发展提供了丰富的资源和为人民生活提供了多种的商品选择，在保障了国内经济可持续发展的同时，创造了大量的税收。因此，进出口贸易指标是考量就业的必不可少的指标。

再次，能源与原材料是衡量经济发展的先行指标，同时作为经济发展的基础，也能反映经济发展的真实情况。因此，在构建失业预警过程中，需要重点关注能源

---

① 数据来源于历年国家统计年鉴。

与原材料的指标。在本书结构性失业的预警机制中，着重从能源生产总量、水泥产量、发电量与钢产量四个指标来衡量。

最后，价格指数是衡量通货膨胀的指标，被认为与就业率是此消彼长的关系。本书主要选用居民消费价格指数、商品零售价格指数和工业生产者出厂价格指数三种价格指数来反映经济波动与就业之间的变动。自2010年后，我国的通货膨胀压力显著减小，但是进入经济新常态后，工业生产者出厂价格指数由正转为负值，反映出了我国经济增长下行的同时，产品需求减少，出厂价格下降，企业经营出现困境。这一现象在1998年亚洲金融危机、2008年世界金融危机中也曾出现过，但是持续时间短，企业只是出现暂时性的经营困境，但是2012年开始连续5年工业生产者出厂价格指数下降也反映出了"三期叠加"和国民经济结构调整过程中面临较大困境。在这一阶段，我国的城镇失业率也因此不断攀升，大学毕业生就业、农民工就业等问题也日益严重，引起了各方的关注。

图5-4显示了结构性失业预警机制设计的关键环节与结构性失业市场结构维度的理论关联。结构性失业预警机制设计的市场结构维度包括劳动力市场的供给与需求结构及影响劳动力市场供求的市场因素。本书分析了劳动力市场分割下的结构性就业矛盾及错配机制、人力资本、社会资本视角下结构性失业内生机制和收入分配视角下的结构性失业固化机制，这些理论分析发掘了劳动力市场供需结构失衡的深层次原因和结构性失业得以显化与难以治理的市场缺陷，这些正是结构性失业预警机制需要重视的关键环节。

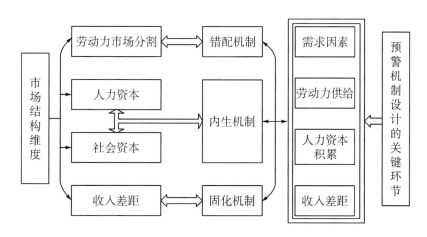

图5-4 结构性失业预警机制设计的市场结构维度

5.2 结构性失业预警数据的预处理

结构性失业预警模型是建立在众多经济社会指标的基础之上的，涉及多年数据的收集与处理。由于本书主要基于经济宏微观层面从制度结构、产业结构与市场结构结构三个维度构建结构性失业预警机制，涉及多方面、多口径的指标数据。同时由于我国失业统计数据还存在缺陷，因此，所获取的数据还存在诸如数据缺失、数据污染以及各种噪声等问题。因此，在模型实证之前，还需要对数据进行一定的预处理。

5.2.1 数据的标准化处理

失业数据[①]涉及社会、经济与人口等各种指标，这些指标的量纲存在很大的差异，为了保证指标之间的可比性，在建模之前需要对数据进行归一化处理，以消除数据在大小量级方面的差异，常用的数据归一化处理方法如下：

$$x_{ij}^{*} = \frac{x_{ij} - \bar{x}_j}{s_j} (i = 1, 2, \cdots, n; j = 1, 2, \cdots p) \tag{5.1},$$

其中，$\bar{x}_j = \frac{1}{n} \sum_{i=1}^{n} x_{ij}$，$s_j^2 = \frac{1}{n-1} \sum_{i=1}^{1} (x_{xj} - \bar{x}_j)$。

还有采用超前指标、同步指标与滞后指标的判别方法。具体为采用时差相关系数来判别以上数据是否存在超前、同步与滞后关系。令基准指标时间序列为 $y = (y_1, y_2, \cdots y_n)$，备选指标时间序列为 $x = (x_1, x_2, \cdots x_x)$，其中 n 为统计样本容量，相关系数定义为

$$\text{Corr}_i = \frac{\sum_{t=1}^{n} (x_{t-i} - \bar{x})(y_t - \bar{y})}{\sqrt{\sum_{t=1}^{n} (x_{t-i} - \bar{x})^2 (y_t - \bar{y})^2}} \tag{5.2}$$

$$i = 0, \pm 1, \pm 2, \cdots, \pm I$$

其中，$\bar{x}$ 和 $\bar{y}$ 分别表示 x 与 y 的均值，i 表示超前、滞后期，称为时差或延迟数，I 表示

---

① 由于我国政府发布的失业统计资料有限，这里使用的失业数据是城镇登记失业人数和城镇登记失业率，虽然这一数据有较大的缺陷，但在完整、连续的数据（譬如，调查失业数据，虽真实、完整、可靠，但国家统计部门从 2018 年 1 月才开始公布，数据的时间长度太短，满足不了研究需要。）还难以搜集到的情况下，也只能姑且使用登记失业数据。为了弥补此不足，本书研究中也借用了国内学者的一些研究方法与数据，见后文实际失业率测度所使用的城镇估计失业率。

最大时差，备选指标与基准指标的最大时差相关系数定义为

$$\text{Corr}_i' = \max_{-l \leq i \leq l} \text{Corr}_i \tag{5.3}$$

Corr_i' 表示两个时间序列的相关性，其值接近于 1 或 −1 时，两个序列的相关性较大，相应的时差 i' 成为超前期或滞后期。如果 $i' > 0$ 超前指标，超前期为 i'；$i' = 0$ 为同步指标；$i' < 0$ 则为滞后指标，滞后期为 i' 的绝对值。

根据以上方法对结构性失业预警模型所涉及的数据进行标准化处理。按照本书分析框架所构建的三个维度以及上一节关于"结构性失业预警机制设计的分析"，处理过与标准化后的各数据集关系如图5-5、图5-6、图5-7和表5-1所示。

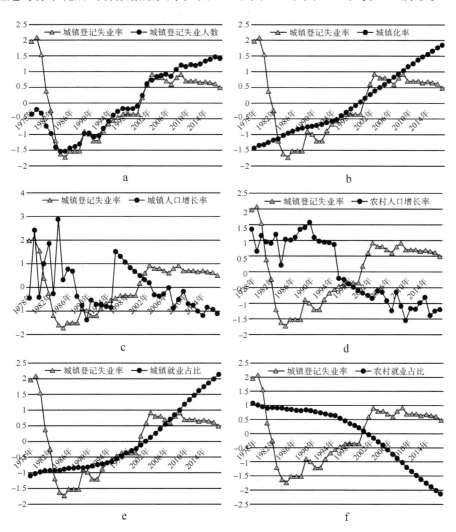

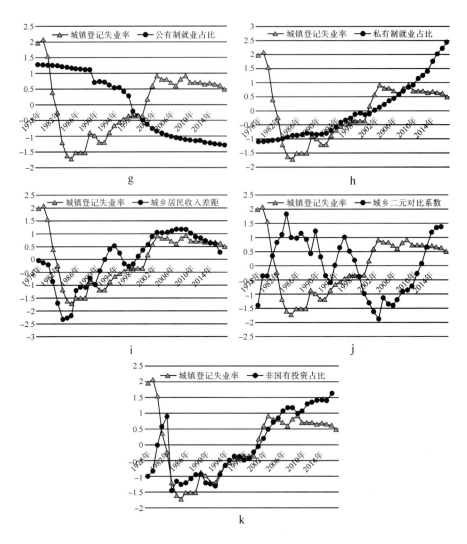

图 5-5 制度结构维度标准化后的数据

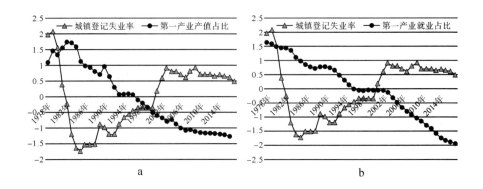

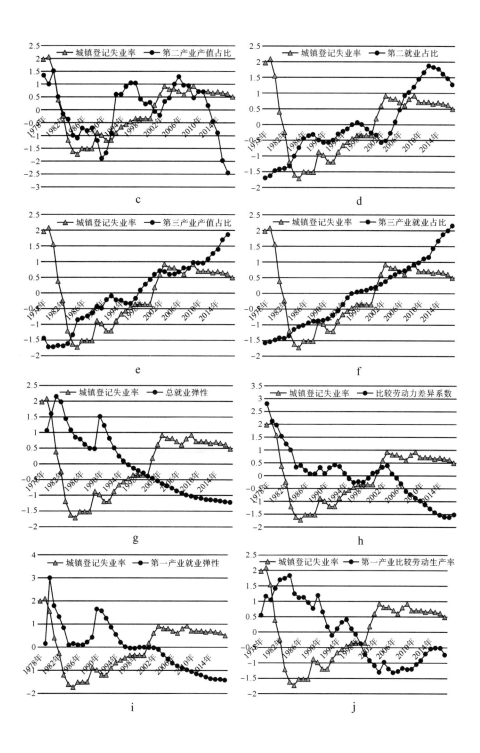

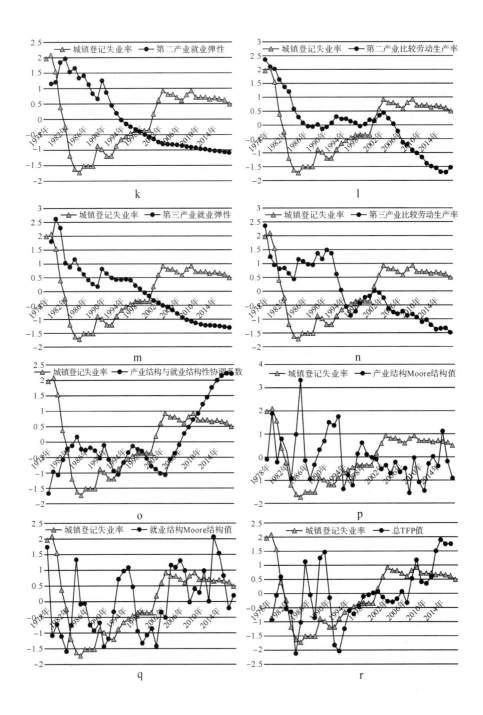

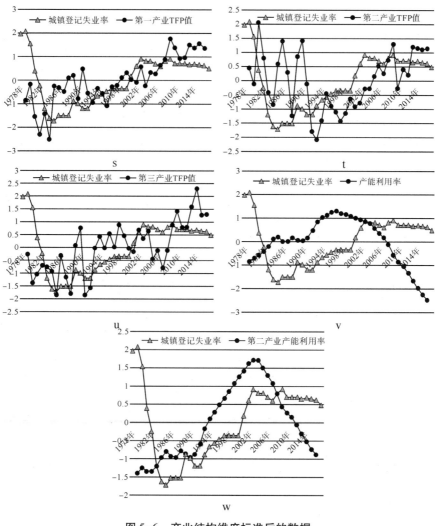

图 5-6 产业结构维度标准后的数据

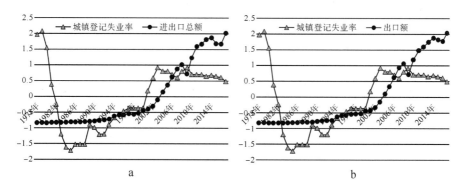

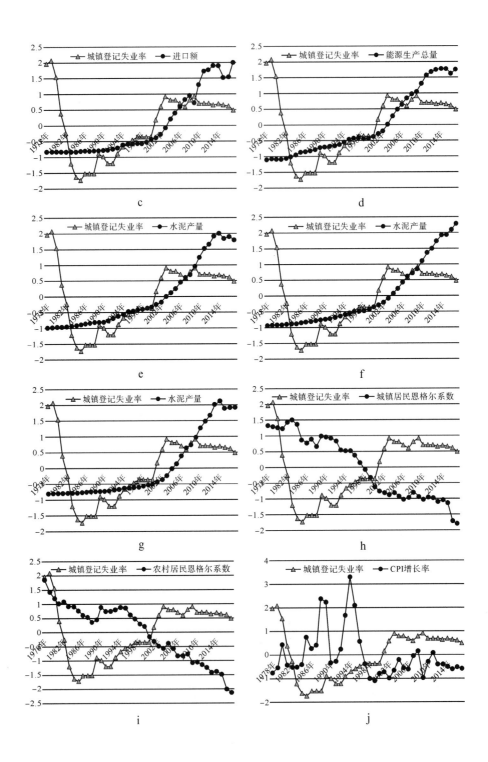

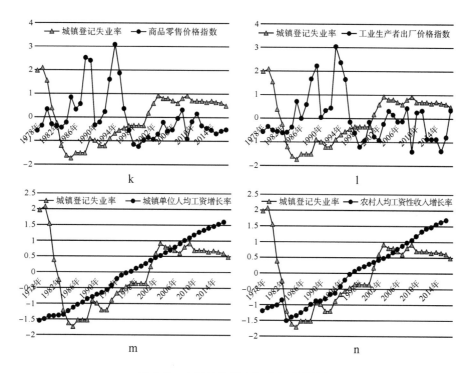

图 5-7 市场结构维度标准化后的数据

从图 5-5、图 5-6 与图 5-7 可以看出,本书选取的三个维度的结构性预警机制数据变动幅度与趋势各不相同,且表现出与登记失业率相同或相反的趋势,但是仅从图形无法准确判别变动趋势是先行、同步或滞后,故需要借助于相关系数进一步判别。

从表 5-1 可以看出,制度结构维度的指标基本都是滞后指标,只有非国有国有投资比重为先行指标。产业结构维度的产业结构与就业结构协调系数、TFP、TFP2 以及总体产能利用率为先行指标,第二产业产值占比为同步指标,但是 TFP 与失业率的相关性较弱,其余都是滞后指标。在产业结构维度的滞后指标中,产业结构 Moore 结构值、就业结构 Moore 结构值与失业率的相关性较差。市场结构维度的先行指标主要有进出口总额、出口额、进出口差额、钢材产量、居民消费价格指数、商品零售价格指数与工业生产者出厂价格指数,其余都是滞后指标。

表 5-1 城镇登记失业与三个维度影响变量之间的关系

指标	时间差	相关系数	指标	时间差	相关系数
城镇登记失业率	0	1	TFP2	+10	0.595 0
城镇登记失业人员数	−1	0.748 8	TFP3	−3	0.494 2

表5-1(续)

指标	时间差	相关系数	指标	时间差	相关系数
城镇化率	-4	0.613 8	总体产能利用率	+8	-0.644 4
城镇人口增长率	-4	-0.247 7	第二产业产能利用率	-5	0.779 5
农村人口增长率	-5	-0.671 6	第一产业就业占比	-4	-0.604 3
城镇就业人员占比	-3	0.538 2	第二产业就业占比	-5	0.523 8
农村就业人员占比	-3	-0.538 2	第三产业就业占比	-4	0.623
城镇非公有制就业占比	-3	0.526 8	第一产业产值占比	-4	-0.740 5
城镇公有制就业占比	-4	-0.727 5	第二产业产值占比	0	0.492 4
URDIC	-3	0.751 7	第三产业产值占比	-4	0.676 5
DCC	-2	-0.645 1	进出口总额	+2	0.510 8
非国有投资比重	+2	0.748 4	出口额	+2	0.510 1
总就业弹性	-4	-0.756	进口额	-2	0.515 4
第一产业就业弹性	-3	-0.587 6	进出口差额	+3	0.466 8
第二产业就业弹性	-3	-0.804 9	能源生产总量	-3	0.548
第三产业就业弹性	-4	-0.704 9	水泥产量	-3	0.522
第一产业比较劳动生产率	-4	-0.789 8	发电量	-3	0.487 9
第二产比较劳动生产率	-5	-0.493 6	钢材产量	+2	0.49
第三产业比较劳动生产率	-5	-0.607 7	城镇居民恩格尔系数	-4	-0.706 1
比较劳动力差异指数	-5	-0.529 6	农村居民恩格尔系数	-4	-0.558 8
产业结构与就业结构协调系数	+6	0.514	居民消费价格指数	+3	-0.519 8
产业结构Moore结构值	-3	-0.334 2	商品零售价格指数	+3	-0.490 6
就业结构Moore结构值	-2	0.382 4	工业生产者出厂价格指数	+3	-0.518 0
TFP	+2	0.388 8	城镇单位人均工资增长率	-4	0.677 0
TFP1	-2	0.596 0	农村就业人均工资性收入增长率	-4	0.655 5

注:"-"表示滞后指标,"+"表示先行指标。

5.2.2 基于主成分分析法一致指标组分析

结构性失业预警所使用的数据分为制度结构、产业结构以及市场结构三个维度,涉及多个指标，因此需要降低指标维度。借助主成分分析方法对制度维度、产业维度与市场维度一致性指标（先行指标、滞后指标与同步指标）进行合成，从而达到降低维度、减少指标的目的。主成分分析是常用的数据降维方法，其目的在于将多维指标转化为少数的综合指标。这种方法可以减少指标的数量，而且在此过程中也可以根据荷载的大小将一些相对不重要的指标删除。因此，本书基于主成分分析方法，留下对主成分贡献较大的变量，剔除贡献较小的变量，并尽可能地减少信息损失[①]。关于主成分分析结果主要采用 KMO（Kaiser-Meyer-Olkin）与 SMC 两个检验指标。Kaiser-Meyer-Olki 抽样充分性测度也是用于测量变量之间相关关系的强弱的重要指标，是通过比较两个变量的相关系数与偏相关系数得到的。KMO 介于 0 和 1 之间。KMO 越大，表明变量的共性越强。如果偏相关系数相对于相关系数比较大，则 KMO 比较小，主成分分析则不能起到很好的数据约化效果。根据 Kaiser，一般的判断标准如下：0.00~0.49，不能接受（unacceptable）；0.50~0.59，非常差（miserable）；0.60~0.69，勉强接受（mediocre）；0.70~0.79，可以接受（middling）；0.80~0.89，比较好（meritorious）；0.90~1.00，非常好（marvelous）。而 SMC 是一个变量与其他所有变量的复相关系数的平方，也就是复回归方程的可决系数。如果 SMC 比较高，表明变量的线性关系越强，共性越强，主成分分析就越合适，反之亦然。

5.2.2.1 制度结构维度的主成分分析

从表 5-1 可以看出，制度结构的先行指标只有非国有资产投资比重，因此无须借助主成分分析方法合成制度结构的先行指标。同时，制度结构维度也不存在同步指标。因此只需要合成制度维度的滞后指标。

表 5-2 制度结构滞后指标 R 的特征值与特征向量

主成分	特征值	方差	方差贡献率	累积贡献率
1	5.623	4.360 38	0.702 9	0.709 2
2	1.262 62	0.320 725	0.157 8	0.860 7
3	0.941 899	0.834 688	0.117 7	0.978 4
4	0.107 211	0.064 607 8	0.013 4	0.991 8

---

① 关于主成分的分析方法，可以参考：高铁梅，陈磊，王金明，等.经济周期波动分析与预测方法［M］.北京：清华大学出版社，2018：163-172.

表5-2（续）

主成分	特征值	方差	方差贡献率	累积贡献率
5	0.042 603 4	0.030 839 5	0.005 3	0.997 2
6	0.011 763 9	0.004 073 93	0.001 5	0.998 6
7	0.007 689 97	0.004 479 59	0.001 0	0.999 6
8	0.003 210 38	—	0.000 4	1.000 0

从表5-2可以看出，前三个主成分的累积贡献率达到了97.84%，说明前三个主成分基本包含了制度结构滞后指标所具有的全部信息，因此，取前三个特征值。由前三个特征值所构成的制度结构滞后指标计算公式为

$$\text{Instit\_lag} = 0.709\,2 * f1 + 0.157\,8 * f2 + 0.117\,7 * f3 \qquad (5.4)$$

其中 $f1$，$f2$ 与 $f3$ 分别为前三个主成分，其特征向量如表5-3所示。

表 5-3　制度结构滞后指标的第一、第二、第三特征值向量

变量名称	主成分 1	主成分 2	主成分 3
Urb_rate	0.412 9	0.164 8	0.026 8
Urb_pop	−0.197 0	−0.081 0	0.902 9
Rur_pop	−0.385 8	0.014 8	−0.400 2
Urb_emp	0.401 6	0.242 9	0.016 4
Pri_emp	0.399 4	0.270 3	0.032 8
Pub_emp	−0.414 8	0.038 6	−0.090 9
URDIC	0.354 7	−0.403 8	−0.117 6
DCC	−0.152 2	0.818 2	0.021 8

从表5-4可以看出，变量的 KMO 与 SMC 值都比较大，表明各变量之间存在较强的线性关系，主成分分析较为合适。

表 5-4　制度结构滞后质变各构成变量的 KMO、SMC 值

标量	KMO 值	SMC 值
Urb_rate	0.776 8	0.994 4
Urb_pop	0.475 2	0.889 7
Rur_pop	0.768 0	0.982 4
Urb_emp	0.722 4	0.990 4
Pri_emp	0.785 4	0.989 8

表5-4(续)

标量	KMO 值	SMC 值
Pub_emp	0.770 1	0.989 6
URDIC	0.812 8	0.876 9
DCC	0.313 6	0.902 0
合计	0.723 2	—

从图 5-8 与图 5-9 可以看出，相对于制度结构的滞后指标，先行指标与城镇登记失业率的变动趋势较为一致，且波动幅度更大，但在 2009 年后，先行指标具有明显的上扬趋势，而城镇登记失业率却维持缓慢下降的趋势。而制度结构滞后指标一直呈增长趋势，同时也反映出了改革开放以来，我国失业率一直攀升的趋势，但是对于波动上升的特征反映不明显。

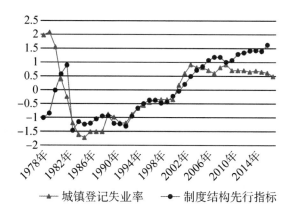

图 5-8 城镇登记失业率与制度结构先行指标

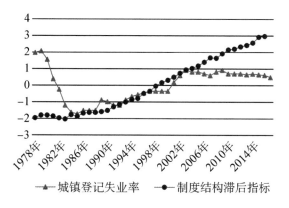

图 5-9 城镇登记失业率与制度结构滞后指标

5.2.2.2 产业结构维度的主成分分析

从表 5-1 可以看出，产业结构同步指标只有第二产业结构，因此同步指标无须计算，只需要分别计算先行指标与滞后指标。

产业结构先行指标的 R 特征值与特征向量，如表 5-5 所示，前三个主成分方差累积贡献率达到 95% 以上，基本上反映出了原始数列信息，可以作为产业结构性先行指标的主要成分。产业结构先行指标的计算公式为

$$\text{Indust\_lead} = 0.746\ 9 * f1 + 0.143\ 5 * f2 + 0.077\ 6 * f3 \tag{5.5}$$

其中，$f1$，$f2$ 与 $f3$ 为前三个特征值，它们主成分特征值见表 5-6。从构成产业结构先行指标各变量的 KMO 值与 SMC 来看，变量之间存在较强的线性关系，主成分分析较为合适，其中合计的 KMO 值达到了 0.640 4（见表 5-7）。

表 5-5　产业结构先行指标 R 的特征值与特征向量

主成分	特征值	方差	方差贡献率	累积贡献率
1	2.994 15	2.420 27	0.748 5	0.748 5
2	0.573 887	0.263 432	0.143 5	0.892 0
3	0.310 455	0.188 95	0.077 6	0.969 6
4	0.121 504	—	0.030 4	1.000 0

表 5-6　产业结构先行指标的第一、第二、第三主成分特征值

变量	主成分 1	主成分 2	主成分 3
CCBISES	0.492 4	−0.599 1	0.321 1
TFP	0.502 4	0.400 9	0.653 7
TFP2	0.488 6	0.584 7	−0.448 8
CU	−0.516 1	0.372 1	0.517 8

表 5-7　产业结构先行指标变量的 KMO 与 SMC 值

变量	KMO	SMC
CCBISES	0.615 1	0.711 8
TFP	0.678 2	0.672 5
TFP2	0.621 3	0.679 3
CU	0.648 9	0.742 6
合计	0.640 4	—

产业结构滞后指标的累积贡献率在第六个主成分达到95%以上，以此选取前六个主成分构成产业结构的滞后指标。具体计算公式为

$$\text{Indust\_lag} = 0.746\ 9 * f1 + 0.081\ 1 * f2 + 0.052\ 3 * f3 + 0.038\ 3 * f4 +$$
$$0.028\ 9 * f5 + 0.019\ 2 * f6 \tag{5.6}$$

其中$f1$至$f6$为构成产业结构滞后指标的主成分，它们的特征值如表5-8和表5-9所示。

表5-8 产业结构滞后指标R的特征值与特征向量

主成分	特征值	方差	方差贡献率	累积贡献率
1	13.443 5	11.982 9	0.746 9	0.746 9
2	1.460 58	0.518 627	0.081 1	0.828 0
3	0.941 956	0.252 75	0.052 3	0.880 3
4	0.689 205	0.169 492	0.038 3	0.918 6
5	0.519 713	0.174 393	0.028 9	0.947 5
6	0.345 32	0.119 981	0.019 2	0.966 7

表5-9 产业结构滞后指标的第一至第六主成分特征值

变量	主成分1	主成分2	主成分3	主成分4	主成分5	主成分6
Ela_emp	0.266 4	0.097 8	−0.042 0	−0.067 9	0.025 9	0.080 5
Ela_pri	0.239 3	−0.116 4	0.086 7	−0.126 6	−0.022 7	0.514 9
Ela_sec	0.258 8	0.209 6	−0.102 4	−0.029 8	−0.075 1	−0.115 4
Ela_thr	0.261 0	−0.025 2	−0.070 9	0.029 0	0.145 8	0.276 0
Produc_pri	0.239 6	0.318 5	−0.204 2	−0.087 3	0.057 6	−0.198 3
Produc_sec	0.237 7	−0.339 7	−0.059 2	0.094 9	0.189 1	0.165 3
Produc_thr	0.245 2	0.083 9	0.257 9	−0.029 8	−0.232 8	0.056 2
CCLFD	0.247 0	−0.274 7	0.052 6	0.027 1	0.105 1	0.249 5
Moore_indu	0.117 3	0.332 5	0.622 2	0.546 4	0.388 4	−0.073 5
Moore_emp	−0.156 0	0.108 2	−0.500 0	0.724 3	−0.149 7	0.326 3
TFP1	−0.225 0	0.127 3	0.321 6	−0.183 2	−0.232 7	0.518 2
TFP3	−0.201 7	0.060 0	−0.212 0	−0.239 8	0.783 8	0.161 0
ICU	−0.154 5	−0.630 4	0.133 7	0.182 4	0.004 8	−0.272 3
Priemp	0.268 5	−0.105 5	−0.000 8	0.028 8	−0.043 3	−0.056 8

表5-9(续)

变量	主成分1	主成分2	主成分3	主成分4	主成分5	主成分6
Secemp	−0.253 4	−0.252 3	−0.050 1	−0.072 7	−0.112 2	0.060 8
Thremp	−0.268 2	0.042 4	0.021 8	−0.010 2	0.106 4	0.053 8
Pri	0.265 7	0.129 2	−0.125 7	−0.032 6	0.003 4	−0.123 5
Thr	−0.263 7	0.013 7	0.196 3	−0.014 2	−0.002 4	0.036 6

产业结构滞后指标的 KMO 值与 SMC 值表明，构成产业结构滞后指标的各变量都具有较强的线性与共性关系（见表5-10），主成分分析较为合适。

表 5-10　产业结构滞后指标的 KMO 与 SMC 值

变量	KMO	SMC
Ela_emp	0.813 8	0.995 3
Ela_pri	0.848 6	0.972 4
Ela_sec	0.738 1	0.997 3
Ela_thr	0.865 8	0.982 0
Produc_pri	0.708 1	0.999 2
Produc_sec	0.735 0	0.999 9
Produc_thr	0.701 5	0.999 7
CCLFD	0.724 5	0.999 9
Moore_indu	0.615 5	0.640 7
Moore_emp	0.879 9	0.586 4
TFP1	0.928 8	0.910 8
TFP3	0.913 7	0.727 0
ICU	0.883 6	0.983 2
Priemp	0.824 9	1.000 0
Secemp	0.807 9	1.000 0
Thremp	0.824 8	1.000 0
Pri	0.755 8	0.999 7
Thr	0.868 0	0.999 6
合计	0.796 2	

从图形上的变动趋势来看，产业结构的先行指标与同步指标表现出与城镇登记失业率较为一致（见图5-10），而滞后指标的变动趋势在1989年与城镇登记失业率变动较为相似，1989年之后，滞后指标开始下降，与城镇登记失业率表现出相反的

变动趋势（见图5-12）。2010年后，先行指标有显著的上升趋势，这与城镇登记失业率趋势相反，而同步指标表现出了与城镇登记失业率相同的趋势（见图5-11）。

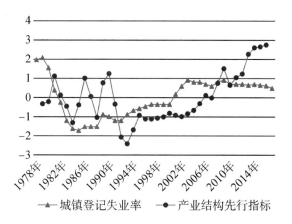

图 5-10 城镇登记失业率与产业结构先行指标

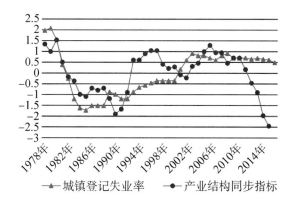

图 5-11 城镇登记失业率与产业结构同步指标

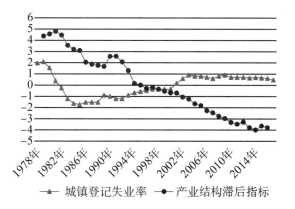

图 5-12 城镇登记失业率与产业结构滞后指标

5.2.2.3　市场结构维度的主成分分析

从表 5-1 的分析结果可知，市场结构维度不存在同步指标，只有先行指标与滞后指标，因此，无须分析同步指标。从市场结构先行指标的主成分分析结果来看，前三个主成分的累积贡献率超过 95%，因此，市场结构先行指标可以由前三个主成分合成，计算公式为

$$\text{Market\_lead} = 0.592\,4 * f1 + 0.244\,9 * f2 + 0.128\,2 * f3 \qquad (5.7)$$

其中，$f1$，$f2$ 与 $f3$ 为前三个主成分，它们各自构成变量的特征值如表 5-11 和表 5-12 所示。从 KMO 与 SMC 的值来看，合计的 KMO 值为 0.698 4（见表 5-13），表明各变量之间存在较强的共线性，主成分分析较为合理。

表 5-11　市场结构先行指标的 R 的特征值与特征向量

主成分	特征值	方差	方差贡献率	累计贡献率
1	3. 554 33	2. 084 63	0. 592 4	0. 592 4
2	1. 469 7	0. 700 664	0. 244 9	0. 837 3
3	0. 769 033	0. 652 603	0. 128 2	0. 965 5
4	0. 116 43	0. 032 807 6	0. 019 4	0. 984 9
5	0. 083 622 9	0. 076 734 4	0. 013 9	0. 998 9
6	0. 006 888 48	—	0. 001 1	1. 000 0

表 5-12　市场结构先行指标的第一、第二、第三主成分特征值

变量	主成分 1	主成分 2	主成分 3
Imp_exp	0. 389 2	0. 477 4	−0. 320 7
Exp	0. 386 6	0. 442 8	−0. 421 2
Steel	0. 005 6	0. 606 9	0. 763 8
Eng_rur	0. 482 3	−0. 305 1	0. 135 7
RPG	0. 483 6	−0. 304 4	0. 136 1
PPL	0. 482 3	−0. 136 8	0. 315 4

表 5-13　市场结构先行指标的 KMO、SMC

变量	KMO	SMC
Imp_exp	0.634 2	0.837 2
Exp	0.638 2	0.825 2
Steel	0.420 4	0.292 1
Eng_rur	0.694 8	0.986 1
RPG	0.684 2	0.986 9
PPL	0.887 9	0.846 1
合计	0.698 4	—

从市场结构滞后指标的 R 的特征值与方差贡献率表明，前四个主成分的累积贡献率达到了 95% 以上，因此，可以由前四个主成分合成市场结构的滞后指标，计算公式为

$$\text{Market\_lag} = 0.526\ 7 * f1 + 0.315\ 0 * f2 + 0.064\ 0 * f3 + 0.065\ 1 * f4 \quad (5.8)$$

其中，$f1$，$f2$，$f3$ 和 $f4$ 分别为前四个主成分。它们各自的构成变量的特征值见表 5-14 和表 5-15。从 KMO 与 SMC 的值来看，合计的 KMO 值为 0.791 5（见表 5-16），表明各变量之间存在较强的共线性，主成分分析较为合理。

表 5-14　市场结构滞后指标的 R 的特征值与特征向量

主成分	特征值	方差	方差贡献率	累计贡献率
1	4.213 91	1.694 25	0.526 7	0.526 7
2	2.519 67	2.007 92	0.315 0	0.841 7
3	0.511 741	0.063 139 9	0.064 0	0.905 7
4	0.448 601	0.255 401	0.056 1	0.961 7
5	0.193 2	0.121 365	0.024 1	0.985 9
6	0.071 834 9	0.042 770 7	0.009 0	0.994 9
7	0.029 064 2	0.017 082 2	0.003 6	0.998 5
8	0.011 981 9		0.001 5	1.000 0

表 5-15　市场结构滞后指标的第一至第四主成分特征值

变量	主成分 1	主成分 2	主成分 3	主成分 4
Imp	0.266 5	0.356 5	0.618 2	0.640 2
Energy	0.052 0	0.533 0	0.356 5	−0.609 7
Cement	0.226 9	0.430 4	−0.657 3	0.354 7
Elec	0.023 1	0.579 4	−0.237 8	−0.198 0
Eng	0.458 9	−0.179 7	−0.043 0	−0.122 7
Eng_urb	0.463 8	−0.115 2	−0.006 2	−0.125 0
Wag_urb	−0.470 8	0.126 3	0.018 0	0.114 2
Wag_rur	−0.476 3	0.080 6	−0.005 0	0.098 2

表 5-16　市场结构性滞后指标的 KMO、SMC 值

变量	KMO	SMC
Imp	0.820 8	0.491 6
Energy	0.687 0	0.578 0
Cement	0.721 3	0.585 6
Elec	0.570 9	0.752 3
Eng	0.830 2	0.960 3
Eng_urb	0.924 4	0.914 3
Wag_urb	0.809 6	0.979 5
Wag_rur	0.806 1	0.977 9
合计	0.791 5	

从变动趋势上看（见图 5-13 和图 5-14），市场结构先行指标与滞后指标变动较为灵敏地反映出了城镇登记失业变动，且在上升时，上升幅度高于城镇登记失业率，而在下降时下降幅度也要高于城镇登记失业率。市场结构维度由于直接作用于劳动力市场的劳动供给与需求，从而相对于体制结构与产业结构维度的指标，更能及时准确地反映失业率的变动。

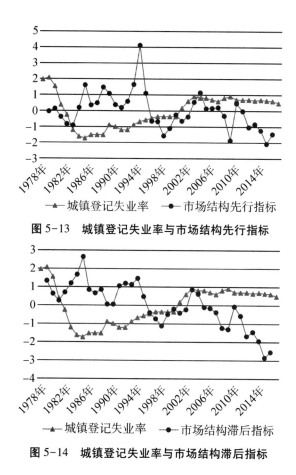

图 5-13 城镇登记失业率与市场结构先行指标

图 5-14 城镇登记失业率与市场结构滞后指标

5.3 转型期我国结构性失业率的测度

5.3.1 引言

如前所述，本书对结构性失业进行有效测度，即借鉴莫坎、艾松等将总失业率分解结构性失业与周期性失业的方法，然后运用 Hodrick-Prescott 滤波、Band-Pass 滤波以及卡尔曼滤波（Kalman Filter）从总量失业率中分离出结构性失业率与周期性失业率。结构性失业只是古典理论定义的自然失业率的一个组成部分。自然失业率还包括摩擦性失业和周期性失业，产生的原因包括求职过程中的信息不畅或不对称造成的短期失业和宏观经济周期波动中经济衰退而导致的失业。于是理论上将失业分为结构性失业、周期性失业和摩擦性失业，这是分析失业问题行之有效的方法。但是在实际分析中却很难把结构性失业单独从自然失业中分离出来。

西方经济学范畴内的"自然失业率"是指充分就业情况下的失业率，即劳动力市场达到均衡时的失业率，包括结构性失业和摩擦性失业。而我国的结构性失业问题显然不同于西方经济学语境下的结构性失业。基于本书的分析，我国的结构性失业是转型期非均衡条件下的结构因素（本书认为结构性因素主要包括三个维度：制度结构、产业结构与市场结构）衍生的结构性就业矛盾下的失业。因此，对于结构性失业测度显然不能照搬西方经济学基于劳动力市场均衡条件下的"自然失业率"，而是要结合我国总量失业背景下的实际失业率对我国结构失业进行合理有效的测度。因此，在本书的分析框架下的结构性失业测度方法是在建立在本书结构性失业的内涵之上，并合理运用现代计量经济学方法，以实际失业率测算为前提的。

5.3.2 我国实际失业率的刻画

按照上述所言，结构性失业率的测度是建立在总失业率的基础之上的。一般而言，失业率＝失业人口／（就业人口＋失业人口），目前我国公布的失业数据主要为城镇调查失业率和城镇登记失业率，其中城镇调查失业率的公布始于2018年第一季度。由国家统计局数据可知，第一季度全国城镇调查失业率基本维持在5%，比上年同月下降0.2%到0.4%；31个大城市城镇调查失业率基本维持在4.9%，比上年同月下降0.1%到0.2%[①]。全国范围内的调查失业率实施与公布，弥补了国内就业统计方面的不足，是我国建立科学就业失业统计指标体系的重要内容，也是完善现代劳动力市场体系的重要举措。遗憾的是，这个失业数据公布至今的时间还很短，难以满足研究之用。

我国的城镇登记失业率由于在概念界定、统计方法与对象方面存在较为严重的缺陷，因此不能真实反映经济中的实际失业率，所以在本书的研究中，需要对转型期我国的实际失业率进行合理测度。本书主要使用了蔡昉[②]研究团队提出的估计城镇真实失业率的方法来计算我国城镇实际失业率。该方法使用城镇经济活动人口减去城镇就业人口来计算城镇失业人口。城镇经济活动人口总经济活动人口减去乡村就业人员数，因此失业率等于失业人口/城镇经济活动人口。此方法假设农村经济活动人口的失业率为零。因为农村土地承包责任制保证农民拥有自己的责任田，农村劳动力要么在农村务农不计入失业的范畴，要么就是进城务工，计入城镇经济活动人口的范畴，因此农村的失业率很低，可以忽略不计。图5-15显示我国城镇估计失业率

---

① 国家统计局：一季度国民经济实现良好开局［EB/OL］.（2018-04-17）［2024-04-30］.http：//www.stats. gov.cn/tjsj/zxfb/201804/t201 80417_1594310.html.

② 蔡昉.中国就业统计的一致性：事实和政策含义［J］.中国人口科学，2004（3）：2-10.

与城镇登记失业率。可以看出，二者存在较大的差别，尤其是 1990 年以后，城镇估计失业率要显著高于城镇登记失业率，且上升趋势、波动率都大于城镇登记失业率。

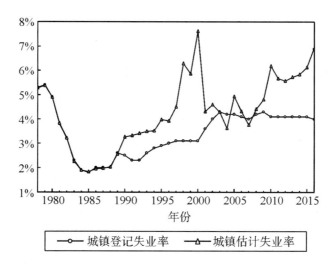

图 5-15　1978—2016 年城镇登记失业率与城镇估计失业率

数据来源：原始数据来源于国家统计局网站。

可以说，中国失业率的变化与经济体制改革密切相关。在计划经济体制下，虽然"统包统配""固定工"和城乡二元体制掩盖了显性失业，但在城镇企业和农村人民公社内部存在大量的隐性失业人员。自 1978 年改革开放 40 多年来，我国失业现象逐渐显性化，全国城镇登记失业呈现出先递减，然后上升再下降的趋势（见图 5-15）。改革开放之初，伴随着大量的上山下乡的知识青年返城，城镇失业率一度处于高位。但随着工作重心转移到经济建设上来，国民经济恢复发展，有力地促进了就业的增长，因此城镇登记失业呈现下降趋势。1985 年失业率降到了历史的最低点，同时城市企业改革也对就业体制改革提出了要求。1986 年推行劳动合同制之后，计划就业体制逐渐发生了变化。一方面，劳动力人口的增量就业基本上实现了市场化，而不再实行由国家保证分配工作的制度。另一方面，城镇企业隐性失业和二元经济中农村隐性失业逐渐显性化，因为大批农业剩余劳动力从农业领域转向非农领域；20 世纪 90 年代又转向城市务工，从而使原来沉淀的隐性失业开始凸显出来；尤其 20 世纪 90 年代中后期，国有企业改革背景下一大批下岗失业人员涌入劳动力市场，助推了失业率的上升。如 1996 年之后城镇登记失业率上升，主要原因在于 20 世纪 90 年代中期，国有企业大规模分离了富余劳动力，当时虽然大量的"下岗职工"进入"再就业中心",但是没有进入登记失业率的统计,直到2001年之后,仍未就业的下岗职工就逐步计入了登记失业率统计。同时,受1998年亚洲金融危机的影响,中国经济向下波动也助推了失业的增加,中国失业率进入缓慢上升通道。

2003年到2008年是全球经济的扩张时期,这一阶段中国经济也保持了较快速度的增长,同时失业率则呈现下降趋势。虽遭受2008年全球金融危机的冲击,中国经济增长率下行,但是就业却保持较为稳定的态势。2012年中国经济步入新常态,经济增速由高速增长转变为中高速增长,就业虽然没有较大的波动,但是在面临总量失业的同时,结构性失业问题却凸显出来。

图5-16显示了2001—2017年的全国求人倍率变化趋势,可以明显看出,2010年之前职位供给小于求职人数,职位供不应求。2010年以后,职位供给大于求职人数,职位供过于求。结合城镇登记失业率来分析,2000年后,求职人数多于需求人数,所以失业率有较大上升,尤其是受到2008年金融危机的冲击,国外需求下降,国内经济不景气,劳动力市场的岗位供给减少,求人倍率下降,失业率显著上升。2010年后,经济形势有所好转,企业恢复生产,求人倍率显著提升,意味着职位供给增加超过了求职需要,出现了职位供给大于需求,虽然平滑了失业的上升,但是劳动力市场供给的结构性失衡加剧,就是说失业率并未显著变动,结构失业问题却较为突出。

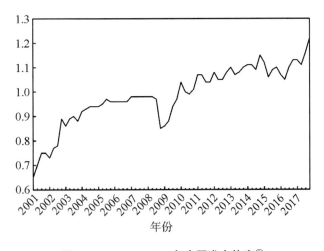

图5-16 2001—2017年全国求人倍率[①]

---

① 求人倍率表明了当期劳动力市场中每个岗位需求所对应的求职人数。求人倍率可以反映一个统计周期内劳动力市场的供需状况,当求人倍率大于1,说明职位供过于求;如果求人倍率小于1,说明职位供不应求。这个指标既是反映劳动力市场供求状况的重要指标,也是反映整个经济景气状况的重要指标。

5.3.3　我国结构性失业率测度

5.3.3.1　结构性失业率测度方法与变量选择

本书主要采用 HP 滤波、BP 滤波、卡尔曼滤波将结构性失业从实际失业率中分离出来。

第一，HP 滤波。HP 滤波一直被广泛用于从经济时间序列中提取周期成分。斯蒂芬·C. 默奇森[1]（Stephen·C. Murchison）使用 HP 滤波对失业率进行分解，提取结构性失业率与周期性失业率，此后许多学者沿袭了这一做法。赫德里克（Hodrick）和普雷斯科特（Prescoot）[2] 通过削弱趋势的二阶差分中的变量使"平滑"这一概念变得具有可操作性，在这些条件下 y^x 可以通过下面的方程被识别与估计[3]：

$$\min_{y^z}\left\{\sum_{t=0}^{x}(y_t-y_t^x)^2+\lambda\sum_{t=0}^{T}[(y_{t+1}^x-y_t^x)-(y_t^x-y_{t-1}^x)]^2\right\} \tag{5.9}$$

其中，λ 是一个参数。随着 λ 的增加，y^x 变得更加平滑，且对于 $\lambda\to\infty$，它将变为线性形式。瑞文（Ravn）和尤利格[4]（Uhlig）认为，λ 的取值应为数据频率的 4 次方，年度数据取 6.25。由于该结论在很多后续的研究中得到证实，因此，本书研究的 λ 也取值 6.25。

第二，BP 滤波。斯拉卡勒（Jiri Slacalek）[5]、宫本中羽[6]（Hiroaki Miyamoto）运用 BP 滤波方法对失业率进行分解。若序列为不同频率的周期函数加权组合，BP 滤波通过线性滤波算子 $a(L)=\sum_{-k}^{k}a_jL^j$ 提出序列的长期趋势项，其中 L 为滞后算子，a_j 为

$$a_j=\frac{\sin(\frac{2\pi|j|}{s1})-\sin(\frac{2\pi|j|}{s2})}{\pi|j|} \tag{5.10}$$

①　STEPHEN C, PIERRE L. A suggestion for a simple cross-country empirical proxy for trend unemployment [J]. Applied economics letters, 1999, 6 (7): 447-451.

②　HODRICK RJ, PRESCOTT EC. Post-war US business cycles: an empirical investigation [J]. Journal of money banking and credit, 1997, 29: 1-16.

③　卡纳瓦. 应用宏观经济研究方法 [M]. 周建, 译. 上海: 上海财经大学出版社, 2009: 69.

④　Ravn M O, Uhlig H. On adjusting the hodrick-prescott filter for the frequency of observations [J]. Review of economics & statistics, 2013, 84 (2): 371-375.

⑤　SLACALEK J. Productivity and the natural rate of unemployment [J]. Discussion papers of diw berlin, 2004.

⑥　HIROAKI M. Ins and outs of the long-run unemployment dynamics [J]. Applied economics letters, 2013, 20 (7): 615-620.

周期长度设定在区间 $[s1, s2]$ 范围内。对于年度序列，阶段长度的 K 一般取 3；百特（Baxter）和金（King）[①] 提出最佳滤波周期长度 $[s1, s2]$ 为 2~8 年。

第三，状态空间模型——卡尔曼滤波（Kalman filter）。高铁梅认为用状态空间表示动态系统，具有将不可观测变量融入可观测变量与卡尔曼滤波的迭代算法较强两个优点[②]。本书主要参考了英格兰银行 Greenslade 等人[③]的分析框架，并借鉴了曾湘泉、于泳[④]模型的设定方法测定结构性失业率。具体方法模型如下：

测量方程：

$$\Delta \pi = \alpha(L)\Delta \pi_{t-1} + \beta(L)(u_t - u_t^*) + \delta(L)\Delta z_t + \varepsilon_t$$

$$\varepsilon_t \sim N(0, \sigma_\varepsilon^2) \tag{5.11}$$

状态方程：

$$u_t^* = u_{t-1}^* + \eta_t \tag{5.12}$$

$\eta_t \sim N(0, \sigma_\eta^2)$ 且 $\mathrm{cov}(\varepsilon_t, \eta_t) = 0$

其中，Δ 为一阶差分项（下同），π_t 为通货膨胀率，u_t 为失业率，z_t 为供给侧冲击，L 为滞后因子，ε_t 为标准误，u_t^* 为结构性失业率，$u_t - u_t^*$ 为需求变动的代理变量。$\alpha(L)$，$\beta(L)$ 和 $\delta(L)$ 为滞后多项式，ε_t 为没有序列相关的误差项。η_t 为结构性失业率随机变动过程的误差项。σ_ε^2 和 σ_η^2 别为 ε_t 和 η_t 的方差。ε_t 和 η_t 独立同分布。

第四，短期供给的代理变量。这些代理变量主要有：燃料、动力购进价格指数、非国有投资比重、固定资产总额。选定 GDP 平减指数的增长率和居民消费价格指数的增长率作为测度通货膨胀的指标，具体的指标及数据来源见表 5-17。

表 5-17　变量说明与数据来源

变量名称	变量说明	数据来源
π_1	以 GDP 平减指数计算的通货膨胀率	《统计年鉴》
Ur_re	城镇登记失业率	《统计年鉴》

① MARIANNE B, ROBERT G. Measuring business cycles：approximate band-pass filters for economic time series [J]. The Review of economics and statistics, 1999, 81（4）：575-593.

② 高铁梅. 计量经济分析方法与建模 [M]. 北京：清华大学出版社，2016：542.

③ GREENSLADE J V, PIERSE R G, SALEHEEN J. A kalman filter approach to estimating the UK NAIRU [J]. Social science electronic publishing, 2003.

④ 曾湘泉，于泳. 中国自然失业率的测量与解析 [J]. 中国社会科学，2006（4）：65-76.

表5-17(续)

变量名称	变量说明	数据来源
Ur_er	城镇估计失业率	根据《统计年鉴》原始数据计算
Ln_inve	固定资产投资指数	《统计年鉴》

另外，在具体计算过程中，使用 Eviews10 计量软件，通货膨胀率使用 GDP 平减指数，短期供给冲击为固定资产投资指数，总失业率为城镇估计失业率和城镇登记失业率，但是城镇登记失业率计算出的结构性失业率为发散且多为负值，不具有参考价值，故本书不具体阐述，只汇报以城镇估计失业率为基础计算的结构性失业率。

5.3.3.2 结构性失业率变动分析

本书以城镇估计与登记失业率为基础，使用以上方法和变量测算了结构性失业率。在使用 Kalman Filter 计算结构性失业率过程中，笔者通过筛选发现只有以固定资产投资指数作为短期冲击因素、以 GDP 平减指数计算的结构性失业率不存在负值且收敛的情况下得到结果，故本书只汇报这一个结果。基于 HP、BP 滤波计算的结构性失业率如图 5-17、图 5-18。

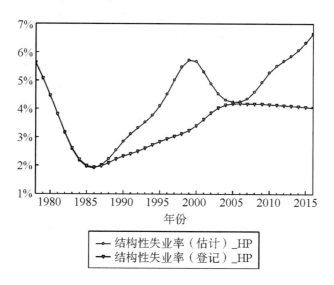

图 5-17 基于 HP 滤波计算的结构性失业率

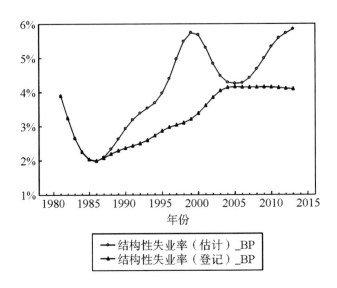

图 5-18　基于 BP 滤波计算的结构性失业率

从图 5-17 和 5-18 可以看出，基于城镇估计失业率计算的结构性失业率要显著高于基于城镇登记失业率计算的结构性失业率①，并且波动趋势也更大，呈现出了阶段性波动特征。在 1980—1986 年这段时间内，结构性失业率呈现出不断下降的趋势，1986 年为结构性失业率的最低点，随后就开始节节攀升，并且结构性失业率（估计）增长速度与增长幅度都显著高于结构性失业率（登记）增长速度与增长幅度。结构性失业率（估计）在 1999 年前后达到顶峰后随之步入下降通道，于 2005 年前后到达了谷底。自 2005 年达到谷底之后，结构性失业率（估计）又一直保持着上升的趋势。而结构性失业率（登记）从 1986 年开始攀升到 2005 年高点后，就一直就保持相对平稳的状态。城镇估计失业率相较于城镇登记失业率，更能准确反映当前我国城镇失业的整体真实情况，因此，本书用结构性失业率（估计）也就更能准确描述我国结构性失业的真实情况。

基于卡尔曼测算的结构性失业率变动趋势大体与结构性失业率（估计）较为相近，但是其波动幅度更大，而且整体要高于结构性失业率（估计）与结构性失业率（登记）（见图 5-19 和表 5-18）。

---

① 在此之后的图和文中"基于城镇估计失业计算的结构性失业率"用结构性失业率（估计）"表示；"城镇登记失业率计算的结构性失业率"用结构性失业率（登记）表示。

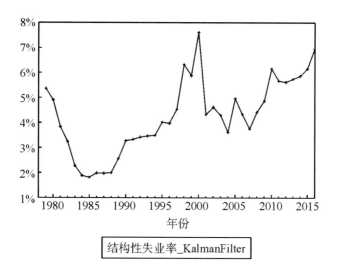

结构性失业率_KalmanFilter

图5-19 基于卡尔曼滤波计算的结构性失业率

由描述性统计结果可知，本书基于城镇估计失业率测算的结构失业率要显著高于基于城镇登记失业率测算的结构失业率；以 HP 滤波计算的结构性失业率要高于以 BP 方法测算的结构性失业率。从均值来看，结构性失业率（估计）_HP 最大，结构性失业率_Kalman Filter 次之，但是标准差要大于前者，以 Kalman Filter 计算的结构性失业率波动最大（见表5-18和表5-19）。

表5-18 结构性失业率
单位:%

年份	结构性失业率（估计）_HP	结构性失业率（登记）_HP	结构性失业率（估计）_BP	结构性失业率（登记）_BP	结构性失业率_Kalman Filter
1978 年	5.61	5.63			
1979 年	5.06	5.07			5.36
1980 年	4.46	4.47			4.91
1981 年	3.80	3.81	3.89	3.89	3.83
1982 年	3.15	3.16	3.23	3.23	3.24
1983 年	2.58	2.61	2.65	2.65	2.28
1984 年	2.17	2.20	2.24	2.25	1.89
1985 年	1.95	1.99	2.02	2.04	1.81
1986 年	1.91	1.93	1.98	1.99	1.98
1987 年	2.02	1.98	2.10	2.07	1.98

表5-18（续）

年份	结构性失业率（估计）_ HP	结构性失业率（登记）_ HP	结构性失业率（估计）_ BP	结构性失业率（登记）_ BP	结构性失业率_ Kalman Filter
1988 年	2.23	2.09	2.34	2.19	2.00
1989 年	2.53	2.23	2.63	2.29	2.57
1990 年	2.85	2.33	2.93	2.37	3.28
1991 年	3.11	2.41	3.19	2.43	3.33
1992 年	3.32	2.50	3.39	2.50	3.42
1993 年	3.53	2.61	3.53	2.60	3.47
1994 年	3.77	2.73	3.69	2.73	3.49
1995 年	4.10	2.84	3.97	2.87	4.02
1996 年	4.52	2.94	4.39	2.97	3.97
1997 年	5.02	3.03	4.97	3.04	4.54
1998 年	5.48	3.12	5.49	3.10	6.32
1999 年	5.72	3.24	5.74	3.21	5.89
2000 年	5.67	3.40	5.68	3.38	7.61
2001 年	5.31	3.63	5.30	3.61	4.32
2002 年	4.89	3.85	4.83	3.85	4.62
2003 年	4.53	4.03	4.48	4.04	4.30
2004 年	4.31	4.14	4.29	4.14	3.61
2005 年	4.24	4.18	4.26	4.16	4.97
2006 年	4.24	4.18	4.27	4.15	4.33
2007 年	4.35	4.17	4.42	4.14	3.75
2008 年	4.60	4.18	4.68	4.15	4.42
2009 年	4.94	4.17	4.99	4.15	4.87
2010 年	5.28	4.15	5.33	4.15	6.15
2011 年	5.52	4.13	5.59	4.13	5.67
2012 年	5.69	4.12	5.73	4.11	5.62
2013 年	5.86	4.10	5.85	4.09	5.75
2014 年	6.07	4.08			5.86
2015 年	6.33	4.06			6.15
2016 年	6.65	4.03			6.95

表 5-19 结构性失业率的统计性描述

指标	结构性失业率（估计）_HP	结构性失业率（登记）_HP	结构性失业率（估计）_BP	结构性失业率（登记）_BP	结构性失业率_Kalman Filter
平均值	4.29	3.42	4.06	3.23	4.28
中间值	4.46	3.63	4.27	3.21	4.31
最大值	6.65	5.63	5.85	4.16	7.61
最小值	1.91	1.93	1.98	1.99	1.81
标准差	1.34	0.93	1.23	0.80	1.50
偏度	−0.29	0.04	−0.22	−0.11	0.11
峰度	2.03	2.22	1.84	1.47	2.31
Jarque-Bera	2.07	1.01	2.11	3.30	0.83
Probability	0.36	0.60	0.35	0.19	0.66
样本数	39	39	33	33	38

5.4 构建结构性失业预警机制的分析工具

本书分别采用三种神经网络模型（Elman 神经网络模型、广义回归神经网络模型与小波神经网络模型）作为结构性失业预警机制的分析工具，其实证的检验过程待后面第 7 章中完成。

5.4.1 Elman 神经网络模型

根据神经网络运行过程中的信息流向，神经网络可分为前馈式和反馈式两种基本类型。前馈式网络通过引入隐藏层以及非线性转移函数可以实现复杂的非线性映射功能，但前馈式网络的输出仅由当前输入和权矩阵决定，而与网络先前的存储结果无关。反馈型神经网络也称为递归网络或回归网络。反馈神经网络的输入包括有延迟的输入或者输出数据的反馈。由于存在反馈的输入，所以它是一种反馈动力学系统；这种系统的学习过程就是它的神经元状态的变化过程。这个过程最终会达到一个神经元状态不变的稳定状态，也标志着学习过程的结束。

反馈网络的动态学习特征主要由网络的反馈形式决定。反馈网络的反馈形式是多样化的，有输入延迟、单层输出反馈、神经元自反馈、两层之间相互反馈等类型。

Elman 神经网络是常见的反馈型神经网络，是由埃尔曼（Elman）于 1990 年提出的。该模型在前馈式网络的隐含层中增加了一个承接层，作为进一步延时的算子，以达到记忆的目的，从而使系统具有适应时变特征的能力，能直接动态反映动态过程系统的特性。

5.4.1.1　Elman 神经网络结构

Elman 神经网络一般含有输入层、隐含层、承接层和输出层（见图 5-20）。前三层之间的连接类似于前馈网络，输入层单元仅起信号传输作用，输出层单元起线性加权作用。隐含层单元的传递可采用线性或非线性函数，承接层记录隐含层单元前一时刻的输出值并将其返回给输出层，可称为延时算子。

Elman 神经网络的特点是隐含层的输出通过承接层的延迟与存储，自联到隐含层的输入。这种连接方式对历史状态数据的敏感性较强，内部的反馈网络提高了网络本身处理状态信号的能力，以达到动态建模的目的。此外，Elman 神经网络能够以任意精度逼近任意非线性映射，可以不考虑外部噪声对系统影响的具体形式，只要给出系统的输入输出数据对，就可以进行系统建模。

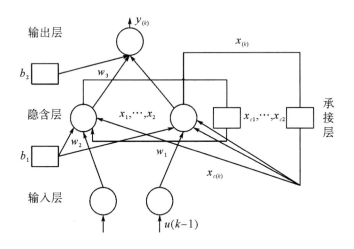

图 5-20　Elman 神经网络结构

5.4.1.2　Elman 神经网络学习过程

以图 5-20 为例，Elman 神经网络的非线性状态空间表达式为

$$y(k) = g(w^3 x(k)) \tag{5.13}$$

$$x(k) = f(w^1 x_c(k) + w^2(u(k-1))) \tag{5.14}$$

$$x_c(k) = x(k-1) \tag{5.15}$$

式（5.13）、（5.14）、（5.15）中，y 为 m 维输出节点向量；s 为 n 维中间层单元节点向量；u 为 r 维输入向量；ω^3、w^2、w^1 分别为中间层与输出层、输入层与承接层及承接层与中间层的连接权值；$g(*)$、$f(*)$ 分别为输出神经元与传递函数。BP 算法常被用来修正 Elman 神经网络的权重，学习指标多半采用误差平方和函数。BP 算法常被用来修正 Elman 神经网络的权重，学习指标多半采用误差平方和函数。

$$E(w) = \sum_{k=1}^{n} \left(y_k(w) - \tilde{y}_k(k) \right)^2 \tag{5.16}$$

式（5.16）中，$\tilde{y}_k(w)$ 为目标输入向量。

5.4.2 广义回归神经网络模型

5.4.2.1 广义回归神经网络概述

美国学者唐纳德·F. 斯佩希特（Donald F. Specht）于 1991 年提出的广义回归神经网络（generalized regression neural network，GRNN）属于径向基函数（radial basis function，RBF）神经网络。由于 GRNN 具有非线性映射能力、高容错性和鲁棒性、强逼近能力等特征，因此其适用于非线性和小样本问题。外加 GRNN 网络处理不稳定数据的效果也较好，故本书选择该模型预测失业和结构性失业。

5.4.2.2 广义回归神经网络的网络结构

GRNN 神经网络结构也有四层结构（见图 5-21），分为输入层、模式层、求和层和输出层，其网络输入为 $X = [x_1, x_2, \cdots, x_m]^T$，输出为 $Y = [y_1, y_2, \cdots, y_k]^T$。

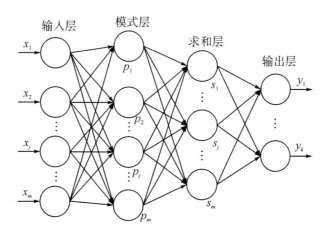

图 5-21　广义回归神经网络结构

（1）输入层神经元的数量等于样本向量的维度，将输入变量传递到模式层。

（2）模式层神经元的数量与学习样本数量 m 相等，不同神经元对应的学习样本

不同，此层神经元的传递函数为

$$p_i = \exp\left[-\frac{(X-X_i)^T(X-X_i)}{2\sigma^2}\right] \quad i=1,\ 2,\ \cdots,\ m \qquad (5.17)$$

式中，X 为网络输入变量；X_i 为第 i 个神经元对应的学习样本；神经元 p_i 的输出为输入变量与其对应学习样本 X_i 之间 Euclid 距离的指数平方，其中 $D_i^2 = (X-X_i)^T(X-X_i)$ 为指数形式。

（3）求和层采用算术与加权两种计算公式，分别对两类神经元求和。

对于所有模式层神经元输出值的算术求和方式，模式层与各神经元的连接权值均为 1，计算公式为 $\sum\limits_{i=1}^{m} \exp\left[-\frac{(X-X_i)^T(X-X_i)}{2\sigma^2}\right]$，递归函数为 $S_D = \sum\limits_{i=1}^{m} P_i$。

对于所有模式层神经元输出值的加权求和方式，模式层第 i 神经元与求和层中第 j 个分子求和神经元之间的连接权值为第 i 个输出样本 Y_i 中的第 i 个元素，计算公式为 $\sum\limits_{i=1}^{m} Y_i \exp\left[-\frac{(X-X_i)^T(X-X_i)}{2\sigma^2}\right]$，传递函数为 $S_D = \sum\limits_{i=1}^{m} y_{ij} P_i$，其中 $j=1,\ 2,\ \cdots,\ k$。

（4）输出层的神经元个数需与学习样本中输出变量的维度 k 相等，将各神经元求和层的输出相除，神经元 j 的输出对应估计结果 $\hat{Y}(X)$ 的第 j 个元素，即 $y_{ij} = \dfrac{S_{mj}}{S_D}$，其中 $j=1,\ 2,\ \cdots,\ k$。

5.4.3 小波神经网络模型

5.4.3.1 小波理论

傅里叶变换是信号处理领域应用范围较广的一种工具，但由于变换时抛弃了时间信息，故变换结果不能识别信号发生的具体时间，也就是说，傅里叶变换存在缺乏时域分辨能力的缺陷。小波是一种长度较短和均值为 0 的波形，它具有时域（近似）紧支集和直流分量为 0 的特点。母小波函数经过平移与尺寸伸缩即得到小波函数，将信号分解为一系列小波函数的叠加即小波分析。小波变换是指把某一基本小波函数 $\psi(t)$ 平移 τ 后，再在不同尺度 a 下与待分解的信号 $x(t)$ 做内积，用公式表示为

$$f_x(a,\ \tau) = \frac{1}{\sqrt{a}} \int_{-\infty}^{\infty} x(t)\psi\left(\frac{t-\tau}{a}\right)dt \quad a>0 \qquad (5.18)$$

等效的时域表达式为

$$f_x(a, \tau) = \frac{1}{\sqrt{a}} \int_{-\infty}^{\infty} x(t) \psi(aw) e^{jw} dt \, a > 0 \qquad (5.19)$$

式（5.18）、（5.19）中，τ 和 a 是参数，τ 相当于使镜头相对于目标平行移动，a 相当于使镜头目标推进或远离。由此二式可知，小波分析可通过小波基函数的变换分析信号的局部特征，且在二维情况下具有信号方向的选择能力。

5.4.3.2 小波神经网络

小波神经网络基于 BP 神经网络的拓扑结构，把小波基函数作为隐含层的传递函数，信号前向传播，且误差反向传播的神经网络。小波神经网络的拓扑结构见图 5-22，其中 X_1，X_2，$\cdots$，X_k 为输入参数，Y_1，Y_2，$\cdots$，Y_m 是预测输出，w_{ij} 和 w_{jk} 均为网络权值。

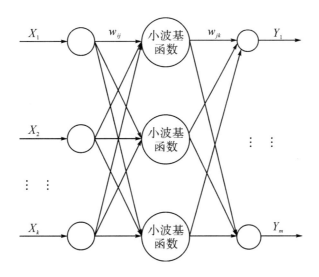

图 5-22 小波神经网络拓扑结构

在图 5-22 中，输入信号序列为 $x_i(i = 1, 2, \cdots, k)$ 时，隐含层输出计算公式为

$$h(j) = h_j \left(\frac{\sum_{i=1}^{k} w_{ij} - b_j}{a_j} \right) j = 1, 2, \cdots, l \qquad (5.20)$$

式（5.20）中，$h(j)$ 为隐含层第 j 个节点的输出值；w_{ij} 为输入层和隐含层的连接权值；b_j 为小波基函数的平移因子；a_j 为小波基函数 h_j 的伸缩因子；h_j 为小波基函数。

小波神经网络输出层计算公式为

$$y(k) = \sum_{i=1}^{l} w_{ik} h(i) \quad k = 1, \ 2, \ \cdots, \ m \qquad (5.21)$$

式（5.21）中，w_{ik} 为隐含层到输出层权值；$h(i)$ 为第 i 个隐含层节点的输出；l 为隐含层节点数；m 为输出层节点数。

采用梯度修正法修正网络的权值和小波基函数参数，以使小波神经网络的预测输出不断逼近期望输出。小波神经网络权值的修正过程如下：

（1）计算神经网络预测误差：

$$e = \sum_{k=1}^{m} yn(k) - y(k) \qquad (5.22)$$

式（5.22）中，$yn(k)$ 为期望输出；$yn(k)$ 为小波神经网络的预测输出。

（2）根据预测误差 e 修正小波神经网络权值和小波基函数系数：

$$w_{n, \ k}^{(i+1)} = w_{n, \ k}^{i} + \Delta w_{n, \ k}^{(i+1)} \qquad (5.23)$$

$$a_{n, \ k}^{(i+1)} = a_{k}^{i} + \Delta a_{k}^{(i+1)} \qquad (5.24)$$

$$b_{n, \ k}^{(i+1)} = b_{k}^{i} + \Delta b_{k}^{(i+1)} \qquad (5.25)$$

式（5.23）、（5.24）、（5.25）中，$\Delta w_{n, \ k}^{(i+1)}$、$\Delta a_{k}^{(i+1)}$、$\Delta b_{k}^{(i+1)}$ 是根据网络预测误差计算得到的：

$$\Delta w_{n, \ k}^{(i+1)} = -\eta \frac{\partial \ e}{\partial \ w_{n, \ k}^{(i)}} \qquad (5.26)$$

$$\Delta a_{k}^{(i+1)} = -\eta \frac{\partial \ e}{\partial \ a_{n, \ k}^{(i)}} \qquad (5.27)$$

$$\Delta b_{k}^{(i+1)} = -\eta \frac{\partial \ e}{\partial \ b_{n, \ k}^{(i)}} \qquad (5.28)$$

式（5.26）、（5.27）、（5.28）中，η 为学习速率。

5.5 本章小结

首先，本章基于制度结构、产业结构与市场结构三个维度分析结构性失业预警的机制机理，认为制度结构是结构性失业预警的前提条件，产业结构是结构性失业预警机制的核心内容，市场结构是结构性失业预警机制的关键环节。其次，标准化处理三个维度的指标，并对其进行主成分分析，进一步将三个维度的指标划分与合成为先行指标、同步指标与滞后指标。再次，运用 Hodrick－Prescott 滤波、Band－

Pass 滤波以及卡尔曼滤波（Kalman Filter）等技术，从总量失业率（城镇登记失业率与城镇估计失业率）中分离出结构性失业率。最后，选取结构性失业率预警机制分析的实证模型，介绍了 Elman 神经网络模型、广义回归神经网络模型以及小波神经网络模型三种神经网络的基本结构、运算过程。

6 我国结构性失业预警机制的实证分析

基于构建的分析框架，本书前面章节从三个维度对结构性失业进行了经验分析与理论分析，即阐述与论证了结构性失业的制度结构衍生机制、产业结构效应机制及市场结构深化机制，并运用多种方法测度结构性失业率，奠定了本章结构性失业及其预警机制实证分析的基础。结构性失业率影响因素的实证分析一直是研究的难点，为此本章分别从基本经济增长模型和"三个维度"实证分析影响结构性失业率的主要因素，再以此为基础，运用三种神经网络模型构建结构性失业预警机制的实证模型，且对此三种模型进行比较分析，还划定了结构性失业率预警警戒线，为政府出台应急预案提供了决策参考。

6.1 "三维度"下结构性失业率影响因素的实证分析

6.1.1 结构性失业率的一般性实证分析

为检验经济增长、资本存量、技术进步、通货膨胀以及产能利用率对结构性失业率的影响，这里进行失业率与结构性失业率的一般性实证分析。

根据索罗经济增长模型，影响经济增长的两大要素是劳动就业与资本存量，即

$$Y = AL^{\alpha}K^{(1-\alpha)} \tag{6.1}$$

其中，Y 为实际 GDP，A 为技术进步，K 为资本存量。两边取对数等于：

$$\ln Y = \ln A + \alpha \ln L + (1 - \alpha)\ln K \tag{6.2}$$

因此，可以推导出就业与经济增长、资本存量之间的关系：

$$\ln L = \frac{1}{\alpha}\ln Y + \frac{\alpha - 1}{\alpha}\ln K - \frac{1}{\alpha}\ln A \tag{6.3}$$

以 TFP（全要素生产率）替代 A，就也可以得到就业关于经济增长、资本存量与技术进步的计量模型：

$$\ln L = \beta_1 \ln Y + \beta_2 \ln K + \beta_3 \text{TFP} + \varepsilon_1 \qquad (6.4)$$

故假设经济增长、资本存量、技术进步性与通货膨胀率是影响失业率与结构性失业率变动的基本要素，即：

$$\text{Ur} = \beta_1 \ln Y + \beta_2 \ln K + \beta_3 \ln \text{TFP} + \beta_4 \ln\_\text{cpi} + \beta_5 \text{ICU} + \varepsilon_2 \qquad (6.5)$$

$$\text{Strur} = \beta_1 \ln Y + \beta_2 \ln K + \beta_3 \ln \text{TFP} + \beta_4 \ln\_\text{cpi} + \beta_5 \text{ICU} + \varepsilon_2 \qquad (6.6)$$

以上式 6.4，6.5 以及 6.6 所涉及的变量见表 6-1。

表 6-1 结构性失业率一般性实证所涉及的变量

变量	变量名称	平均值	中间值	最大值	最小值	标准差
Ln_L	就业增长率	11.081 5	11.153 7	11.251 3	10.685 7	0.179 7
Ur_re	城镇登记失业率	0.032 0	0.031 0	0.043 0	0.018 0	0.008 5
Ur_es	城镇估计失业率	0.040 3	0.039 3	0.076 1	0.018 3	0.014 4
Strur_es_hp	结构性失业率（估计）HP	0.040 4	0.042 4	0.058 6	0.019 1	0.012 6
Strur_re_hp	结构性失业率（登记）HP	0.032 2	0.031 6	0.041 8	0.019 3	0.008 2
Strur_es_bp	结构性失业率（估计）BP	0.040 6	0.042 7	0.058 5	0.019 8	0.012 3
Strur_re_bp	结构性失业率（登记）BP	0.032 3	0.032 1	0.041 6	0.019 9	0.008 0
Strur_re_kal	结构性失业率 KAL	0.040 4	0.039 7	0.076 1	0.018 1	0.014 5
Ln_regdp	实际 GDP	9.967 8	9.997 0	11.474 7	8.408 4	0.924 3
Ln_K	实际固定资本存量	10.638 6	10.468 0	12.786 4	9.274 7	1.086 4
TFP	全要素生产率	0.959 2	0.959 4	0.999 3	0.911 1	0.022 5
Ln_cpi	通货膨胀率	5.732 6	6.069 5	6.389 0	4.721 0	0.566 9
ICU	第二产业产能利用率	0.705 8	0.708 0	0.951 0	0.476 0	0.154 9

变量的单位根检验见表 6-2。

表 6-2　变量的单位根检验

变量	ADF 检验		变量	ADF 检验	
	水平值	一阶差分		水平值	一阶差分
Ln_L	−0.059 2 *** (0.017 5)	−1.097 2 *** (0.169 5)	Strur_re_kal	−0.367 3 (0.114 2)	−1.211 3 *** (0.166 6)
Ur_re	−0.166 4 *** (0.049 5)	−0.478 7 *** (0.145 0)	Ln_regdp	−0.499 6 *** (0.134 1)	−0.649 6 *** (0.161 8)
Ur_es	−0.306 6 (0.109 3)	−1.256 2 *** (0.166 2)	Ln_K	−0.034 6 *** (0.011 1)	−0.311 5 *** (0.105 3)
Strur_es_hp	−0.061 1 (0.019 2)	−0.087 9 *** (0.033 8)	TFP	−0.563 1 (0.240 3)	−1.470 2 *** (0.198 1)
Strur_re_hp	−0.010 9 *** (0.003 4)	−0.063 6 *** (0.018 3)	Ln_cpi	−0.016 7 (0.011 7)	−0.443 7 *** (0.134 2)
Strur_es_bp	−0.183 3 *** (0.050 3)	−0.134 8 *** (0.057 0)	ICU	−0.002 4 (0.004 6)	−0.222 2 *** (0.107 3)
Strur_re_bp	−0.012 0 (0.004 5)	−0.122 9 *** (0.034 6)			

通过单位根 ADF 检验（见表 6-2）可知，以上变量都是一阶单整（I（1））。分别对以上模型（式6.4，6.5，6.6）进行 OLS（最小二乘法）进行实证分析，其结果如表6-3所示。

表 6-3　就业增长与失业率的一般性实证分析

自变量	因变量					
	Ln_L	Ur_re	Ur_es	Strur_es_hp	Strur_re_hp	Strur_kal
Ln_regdp	0.518 6 *** (0.031 4)	−0.064 9 *** (0.007 5)	−0.092 9 *** (0.014 4)	−0.086 5 *** (0.007 1)	−0.057 7 *** (0.005 7)	−0.093 3 *** (0.014 6)
Ln_K	−0.294 8 *** (0.027 8)	0.047 6 *** (0.004 6)	0.057 7 *** (0.008 9)	0.054 7 *** (0.004 3)	0.044 1 *** (0.003 5)	0.057 9 *** (0.008 9)
TFP	0.282 7 (0.336 6)	−0.007 5 (0.035 4)	−0.011 1 (0.068 8)	−0.046 7 (0.033 3)	−0.040 1 * (0.027 0)	−0.006 7 (0.068 5)
Ln_cpi		0.015 2 *** (0.005 4)	0.057 6 *** (0.010 5)	0.053 8 ** (0.005 1)	0.011 2 *** (0.004 1)	0.058 0 *** (0.010 5)
ICU		0.060 7 *** (0.007 9)	0.029 9 ** (0.015 4)	0.028 0 *** (0.007 4)	0.056 9 *** (0.006 0)	0.030 1 * (0.015 3)
C	8.779 9 (0.304 2)	0.049 6 (0.031 67)	0.011 8 (0.061 5)	0.037 3 (0.029 7)	0.072 1 (0.024 1)	0.007 8 (0.061 3)

表6-3(续)

自变量	因变量					
	Ln_L	Ur_re	Ur_es	Strur_es_hp	Strur_re_hp	Strur_kal
R^2	0.967 3	0.846 5	0.776 6	0.934 5	0.897 5	0.779 8
Adj-R^2	0.964 5	0.822 6	0.741 7	0.924 3	0.881 4	0.745 4
Log-like	72.296 1	159.922 22	134.688 2	162.315 7	170.260 6	134.836 3
F-stat	335.723 2 (0.000 0)	35.304 8 (0.000 0)	22.247 3 (0.000 0)	91.331 4 (0.000 0)	56.017 7 (0.000 0)	22.668 3 (0.000 0)
D. W	0.530 7	0.388 5	1.427 1	0.564 8	0.265 7	1.433 9

注：表中括号内为标准误；***，**，*分别表示1%，5%和10%水平显著。

由实证结果可知，经济增长对就业的促进作用较为显著，经济增长在显著提高就业总量的同时，能够有效地降低失业率。但资本存量的增长对就业具有一定的抑制作用，这一点在结构性失业率的实证中体现得尤为明显。由表6-3可知，资本存量每增长一个百分点，就业增长就下降0.294 8个百分点，登记失业率就会增长0.047个百分点，估计失业率与结构性失业率都会增长0.5个百分点左右。经济增长可以显著地增加就业，降低结构性失业率，而资本存量的增长，不但没有促进就业增长，反而对结构性失业率的上升具有显著的正向效应。技术进步对就业增长的作用为正，但是不显著，对结构性失业率影响为负。以CPI表示的通货膨胀率对结构性失业率有显著的正向影响，表明通货膨胀的上升不利于提高就业，尤其是通货膨胀的增加对结构性失业率的影响较大。同时产能利用率提升对总量失业率与结构性失业率影响较为显著，表明消化过剩产能，提高产能利用率存在就业挤出效应。

6.1.2 结构性失业率的三维度实证分析

以上是失业率与结构性失业率的一般性实证分析，实证检验了经济增长、资本存量、技术进步、通货膨胀以及产能利用率对结构性失业率的影响。为了进一步验证制度结构、产业结构以及市场结构对失业率与结构性失业率的影响，本书以标准化处理后的失业率与结构性失业率作为被解释变量，以制度结构、产业结构与市场结构的先行指标、同步指标以及滞后指标作为解释变量，考量三个维度指标的变动对失业率以及结构性失业率的变动的影响。

由回归结果可知（见表6-4），第一，制度维度的滞后指标对结构性失业的影响更大，也更为显著。制度结构先行指标每变动一个百分点，登记失业率则反向变动

0.269 4 个百分点，估计失业率反向变动 0.704 8 个百分点，结构性失业率反向变动 0.223 7~0.693 6 个百分点不等。制度结构的滞后指标变动对失业率与结构性失业率的影响显著，且均超过 1 个百分点。制度结构的分析结果表明，整体上制度对失业率与结构性失业率的影响为正值，且制度结构指标每变动一个百分点，失业率与结构性失业率也相应变动一个百分点左右。

第二，产业结构先行指标失业率对结构性失业率的影响不显著，但同步指标与滞后指标的影响显著。从对失业率与结构性失业率的影响大小来看，产业结构滞后指标的影响最大，同步指标次之，先行指标的影响不显著。滞后指标每变动一个百分点，登记失业率则同向变动 0.836 3 个百分点，估计失业率同向变动 0.721 个百分点，结构性失业率则分别同向变动 0.464 6~0.787 3 个百分点不等；同步指标每变动一个百分点，登记失业率变动 0.605 7 个百分点，估计失业率变动 0.353 8 个百分点，结构性失业率同向变动 0.200 2~0.536 0 个百分点。产业结构变动对整体失业率的变动影响约为 1.27 个百分点，对结构性失业率的变动影响约为 1.39 个百分点。由此可见，产业结构变动对结构性失业率的影响要显著高于对失业率的影响。

第三，市场结构的先行指标对失业率和结构性失业率影响不显著，滞后指标的影响较大且较为显著，但均与失业率和结构性失业率的变动方向相反。市场结构滞后指标每变动一个百分点，则登记失业率方向变动 0.278 3 个百分点，估计失业率方向变动 0.701 8 个百分点，结构性失业率反向变动从 0.109 7 到 0.694 9 个百分点不等，平均值为 0.466 3 个百分点。

综上所述，一是，制度结构指标、产业结构指标与失业率和结构性失业率的变动方向相同，而市场结构指标变动方向与失业率和结构性失业率的变动方向相反。二是，产业结构变动对失业率与结构性失业的影响最大，对制度结构的影响次之，对市场结构的影响最小。三是，制度结构滞后指标对结构性失业的影响最大，达到近 1.5 个百分点。

表 6-4　结构性失业率的三维度实证分析

自变量	因变量						
	Ur_re	Ur_es	Strur_es_hp	Strur_re_hp	Strur_es_bp	Strur_re_bp	Strur_kal
Instit_leda	-0.269 4 (0.210 3)	-0.704 8 ** (0.303 4)	-0.485 6 ** (0.223 5)	-0.223 7 (0.155 2)	-0.296 0 (0.283 9)	0.301 7 * (0.156 4)	-0.693 6 ** (0.299 7)
Instit_lagg	1.654 8 *** (0.283 6)	1.619 9 *** (0.409 3)	1.404 1 *** (0.301 4)	1.643 2 *** (0.209 4)	1.466 ** (0.416 8)	1.075 5 *** (0.229 6)	1.583 1 *** (0.404 2)
Indust_leda	0.132 1 (0.095 4)	-0.110 0 (0.137 7)	-0.191 4 * (0.101 4)	0.077 2 (0.070 4)	-0.270 3 ** (0.114 4)	-0.050 9 (0.097 6)	-0.106 7 (0.136 0)
Indust_sync	0.605 7 * ** (0.099 2)	0.353 8 ** (0.143 2)	0.283 6 ** (0.105 5)	0.536 0 *** (0.073 2)	0.200 2 (0.777 2)	0.281 4 *** (0.097 6)	0.352 5 ** (0.141 4)
Indust_lagg	0.836 3 *** (0.141 9)	0.721 0 *** (0.204 7)	0.606 2 *** (0.150 8)	0.787 3 *** (0.104 7)	0.464 6 ** (0.224 2)	0.487 1 *** (0.123 5)	0.703 5 *** (0.202 2)
Market_lead	-0.203 6 * (0.105 8)	0.161 5 (0.152 7)	0.122 6 (0.112 5)	0.120 0 (0.078 1)	0.072 2 (0.126 6)	0.047 3 (0.069 8)	0.148 0 (0.150 8)
Market_lagg	-0.278 3 * (0.152 1)	-0.701 8 *** (0.219 4)	-0.694 9 *** (0.161 6)	-0.148 8 (0.112 2)	-0.684 3 *** (0.190 3)	-0.109 7 (0.104 8)	-0.694 0 *** (0.216 7)
C	-0.121 5 (0.066 7)	-0.069 4 (0.096 3)	-0.075 4 (0.070 9)	-0.122 9 (0.049 3)	0.074 9 (0.778 2)	0.069 4 (0.042 9)	-0.050 2 (0.095 1)
R²	0.861 8	0.733 4	0.853 2	0.918 7	0.859 3	0.957 3	0.736 3
Adj-R²	0.829 5	0.671 2	0.819 0	0.899 7	0.819 9	0.945 3	0.674 8
Log-like	-15.132 4	-29.070 5	-17.447 0	-3.597 3	-14.470 8	5.205 8	-28.592 6
F-stat	25.720 9 (0.000 0)	11.787 6 (0.000 0)	24.915 3 (0.000 0)	48.433 0 (0.000 0)	21.805 1 (0.000 0)	80.055 6 (0.000)	11.967 5 (0.000 0)
D. W	1.051 1	1.739 1	1.167 8	1.529 8	1.060 5	1.243 5	1.739 8

注：表中括号内为标准误；***，**，*分别表示1%，5%和10%水平显著。

6.2 结构性失业率预警机制的实证分析

结构性失业预警机制的实证分析，主要基于第 5 章中介绍的 Elamn 神经网络、广义回归神经网络（GRNN）和小波神经网络三个模型对登记失业率、估计失业率、结构性失业率（估计）_HP、结构性失业率（登记）_HP、结构性失业率（估计）_BP、结构性失业率（登记）_BP 以及结构性失业率_Kal 进行预测。由结构性失业率三个维度的实证分析，可知结构性失业率三个维度（制度结构、产业结构与市场结构）的影响指标有 48 个，故本书构建的 Elamn 神经网络、广义回归神经网络（GRNN）和小波神经网络三个模型均有 48 个输入指标和 7 个输出指标。输出指标分别是登记失业率、估计失业率、结构性失业率（估计）_HP、结构性失业率（登记）_HP、结构性失业率（估计）_BP、结构性失业率（登记）_BP 以及结构性失业率_Kal，表示预测了前文中给出的 7 种不同的失业率。

对于登记失业率、估计失业率、结构性失业率（估计）_HP、结构性失业率（登记）_HP 及结构性失业率_Kal，它们的数据从 1979 年到 2016 年共 38 组，其中将 1979 年到 2011 年的 33 组数据作为 Elman 神经网络的训练样本；将 2012 年到 2016 年的 5 组数据作为 Elman 神经网络的测试样本。对于结构性失业率（估计）_BP、结构性失业率（登记）_BP，它们的数据是从 1981 年到 2013 年共 33 组，其中将 1981 年到 2008 年的 28 组数据作为训练样本；将 2009 年到 2013 年的 5 组数据作为测试样本。

为避免输入输出指标数据数量级差较大而造成神经网络预测误差较大，首先运用 mapminmax 命令分别对七组训练样本与测试样本[①]的输入输出数据进行归一化处理。下面则采用三种神经网络模型，分别对结构性失业预警模型进行实证预测分析。

6.2.1 基于 Elman 神经网络模型的预测分析

如前所述，MATLAB 神经网络工具箱提供了 Newelm 与 Elmannet 函数建立的 Elman 反馈神经网络，由于 Elmannet 函数只需要设定延迟、隐含层神经元个数与训练函数三个参数，故本书采用 Elmannet 函数构建 Elman 网络。本书将延迟区间设定为

---

① 七组训练样本与测试样本是指登记失业率、估计失业率、结构性失业率（估计）_HP、结构性失业率（登记）_HP、结构性失业率（估计）_BP、结构性失业率（登记）_BP 以及结构性失业率_Kal 及其对应的三个维度的输入指标。

Elmannet 函数的默认区间［1，2］；利用循环结构，设置不同的隐含层神经元个数
［1，100］，由训练数据和测试数据的均方误差，可知登记失业率、估计失业率、结
构性失业率（估计）_HP、结构性失业率（登记）_HP、结构性失业率（估计）_
BP、结构性失业率（登记）_BP 以及结构性失业率_Kal 七组测试与训练数据的最佳
神经元个数均为 15；由训练和测试数据的均方误差可知，训练函数为 traingdx。此
外，假定最大迭代次数为 20 000 次，误差容限为 0.000 001，最多验证失败次数为
5，则七组数据训练与测试样本的结果如下文所述。

6.2.1.1 登记失业率

从图 6-1 登记失业率拟合误差曲线图可以看出，用批处理学习方式训练的递阶
对角神经网络拟合，经过迭代 1 364 次后，拟合误差率较小，逼近拟合程度较为满
意。从图 6-2 和 6-3 登记失业率的训练样本的拟合曲线和残差来看，拟合曲线与训
练样本基本重合，而且残差较小，且训练数据的 MSE（均方误差）为 0.000 0。

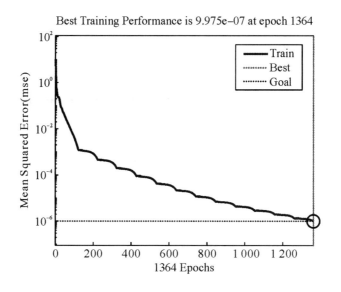

图 6-1 1979—2011 年登记失业率训练数据拟合误差 Err 曲线

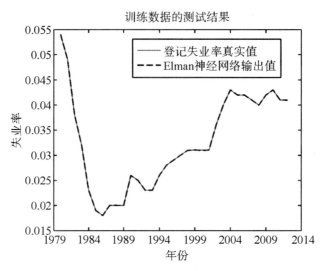

图 6-2   1979—2011 年登记失业率训练数据拟合曲线

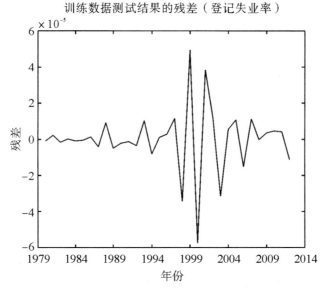

图 6-3   1979—2011 年登记失业率训练数据拟合残差

图 6-4 和图 6-5 显示了测试数据的拟合曲线与残差。从图 6-4 中可以看出，预测的登记失业率显著高于原始数据，拟合残差在 2012 年、2015 年和 2016 年大于 0。拟合数据的 MSE 为 0.000 012，拟合结果非常好，但是拟合曲线与实际曲线趋势相反。

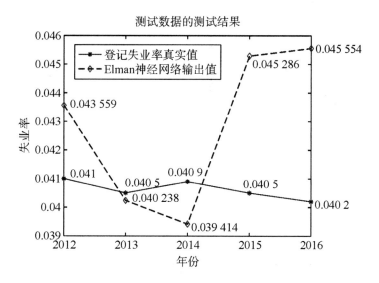

图 6-4　2012—2016 年登记失业率测试数据拟合曲线

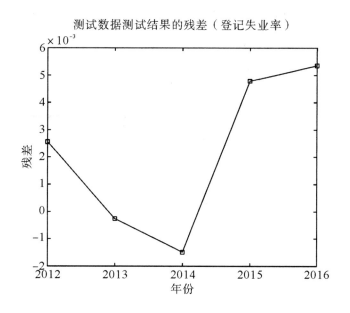

图 6-5　2012—2016 年登记失业率测试数据拟合残差

6.2.1.2　估计失业率

从图 6-6 估计失业率拟合误差曲线图可以看出，用批处理学习方式训练的递阶对角神经网络拟合，经过迭代 1 253 次后，拟合误差率较小，逼近拟合程度较为满意。从图 6-7 和图 6-8 估计失业率的训练样本的拟合曲线和残差来看，拟合曲线与训练样本基本重合，而且残差较小，且训练数据的 MSE（均方误差）为 0.000 0。

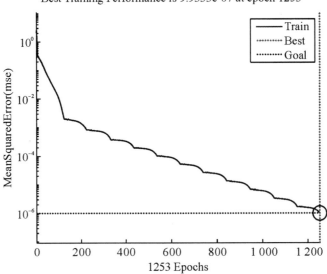

图 6-6 1979—2011 年估计失业率训练数据拟合误差 Err 曲线

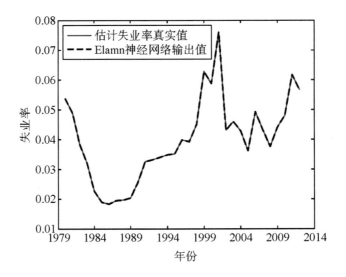

图 6-7 1979—2011 年估计失业率训练数据拟合曲线

训练数据测试结果的残差（估计失业率）

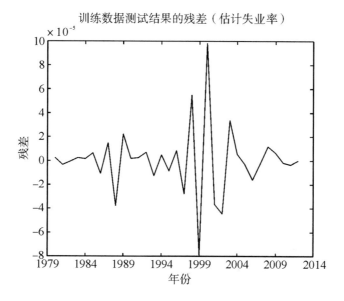

图 6-8   1979—2011 年估计失业率训练数据拟合残差

图 6-9 和图 6-10 显示了估计失业率测试数据的拟合曲线与残差。从图 6-9 中可以看出，预测的估计失业率显然与原始数据相差不大，且变动趋势基本一致，拟合数据的 MSE 为 0.000 013，拟合结果非常好。

测试数据的测试结果

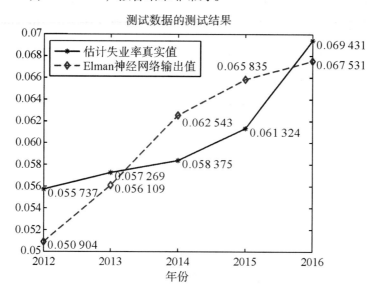

图 6-9   2012—2016 年估计失业率测试数据拟合曲线

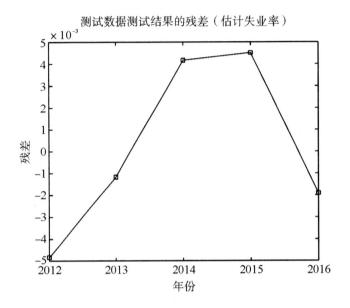

图 6-10 2012—2016 年估计失业率测试数据拟合残差

6.2.1.3 结构性失业率（估计）_HP

从图 6-11 结构性失业率（估计）_HP 拟合误差曲线图可以看出，用批处理学习方式训练的递阶对角神经网络拟合，经过迭代 814 次后，拟合误差率较小，逼近拟合程度较为满意。从图 6-12 和图 6-13 结构性失业率（估计）_HP 的训练样本的拟合曲线和残差来看，拟合曲线与训练样本基本重合，而且残差较小，且训练数据的 MSE（均方误差）为 0.000 0。

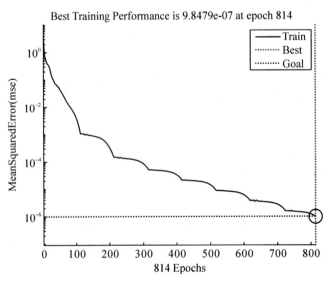

图 6-11 1979—2011 年结构性失业率（估计）_HP 训练数据拟合误差 Err 曲线

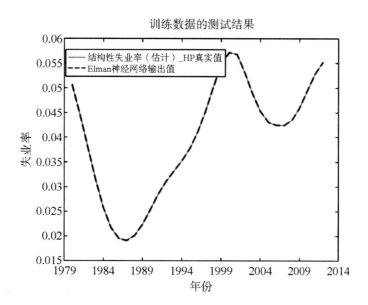

图 6-12 1979—2011 年结构性失业率（估计）_HP 训练数据拟合曲线

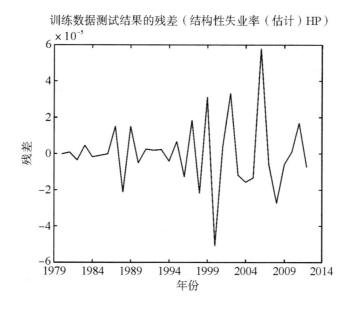

图 6-13 1979—2011 年结构性失业率（估计）_HP 训练数据拟合残差

图 6-14 和图 6-15 结构性失业率（估计）_HP 显示了测试数据的拟合曲线与残差。从图 6-14 中可以看出，预测的结构性失业率（估计）_HP 显著高于原始数据，拟合数据的 MSE 为 0.000 035，拟合结果非常好，且拟合曲线与实际曲线趋势相同，二者之间的差距呈现扩大的趋势。

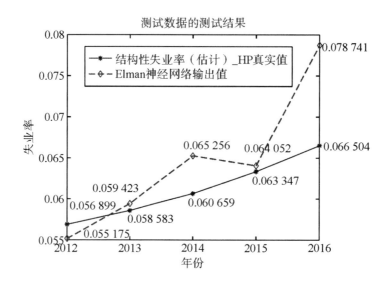

图 6-14　2012—2016 年结构性失业率（估计）_HP 测试数据拟合曲线

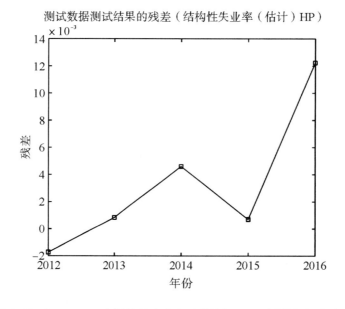

图 6-15　2012—2016 年结构性失业率（估计）_HP 测试数据拟合残差

6.2.1.4　结构性失业率（登记）_HP

从图 6-16 结构性失业率（登记）_HP 拟合误差曲线图可以看出，用批处理学习方式训练的递阶对角神经网络拟合，经过迭代 1 463 次后，拟合误差率较小，逼近拟合程度较为满意。从图 6-17 和图 6-18 结构性失业率（登记）_HP 的训练样本的拟合曲线和残差来看，拟合曲线与训练样本基本重合，而且残差较小，且训练数据的 MSE（均方误差）为 0.000 0。

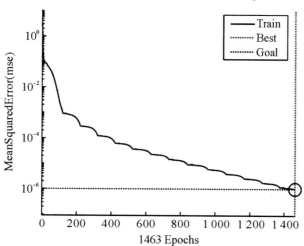

图 6-16 1979—2011 **年结构性失业率（登记）_HP 训练数据拟合误差 Err 曲线**

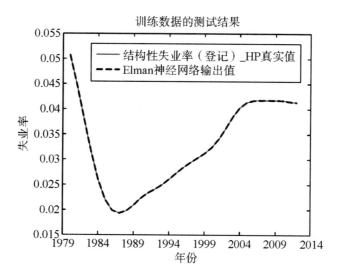

图 6-17 1979—2011 **年结构性失业率（登记）_HP 训练数据拟合曲线**

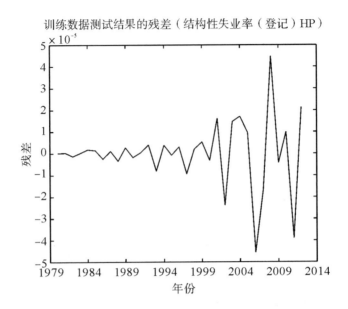

图 6-18　1979—2011 年结构性失业率（登记）_HP 训练数据本拟合残差

图 6-19 和图 6-20 结构性失业率（登记）_HP 显示了测试数据的拟合曲线与残差。从图 6-19 中可以看出，预测的结构性失业率（登记）_HP 显著高于原始数据，拟合数据的 MSE 为 0.000 002，拟合结果非常好，但拟合曲线与实际曲线趋势相反，二者之间的差距呈现扩大的趋势。Elamn 神经网络拟合值显著高于原始值且处于加速上升趋势，而原始值有向下变动的趋势。

图 6-19　2012—2016 年结构性失业率（估计）_HP 测试数据拟合曲线

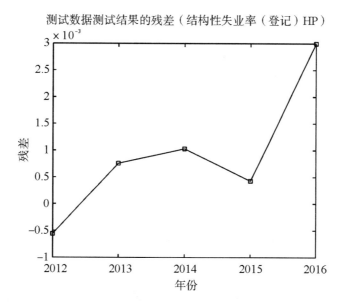

图6-20 2012—2016年结构性失业率（登记）_HP测试数据拟合残差

6.2.1.5 结构性失业率（估计）_BP

从图6-21结构性失业率（估计）_BP拟合误差曲线图可以看出，用批处理学习方式训练的递阶对角神经网络拟合，经过迭代1 196次后，拟合误差率较小，逼近拟合程度较为满意。从图6-22和图6-23结构性失业率（估计）_BP的训练样本的拟合曲线和残差来看，拟合曲线与训练样本基本重合，而且残差较小，且训练数据的MSE（均方误差）为0.000 0。

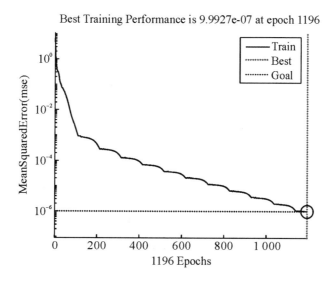

图6-21 1981—2008年结构性失业率（估计）_BP训练数据拟合误差Err曲线

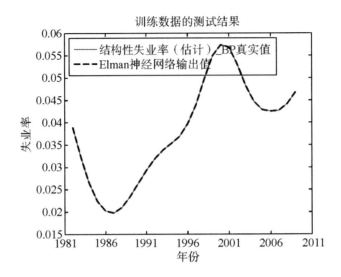

图 6-22　1981—2011 年结构性失业率（估计）_BP 训练数据拟合曲线

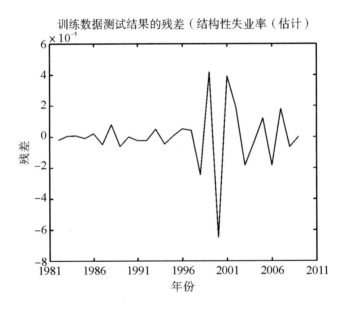

图 6-23　1981—2008 年结构性失业率（估计）_BP 训练数据拟合残差

图 6-24 和图 6-25 结构性失业率（估计）_BP 显示了测试数据的拟合曲线与残差。从图 6-24 中可以看出，预测的结构性失业率（估计）_BP 也大多高于原始数据，拟合数据的 MSE 为 0.000 001，拟合结果比较好，且拟合曲线与实际曲线趋势相同，皆为上升趋势，二者之间的差距逐渐缩小。

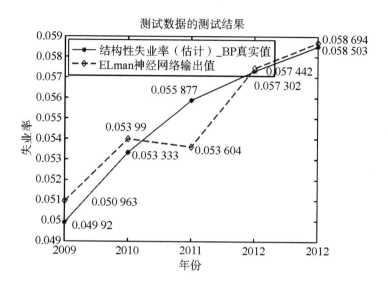

图 6-24 2009—2013 **年结构性失业率（估计）_BP 测试数据拟合曲线**

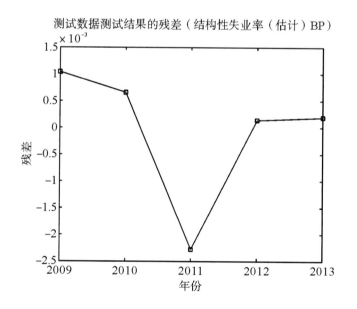

图 6-25 2009—2013 **年结构性失业率（估计）_BP 测试数据拟合残差**

6.2.1.6 结构性失业率（登记）_BP

从图 6-26 结构性失业率（登记）_BP 拟合误差曲线图可以看出，用批处理学习方式训练的递阶对角神经网络拟合，经过迭代 846 次后，拟合误差率较小，逼近拟合程度较为满意。从图 6-27 和图 6-28 结构性失业率（登记）_BP 的训练样本的拟合曲线和残差来看，拟合曲线与训练样本基本重合，而且残差较小，且训练数据的 MSE（均方误差）为 0.000 0。

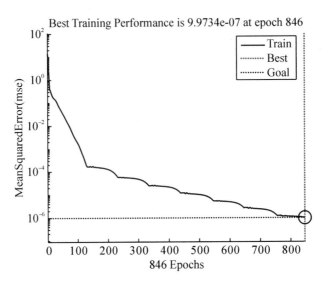

图 6-26　1981—2008 年结构性失业率（估计）_BP 训练数据拟合误差 Err 曲线

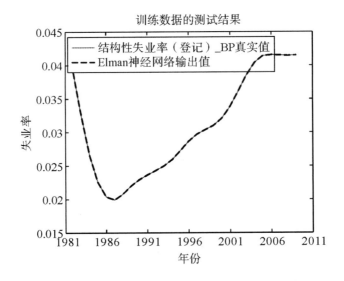

图 6-27　1981—2008 年结构性失业率（登记）_BP 训练数据拟合曲线

训练数据测试结果的残差（结构性失业率（登计）BP）

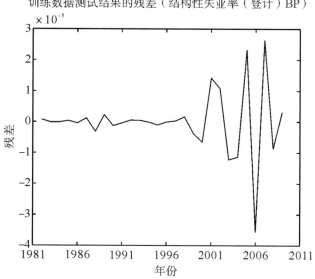

图 6-28 1981—2011 年结构性失业率（登记）_BP 训练数据拟合残差

图 6-29 和图 6-30 结构性失业率（登记）_BP 显示了测试数据的拟合曲线与残差。从图 6-29 中可以看出，预测的结构性失业率（登记）_BP 是有高于原始数据的时段的，拟合数据的 MSE 为 0.000 003，拟合结果较好，且拟合曲线与实际曲线趋势基本相同，皆为下降趋势，但是 Elman 神经网络输出值小于原始值，且波动幅度较大。

测试数据的测试结果

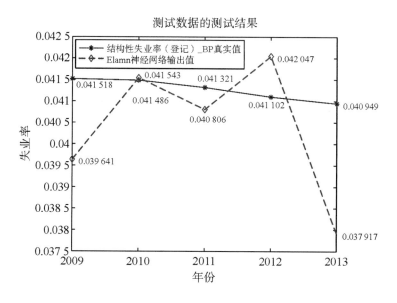

图 6-29 2009—2013 年结构性失业率（登记）_BP 测试数据拟合曲线

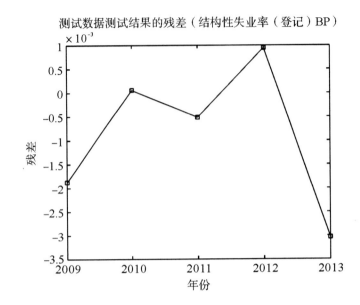

图 6-30　2009—2013 年结构性失业率（登记）_BP 测试数据拟合残差

6.2.1.7　结构性失业率_Kal

从图 6-31 结构性失业率_Kal 拟合误差曲线图可以看出，用批处理学习方式训练的递阶对角神经网络拟合，经过迭代 1 550 次后，拟合误差率较小，逼近拟合程度较为满意。从图 6-32 和图 6-33 结构性失业率_Kal 的训练样本的拟合曲线和残差来看，拟合曲线与训练样本基本重合，而且残差较小，且训练数据的 MSE（均方误差）为 0.000 0。

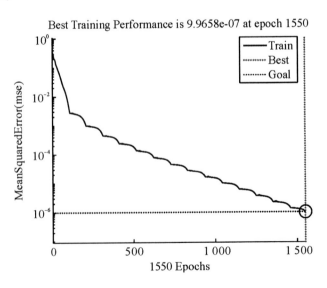

图 6-31　1979—2011 年结构性失业率_Kal 训练数据拟合误差 Err 曲线

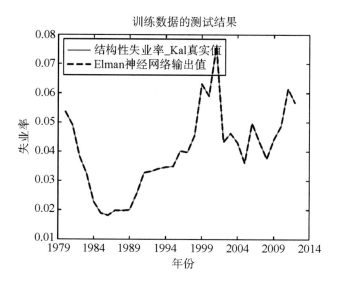

图 6-32　1979—2011 年结构性失业率_Kal 训练数据拟合曲线

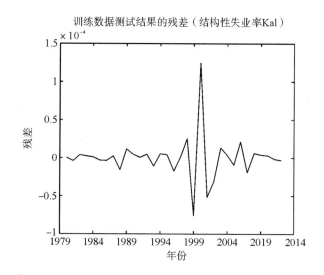

图 6-33　1979—2011 年结构性失业率_Kal 训练数据拟合残差

图 6-34 和图 6-35 结构性失业率_Kal 显示了测试数据的拟合曲线与残差。从图 6-34 中可以看出，预测的结构性失业率_Kal 显著高于原始数据，拟合数据的 MSE 为 0.000 003，拟合结果非常好，且拟合曲线与实际曲线趋势基本相同，皆为上升趋势，但是 Elman 神经网络输出值大于原始值，且波动幅度较大。

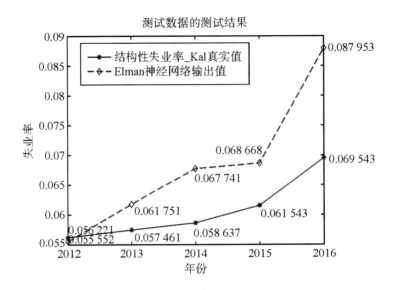

图 6-34　2012—2016 年结构性失业率_Kal 测试数据拟合曲线

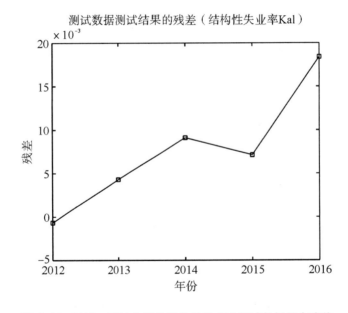

图 6-35　2012—2016 年结构性失业率_Kal 测试数据拟合残差

6.2.2　基于广义回归神经网络模型的预测分析

在本章中广义回归神经网络采用交叉验证方法寻找最优化参数，为保证最优化参数的准确性，模型交叉验证 200 次，分别得到七组训练与测试数据的最佳 Spread 值，结果如下文所述。

6.2.2.1 登记失业率

在对登记失业率的进行预测过程中，程序运行显示最佳 SPREAD 为 0.1，训练数据预测的效果很好[①]。从图 6-36 与 6-37 中可以看出，登记失业率与 GRNN 神经网络的拟合值基本上重合，且训练数据拟合曲线残差与均方误差为 0，表明拟合效果非常好。

图 6-36　1979—2011 年登记失业率训练数据拟合曲线

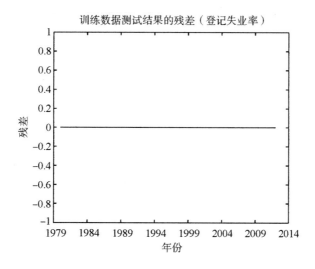

图 6-37　1979—2011 年登记失业率训练数据拟合残差

---

① 在 GRNN 模型的 SPREAD 的值的范围为 0~2，SPREAD 值越小，网络对样本的逼近性就越强；SPREAD 值越大，网络对样本数据的逼近越平滑，但误差也相对应越大。在实际应用时，为了选取最佳的 SPREAD 值，一般采取循环训练的方法以达到最好的预测效果。因此本书采用循环训练的方法确定 SPREAD 值。参见：王小川. MATLAB 神经网络 43 个案例分析 [M]. 北京：北京航空航天大学出版社，2018：72.

从图 6-38 与图 6-39 中中可以看出，测试数据的测试结果显示登记失业率皆为 0.041，与实际值相差不大，且测试数据拟合曲线的均方误差为 0，说明测试结果比较理想，但是测试结果并未反映出实际数据的趋势性变化。

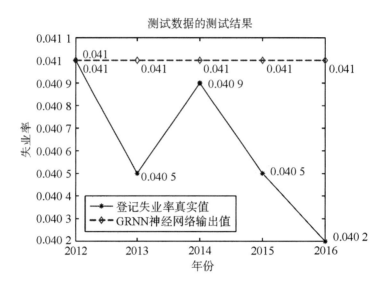

图 6-38　2012—2016 年登记失业率测试数据拟合曲线

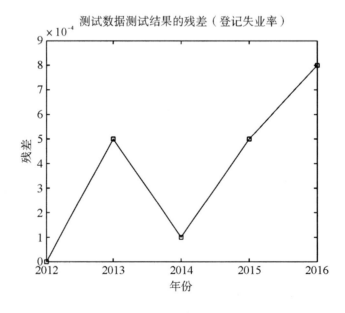

图 6-39　2012—2016 年登记失业率测试数据拟合残差

6.2.2.2　估计失业率

在对估计失业率进行预测的过程中，程序运行显示最佳 SPREAD 为 1，训练数据预测的效果很好。从图6-40与图6-41可以看出，估计失业率与GRNN神经网络的拟合值基本重合，且训练数据拟合曲线的均方误差为0.000 07，表明拟合效果较好。

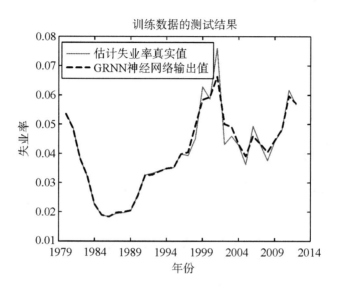

图6-40 1979—2011年估计失业率训练数据拟合曲线

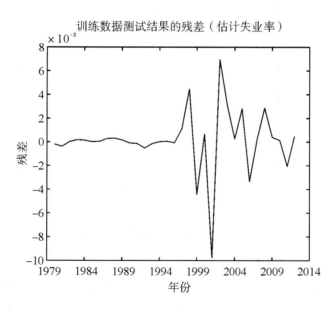

图6-41 1979—2011年估计失业率训练数据拟合残差

从图6-42与图6-43可以看出，估计失业率测试数据的测试结果明显低于实际值，且两者的差距与拟合残差呈扩大的趋势。测试数据拟合曲线的均方误差为

0.000 055，说明测试结果比较理想，同时与原始数据的趋势较为一致。

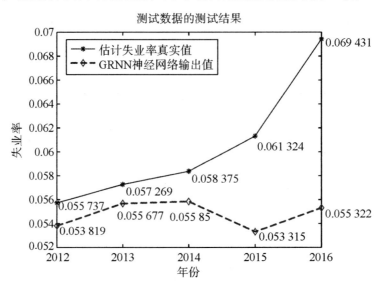

图 6-42　2012—2016 年估计失业率测试数据拟合曲线

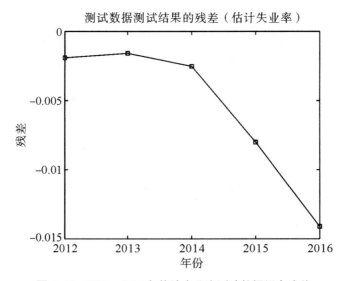

图 6-43　2012—2016 年估计失业率测试数据拟合残差

6.2.2.3　结构性失业率（估计）_HP

在对结构性失业率（估计）_HP 进行预测的过程中，程序运行显示最佳 SPREAD 为 0.9，训练数据预测的效果很好。从图 6-44 与图 6-45 可以看出，结构性失业率（估计）_HP 训练数据与 GRNN 神经网络的拟合值基本重合，且训练数据拟合曲线的均方误差为 0，表明拟合效果较好。

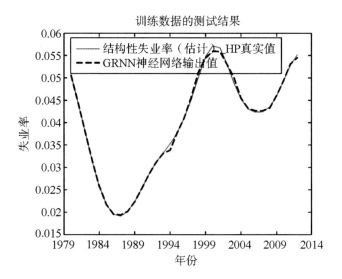

图 6-44 1979—2011 年结构性失业率（估计）_HP 训练数据拟合曲线

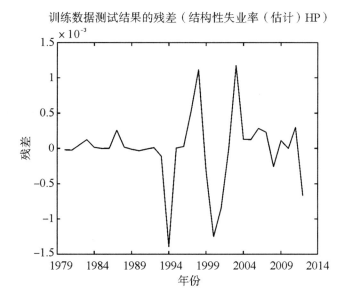

图 6-45 1979—2011 年结构性失业率（估计）_HP 训练数据拟合残差

从图 6-46 与图 6-47 可以看出，结构性失业率（估计）_HP 测试数据的测试结果明显低于实际值，且两者的差距与拟合残差呈扩大的趋势。测试数据拟合曲线的均方误差为 0.000 069，说明测试结果比较理想，同时与原始数据的趋势较为一致。

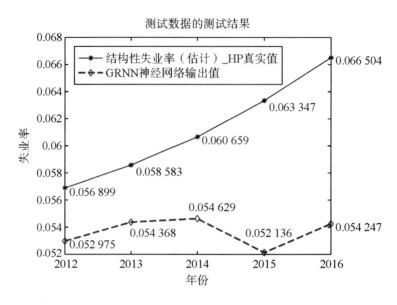

图 6-46 2012—2016 年结构性失业率（估计）_HP 测试数据拟合曲线

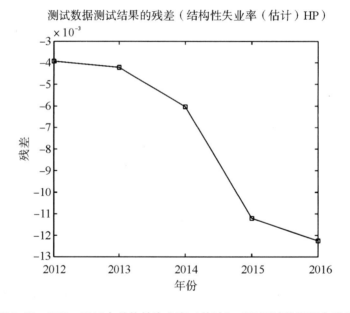

图 6-47 2012—2016 年结构性失业率（估计）_HP 测试数据拟合残差

6.2.2.4　结构性失业率（登记）_HP

在对结构性失业率（估计）_HP 进行预测的过程中，程序运行显示最佳 SPREAD 为 1，训练数据预测的效果很好。从图 6-48 与图 6-49 可以看出，结构性失业率（登记）_HP 训练数据与 GRNN 神经网络的拟合值基本重合，且训练数据拟合曲线的均方误差为 0，表明拟合效果较好。

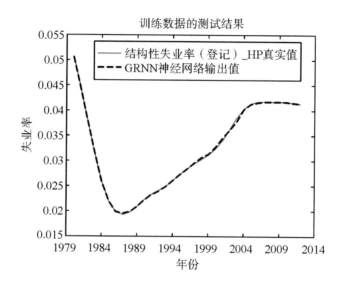

图 6-48　1979—2011 年结构性失业率（登记）_HP 训练数据拟合曲线

图 6-49　1979—2011 年结构性失业率（登记）_HP 训练数据拟合残差

从图 6-50 与图 6-51 可以看出，结构性失业率（登记）_HP 测试数据的测试结果明显高于实际值，且两者的差距与拟合残差呈扩大的趋势。测试数据拟合曲线的均方误差为 0，说明测试结果比较理想，同时与原始数据的趋势较为一致。

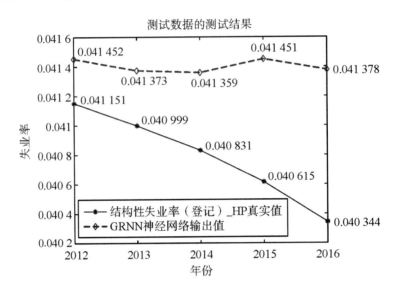

图 6-50　2012—2016 年结构性失业率（登记）_HP 测试数据拟合残差

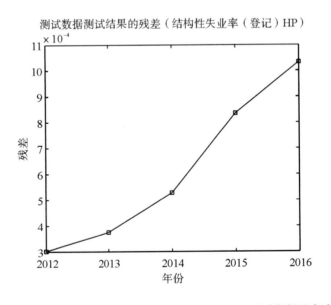

图 6-51　2012—2016 年结构性失业率（登记）_HP 测试数据拟合残差

6.2.2.5　结构性失业率（估计）_BP

在对结构性失业率（估计）_HP 进行预测的过程中，程序运行显示最佳 SPREAD

为0.9，训练数据预测的效果很好。从图6-52与图6-53可以看出，结构性失业率（估计）_BP训练数据与GRNN神经网络的拟合值基本重合，且训练数据拟合曲线的均方误差为0，表明拟合效果较好。

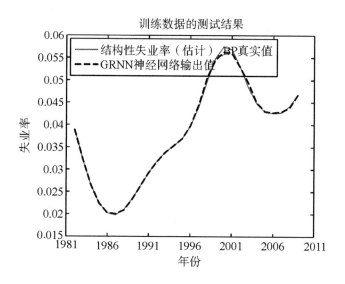

图6-52　1981—2008年结构性失业率（估计）_BP训练数据拟合曲线

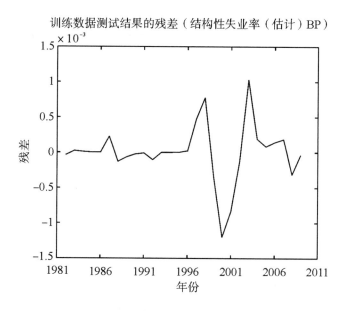

图6-53　1981—2008年结构性失业率（估计）_BP训练数据拟合残差

从图6-54与图6-55可以看出，结构性失业率（估计）_BP测试数据的测试结果明显低于实际值，且两者的差距与拟合残差呈扩大的趋势。测试数据拟合曲线的均方误差误差为 0.000 082，说明测试结果比较理想，同时与原始数据的趋势较为一致。

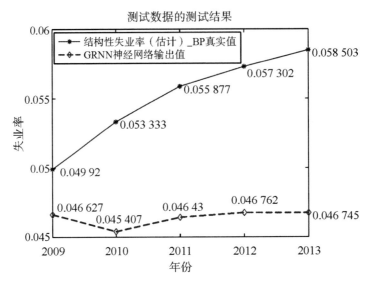

图 6-54 2009—2013 结构性失业率（估计）_BP 测试数据拟合曲线

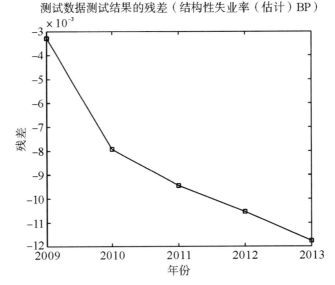

图 6-55 2009—2013 结构性失业率（估计）_BP 测试数据拟合残差

6.2.2.6 结构性失业率（登记）_BP

在对结构性失业率（登记）_BP 进行预测的过程中，程序运行显示最佳 SPREAD 为 1.4，训练数据预测的效果很好。从图 6-56 与图 6-57 可以看出，结构性失业率（登记）_BP 训练数据与 GRNN 神经网络的拟合值基本重合，且训练数据拟合曲线的均方误差为 0，表明拟合效果较好。

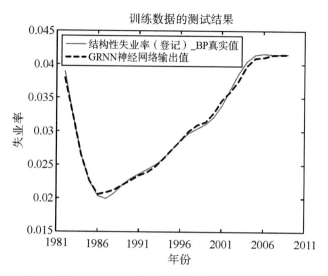

图6-56 1981—2008年结构性失业率（登记）_BP训练数据拟合曲线

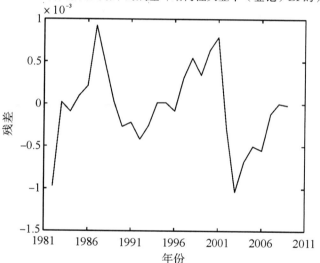

图6-57 1981—2008年结构性失业率（登记）_BP训练数据拟合残差

从图6-58与图6-59可以看出，结构性失业率（登记）_BP测试数据的测试结果明显高于实际值，但是测试数据的测试结果较为平缓，波动较小，且两者的差距与拟合残差呈扩大的趋势。测试数据拟合曲线的均方误差为0，说明测试结果比较理想，但没有反映出原始数据下降的趋势。

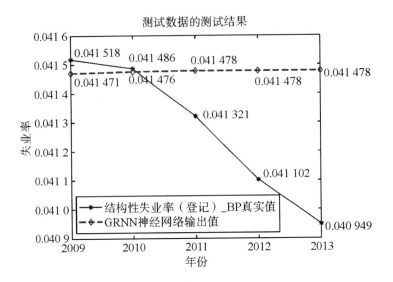

图 6-58　2009—2013 年结构性失业率（登记）_BP 测试数据拟合曲线

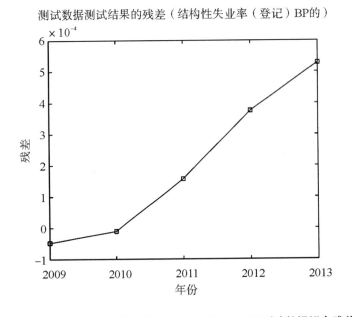

图 6-59　2009—2013 年结构性失业率（登记）_BP 测试数据拟合残差

6.2.2.7　结构性失业率_Kal

在对结构性失业率_Kal 进行预测的过程中，程序运行显示最佳 SPREAD 为 0.5，训练数据预测的效果很好。从图 6-60 与图 6-61 可以看出结构性失业率_Kal 的训练数据与 GRNN 神经网络的拟合值基本重合，且训练数据拟合曲线的均方误差为 0，表明拟合效果较好。

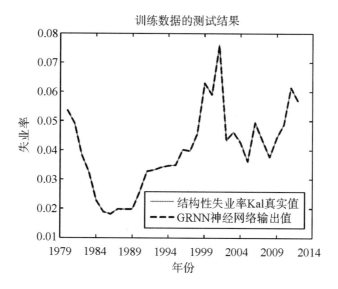

图6-60　1979—2011年结构性失业率_Kal训练数据拟合曲线

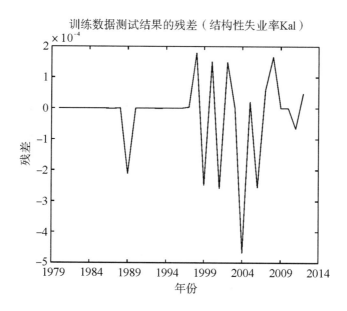

图6-61　1979—2011年结构性失业率_Kal训练数据拟合残差

从图6-62与图6-63可以看出，结构性失业率_Kal测试数据的测试结果明显低于实际值，且两者的差距与拟合残差呈扩大的趋势。测试数据拟合曲线的均方误差为0.000 040，说明测试结果比较理想，同时与原始数据的趋势较为一致。

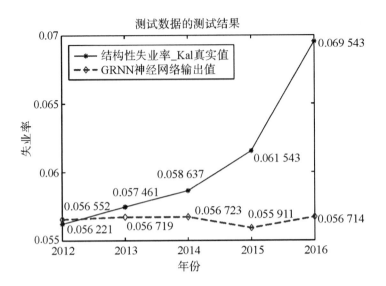

图 6-62　2012—2016 年结构性失业率_Kal 测试数据拟合曲线

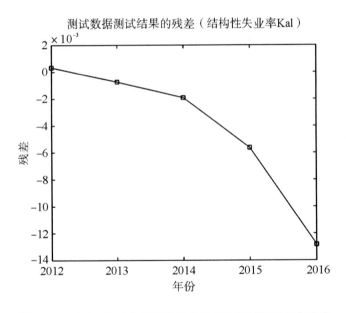

图 6-63　2012—2016 年结构性失业率_Kal 测试数据拟合残差

6.2.3　基于小波神经网络模型的预测分析

利用循环结构，设置不同的隐含层神经元个数［1，100］，由训练数据和测试数据的均方误差，可知登记失业率、估计失业率、结构性失业率（估计）_HP、结构性失业率（登记）_HP、结构性失业率（估计）_BP、结构性失业率（登记）_BP 以及结构性失业率_Kal 七组测试与训练数据的最佳神经元个数均为 16。此外，设定学习概率 lr1 和 lr2 分别为 0.001 和 0.000 1，迭代次数为 10 000 次。

6.2.3.1 登记失业率

从图 6-64 与图 6-65 可以看出登记失业率的训练数据与小波神经网络的拟合值基本重合，且训练数据拟合曲线的均方误差为 0，表明拟合效果较好。

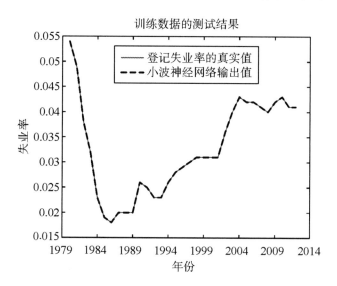

图 6-64　1979—2011 年登记失业率训练数据拟合曲线

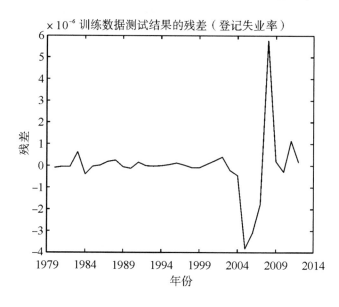

图 6-65　1979—2011 年登记失业率训练数据拟合残差

从图 6-66 与图 6-67 可以看出，登记失业率的测试数据的测试结果明显低于实际值，且两者的差距与拟合残差呈缩小的趋势。测试数据拟合曲线的均方误差为

0.000 246，说明测试结果比较理想，与原始数据相比，测试结果波动较大，且上升趋势明显。

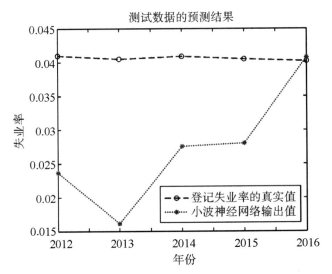

图 6-66　2012—2016 年登记失业率测试数据拟合曲线

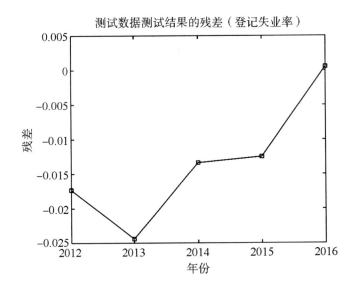

图 6-67　2012—2016 年登记失业率测试数据拟合残差

6.2.3.2　估计失业率

从图 6-68 与图 6-69 可以看出估计失业率的训练数据与小波神经网络的拟合值基本重合，且训练数据拟合曲线的均方误差为 0，表明拟合效果较好。

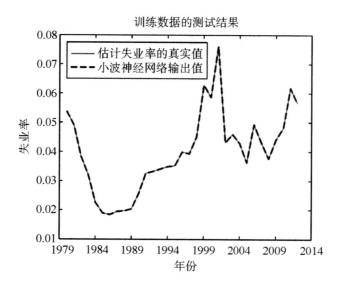

图 6-68　1979—2011 年估计失业率训练数据拟合曲线

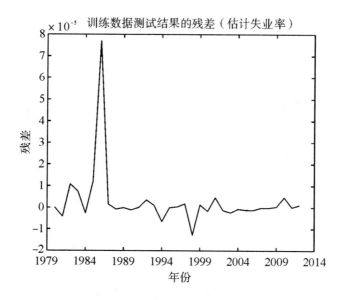

图 6-69　1979—2011 年估计失业率训练数据拟合残差

从图 6-70 与图 6-71 可以看出，估计失业率的测试数据的测试结果虽高峰值超过实际值，但整体上仍低于实际值。测试数据拟合曲线的均方误差为 0.000 233，说明测试结果比较理想。但与原始数据相比，测试结果波动较大，且没有在 2016 年并没有反映出原始数据上升的趋势。

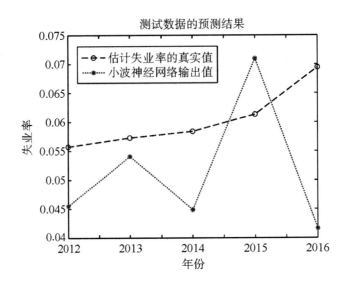

图 6-70　2012—2016 年估计失业率测试数据拟合曲线

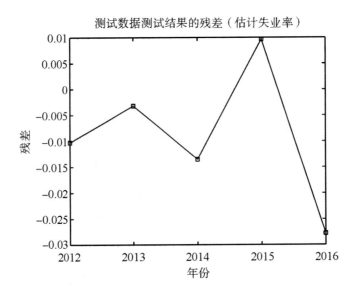

图 6-71　2012—2016 年估计失业率测试数据拟合残差

6.2.3.3　结构性失业率（估计）_HP

从图 6-72 与图 6-73 可以看出结构性失业率（估计）_HP 的训练数据与小波神经网络的拟合值基本重合，且训练数据拟合曲线的均方误差为 0，表明拟合效果较好。

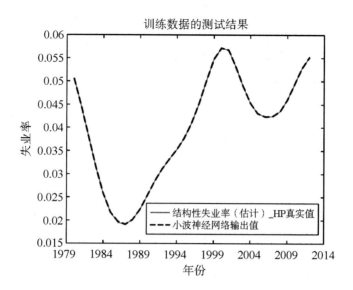

图 6-72 1979—2011 **年结构性失业率（估计）_HP 训练数据拟合曲线**

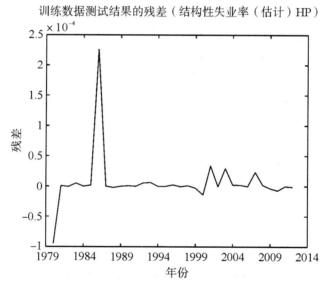

图 6-73 1979—2011 **年结构性失业率（估计）_HP 训练数据拟合残差**

从图 6-74 与图 6-75 可以看出，结构性失业率（估计）_HP 测试数据的测试结果明显低于实际值，且两者的差距与拟合残差呈扩大的趋势。测试数据拟合曲线的均方误差为 0.001 322，说明测试结果比较理想，与原始数据相比，测试结果波动较大，但趋势向下，并没有反映出原始数据上升趋势。

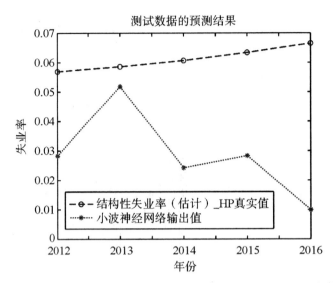

图 6-74　2012—2016 年结构性失业率（估计）_HP 测试数据拟合曲线

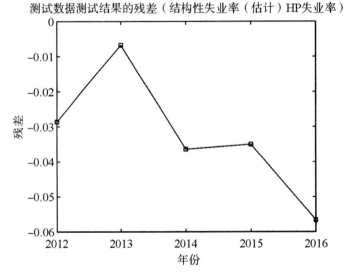

图 6-75　2012—2016 年结构性失业率（估计）_HP 测试数据拟合残差

6.2.3.4　结构性失业率（登记）_HP

从图 6-76 与图 6-77 可以看出结构性失业率（登记）_HP 的训练数据与小波神经网络的拟合值基本重合，且训练数据拟合曲线的均方误差为 0，表明拟合效果较好。

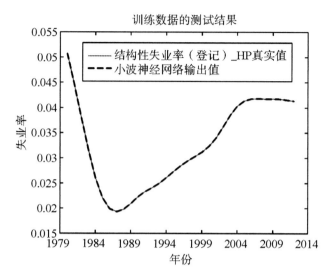

图 6-76　1979—2011 年结构性失业率（登记）_HP 训练数据拟合曲线

图 6-77　1979—2011 年结构性失业率（登记）_HP 训练数据拟合残差

　　从图 6-78 与图 6-79 可以看出，结构性失业率（登记）_HP 测试数据的测试结果明显低于实际值，且两者的差距与拟合残差呈缩小的趋势。测试数据拟合曲线的均方误差为 0.000 192，说明测试结果比较理想，与原始数据相比，测试结果波动较大，且没有反映出原始数据下降趋势。

263

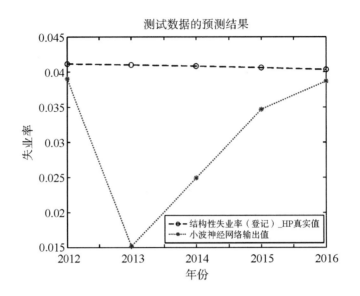

图6-78　2012—2016年结构性失业率（登记）_HP测试数据拟合曲线

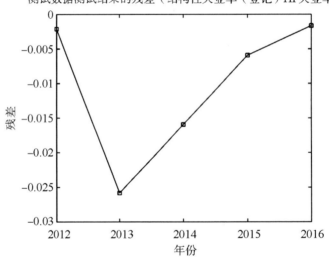

图6-79　2012—2016年结构性失业率（登记）_HP测试数据拟合曲线

6.2.3.5　结构性失业率（估计）_BP

从图6-80与图6-81可以看出，结构性失业率（估计）_BP的训练数据与小波神经网络的拟合值基本重合，且训练数据拟合曲线的均方误差为0，表明拟合效果较好。

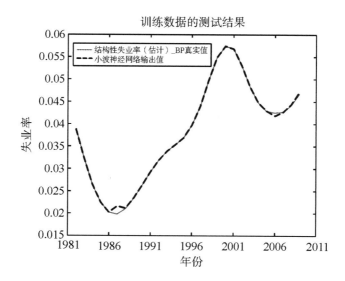

图 6-80 1981—2008 年结构性失业率（估计）_BP 训练数据拟合曲线

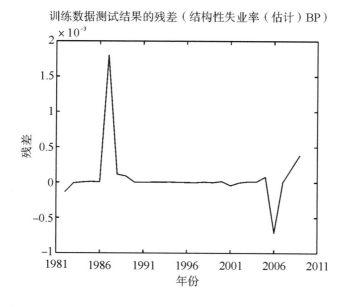

图 6-81 1981—2008 年结构性失业率（估计）_BP 训练数据拟合残差

从图 6-82 与图 6-83 可以看出，结构性失业率（估计）_BP 测试数据的测试结果明显低于实际值，且两者的差距与拟合残差呈先扩大再缩小的趋势。测试数据拟合曲线的均方误差为 0.000 859，说明测试结果比较理想，与原始数据相比，测试结果波动较大，呈现先下降再上升的趋势，但与数据上升趋势不同。

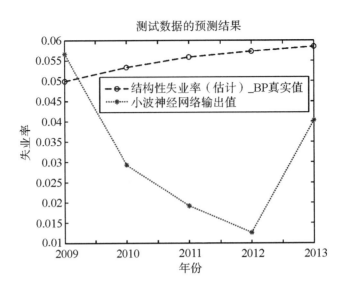

图 6-82　2009—2013 年结构性失业率（估计）_BP 测试数据拟合曲线

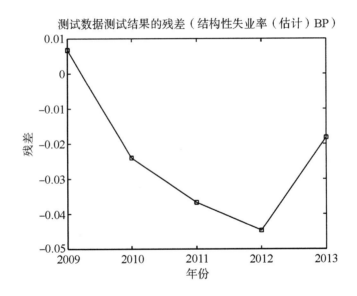

图 6-83　2009—2013 年结构性失业率（估计）_BP 测试数据残差

6.2.3.6　结构性失业率（登记）_BP

从图 6-84 与图 6-85 可以看出，结构性失业率（登记）_BP 的训练数据与小波神经网络的拟合值基本重合，且训练数据拟合曲线的均方误差为 0，表明拟合效果较好。

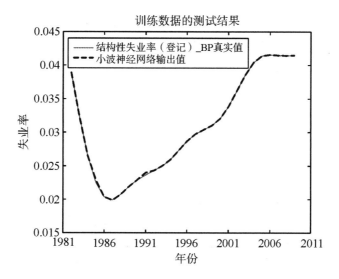

图 6-84　1981—2008 年结构性失业率（登记）_BP 训练数据拟合曲线

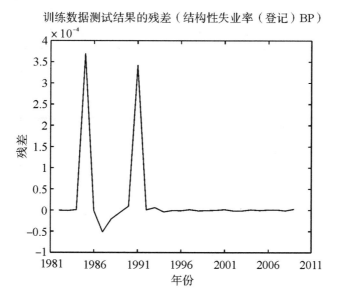

图 6-85　1981—2008 年结构性失业率（登记）_BP 训练数据拟合残差

　　从图 6-86 与图 6-87 可以看出，结构性失业率（登记）_BP 测试数据的测试结果明显低于实际值，且波动趋势显著大于原始数据。测试数据拟合曲线的均方误差为 0.000 087，说明测试结果比较理想，与原始数据相比，测试结果波动较大，与原始数据下降趋势不同。

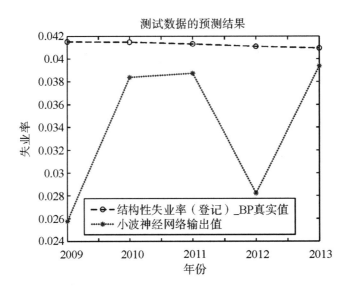

图 6-86 2009—2013 年结构性失业率（登记）_BP 测试数据拟合曲线

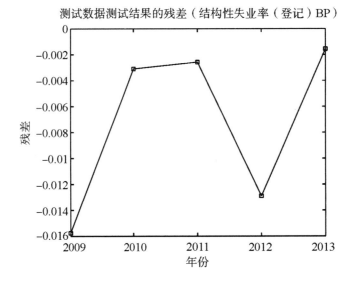

图 6-87 2009—2013 年结构性失业率（登记）_BP 测试数据拟合曲线

6.2.3.7 结构性失业率_Kal

从图 6-88 与图 6-89 中可以看出结构性失业率_Kal 的训练数据与小波神经网络的拟合值基本重合，且训练数据拟合曲线的均方误差为 0，表明拟合效果较好。

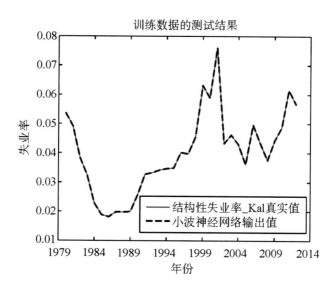

图 6-88　1979—2011 年结构性失业率_Kal 率训练数据拟合曲线

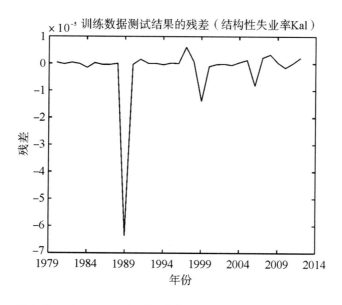

图 6-89　1979—2011 年结构性失业率_Kal 训练数据拟合残差

　　从图 6-90 与图 6-91 可以看出，结构性失业率_Kal 测试数据的测试结果明显低于实际值，且两者的差距与拟合残差呈扩大的趋势。测试数据拟合曲线的均方误差为 0.000 688，说明测试结果比较理想，与原始数据相比，测试结果波动较大，原趋势相反。

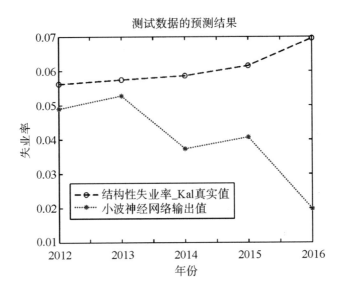

图 6-90　2012—2016 年结构性失业率_Kal 测试数据拟合曲线

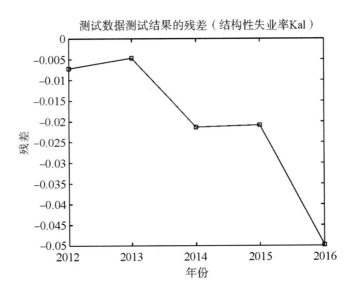

图 6-91　2012—2016 年结构性失业率_Kal 测试数据拟合曲线

6.2.4　结构性失业率预警三种方法的比较分析

以上三种模型的训练数据与测试数据的均方误差都很小，说明三种神经预测方法用于结构性失业率预警的预测研究是完全可行的。通过数据指标对三种模型预测的效果做比较说明，首先，从预测的效果看，Elman 神经网络模型的预测数据均方误差最小（见表6-5），小波神经网络模型的测试数据均方误差最大（见表6-9），表明三者之中，Elman 神经网络模型的预测效果最好，广义回归神经网络模型次之，而小波神经网络模型的预测效果最差。

表 6-5　基于 Elman 神经网络的结构性失业率预警的预测分析（一）

变量	迭代次数	训练数据的 MSE	测试数据的 MSE	测试数据的趋势判断
Ur_re	1 364	0.000 000	0.000 012	上升
Ur_es	1 253	0.000 000	0.000 013	上升
Strur_es_hp	814	0.000 000	0.000 035	上升
Strur_re_hp	1 463	0.000 000	0.000 002	上升
Strur_es_bp	1 196	0.000 000	0.000 008	上升
Strur_re_bp	846	0.000 000	0.000 003	先上升后下降
Strur_kal	1 550	0.000 000	0.000 098	上升

表 6-6　基于 Elman 神经网络的结构性失业率预警的预测分析（二）

变量	1	2	3	4	5	平均值	方差
Ur_re	0.043 559	0.040 238	0.039 414	0.045 286	0.045 554	0.042 81	0.000 008
Ur_es	0.050 904	0.056 109	0.062 543	0.065 835	0.067 531	0.060 585	0.000 048
Strur_es_hp	0.055 175	0.059 423	0.065 256	0.064 052	0.078 741	0.064 529	0.000 079
Strur_re_hp	0.040 592	0.041 757	0.041 862	0.041 046	0.043 344	0.041 72	0.000 001
Strur_es_bp	0.050 963	0.053 99	0.053 604	0.057 442	0.058 694	0.054 938	0.000 010
Strur_re_bp	0.039 641	0.041 543	0.040 806	0.042 047	0.037 917	0.040 391	0.000 003
Strur_kal	0.055 552	0.061 751	0.067 741	0.068 668	0.087 953	0.068 333	0.000 148

表 6-7　基于广义回归神经网络的结构性失业率预警的预测分析（一）

变量	SPREAD	训练数据的 MSE	测试数据的 MSE	测试数据的趋势判断
Ur_re	0.1	0.000 000	0.000 000	平稳
Ur_es	1	0.000 000	0.000 007	上升
Strur_es_hp	0.9	0.000 000	0.000 069	上升
Strur_re_hp	1	0.000 000	0.000 000	先升后降
Strur_es_bp	0.9	0.000 000	0.000 082	先降后升
Strur_re_bp	1.4	0.000 000	0.000 000	平稳
Strur_kal	0.5	0.000 000	0.000 040	先降后升

表 6-8　基于广义回归神经网络的结构性失业率预警的预测分析（二）

变量	1	2	3	4	5	均值	方差
Ur_re	0.041	0.041	0.041	0.041	0.041	0.041	0.000 000 00
Ur_es	0.053 819	0.055 677	0.055 85	0.053 315	0.055 322	0.054 797	0.000 001 33
Strur_es_hp	0.052 975	0.054 368	0.054 629	0.052 136	0.054 247	0.053 671	0.000 001 14
Strur_re_hp	0.041 452	0.041 373	0.041 359	0.041 451	0.041 378	0.041 403	0.000 000 00
Strur_es_bp	0.046 627	0.045 407	0.046 43	0.046 762	0.046 745	0.046 394	0.000 000 32
Strur_re_bp	0.041 471	0.041 476	0.041 478	0.041 478	0.041 478	0.041 476	0.000 000 00
Strur_kal	0.056 552	0.056 719	0.056 723	0.055 911	0.056 714	0.056 524	0.000 000 12

表 6-9　基于小波神经网络的结构性失业率预警的预测分析（一）

变量	训练数据的 MSE	测试数据的 MSE	测试数据的趋势判断
Ur_re	0.000 000	0.000 246	先降后升
Ur_es	0.000 000	0.000 233	先降后升再将
Strur_es_hp	0.000 000	0.001 322	先升后降
Strur_re_hp	0.000 000	0.000 192	先降后升
Strur_es_bp	0.000 000	0.000 859	先降后升
Strur_re_bp	0.000 000	0.000 087	先升后降在再升
Strur_kal	0.000 000	0.000 688	下降

表 6-10　基于小波神经网络的结构性失业率预警的预测分析（二）

变量	1	2	3	4	5	均值	方差
Ur_re	0.023 674	0.016 123	0.027 539	0.028 014	0.040 737	0.027 217	0.000 080
Ur_es	0.045 488	0.054 069	0.044 864	0.070 975	0.041 624	0.051 404	0.000 141
Strur_es_hp	0.028 271	0.051 845	0.024 27	0.028 359	0.009 973	0.028 544	0.000 227
Strur_re_hp	0.039 032	0.015 19	0.024 92	0.034 701	0.038 693	0.030 507	0.000 106
Strur_es_bp	0.056 669	0.029 32	0.019 2	0.012 606	0.040 307	0.031 621	0.000 306
Strur_re_bp	0.025 765	0.038 382	0.038 746	0.028 215	0.039 391	0.034 1	0.000 043
Strur_kal	0.049 026	0.052 802	0.037 306	0.040 699	0.019 765	0.039 919	0.000 166

　　其次，从预测值的大小来看，Elman 神经网络模型的预测值最大（见表 6-6），广义回归神经网络模型的预测值次之（见表 6-8），而小波神经网络模型的预测值最小（见表 6-10）。

　　再次，从预测趋势上看，Elman 神经网络模型的预测趋势与原数据趋势相同，都为上升趋势，广义回归神经网络模型的预测趋势与原数据趋势大体相同，小波神经网络模型的预测趋势与原数据趋势背离较为明显。

最后，从波动幅度来看，广义回归神经网络模型的波动幅度最小，Elman 神经网络模型的波动幅度次之，小波神经网络模型的波动幅度最大。

综合以上分析，Elman 神经网络模型预测效果最好，且预测的值最大，上升趋势明显，可以作为结构性失业率预警的上限值；广义回归神经网络模型预测的效果居中，波动幅度最小，趋势不明显，可以作为结构性失业率预警的中间值；小波神经网络模型的预测值最小，波动最大，下降趋势显著，可以作为结构性失业率预警的下限值。

6.3 结构性失业率预警线的划分

通常而言，失业预警中的失业率警戒线都是以总失业率为依据，并结合经济社会的其他指标确定失业预警级别。本书根据现有研究文献中关于失业预警的警戒线的划分，并结合结构性失业率的特征和上述结构性失业预警机制的实证分析，将结构性失业率预警线划分为以下几个预警级别（见表 6-11）。

表 6-11　结构性失业率预警线

预警登记	警戒线以下	三级预警	二级预警	一级预警
登记失业率（%）	3	4	5	6
估计失业率（%）	4	5	6	7
结构性失业率_HP（%）	2	3	4	5
结构性失业率_BP（%）	2	3	4	5
结构性失业率_kal（%）	2	3	4	5
失业预警标识	绿灯区	黄灯区	橙灯区	红灯区

如前所述，结构性失业的一般失业周期较长，且治理难度较大，尤其是那些就业困难的弱势群体，一旦失业，在短期内将难以找到适合的工作。本书将结构性失业率预警线的水平设置低于城镇登记失业率与估计失业率，主要基于上述原因。实践证明，经济发展无法完全消除结构性失业现象，即在市场经济中始终存在一定量的结构性失业，这并不影响经济发展。因此当结构性失业率保持在 2% 到 3% 之间时（就相当于国际上公认的自然失业率在 4% 以下时），处于绿灯区，这时候失业率依

然处于正常范围之内，政府无须采取失业应急措施，只需通过失业保险、社会保障等对这部分的失业人员进行兜底即可。当结构性失业率位于3%至4%之间时，处于黄灯区，这时候应防止结构性失业率进一步上升，启动三级预警。当结构性失业率高于4%而低于5%时，表明结构性失业率严重影响到经济的发展，处于橙灯区，应启动二级预警。当结构性失业率高于5%时，表明结构失业已经特别严重，在总量失业问题日益严重的同时，结构性失业更加严重，此时处于红灯区，应该启动一级预警。

结合我国总量失业率（包括城镇登记失业率与本书估计的总量失业率）和本书测度的结构性失业率来看，本书估计的总量失业率2010年后一直维持在较高水平，结构性失业率也一直维持在较高的水平，且自2011年一直攀升。虽然总量失业率处于二级预警状态，但是本书测度结构性失业率大多处于一级预警状态，表明在总量失业日益严重的情况下，结构性失业问题更加突出。从三种结构性失业率的预测模型来看，Elman神经网络模型预测出结构性失业率都处于一级预警状态，广义神经网络模型预测出的结构性失业率居中，基于总量失业率计算的结构性失业率处于一级预警状态，而小波神经网络模型预测出的结构性失业率最低，处于二级预警状态。因此，在治理我国结构性失业上，除了应高度重视以外，还应将此纳入国家长期经济发展战略规划之中，作为一项重大民生建设加以长效、持续地解决。

6.4 本章小结

本章包括结构性失业率影响因素与结构性失业预警机制两个部分的实证分析。由结构性失业率影响因素的一般实证分析结果可知，经济增长是影响就业增长的重要因素，是拉动就业增长、降低结构性失业率的重要动力；通货膨胀与产能利用率是影响结构性失业率的因素；由结构性失业率影响因素的"三维度"实证分析结果可知，制度结构先行指标、产业结构先行指标与市场结构性的滞后指标与结构性失业率的变动方向相反；而制度结构性滞后指标、产业结构的同步指标和滞后指标、市场结构性的先行指标与结构性失业率的变动方向相同，其中制度结构滞后指标对结构性失业的影响最大，可见制度结构与产业结构是造成结构性失业率上升的主要因素，而劳动力市场结构的改善可以有效地降低结构性失业率。本章分别采用Elman神经网络模型、广义回归神经网络模型与小波神经网络模型对结构性失业预警机制进行实证分析，结果表明三种模型都能从不同层面对结构性失业率进行预警与预测，且三种方法预测的结果存在一定差异，但本书认为 Elman 神经网络模型预测结果相对较高，可以作为结构性失业率预警的上限值；广义回归神经网络模型预测结果居中，可以作为结构性失业率预警的中间值；小波神经网络模型的预测结果最小，可以作为结构性失业率预警的下限值。

7 国外结构性失业状况及其治理的经验和借鉴

经济发展不平衡导致的资源配置不合理是任何一个经济体在发展过程中都可能遇到的难题。总的来讲，结构性失业就是资源配置不合理所产生的直接后果，也是每一个国家所面临的核心就业问题。研究结构性失业问题，既需要针对一国的特殊国情，也需要借鉴别国的经验与启示。我国既是一个最大的发展中国家，又是一个由计划经济向市场经济转变的经济转型国家，面临的结构性失业问题比较复杂。从世界范围来看，美国是现代市场经济最发达的国家，俄罗斯是典型的经济转型国家，印度既是人口大国，同时又是典型的发展中国家，这三个国家的结构性失业具有各自鲜明的特征，特别是这三个国家的结构性失业分别具有市场经济结构失衡、经济体制转型、经济发展阶段转换等特征，与我国当前凸显的结构性失业有其相似特点。因此，本章集中梳理与分析美国、俄罗斯与印度三个国家结构性失业产生的原因、特点与政策措施，以便从中汲取有益的借鉴与启示。

7.1 美国的结构性失业问题及其治理

7.1.1 二战后美国结构性失业的缘由及状况概述

第二次世界大战后，美国借助此次世界战争大发战争财，战后又凭借强大的军事与经济实力，建立起战后以美国为主导的世界政治经济新秩序。从 GDP 的增长率来看，战后美国经济保持了较长时间的增长，直到 1973 年之后，美国经济增长率才逐渐降到了 1950 年到 1973 年的平均水平以下，主要原因在于美国生产增长率的降低[①]。美国经济增长率自 1978 年达到 12.99%后就开始步入下降通道（见图 7-1），经济增速过

---

① 麦迪逊. 世界经济千年史 [M]. 伍晓鹰，许宪春，叶燕斐，等译. 北京：北京大学出版社，2003：128.

快的背后，是经济运行中较高的通货膨胀率。从经济学理论指导上讲，宏观决策上由于长期采纳凯恩斯主义，以财政赤字的需求管理应对经济危机，危机的内在矛盾难以解除，危机期间物价居高不下，国民经济中形成通货膨胀与经济停滞不前并存的痼疾。于是这种"滞胀"成为20世纪70年代到80年代美国经济的显著特点。正是在这一阶段，长期的结构性失业日渐成为美国劳动力市场中的最大问题。进入21世纪后，在信息革命的推动下，经济全球化成为大势所趋。美国劳动力总数与就业总数一直保持不断上升的趋势，尤其是2008年的金融危机，导致了长期失业人数与失业率的同时攀升，2010年后又有所波动回落（见图7-2和表7-1）。

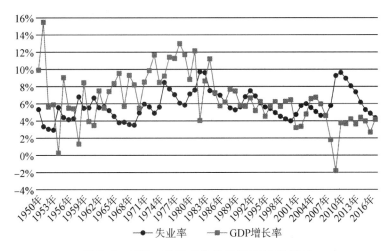

图 7-1　1950—2017 年失业率与 GDP 增长率

数据来源：CEIC 宏观经济数据库（https://insights.ceicdata.com）

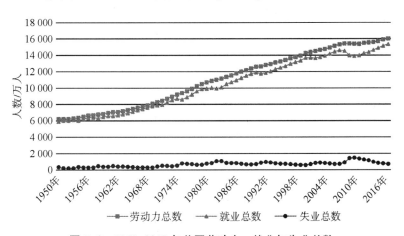

图 7-2　1950-2017 年美国劳动力、就业与失业总数

数据来源：CEIC 宏观经济数据库（https://insights.ceicdata.com）

表 7-1　1950—2017 年美国失业率与 GDP 增长率

年份	失业率	GDP 增长率	年份	失业率	GDP 增长率	年份	失业率	GDP 增长率
1950 年	5.33%	9.92%	1973 年	4.89%	11.66%	1996 年	5.42%	5.67%
1951 年	3.33%	15.50%	1974 年	5.59%	8.48%	1997 年	4.95%	6.25%
1952 年	3.03%	5.62%	1975 年	8.47%	9.22%	1998 年	4.51%	5.66%
1953 年	2.93%	5.87%	1976 年	7.72%	11.41%	1999 年	4.22%	6.27%
1954 年	5.55%	0.26%	1977 年	7.07%	11.27%	2000 年	3.99%	6.46%
1955 年	4.38%	9.04%	1978 年	6.07%	12.99%	2001 年	4.73%	3.21%
1956 年	4.14%	5.48%	1979 年	5.83%	11.70%	2002 年	5.78%	3.35%
1957 年	4.26%	5.40%	1980 年	7.14%	8.82%	2003 年	5.99%	4.77%
1958 年	6.80%	1.32%	1981 年	7.60%	12.15%	2004 年	5.53%	6.59%
1959 年	5.48%	8.45%	1982 年	9.71%	4.04%	2005 年	5.07%	6.74%
1960 年	5.51%	3.92%	1983 年	9.62%	8.65%	2006 年	4.62%	5.97%
1961 年	6.68%	3.48%	1984 年	7.53%	11.21%	2007 年	4.62%	4.61%
1962 年	5.54%	7.50%	1985 年	7.19%	7.29%	2008 年	5.78%	1.81%
1963 年	5.67%	5.49%	1986 年	6.99%	5.75%	2009 年	9.27%	−1.79%
1964 年	5.19%	7.43%	1987 年	6.19%	6.19%	2010 年	9.62%	3.76%
1965 年	4.53%	8.36%	1988 年	5.49%	7.69%	2011 年	8.95%	3.67%
1966 年	3.78%	9.53%	1989 年	5.27%	7.48%	2012 年	8.07%	4.21%
1967 年	3.84%	5.68%	1990 年	5.62%	5.81%	2013 年	7.38%	3.63%
1968 年	3.58%	9.30%	1991 年	6.82%	5.69%	2014 年	6.17%	4.39%
1969 年	3.51%	8.20%	1992 年	7.51%	6.67%	2015 年	5.29%	3.98%
1970 年	4.93%	5.48%	1993 年	6.90%	5.19%	2016 年	4.87%	2.68%
1971 年	5.96%	8.52%	1994 年	6.08%	6.25%	2017 年	4.35%	4.16%
1972 年	5.62%	9.85%	1995 年	5.61%	4.53%			

数据来源：CEIC 宏观经济数据库（https://insights.ceicdata.com）

2008 年全球金融危机爆发以来，美国的就业虽然随着经济恢复而波动增长，但却陷入一种结构性失衡。这种结构性失衡，不止是经济增长与就业增长的失衡，更加明显地表现在劳动力市场的结构性失衡，特别是长期失业人员数的增加。2008 年美国失业人数高达 840 万人，失业率飙升至 10%，2013 年的失业率仍维持在 7.6% 左右徘徊，这一数据看似低于 2011 年的 8%。但失业率下降的背后，是失业统计口径发生了改变，即不再将那些"再就业失去信心的人"纳入失业人数的计算中，因为这意味着他们不再寻找工作①。回顾2008年金融危机后的美国劳动力市场可以发现，金融危机对美国的各个年龄段的人都带来了很大的冲击，对年轻人的打击尤为严重。原因在于，劳动力市场上的雇主都会选择有大量工作经验的熟练工人，以及那些愿意接受较低工资水平的工人。值得关注的是美国劳动力市场上的青年人就业和大学毕业生就业问题。相关统计数据显示，美国34岁以下的失业人员占据了失业人数的一半以上，同时很多就业者的工作技能与学历远高于所从事工作的必备条件，事实上40%多的大学毕业生正在从事的工作根本不需要大学学历。由此可见，美国的劳动力市场存在大量的结构性失业人员，因为统计口径的变化而被人为地忽略，即使在就业人员中，也存在很多技术性结构性失业人员和迫于生计而高配低就的高技术、高学历人员。美国的结构性失业问题，从劳动参与率的变化可见一斑，劳动参与率反映了人们寻找工作的信心，2000年后，美国的劳动参与率呈现下降趋势，由2008年6月的66.6%左右下降到2018年的62.7%（见图7-3）。这反映出，美国劳动者求职信心并没有随着经济恢复而增强。

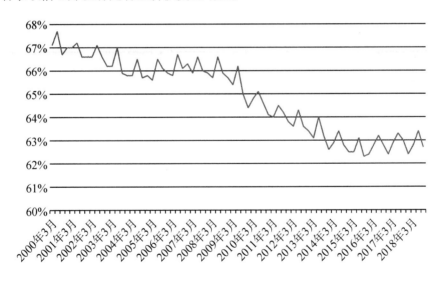

图7-3　2000年3月至2018年9月美国劳动参与率

数据来源：CEIC宏观经济数据库（https://insights.ceicdata.com）

---

① 山村耕造. 过剩：资本主义的系统性危机［M］. 童晋，译. 北京：社会科学文献出版社，2016：66.

7.1.2　美国结构性失业的特征

美国结构性失业的主要特征可以概括如下：

（1）经济增长的就业效应下降，长期失业增加，结构性失业率上升。二战以后，美国经济持续的增长并未带来就业的增长与改善，劳动力市场就业增长乏力。尤其是20世纪70年代石油危机引发的经济"滞涨"，导致失业人数持续增长。20世纪50年代，美国平均失业率只有4.52%，最低时只有2.93%（1953年）；到了20世纪60年代，平均失业率增长到了4.78%，最低时为3.51%；到20世纪70年代，平均失业增长到6.21%；20世纪80年代，美国平均失业率更是高达7.27%[①]。美国劳动就业率不断攀升的背后，是长期失业人员人数的增加。

（2）实体经济"去工业化、消化过剩产能"引起劳动力的供需不匹配。二战后，美国作为科学技术进步最快的国家，其在促进产业结构升级过程中，传统产业不断向其他国家转移。特别是长期的"去工业过程"，使制造业工作岗位持续减少。尤其是过剩产能较为集中的传统产业部门，如建筑、钢铁以及汽车三大产业，面临较为严重的结构性失业问题。而被这些传统行业所挤出的产业工人，因缺乏知识与工作技能，很难在要求较高的科技产业部门找到工作。美国传统制造业的衰落在中西部与东北部地区表现得最为明显，出现了所谓的"铁锈地带（rust belt）"，这些地区集中了较为严重的产业型结构性失业与区域型结构性失业。

（3）失业人员的学历结构性特征明显。在美国的所有失业人员中，高中毕业生失业人数占比最高，其次是学院毕业但没有学位证书（相当于我国的专科学历）的青年学生。这两个人群所从事的行业主要属于制造业、建筑业以及低端服务业，属于主要靠体力劳动的行业。每当经济发生衰退时，他们最先面临失业风险，比如2008年金融危机爆发，只有高中毕业和学院毕业没有学位的劳动者失业人数急剧上升（见图7-4）。

---

① 数据来源：CEIC宏观经济数据库（https://insights.ceicdata.com）。

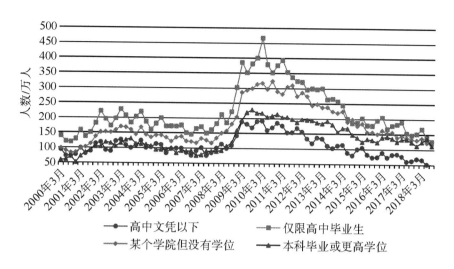

图 7-4　2000 年 3 月至 2018 年 9 月美国失业人员受教育程度

数据来源：CEIC 宏观经济数据库（https://insights.ceicdata.com）

（4）失业持续时间不断延长。失业持续时间是衡量结构性失业的一个重要指标。延长的失业时间，不仅加速了折旧劳动力的人力资本积累，同时也会让失业者承受较大的心理负担，因此失业时间越久对劳动者重新就业越不利。从统计数据来看，美国失业人员的平均失业持续时间在不断提高，尤其是 2008 年后，失业周期提高幅度较大（见图 7-5）。超过 27 周一般被认为是长期的结构性失业，从数据上来看，2009 年 9 月美国失业人员平均久期周数开始超过 27 周这一标准，并且维持到了 2016 年年底（见图 7-6）。美国的失业率一直维持维持较高的水平，在此期间，各季度失业率一直维持在 4.5% 以上，2010 年第三季度失业率一度高达 10.4%（见图 7-7）。

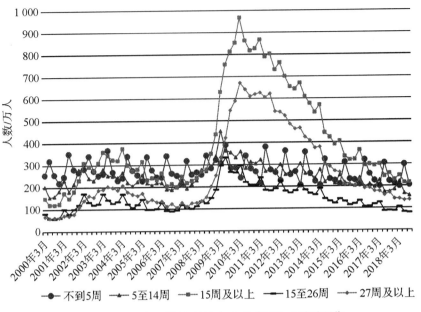

图 7-5 2000 年 3 月至 2018 年 9 月美国失业持续周期

数据来源：CEIC 宏观经济数据库（https://insights.ceicdata.com）

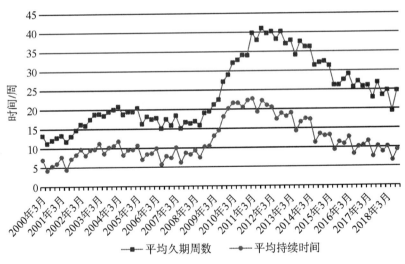

图 7-6 2000 年 3 月至 2018 年 9 月美国失业人员平均失业周期

数据来源：CEIC 宏观经济数据库（https://insights.ceicdata.com）

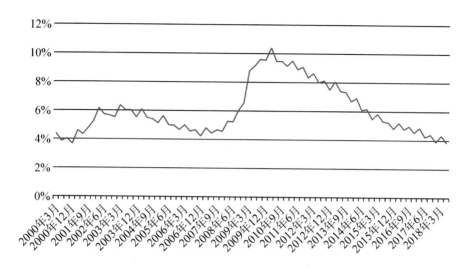

图 7-7　2000 年第 1 季度至 2018 年第 2 季度失业率

数据来源：CEIC 宏观经济数据库（https://insights.ceicdata.com）

7.1.3　美国结构性失业的原因

美国结构性失业形成的原因，除了资本主义经济制度内在矛盾以外，结合二战后国内经济发展的因素，可梳理出以下具体成因。

（1）劳动者技能与产业发展需求不一致，技能不匹配度增加。第三次科技革命以来，美国随着知识经济与数字经济的发展，在孕育新产业的同时，对旧的产业结构也形成了一定的冲击，由此引发了劳动力市场的需求变化。产业结构的转型升级对劳动力市场的劳动力供给提出了更高要求，但在劳动者技能与知识储备并未得到改善的情况下，结构性失业就会由此而产生，并进一步激化。尤其是 2008 年金融危机爆发后，美国的建筑、金融、房地产等部门遭受重创，这些部门的员工面临较大的转岗难度。而一些新兴的数字经济行业部门则存在较多的岗位空缺，却面临"招工难"的困境。

（2）实体经济"去工业化"，工作岗位减少。经济全球化背景下，美国的制造业与低端服务业外包，导致国内就业机会减少。20 世纪 70 年代开始，美国低端产业开始向海外转移，到了 20 世纪 80 年代初期，美国制造业出现了严重的衰退，制造业的就业人数占比呈现不断下降趋势。到 2008 年年底，美国工业就业人数占比已经下降到只有 15.1%。虽然在这一过程中，服务业就业占比不断上升，对就业的吸纳能力远超制造业，到2008年已经达到84.06%，由此可见美国的就业过度依赖服务业①。即使如此，在2008年之前，美国产业空心化等问题并未引起各方的关注，而在美联储一系列货币宽松政策刺激下，尤其是基准利率的降低，并没有促使实体经济的发展，而是助推了美国房地产市场过度繁荣，最终导致次贷危机的爆发，引发了席卷全球的金融危机。随之而来的就是美国长时期的结构性失业问题。

（3）人口老龄化加剧了结构性失业，但结构性失业主体却依然以青壮年失业为主。伴随着二战后婴儿潮出生的人口步入老年，美国老龄人口的就业特点加剧了国内结构性失业问题。老龄人口失业率虽较青年人低，但一旦失业后再找工作会很困难，且失业周期要长于青年失业人口。根据CEIC宏观经济数据库，2000年第一季度至2018年第三季度，美国青壮年失业人数最多，所占的比重也最大。尤其是25岁至34岁年龄段占据失业人口的绝大部分（见图7-8和图7-9）。

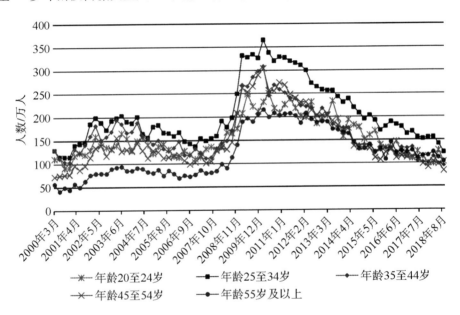

图7-8　2000年3月至2018年9月美国主要年龄段的失业人数

数据来源：CEIC宏观经济数据库（https://insights.ceicdata.com）

---

① 数据来源于CEIC宏观经济数据库（https://insights.ceicdata.com）

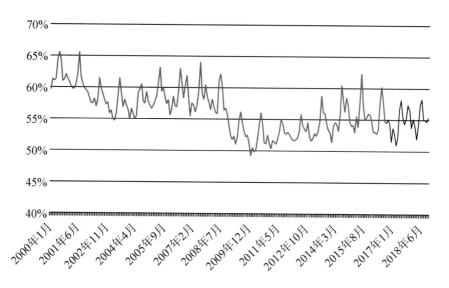

图 7-9　2000 年 1 月至 2018 年 10 月 34 岁以下失业人员占比

数据来源：CEIC 宏观经济数据库（https://insights.ceicdata.com）

（4）较高失业救济福利会导致自愿失业的增加。目前人们公认的造成美国结构性失业的一个重要原因是，美国政府自 2010 年 7 月起对失业人员的救助时间从 26 周延长至 99 周，导致自愿性失业人数增加，这也是发达资本主义国家企图缓和国内矛盾推行"高福利政策"的一个通病。

7.1.4　美国应对结构性失业的政策措施

针对结构性失业，美国政府采取了若干政策措施，概括起来如下：

（1）税收优惠与减免政策。税收优惠与税收减免是美国政府应对经济衰退、促进就业增长的重要举措。特朗普一上台就签署了大规模的减税法案，旨在促使资本与制造业双双回流美国，试图缓解美国经济的空心化，并进一步提高就业水平。但是美国的政治体制与政治预算制度制约了特朗普减税政策的实施，同时缺乏其他经济有利条件，很有可能导致特朗普执政时期的减税政策难以达到里根时期的经济刺激效果。特朗普上任后出台的一系列政策措施虽然在短期内能够促进经济恢复与就业增长，但是难以掩盖收入差距分化的现实，并且引发激烈的全球贸易争端，在长期内造成美国财政赤字的扩大，使美国政府陷入严重的债务危机。回顾美国 20 世纪 80 年代以来的三次减税可以发现，里根政府、小布什政府与奥巴马政府的三次减税的初衷都是促进经济发展与就业增长，在短期内取得效果的同时，往往造成了财政赤字而不利于长期发展。

（2）加强教育与职业培训的投入。美国共和与民主两党对这一政策存在分歧，有的主张增加这方面的支出，而有的主张削减这方面的开支。但在实际操作层面，大多数州和地方政府在不断压缩教育与职业培训支出，这一趋势将会对美国的就业产生不利影响。其原因在于随着美国产业结构的调整升级及数字经济时代的到来，高端服务业对学历与技能都提出了更高的要求。即使美国实行"再工业化"，制造业回归美国，带来大量的就业岗位，但是制造业对劳动者的技能与学历也提出了更高要求。这就要求政府必须出台加强教育投入和职业培训的政策措施。

（3）产业回归与推行"再工业化"的战略。"再工业化"是在美国经济发展放缓以及社会失业率攀升的背景下提出来的，特朗普此举的目的在于推行贸易保护主义和增加军费预算开支①。"再工业化"首先需要的是为美国生产出的产品寻找广阔的市场，在全球化的今天，美国不具有劳动力成本的比较优势，其高昂的劳动力成本使其产品在国际市场上不具有竞争优势。美国的比较优势在于高科技产品和农产品，但是在中美贸易中，美国限制高科技产品的出口，而主要出口农产品，例如大豆、小麦、坚果、猪肉等。因此，为了支持美国的"再工业化"，推行贸易保护主义，限制进口成为必然。同样，特朗普上台后，增加军费开支，也是为了通过军购的增加来推动相关产业的发展。但是美国军工产业在整个制造业中占的比例重且所雇佣的都是高技能劳动者，而美国大部分的蓝领劳动者集中于民用产业，因此，通过军需采购很难支撑美国"再工业化"战略的顺利推进和取得成效，而以此战略实施来解决国内长期结构性失业政策的初衷，也难以实现。

（4）保障弱势群体就业的措施。美国政府对在劳动力市场处于弱势地位的人员，如离婚的妇女、无法找到工作的大龄人口、有色族群以及伤残人员，采取特殊公共就业服务政策。并且专门设立了平等就业委员会（EEOC），其作为联邦政府的一个独立机构，专门负责执行就业方面的反歧视方案。美国的反歧视就业法案主要包括《禁止就业歧视法》、规定在就业时不得歧视40岁以上老年人的《就业年龄歧视法》、要求男女同工同酬的《平等薪酬法》、保护联邦雇员权利防止歧视和报复举报者的《告知与联邦雇员反歧视和报复法》等②。这些就业方面的法律法规在一定

---

① 徐则荣，王也，陈江滢. 特朗普新政对美国的影响及对中国的警示 [J]. 福建论坛（人文社会科学版），2018（6）：21-27.

② 史嵩宇. 美国弱势群体权利保护的经验与启示 [J]. 行政管理改革，2016（4）：69-73.

程度上缓解了就业歧视对结构性失业的加深，保障了弱势群体的就业权利。

（5）实施产业政策，加强政府对产业结构调整的干预。为了应对日益严重的结构性失业，无论是民主党还是共和党执政的美国政府，都选择动用政府这只"有形之手"来采取产业政策配合积极的就业政策。譬如，小布什政府时期，面对金融危机对美国汽车行业的冲击，就曾于 2008 年 12 月推出 174 亿美元汽车业救援计划以救助困境中的通用和克莱斯勒这两家公司；而奥巴马走马上任不久后就出台了一揽子的振兴计划，拨巨资以振兴美国的新能源产业。尤其是在金融危机后，美国政府已经高度介入包括房屋贷款、银行、保险和汽车在内的许多行业，企图通过产业结构调整，来缓解结构性失业的恶化。

7.2 俄罗斯的结构性失业问题及其治理

7.2.1 苏联到俄罗斯：转型中的结构性失业状况概述

自转型以来，俄罗斯失业率一直维持在较高的水平，一直高于 5%（见图 7-10），尤其是在改革前期，苏联时期的失业率就已经处于不断攀升的状态，并在 1999 年达到了最高值 13.03%，远远超过了国际警戒线 7% 这一标准，之后才开始下行。无论是从失业率还是失业人数来看，俄罗斯的失业是一种数量庞大、长期停滞的结构性失业。这种长期停滞的结构性失业并不同于西方发达国家由于供给与需求的周期性波动所伴随的失业问题，而更多地表现为经济体制由计划经济经济向市场经济转轨过程所导致的体制型结构性失业。在苏联解体之前，计划经济体制表面上实现了充分就业，但单体制内的隐性失业、在职失业却相当严重；而在苏联解体后，向市场化转轨过程中，国家不再统一调配安排劳动力，而是由市场参与劳动力的配置。尤其是在苏联实行"休克疗法"的激进式改革后，经济自由化、经济私有化大行其道，大规模的失业也被认为是一种向市场经济过渡的必要手段、代价和不可避免的后果。但其导致的严重后果却使国有资产流失严重，落入特权阶层与暴发户手中，而许多民众却面临失业与高通货膨胀的双重困境。

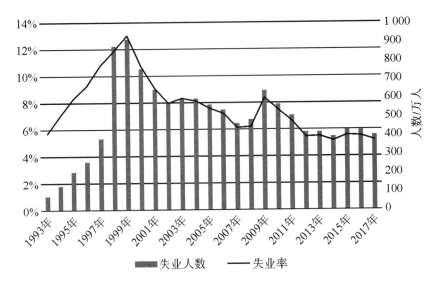

图 7-10　1993—2017 年俄罗斯失业人数与失业率

数据来源：CEIC 宏观经济数据库（https://insights.ceicdata.com）

7.2.2　俄罗斯结构性失业的特点

向市场经济转轨过程中，俄罗斯结构性失业特点鲜明，带有明显的转型的特征，主要特点总结如下。

（1）转轨特征明显。俄罗斯的失业问题产生于计划经济向市场经济过渡过程中，是经济转型国家所特有的现象。苏联时期，计划经济体制下实行全面就业，在国家层面似乎消灭了失业现象。但是苏联解体后，留在俄罗斯经济体中大量的隐性失业得以显性化，过去的在职失业人员在私有化浪潮中失去了原有的工作。

（2）失业周期长。由于俄罗斯劳动力市场依然处于建设亟待完善的阶段，劳动力市场缺乏充分流动性，退出与进入劳动力市场都很困难。俄罗斯的长期失业现象较为严重，人们一旦失去工作在短期内很难找到合适的工作。

（3）青年失业居多。根据 2001 年的社会调查，半数以上的青年非常担心失业问题，同时许多大学毕业生与研究生处于失业状态。根据相关统计数据，1992 年，俄罗斯失业人群中，40 岁以下的中青年失业人员占比达到了 71.9%（见图 7-11 与表 7-2），这一比例虽不断下降，但是直到 2017 年仍然有 61.9%。其中 20~24 岁与 25~29 岁年龄段的失业人员一直占据较高的比例，1992 年这两个年龄段的占比分别为 19% 和 12.7%，两者之和达到了 31.7%；2017 年为 17.9% 和 16.4%，两者之和为 34.3%。

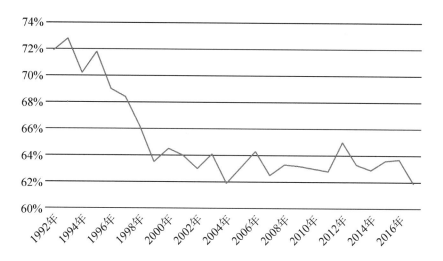

图 7-11　1992—2017 年俄罗斯 40 岁以下失业人数占比

数据来源：CEIC 宏观经济数据库（https://insights.ceicdata.com）。

表 7-2　1992—2017 年俄罗斯不同年龄段的失业人数占比

与平均失业年龄　　　　　　　　　　单位：%

年份	15～19 岁	20～24 岁	25～29 岁	30～34 岁	35～39 岁	40～44 岁	45～49 岁	50～54 岁	55～59 岁	失业平均年龄
1992 年	16.80	19.00	12.70	12.50	10.90	8.40	4.60	5.80	4.60	32.70
1993 年	15.00	18.80	13.10	13.80	12.10	9.70	5.90	4.70	4.20	32.50
1994 年	11.40	17.40	13.10	14.80	13.50	11.70	7.40	4.50	4.40	33.30
1995 年	11.50	18.00	13.90	14.40	14.00	11.00	7.60	4.20	4.00	33.10
1996 年	10.30	18.00	12.90	13.70	14.10	12.10	9.40	3.70	4.20	33.60
1997 年	9.20	17.40	12.70	13.50	15.60	12.40	9.40	4.00	4.40	34.00
1998 年	7.90	18.30	13.30	12.00	14.70	13.20	10.50	5.40	3.10	34.20
1999 年	7.00	16.30	13.30	12.20	14.70	12.60	10.90	6.00	3.80	34.90
2000 年	9.60	17.20	12.50	11.60	13.60	12.90	10.40	6.40	3.00	34.70
2001 年	8.80	17.90	12.40	12.00	12.90	13.60	10.50	6.70	2.60	34.60
2002 年	9.20	17.20	13.20	11.90	11.50	12.90	10.50	8.20	2.50	34.80
2003 年	10.10	18.80	12.80	11.10	11.30	12.10	11.00	7.80	2.80	34.60
2004 年	10.40	17.70	12.30	10.60	10.90	12.10	11.60	8.70	3.20	34.60
2005 年	9.50	18.30	13.60	11.80	9.90	11.30	11.20	8.60	3.80	34.70
2006 年	9.50	21.60	13.90	9.30	10.00	10.00	12.20	8.40	3.80	34.50

表7-2(续)

年份	15~19岁	20~24岁	25~29岁	30~34岁	35~39岁	40~44岁	45~49岁	50~54岁	55~59岁	失业平均年龄
2007年	9.00	20.50	11.70	12.30	9.00	11.50	11.80	9.20	3.50	34.40
2008年	9.20	20.20	12.20	11.80	9.90	9.20	10.50	9.60	5.10	35.00
2009年	6.50	21.40	14.50	10.90	9.90	8.90	10.90	9.50	5.40	35.20
2010年	5.90	20.80	15.00	11.70	9.60	8.50	10.50	10.10	5.70	35.30
2011年	5.40	20.50	15.20	12.00	9.70	8.30	9.70	10.60	6.00	35.50
2012年	4.80	22.30	16.00	11.70	10.20	7.90	9.10	10.10	5.60	35.10
2013年	4.30	21.30	15.70	11.90	8.50	8.50	9.10	10.50	6.00	35.60
2014年	4.20	20.30	15.80	12.40	10.20	8.60	8.70	10.50	6.30	35.80
2015年	4.70	19.80	16.10	12.70	10.30	8.80	8.10	10.40	6.40	35.70
2016年	4.20	19.10	16.50	13.10	10.80	9.00	7.90	9.80	6.40	35.80
2017年	3.80	17.90	16.40	13.10	10.70	9.30	8.40	9.40	7.40	36.40

数据来源:CEIC 宏观经济数据库(https://insights.ceicdata.com)

(4)隐性失业严重。20 世纪 90 年代上半期,许多俄罗斯人表面上看是有工作的,但实际情况却是他们仍然处于隐性失业的状态。1995 年,已私有化的企业中有10%的职工名义上虽为正式职工,但却领不到足额工资,其中的 1/3 的人一分钱也拿不到,50%以上的人只能拿到 40%的工资,处于下岗或半下岗的状态①。

7.2.3 俄罗斯结构性失业的原因

俄罗斯结构性失业形成的原因主要是经济体制转型,除此之外,还包括经济增长、产业结构与人口结构变动等,具体阐述如下。

(1)经济体制转轨过程中采取"休克疗法",以致经济下滑,失业陡然显现。在由计划经济向市场经济转轨过程中,俄罗斯采取的"休克疗法"是西方经济学家基于新自由主义和现代货币主义提出的计划经济向市场经济的过渡方式,忽略了俄罗斯的现实国情。而新自由主义奉行"自发的市场机制无所不能"的信条,主张只要让市场机制充分发挥作用就可以解决计划经济资源配置低效率的问题,实现经济增长与充分就业。但是在俄罗斯的"实验"中,俄罗斯却一度陷入经济危机,呈现经济增长衰退、恶性通货膨胀与严重的失业问题。尤其是在原有的计划经济管理体

---

① 王义祥. 转型时期俄罗斯及东欧中亚国家的就业问题 [J]. 俄罗斯研究,2002(3):47-52.

制完全被摒弃、新的市场经济体制尚未建立完善的情况下，国民经济陷入困境，发生了企业兼并、破产浪潮。体制转型的结构性失业必然凸显出来。

（2）经济增长乏力，就业增长缺乏动力。经济增长是拉动就业增长的根本动力，但是俄罗斯所采取的"休克疗法"带来的经济下滑并不像西方经济学家所宣称的只是经济转型过程中的"阵痛"，而使俄罗斯经济增长陷入了一种衰退。联合国公布的俄罗斯经济增长率数据显示，20世纪90年代，俄罗斯经济增长率一直处于负增长的状态，虽然在1994年开始攀升，一度由负转正，但1997年又转而跌入负增长（见图7-12）。与此相对应，俄罗斯这一时期的总失业率也一直节节攀升、居高不下。

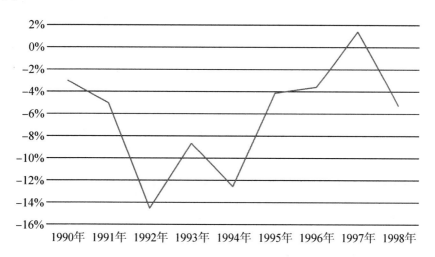

图 7-12　1990—1998 年俄罗斯经济增长率

数据来源：CEIC 宏观经济数据库（https://insights.ceicdata.com）

（3）产业结构不合理，结构性失业醒目。在计划经济时期，俄罗斯的主要支柱产业为重化工业和军事产业，在经济转轨过程中，许多重化工业和军事工业在私有化浪潮中要么变为私有企业并进行了大量的裁员，要么因为连年亏损而倒闭。轻工业和农业发展不足，难以吸纳众多的富余人口就业。而诸多科技公司的倒闭也助长了高端科技人才流失。这些状况都使得结构性失业引人注目。

（4）人口结构性危机凸显。俄罗斯经济转型的同时，人口结构也面临重大趋势性转变。俄罗斯在面临人口总量减少的同时，人口结构性矛盾也日益凸显：在出生率不断下降的同时，死亡率上升；人口老龄化严重，平均寿命下降；性别比例失调，男女寿命比例失衡①。根据俄罗斯国家统计委员会的报告，2015 年俄罗斯 60 岁及 60 岁以上的人口已占到俄罗斯人口总数的 24%，65 岁以上人口占总人数的 13.9%②，这表明俄罗斯已经步入了老龄化社会。随之而来的是俄罗斯适龄工作人员数量的减少。如图 7-13 所示，俄罗斯工作年龄人口在 2005 年左右达到最高值，然后开始步入下降通道，与 2005 年相比，2017 年俄罗斯适龄劳动人口下降 693 万多人，接近 700 万人③。

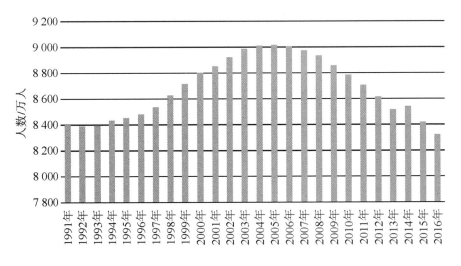

图 7-13　1991—2016 年俄罗斯工作年龄人口

数据来源：CEIC 宏观经济数据库（https://insights.ceicdata.com）

7.2.4　俄罗斯应对结构性失业的政策措施

为了应对转轨时期的严重失业问题，俄罗斯政府在培育劳动力市场、完善劳动力市场体系的同时，主要通过加强立法、完善社会保障制度、加强职业培训等措施解决劳动力市场的结构性失业问题。

（1）制定法律法规，保护劳动者权益。例如俄罗斯于 1997 年 4 月颁布的《俄罗斯联邦居民就业法》及随后制定的法规对失业者进行保护，严格控制企业解雇职工。如企业要大量解雇职工，必须要在劳动者解除关系前 3 个月向政府的主管部门汇报，得到政府批准后才能解雇员工，而且原雇主在解雇员工时要给解雇者发足三

---

① 黄永鹏，程家明.俄罗斯当前人口与就业问题解析 [J].河南师范大学学报（哲学社会科学版），2005，32（2）：59-62.

② 转引自：佳佳.俄罗斯人口老龄化对经济增长的影响 [D].南京：南京大学，2017.

③ 数据来源于 CEIC 宏观经济数据库（https://insights.ceicdata.com）。

个月的工资①。

（2）设立失业救济金，为失业者提供失业补助。俄罗斯就业基金由俄罗斯中央银行直接管理，独立于国家预算运行。基金的主要使用范围包括对居民的就业制度措施和职业培训措施，包括拨款、发放失业补助、对失业者提供实物上的帮助，用于开展与居民就业、劳动力市场有关的科研活动以及用于开展与居民就业有关的国际合作等。

（3）完善培训体系，加强再就业培训。为了应对失业问题，俄罗斯政府在全国各地兴建职业培训中心，免费为失业人员进行技能培训，以提高劳动者工作技能，帮助失业人员重新走上工作岗位。不仅如此，俄罗斯政府将再就业培训当作失业人员的一项强制性任务，失业人员只有参与再就业培训，才能领取失业救济金②。

除以上措施外，俄罗斯政府还设法启动了提高社会公共领域的就业措施，包括城市公共服务业、绿化业、建筑业和运输业等领域尽可能多安排失业人员；同时政府鼓励中小企业及私营、个体经济部门广泛吸纳失业人员，鼓励雇主和失业人员双方签订减少社会保险费的临时就业合同。而针对隐性失业人员，俄罗斯政府对工资水平较低和半失业的劳动者提供了适当补助。

7.3　印度的结构性失业问题及其治理

7.3.1　印度结构性失业状况概述

失业和贫困一直是困扰印度这个发展中国家的两大难题。由于印度缺乏完备的就业与失业统计体系，业界与学界一直缺乏对印度失业人口规模的精确统计。从世界银行公布的印度失业率看（见图7-14），总体上失业率维持在较低的水平，1991—2017年失业率的峰值为2002年的4.37%，之后一直处于下降趋势，2017年失业率为3.25%。由印度国家评估报告公布的数据可知，1994年的失业率为2.59%，2000年的失业率为2.73%，2012年的失业率为2.69%③。但这些有限的统计数据都难以真实反映印度的真实失业情况，因为印度城乡大量的不充分就业人员

---

① 赵定东，朱励群. 1990—2000年前苏联与东欧国家失业状况与治理 [J]. 东北亚论坛，2006（3）：101-108.

② 娄芳. 俄罗斯经济改革透视：从"休克疗法"到"国家发展战略" [M]. 上海：上海财经大学出版社，2000：178-179.

③ 数据来源于CEIC数据库。

以及农村失业人员并没有被统计在内。尤其是由于印度特殊的种姓制度和宗教制度，很多劳动者因为种姓、部落与宗教等原因难以找到合适的工作。这一现象在高校毕业生和失业知识分子中表现得更为明显。同时，随着 AI 技术和自动化技术的发展，印度劳动力市场将面临较为严重的结构性失业问题。世界银行的一项研究报告显示，印度三分之二的工作岗位将受到自动化技术的威胁[1]，形成严重的失业潮，这将会给印度政府解决就业问题带来更大的困难。

图 7-14　1991—2017 年世界银行公布的印度失业率

数据来源：CEIC 宏观经济数据库（https://insights.ceicdata.com）

从三次产业就业结构来看，印度仍以农业就业为主。由图 7-15 和表 7-3可知，虽然农业就业占比由 1991 年的 63.59%下降到 2017 年的 42.74%，下降了约 21 个百分点，但仍然远高于工业和服务业就业占比。工业就业占比由 1991 年的 14.81%上升至 2017 年的 23.79%，上升了约 9 个百分点；服务业就业占比由 1991 年的 21.6%上升至 2017 年的 33.48%，上升了约 12 个百分点。由此可见，服务业的就业占比上升幅度要大于工业，但目前印度的工业与服务业占比依然处于较低水平。在印度，中低种姓处于社会的最底层，农村的中低种姓一般多是"边际农"[2]、无地农业雇主，失业与半失业是他们生活的常态。城市的中低种姓族群大多居住在贫民窟，同样处于半就业与半失业或完全失业的状态。由于人力资本投资以及种姓制度的歧视

---

① 转引自环球网. 美媒：机械化崛起 印政府解决就业问题困难重重[EB/OL].（2018-01-02）[2024-04-30].http://w.huanqiu.com/r/MV8wXzExNDkxMzk2X2E4MzRfMTUxNDg4MDg0MA==

② 所谓的"边际农"是指印度农村，占有很少土地（耕地面积不足半公顷）的农民。

性政策，他们很难找到一份满意的工作。

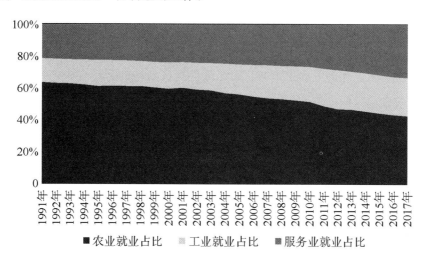

图 7-15 1991—2017 年印度三次产业就业结构变动

数据来源：CEIC 宏观经济数据库（https://insights.ceicdata.com）

表 7-3 1991—2017 年印度三次产业就业结构变动 单位:%

年份	农业就业占比	工业就业占比	服务业就业占比	年份	农业就业占比	工业就业占比	服务业就业占比
1991 年	63.59	14.81	21.60	2005 年	56.00	18.80	25.20
1992 年	63.12	14.97	21.91	2006 年	54.69	19.80	25.51
1993 年	62.85	14.90	22.25	2007 年	53.68	20.62	25.70
1994 年	62.18	15.43	22.40	2008 年	53.16	20.72	26.13
1995 年	61.25	16.15	22.60	2009 年	52.38	21.33	26.30
1996 年	61.44	15.90	22.66	2010 年	51.51	21.81	26.68
1997 年	61.28	15.87	22.84	2011 年	48.80	23.45	27.75
1998 年	61.27	15.56	23.17	2012 年	47.00	24.35	28.64
1999 年	60.43	15.78	23.78	2013 年	46.66	23.79	29.55
2000 年	59.65	16.32	24.03	2014 年	45.52	23.94	30.54
2001 年	60.26	15.91	23.83	2015 年	44.36	23.90	31.74
2002 年	59.16	16.59	24.25	2016 年	43.44	23.72	32.83
2003 年	58.61	16.97	24.42	2017 年	42.74	23.79	33.48
2004 年	56.96	18.32	24.72				

数据来源：CEIC 宏观经济数据库（https://insights.ceicdata.com）

从印度就业结构中的就业人员雇佣属性来看，印度就业人员中自我雇佣人员占据了绝大多数，2013 年之前一直高达 80% 以上，近些年来（2014 年起）下降到

80%以下（见表7-4和图7-16），雇主占比一直低于2%，带薪工作者的占比在11%~21%。这一数据表明在印度就业人员中，绝大部分是通过自我雇佣的方式实现就业的，而通过劳动力市场就业的就业人员依然处于较低的水平，从一个侧面反映出印度拥有欠发达的劳动力市场。而在从事经济活动的劳动者中，童工雇佣率居高不下，反映出了印度经济发展中的另一个严重问题，即教育制度的落后和对儿童基本人权的剥夺，也反映出印度作为一个发展中国家，社会经济制度还存在极端落后和不合理的状况。而童工就业结构与按三次产业划分的就业结构相似，农业依然是童工主要集中的产业。从公布的数据来看，农业中童工雇佣率从2000年的73.3%下降到2012年的56.45%，但工业中童工雇佣率由2000年的12.47%一直上升至2012年的27.57%，这也反映出印度许多儿童沦落为产业工人的现实问题（见表7-5）。

表7-4 1990—2016年印度就业人员类型

年份	带薪工作者	自雇	雇主	有贡献的家庭工人
1990年	13.82%	86.18%	1.93%	20.07%
1991年	13.96%	86.04%	1.93%	19.89%
1992年	14.14%	85.86%	1.95%	19.56%
1993年	14.69%	85.32%	2.10%	19.03%
1994年	14.19%	85.81%	0.99%	20.56%
1995年	14.72%	85.28%	1.04%	19.72%
1996年	14.69%	85.31%	1.01%	19.53%
1997年	14.83%	85.17%	0.99%	19.11%
1998年	14.97%	85.03%	0.95%	18.57%
1999年	15.19%	84.81%	0.97%	18.33%
2000年	11.79%	88.21%	0.77%	23.16%
2001年	11.79%	88.21%	0.76%	23.20%
2002年	12.15%	87.85%	0.79%	22.62%
2003年	12.83%	87.17%	0.87%	21.99%
2004年	13.48%	86.52%	0.93%	21.14%
2005年	14.33%	85.67%	1.03%	19.94%
2006年	15.22%	84.78%	1.13%	18.68%
2007年	15.36%	84.64%	1.11%	18.13%
2008年	15.78%	84.22%	1.13%	17.27%

表7-4(续)

年份	带薪工作者	自雇	雇主	有贡献的家庭工人
2009 年	16.62%	83.38%	1.21%	16.08%
2010 年	19.02%	80.98%	1.52%	15.92%
2011 年	19.26%	80.74%	1.51%	15.41%
2012 年	19.65%	80.35%	1.52%	14.89%
2013 年	19.99%	80.01%	1.51%	14.39%
2014 年	20.44%	79.56%	1.52%	13.81%
2015 年	20.92%	79.08%	1.54%	13.24%
2016 年	20.97%	79.03%	1.54%	13.18%

数据来源：CEIC 宏观经济数据库（https://insights.ceicdata.com）

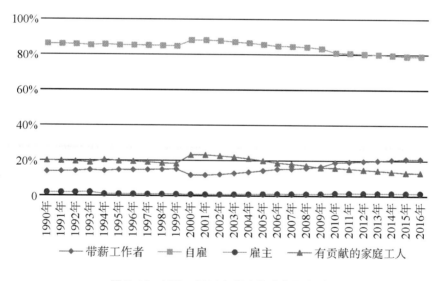

图 7-16 1990—2016 年印度就业人员类型

数据来源：CEIC 宏观经济数据库（https://insights.ceicdata.com）

表 7-5　印度童工雇佣率①

年份	农业童工雇佣率	制造业童工雇佣率	服务业童工雇佣率
2000 年	73.30%	12.47%	11.52%
2005 年	69.35%	16.02%	12.40%
2010 年	69.41%	13.01%	13.01%
2012 年	56.45%	27.57%	10.43%

数据来源：CEIC 宏观经济数据库（https://insights.ceicdata.com）

世界银行公布的印度长期失业人员占失业总数的百分比数据显示，2005 年、2010 年印度长期失业人数占失业总数的百分比分别为 39.6% 和 38.2%，其中男性占比分别为 38% 和 36.6%，女性占比分别为 43.8% 和 41.4%。这表明印度的失业人员中长期失业人数将近 40%②，其中女性长期失业人数占比要高于男性，印度长期的结构性失业较为严重。女性长期结构性失业占比高于男性的原因可能在于印度对女性在教育、职业培训与就业方面的歧视性观念和政策。

从印度的年轻人失业率看，印度的年轻人失业率自 1991 年以来一直处于上升阶段，表 7-6 和图 7-17 的数据资料显示，从 1991 年的 8.53% 上升到 2017 年的 10.54%，上升了 2 个百分点。尤其是女性青年的失业率由 1991 年的 8.05% 上升至 2017 年的 11.47%，上升了 3.42 个百分点，相同时期的男性青年失业率由 8.72% 上升到 10.27%，上升了 1.55 个百分点。由此可见，印度的年轻人失业率在不断上升的同时，女性青年的失业率上升幅度与速度均高于男性青年，呈现出较为严重的性别差异。表 7-7 显示了印度未受教育、无业或未受培训青少年的比例，其中女性的比例要显著高于男性。根据统计数据（见表 7-8），印度年轻人中非文盲人口在 2011 年达到了 86.14%，而年轻男性的非文盲人口达到 90.04%，而女性只有 81.85%，在年轻人中，男性的识字率要显著高于女性。2011 年，成年女性的非文盲率只有 59.28%，更是低于成年男性（78.88%）。

---

① 注：童工指的是 7~14 岁儿童。童工雇佣率指的是 7~14 岁从事经济活动的儿童百分比。数据来源：CEIC 数据（https://insights.ceicdata.com/）。

② 数据来源：CEIC 数据（https://insights.ceicdata.com/）。

表 7-6 1991—2017 年印度年轻人失业率

年份	年轻人失业率	年轻男性失业率	年轻女失业率	年份	年轻人失业率	年轻男性失业率	年轻女失业率
1991 年	8.53%	8.72%	8.05%	2005 年	9.89%	9.73%	10.29%
1992 年	8.25%	8.37%	7.95%	2006 年	9.95%	9.74%	10.51%
1993 年	8.35%	8.50%	7.99%	2007 年	9.98%	9.70%	10.71%
1994 年	8.13%	8.22%	7.90%	2008 年	10.79%	10.63%	11.23%
1995 年	8.29%	8.32%	8.21%	2009 年	10.22%	9.89%	11.20%
1996 年	8.55%	8.55%	8.54%	2010 年	10.15%	9.75%	11.39%
1997 年	9.21%	9.28%	9.03%	2011 年	10.25%	9.89%	11.41%
1998 年	9.21%	9.19%	9.28%	2012 年	10.62%	10.34%	11.50%
1999 年	9.20%	9.09%	9.51%	2013 年	10.08%	9.77%	11.07%
2000 年	9.91%	9.89%	9.97%	2014 年	10.03%	9.73%	11.02%
2001 年	9.90%	9.85%	10.02%	2015 年	10.36%	10.05%	11.39%
2002 年	10.15%	10.15%	10.17%	2016 年	10.47%	10.18%	11.44%
2003 年	9.76%	9.63%	10.07%	2017 年	10.54%	10.27%	11.47%
2004 年	9.88%	9.76%	10.18%				

数据来源：CEIC 宏观经济数据库（https://insights.ceicdata.com）

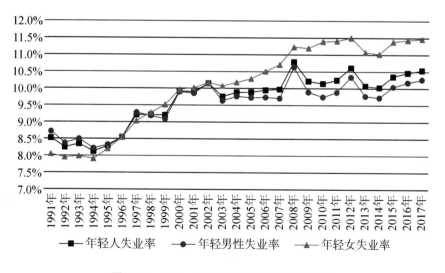

图 7-17 1991—2017 年印度年轻人失业率

数据来源：CEIC 宏观经济数据库（https://insights.ceicdata.com）

表 7-7　印度未受教育、无业或未受培训青少年比例

年份	未受教育、无业 或未受培训 青少年比例	男性未受教育、 无业或未受培训 青少年比例	女性未受教育、 无业或未受培训 青少年比例
1994 年	32.62%	8.69%	58.76%
2000 年	32.24%	9.89%	56.41%
2004 年	26.13%	7.58%	46.24%
2005 年	30.43%	8.62%	54.07%
2010 年	27.86%	7.83%	50.43%
2012 年	27.50%	7.96%	49.29%

数据来源：CEIC 宏观经济数据库（https://insights.ceicdata.com）

表 7-8　印度人口非文盲率

年份	年轻人	年轻男性	年轻女性	成年人	成年男性	成年女性
1981 年	53.78%	66.31%	40.32%	40.76%	54.84%	25.68%
1991 年	61.90%	73.51%	49.35%	48.22%	61.64%	33.73%
2001 年	76.43%	84.19%	67.75%	61.01%	73.41%	47.84%
2006 年	81.13%	88.41%	74.36%	62.75%	75.19%	50.82%
2011 年	86.14%	90.04%	81.85%	69.30%	78.88%	59.28%

数据来源：CEIC 宏观经济数据库（https://insights.ceicdata.com）

7.3.2　印度结构性失业的原因

作为典型的发展中国家，印度结构性失业的产生及演变规律反映出发展阶段的显著特点，同时也与印度国内的特殊国情息息相关。总而言之，印度国内结构性失业产生的原因主要有以下几点。

（1）随着印度人口的迅速增长，劳动力市场供过于求。人口总量增长是劳动力供给增长的基础。印度的人口总量保持着较快速度的增长，由 1960 年的 4.494 8 亿人增长到 2017 年的 13.391 8 亿人（见表 7-9），与中国的人口总量差距越来越小。人口的增长结构也表现出与中国相似的特征，即逐步从高出生率与高死亡率向低出生率与低死亡率转变。从图 7-18 可知，1990 年之后印度的人口出生率一直不断下降，由 1990 年的 2.07% 下降到了 2017 年的 1.13%，但人口总数却一直在增长。与人口总量的变化趋势相似，印度的劳动力总量也在不断上升，由 1990 年的 3.276 1 亿上升至 2017 年的 5.201 9 亿人，在不到 30 年的时间里增长了近两亿劳动力（见图 7-19）。

表 7-9　1960 年以来印度人口总量　　　　　单位：百万人

年份	人口总数	指标	人口总数
1960 年	449. 48	1995 年	960. 48
1965 年	497. 70	2000 年	1 053. 05
1970 年	553. 58	2005 年	1 144. 12
1975 年	621. 30	2010 年	1 230. 98
1980 年	696. 78	2015 年	1 309. 05
1985 年	781. 67	2017 年	1 339. 18
1990 年	870. 13		

数据来源：CEIC 宏观经济数据库（https://insights.ceicdata.com）

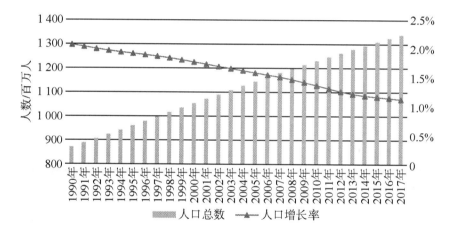

图 7-18　1990—2017 年印度人口总数与增长率

数据来源：CEIC 宏观经济数据库（https://insights.ceicdata.com）

（2）尽管印度经济增长呈波动趋高特征，但其吸纳就业的能力有限。印度国内就业增长率远远低于国内总产值的增长，因此印度学术界和媒体把印度的经济增长称为"没有创造职位的增长"（job-less growth）或"失去职位的增长"（job-loss growth）。[①] 从图 7-20 可以看出，印度的经济增长较为强劲，但是对劳动就业的拉动却不明显，在 1998—2005 年表现得尤为明显，在此期间印度的经济保持着年均 5.63% 的增长率，但就业却保持负增长。而这一阶段的劳动力数量以年均 2.46% 的速度增长，由此可以断定这一阶段印度的失业率维持在较高水平。

---

① 孙培钧. 印度失业问题浅析 [J]. 南亚研究季刊，2004（4）：11-14.

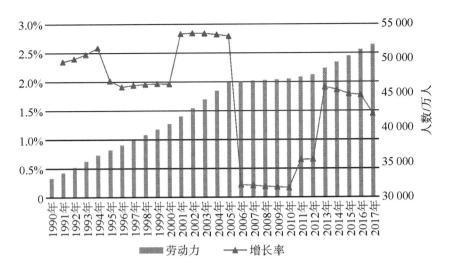

图7-19　1990—2017年印度劳动力供给总量与增长率

数据来源：CEIC宏观经济数据库（https://insights.ceicdata.com）

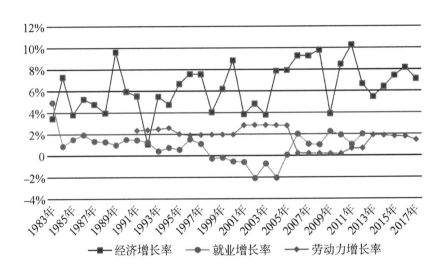

图7-20　印度经济增长率、就业增长率与劳动力增长率

数据来源：CEIC宏观经济数据库（https://insights.ceicdata.com）

（3）印度三次产业结构发展不平衡。印度独立之前，其作为英国的殖民地只是原材料与农业的生产基地，是个典型的农业社会，有限的工业仅仅集中在轻工业，而且生产力极为落后。独立之后，印度虽然初步建立起工业体系，但是作为贫穷的发展中国家，国民经济结构并没有随着工业体系的建立而得到较大的改善，且印度重点发展的工业基本都是资本密集型产业，如建立了大批以计算机软件、石油化工、制药等产业为代表的基础工业和重加工业，这些产业对于劳动力素质要求较高且需求量有限。从图 7-20 与表 7-10 中可以看出，农业产值在国民经济中的比重不断下降，农业就业人员却一直占据较大比重，即农业中存在大量的非充分就业人员或长期失业人员。而工业发展较为缓慢，就业占比较小。虽然印度的服务业创造了较多的产值，在产业结构中的占比超过 50%（见图 7-21 和表 7-10），但是并没有吸纳更多就业。这是因为印度的服务业基本上都是外包产业，即承担了发达国家服务型产业的转移，比如软件外包等，这类产业一般要求具有较高的学历和信息技术技能，但都不是劳动力密集的产业，故就业吸纳能力不足。

表 7-10 1951—2014 年印度三次产业产值变动

年份	农业	工业	服务业	年份	农业	工业	服务业
1951 年	52.22%	14.27%	33.52%	2001 年	23.02%	26.00%	50.98%
1955 年	45.75%	16.16%	38.09%	2002 年	22.92%	25.08%	51.99%
1960 年	44.23%	17.75%	38.02%	2003 年	20.70%	26.17%	53.13%
1965 年	43.07%	19.69%	37.24%	2004 年	20.74%	26.01%	53.25%
1970 年	43.52%	20.22%	36.26%	2005 年	19.03%	27.93%	53.05%
1975 年	40.56%	21.61%	37.83%	2006 年	18.81%	28.13%	53.06%
1980 年	33.63%	25.02%	41.34%	2007 年	18.29%	28.84%	52.87%
1985 年	32.34%	25.67%	41.99%	2008 年	18.26%	29.03%	52.71%
1990 年	29.07%	26.61%	44.32%	2009 年	17.78%	28.29%	53.93%
1995 年	28.35%	26.48%	45.16%	2010 年	17.74%	27.76%	54.50%
1996 年	26.33%	27.48%	46.19%	2011 年	18.21%	27.16%	54.64%
1997 年	27.21%	26.68%	46.10%	2012 年	17.86%	27.22%	54.91%
1998 年	25.95%	26.48%	47.57%	2013 年	17.52%	26.21%	56.27%
1999 年	25.85%	25.80%	48.36%	2014 年	18.20%	24.77%	57.03%
2000 年	24.50%	25.22%	50.27%				

数据来源：CEIC 宏观经济数据库（https://insights.ceicdata.com）

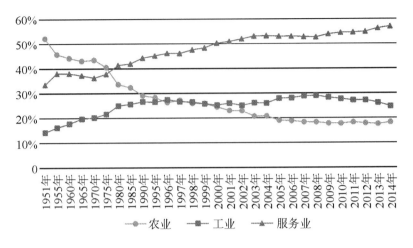

图 7-21　1951—2014 年印度三次产业产值变动

数据来源：CEIC 宏观经济数据库（https://insights.ceicdata.com）

（4）印度教育体系不合理，劳动者职业培训不足。印度的知识型结构性失业十分严重，造成这一现象的原因是印度的高等教育发展规模与速度超过了经济发展速度，且高等教育的大规模投资挤占了基础教育投资，这种比例失衡导致许多小学入学人数不断减少，文盲人数增加。而投入巨资培养出的知识分子远超经济发展所需要的数量，但经济发展中的技术型人才仍十分缺乏，数量众多的文盲又难以适应工业发展。另外，由于高等教育培养体系不完善、专业结构设置不合理、教育层次不协调，许多大学生、研究生不愿意从事低技能的工作，面临毕业即失业的困境。特别是近年来印度经济的快速发展，加大了对技能劳动力的需求，凸显了专业技能劳工不能满足市场需求的这一矛盾。同时职业教育与技能培训的缺乏导致大量的农村剩余劳动力难以向城市转移，他们只能滞留在农业，并处于不充分就业的状态。

7.3.3　印度应对结构性失业的政策措施

为了解决国内的结构性失业问题，印度政府采取了一系列政策措施，主要包括以下几点。

（1）加强职业教育与技能培训。为了满足产业结构升级对熟练劳动力的需求，印度政府对劳动力实施了职业技能培训，主要针对的对象是失业者和无组织就业的劳动者。为了配合这一计划，政府还对参与该计划的企业发放无息贷款，并获得了世界银行的资助。

（2）出台法律法规，完善社会保障体系。在就业立法方面，印度政府颁布了数量多且非常复杂的法律法规，主要包括《劳动者报酬法》《工资法》《最低工资法》《工资支付补偿法》《分红法》《周假日法》与《产业争议法》等，涉及工资待遇、工作时间、劳动环境以及人格保障等诸多方面，形成了比较完备的劳动保护法律体系，以保护劳动者权益与弱势群体就业。加强立法的同时，在医疗、工伤、生育保险等方面，印度政府通过设立国家公积金计划和国家社保基金计划提供社会保障。

（3）提倡"自我雇佣方案"，鼓励非正规就业发展。为了解决日益严重的知识分子结构性失业问题，印度政府提出了"自我雇佣方案"①。这一方案的出台，在鼓励知识分子创业的同时，也激发了其他人员的创业热情。而印度政府对于非正规就业的鼓励与规范，主要包括非正规就业人员的劳动就业和社会保障制度；并且出台项目支持农村劳动力就业，包括农村劳动力公共工程就业项目和总理农村计划项目；还为小型企业和农场主提供贷款，设立"非正规部门国家基金"支持非正规部门发展，开展就业技能培训，促进非正规部门就业人员向正规就业部门转化等一系列政策措施②③，进一步促进了农业剩余劳动力和城市缺乏技术人员的"自我雇佣"。

解决失业问题对印度政府来说并非易事，处理不好，往往会引发政治动荡，激化社会矛盾。特别是在印度多种性、多宗教背景下，作为结构性失业的主体，非正规就业并未被完全纳入印度的社会保障体系之中。虽然印度政府已经意识到解决好非正规就业人员的就业问题对于缓解印度结构性失业、促进经济发展具有重要的意义，但印度的失业水平远超警戒线，且与贫困问题、种姓制度与宗教制度纠缠在一起，复杂程度远远超过俄罗斯与中国。印度纳伦德拉·莫迪总理在竞选时承诺将印度变成亚洲第三大经济体，并为全国人民提供就业机会，将印度2万亿美元经济中的制造业份额从17%左右提升至25%，并在2022年前创造1亿份就业机会④。然而时至今日，影响印度经济增长与就业增长的宏观因素并没有得到较大改观，经济长期增长乏力。

---

① 所谓的"自我雇佣方案"，就是由个人设计或认定某种职业，政府为其提供贷款、相应的训练等必要条件。这一方案开始提出时主要针对的人群是印度国内的研究生。参见：李长吉，安双宏. 印度研究生的失业情况及其对策 [J]. 外国教育研究，1998（1）：44-46.

② 国家六部门联合赴印度考察团，明宏. 印度非正规就业状况及其对我国的启示（上）[J]. 中国就业，2009（6）：58-61.

③ 国家六部门联合赴印度考察团，明宏. 印度非正规就业状况及其对我国的启示（下）[J]. 中国就业，2009（7）：58-59，42.

④ 莫迪的"印度制造"计划 [J]. 经济导刊，2014（11）：5.

7.4　借鉴与启示

结构性失业问题本质上是就业结构问题，无论是美国、俄罗斯还是印度，目前的失业问题首先是总量失业问题，其次才是结构性失业问题。这种结构性失业问题，具体表现为制度结构、产业结构与市场结构，但在三个国家的表现各有不同。美国的结构性失业主要表现为市场结构因素导致的结构性失业问题，俄罗斯主要表现制度结构因素导致的结构性失业问题，而印度主要表现为产业结构因素导致的结构性失业问题。因此，这三个国家在应对结构性失业问题时出台的相关政策与措施既存在共同点又存在诸多不同，留给我们的启示和借鉴主要有：

（1）经济增长是拉动就业增长的首要因素。为应对长期的结构性失业，三个国家无一例外都把促进经济增长放在首位。但是我们可以看到，经济增长本身就是一个经济总量的增长，而没有涉及经济结构的改善。从三个国家的具体实践来看，美国经济增长最具有潜力，在实现经济增长的同时，就业也实现了增长，但是结构性失业问题依然存在，经济发展面临结构性调整的压力。而俄罗斯在普京执政后，虽然面临许多外部不利因素，但也实现了国内经济形势的好转，由此拉动了就业增长，但解决经济体制转型遗留的结构性问题还需通过进一步的深化改革来实现。近些年来，印度经济增长动力较强，这既得益于发展中国家的后发优势，又得益于巨大的人口红利。印度现在不仅要考虑如何将经济高速增长保持下去，还应该考虑如何实现高质量增长，而国内劳动力素质低、产业结构不合理、教育体系不健全、宗教与种族政策等问题不解决，印度经济增长就会缺乏后续动力，不仅会面临巨大的总量失业风险，还会面临日益严重的结构性失业风险。

（2）"三维度"视角的经验借鉴。在制度层面，从三个国家结构性失业产生的原因分析中可以看出，经济转型时期的制度变迁是造成俄罗斯结构性失业主要的原因。俄罗斯在转轨初期，关闭了一大批亏损的企业，但是没有处理好后续的员工安置问题，由此引发了严重的失业问题。在产业结构层面，美国、俄罗斯与印度都存在产业结构不合理导致结构性失业的问题，但却表现出各自不同的特点。美国处于产业结构高级阶段，表现为由服务业主导产业所引发的产业空心化和劳动力就业不足问题。俄罗斯处于产业结构的初级阶段，表现为重化工业发展比例过重导致的劳动力短缺与就业不足并存的局面。印度也处于产业结构的初级阶段，表现为农业发展为主导，工业发展不足，服务业领先发展的非均衡发展状态，从而导致了农业与工业中存在大量的隐性失业人员，服务业吸纳就业量少的就业困境。在市场结构层面，美国具有高度发达的市场体系，俄罗斯与印度仍然处于市场经济的完善阶段。无论是在美国、俄罗斯或者印度，都存在长期的结构性失业，但是在细分劳动力市场、失业延续周期与人力资本积累等方面都存在显著差异。

（3）结合我国现状的启示。我国正处于经济转型时期，结构性就业矛盾的显性化与结构性失业问题的凸显，既具有经济体制转型的典型特征，又具有产业转型升级的显著特征。尤其在我国经济步入新常态下经济增速减缓的同时，面临着结构调整的阵痛，结构性失业的解决不能仅仅依靠自发的市场行为或政府单一的宏观干预，而是既要发挥市场在资源配置中的决定性作用的同时，也更好地发挥政府运用经济政策，尤其是运用劳动政策、产业政策对劳动力市场的有效调控作用。我国在应对结构性失业中，首先，应该充分借鉴国外对弱势群体的保护措施，建立完善的保障体系，消除歧视性就业政策，保护劳动者的就业权利。其次，需要建立健全职业培训体系以提高劳动者技能，消除技能型失业。最后，要防止经济过度"虚拟化"与"空心化"，不能盲目地将劳动密集型产业转移出去。

7.5 本章小结

本章基于制度结构、产业结构与市场结构三个维度，深入剖析了美国、俄罗斯与印度三个国家的结构性失业特征、产生原因以及应对措施，得出结构性失业的一些经验结论，并从三个国家的政策措施中总结经验与教训，给我国结构性失业治理以借鉴与启示。美国作为发达国家的典型代表，其市场经济体系发达，但是依然存在较为严重的结构性失业，市场结构因素导致的结构性失业问题较为明显，且依然存在制度因素与产业结构所引发的结构性失业。俄罗斯作为典型的经济转型国家，其在计划经济向市场经济转型过程中，产生了非常严重的结构性失业问题，所以制度结构因素导致的结构性失业问题较为显著，但依然存在与产业结构与市场结构相关的结构性失业。印度作为发展中国家，贫困与就业是困扰这个人口大国的两大难题，产业结构因素导致的结构性失业问题较为突出，即其特定的人口结构、产业结构与就业结构以及不完善的市场体系是诱发结构性失业的主要因素，但是依然存在因制度结构与市场结构等方面的原因而产生结构性失业。为应对结构性失业，美国主要采取了结构减税和促进产业与资本"回流"的措施；俄罗斯主要实施了培育与完善劳动力市场体系的措施；印度主要依靠产业结构调整的政策。但三个国家采取的政策措施均未取得理想的效果，说明结构性失业作为失业的"硬核"，其产生的原因具有多样性，而且非常复杂；单单依靠市场经济内在机制或者单一的政策措施，难以解决结构性就业矛盾与结构性失业问题。我国正处于经济转型时期，结构性就业矛盾的显性化与结构性失业问题的凸显，既具有经济体制转型的典型特征，又具有产业转型升级的显著特征。故解决我国的结构性失业问题不能仅仅依靠自发的市场行为或政府单一的宏观干预，而是要发挥市场在资源配置中的决定性作用的同时，更好地发挥政府宏观调控的经济管理职能，尤其是劳动力政策对劳动力市场的有效调控作用。

8　研究结论、政策建议与研究展望

本章对全书研究结论进行概括总结，并且在理论分析与实证结果的基础上提出政策建议，主要围绕四个方面：制度结构、产业结构、市场结构以及预警机制，具体来说，即完善劳动力市场就业制度，破解结构性失业的制度结构障碍；调整优化产业结构，积极化解就业破坏与挤出效应；优化劳动力供给结构，加强劳动力知识培养与职业技能培养；建立健全多维度的结构性失业预警体系，构建多维度的预警指标体系。

8.1　研究结论

作为失业的"硬核"，结构性失业是任何市场经济国家发展过程中无法回避的问题，更是经济体制转型国家所必须要面对与解决的失业难题。作为经济体制转型国家，资源配置方式由计划配置资源向市场经济在资源配置中起决定性作用的转变是我国经济领域的最大变革，也是我国市场经济体制迈向完善的关键环节。在社会主义计划经济时期，由于国家对于劳动力实行计划调配，不存在显性的失业问题，但是在农村经济组织与城镇公有制企业中，存在大量相对过剩的隐性失业人员。在向社会主义市场经济转型过程中，这部分的隐性失业人员逐渐显性化的同时，制度性障碍、产业结构转型升级、劳动力市场不健全等因素导致的结构性失业问题逐渐凸显，因此结构性失业问题从改革开放起一直伴随着我国的经济发展过程，只是在总量失业的掩盖下，并未引起过多的关注。本书主要以马克思主义政治经济学相关理论为基础，结合西方经济学的就业与失业理论、制度变迁理论、产业结构调整升级理论以及人力资本理论和社会资本理论等相关理论与分析工具，从制度结构维度、产业结构维度和市场结构维度，对转型时期我国所面临的结构性失业进行了理论与实证分析，并在此基础上构建结构性失业的预警机制与预警模型，并对结构性失业率进行了模拟与预测。为此全书分析得到的研究结论如下。

8.1.1 理论研究结论

（1）制度结构维度。我国城乡二元分割的经济体制是致使体制型结构性失业、城乡劳动力错配的根本性制度障碍。二元经济体制不仅造成了劳动力资源在城乡之间的错配，而且也是我国城乡劳动力流动的最大制度障碍。而劳动力产权的界定模糊与制度缺陷是诱发结构性失业凸显的又一个制度因素，主要表现为：无论是农村产权制度改革还是城镇国有企业产权制度改革都只注重"物"的产权制度改革，而忽略了劳动力产权制度的构建与完善。改革初期劳动力产权界定的缺失导致了劳动力产权保护制度的缺失，阻碍了劳动力的合理流动，造成了劳动成果没有得到尊重和承认，劳动者的合法权益得不到保护，从而影响了劳动者就业和生产的积极性，导致了结构性失业的增加。计划生育制度作为一定历史条件下的产物，在特定的时期抑制了人口过快增长，但长期造成了人口结构的失衡，表现为"人口老龄化"和"少子化"，使我国劳动力供给从峰值折转而下，"人口红利"呈现淡化。人口结构变动促使了人口生育制度变迁，虽然从国家层面推出了"二孩"生育政策，但是在短期内难以改变劳动力供给结构失衡的现状，尤其是在老龄化与少子化日益严重的背景下，预期劳动力市场将会出现逐渐偏紧的劳动力供给短缺。劳动就业制度从建立到完善过程中，出现的制度缺失加剧了结构性失业的显化。在劳动就业制度由固定工制度向合同工制度改革过程中，实行双轨制劳动就业制度。在劳动就业双轨制下，主要劳动力市场与次要劳动力市场的分割得以加剧，形成两个隔离的劳动力市场，也在一定阶段催生了体制型结构性失业的演化。

（2）产业结构维度。从前文分析可见，经济增长和产能利用率可以显著地提高整体就业水平，缓解失业问题，但产能利用率自 2008 年金融危机后一直呈下降趋势，不利于就业的增长。从分产业来看，第三产业的就业增长效应要显著高于第二产业，目前已经成为就业增长的主要推动力。技术进步是产业结构转型升级的重要推动力，在推动产业结构转换升级过程中，产生了创造与就业破坏两方面的就业效应。总体来说，产业结构升级的就业创造效应要大于就业破坏效应。当前经济新常态下经济增速放缓，消化过剩产能可能会产生较为明显的结构性失业问题，同时技术进步推动产业结构优化升级，在以技术或资本代替劳动力的情况下，传统产业的技术改造也不利于第二产业就业的增加。虽然第三产业的发展能够吸纳更多的就业，但考虑到农业依然存在较多需要转移的劳动力，第三产业的发展也必须转向能够吸纳劳动力就业的技术更新，否则结构性失业风险会加大。因此，结构性失业风险是供给侧结构性改革过程中不得不面对的问题。

（3）市场结构维度。从市场角度的分析中发现，市场机制扭曲导致劳动力市场分割进而导致劳动力的供需结构失衡，是结构性失业最直接的市场因素。首先，人力资本投资与社会资本积累内生于分割的劳动力市场。从人力资本投资的角度来看，一方面，劳动力市场分割下，当个人无法通过人力资本投资实现由次要劳动力市场向主要劳动力市场转移时，将会导致人力资本投资锐减，同时，城乡分割导致了农村专用性人力资本投资匮乏和农村劳动者人力资本贫乏的"代际传递"，推动了结构性失业的深化；另一方面，次要劳动力市场的客观条件也不利于劳动者进行过多的人力资本投资。从社会资本积累来看，在劳动力市场分割条件下，社会资本负面作用要大于正面作用，即在实现就业方面，单单依靠社会资本只能固化结构性失业而不利于改善结构性失业。其次，工资是劳动力市场上劳动力价格的转化形式，是反映劳动力供需关系的主要变量。在扭曲的劳动力市场，尤其是在收入差距扩大的情况下，劳动工资的变动难以反映真实劳动力的供需变化。收入差距与结构性失业密切相关，一是，收入直接影响了人力资本投资与职业教育水平，尤其是在主要劳动力市场，高收入一般具有较高的人力资本投资，从而形成良性循环，而在次要劳动力市场，低收入与低人力资本投资形成恶性循环，从而加剧了次要劳动力的结构性失业风险。二是，城乡收入差距的扩大，导致了城乡分割固化，进而影响到城乡两个劳动力市场的统筹发展，从而加剧了城乡区域性的结构性失业。三是，高收入行业一般要求较高的人力资本投资或存在高进入壁垒，其就业吸纳能力有限，而低收入行业能吸纳较多的就业，但是可替代性强，且容易受到经济波动的影响，容易造成大面积、长期性的结构性失业。

8.1.2 实证研究结论

（1）结构性失业率实证研究结论。经济增长是影响就业增长的重要因素，是拉动就业增长、降低失业率，尤其是降低结构性失业率的重要推动力。通货膨胀与产能利用率是影响结构性失业率的因素。转型时期，制度结构与产业结构是造成结构性失业率上升的主要因素，而劳动力市场结构的改善可以有效地降低结构性失业率。

（2）结构性失业率预警机制实证研究结论。通过三种神经网络模型对结构性失业率预警的预测分析发现，Elman 神经网络模型预测效果最好，且预测的值最大，上升趋势明显，可以作为结构性失业率预警的上限值；广义回归神经网络模型预测的效果居中，波动幅度最小，趋势不明显，可以作为结构性失业率预警的中间值；小波神经网络模型的预测值最小，波动最大，下降趋势显著，可以作为结构性失业率预警的下限值。

8.2 政策建议

这里根据全书"三维度一机制"分析框架展开探讨，对缓解和克服逐渐凸显的结构性失业问题，提出以下应对政策措施。

8.2.1 推进社会主义市场经济体制改革，破解结构性失业的制度障碍

（1）破解城乡二元经济体制。城乡二元经济体制是致使城乡二元劳动力市场分割的体制性障碍。可以说，改革中破解此类体制性障碍也得用深化市场经济体制改革来完成，必须统筹城乡发展、实施乡村振兴战略，其关键在于促进城乡之间人才、资本、技术的合理配置。以往的城乡二元体制形成了人才、资本与技术由乡村向城镇的单向流动，影响了乡村发展，既缺乏资本又缺乏人才技术，仅仅依靠务农增收，只能解决温饱问题，而农民工进城务工也只是解决一时之需，因在城乡二元体制下农民工在工资收入、社会保障、福利待遇等方面，难以享受到与城镇职工的同等待遇。因此，只有彻底破除城乡分割的二元体制，建设产业兴旺、生态宜居、乡风文明、治理有效、生活富裕的新型乡村才能彻底根治城乡劳动力市场分割、解决结构性失业的深层次问题。

（2）确立和完善社会主义劳动力产权保护制度，营造和谐的劳资关系氛围。在社会主义市场条件下，合理界定与保护劳动力产权是正确处理劳资关系与培育劳动力市场的前提，也是劳动力产权的制度保证，更是社会主义的本质要求。因此，要化解当前的"民工荒""技工荒""下岗再就业"等问题，还需要构建劳动力产权保护制度，实现和谐的劳资关系。

（3）深化社会保障制度改革，建立健全城乡社会保障体系，让改革发展成果惠及全体人民。在结构性失业重点人群中，如农民工、城市下岗职工、流动务工人员

以及失业的大学毕业生等，依然没有完全被社会保障体系全覆盖，即使覆盖，社保水平也较低。因此，建立健全社会保障体系应该重点向这些就业弱势群体倾斜，以便在缩小收入差距的同时，帮助他们实现早日就业。

8.2.2 促进产业结构调整中的就业增长，化解就业破坏效应与挤出效应

（1）发挥政府的公共服务作用。消化过剩产能、处理"僵尸企业"时，不可避免地会产生工作岗位的减少，应妥善处理好下岗失业人员的再就业工作。在发挥市场机制在劳动力资源配置中决定性作用的同时，积极发挥政府的公共服务作用。首先，继续实施就业优先政策，政府在鼓励"大众创业、万众创新"的同时，应制定一系列完善的政策体系，鼓励中小企业发展，以创造更多的就业岗位。其次，政府需要创造条件，推动企业和社会机构加强职业培训，提高下岗人员的再就业能力。最后，政府应该营造公平的就业环境，为所有劳动者提供平等的就业机会，消除性别歧视，尤其是在中国放开"二孩政策"以后，女性就业压力变大，问题更加凸显，要依法规范劳动力市场，消除就业歧视行为，保障女性就业的合法权益。

（2）大力采用产业结构升级中吸纳就业的新技术。在产业结构升级过程中，改造传统工业离不开技术创新与应用，但是也应避免盲目地引进高新技术，一味地追求"高、精、尖"而忽略了高新技术的适用性和我国人口大国的现实国情。基于现实的国情，发展劳动密集型的产业有利于缓解就业压力，尤其是要优化传统服务业，积极发展现代服务业，大力推广适用于劳动密集型产业发展的高新技术。在关注产业结构促进就业的同时，要积极化解产业结构升级的就业破坏或挤出效应，提升产业结构升级的就业创造效应，应该特别注意产业结构升级过程中的技术类型、方式及路径选择。技术进步是产业结构升级和产出增加的主要推动力，合理优化产业结构，特别是劳动密集型和技术密集型产业的结构优化，将产业结构转型升级中的结构性失业降低到最低程度。

（3）完善职业教育培训体系，大力发展中高等职业教育，以满足产业结构升级对高技术人才的需求。产业结构升级过程中，"高、精、尖"的专业人才相对短缺，原因在于以往的人才培养体系中高等职业教育相对不足，且缺乏工匠精神和实践技能的培养，因此难以满足企业对专业性技术人才的需求。职业教育是培养技术人才的重要渠道，在构建和完善职业教育体系过程中，既需要政府部门加大投入，出台相应的扶持和鼓励措施，也需要各职业技术院校更新观念、创新机制，深化校企合

作的人才培养模式、课程体系和实践基地的改革，加强产学研合作，同时还应推动企业在职人员的技能培训，拓宽人才培养的路径，预防结构失业的蔓延。

8.2.3 完善社会主义劳动力市场就业机制，破除劳动力市场分割性顽疾

（1）消除行业垄断、行政垄断，发挥市场机制在劳动力资源配置中的决定性作用。行业垄断与行政垄断是影响我国收入差距、形成劳动市场行业分割、阻碍劳动力流动的重要因素。我国当前劳动力市场行业分割形成的制度基础在于行业垄断，治理因行业垄断而造成的收入差距与结构性问题，根本之策在于消除这一制度基础。具体而言，首先，放宽行业准入标准，在引入竞争机制的同时，培育多元市场主体是关键；其次，完善法律法规，加强垄断行业的执法力度，针对不同垄断行业特点制定不同的管理条例，同时加强对执法的监管；再次，创新国有经济的管理体制，在建立和完善现代企业制度的同时，要强化国有经济中"所有者意识"，深化国企产权改革，建立与完善国有资产产权保护制度；最后，政府部门要认清自身在市场经济中的定位，合理界定政府的服务范围，让市场配置资源的决定性作用更好地发挥。

（2）应对劳动力市场失灵，建立与完善劳动工资正常增长机制、最低工资制度、工资集体协商谈判制、工资支付制度，防止结构性失业扩张加剧。首先，要保证劳动工资根据经济发展正常增长，逐步提高劳动收入份额。劳动力市场失灵是导致劳动力市场价格难以发挥作用的主要因素，比如农民工工资长期处于低位，提升速度滞后于经济社会的发展速度，降低了对于劳动者的吸引力。因此，深化劳动力市场改革的第一步在于建立与完善劳动工资的正常增长机制，尤其是在工资性收入增长落后于其他收入的条件下，完善最低工资制度，逐步提高最低工资水平是社会主义主义的本质要求，同时对完善社会主义市场经济条件下就业制度具有重要意义。最低工资制度是弱势群体生活最基本的保障，同时也是社会主义公平正义最基本的体现。其次，要建立健全劳动工资形成机制，推动形成工资集体协商谈判制，提高劳动者的话语权。工资集体协商谈判制，有助于解决收入分配中收入差距持续扩大的问题，是建立社会主义新型劳资关系、实现劳资双赢、共享改革成果的重要举措。但是在实际运用中，由于过去传统的"资强劳弱"局面并没有发生根本性的改变，这一制度在部分企业流于形式，导致劳动者的部分权益受到了损害。因此，在工资集体协商谈判制改革中，不仅要提高劳动者话语权，还需要政府加强执法与监督管

理。最后，就是创新劳动工资支付制度，保证劳动工资按时支付。农民工工资拖欠问题曾一度引起各方的关注，时至今日，这一现象还时有发生，问题的根源在于缺乏行之有效的治理机制与农民工工资保障制度。从机制建设角度看，在设立工资资金专用账户的同时，应集合税务与银行系统，建立企业工资财务动态监管与预警体系；从制度建设角度看，可以将拖欠劳动工资制度的企业和法人纳入征信体系的黑名单之中，在对失信企业进行惩戒的基础之上，将相关责任纳入失信监管体系。

（3）坚持劳动力市场在劳动力资源配置中的决定性作用，但是不能忽视劳动力市场在某些方面存在的失灵和不足。结构性失业的产生与凸显说明劳动力市场在劳动力资源配置过程中难以自发解决低人力资本投资、低社会资本积累以及低收入弱势群体的就业问题。而劳动力市场的价格机制与价格信号又往往存在滞后性，原因在于劳动力需求结构先发生改变，但是劳动者的知识积累与技能培养却需要花费一定的时间来完成。这样劳动力需求结构与供给结构出现不匹配，这种不匹配直接导致了结构性失业的显化，说明了在劳动力市场就业机制需要进一步完善的同时，需要由外部的政府"有形之手"加以引导与调控。政府做好宏观调控的同时，还需要进一步完善公共服务的职能，使用劳动政策，加强对劳动力市场的监督与管理，并且做好对就业弱势群体的扶持工作。尤其是要防止弱势群体陷入长期的家庭零就业、低收入与低人力资本的恶性循环。因此需要政府在促进城乡教育平等、均衡发展的同时，促进就业公平化。

（4）不断推动城乡融合的一体化劳动力市场的建设。建设城乡融合的一体化劳动力市场，就是要打破制度设计与行政分割对城乡劳动力自由流动的藩篱，构建城乡统一的劳动就业制度与薪酬体系，实行城乡统一的劳动用工政策。首先，坚持推动新型城镇化建设与实施乡村振兴战略，创新农业经营体制、加大制度供给的同时，培育新型农业经营主体，壮大职业农民队伍。其次，建立与完善城乡统一的就业服务体系，加强职业农民与转移就业人员的职业培训，提升农民就业质量，不断增加农民收入的同时，逐步消除城乡收入差距。最后，要协调推进城镇化与工业化发展进程，尤其是在城镇化过程中，不仅要解决好农民工融入城市问题，使其享受与城镇职工同等的福利待遇，而且要建立健全城乡融合的劳动权益保护制度与社会保障等公共服务体系，切实维护好劳动者的合法权益，解决农民进城的后顾之忧。

8.2.4 建立健全多维度的结构性失业预警体系，构建多维度的预警指标体系

（1）建立健全就业与失业统计制度与统计指标。针对我国的失业预警，尤其是结构性失业预警机制存在基础数据的不足状况，首先，应该从就业与失业统计入手，建立健全我国的就业与失业统计指标，尤其是要加大就业与失业调查统计数据的工作力度，定期发布真实、完整的调查失业率。其次，要建立健全就业与失业统计制度，构建起从乡镇到中央的就业与失业上报制度，并且在县级以上层级都要建立起计算机统计系统，直接上报中央有关职能部门，这样可以保证数据的真实可靠。最后，要加强就业与失业统计的法律法规建设，做到数据统计与发布的规范性和权威性。

（2）建立健全结构性失业预警理论与预警体系。从结构性失业预警研究和操作的现实情况来看，首先，要结合中国深化改革、产业结构转型升级和完善劳动力市场的实际状况，加强结构性失业预警的警源、预警线、预警机制、预警指标、预警模型等研究，构建中国特色社会主义市场经济的结构性失业预警理论。其次，要建立起从地方到中央的结构性失业预警体系，要将结构性失业预警指标纳入国家经济安全体系中。再次，结构性失业预警要有针对性，就是要重点关注结构性失业的重点人群、重点行业与重点地区。最后，针对结构性失业显化加速、持续周期较长、解决困难等特点，要构建起长期与短期相结合的预警指标体系，以配合国家实施积极就业政策，实现就业优先和更充分、更高质量就业的战略目标，从而缓解结构性失业对供给侧结构性改革的负面冲击。

（3）建立健全结构性失业的应急预案，加强结构性失业的应急管理。结构性失业的应急预案是建立在对结构性失业预警与评估的基础上，针对结构性失业严重程度的演变而提出的一系列应对措施与制度保障。目前我国结构性失业应急管理还处于起步阶段，制度与机制建设还不全面，因此，需要加强应急管理的制度建设与应急响应机制，创新并丰富应急工具箱，提高应急管理的综合能力水平。尤其是要根据不同的预警级别建立相应的应急处置措施，具体就是根据一级预警、二级预警与三级预警，针对性地出台一级预警预案、二级预警预案与三级预警预案。启动三级预警要加强失业人员转岗安置的新技能和技术培训，尽快消除失业率上升的趋势。二级预警就是要求政府运用产业政策、劳动政策以及配套的财政、金融政策，有针对性地加大治理结构性失业的力度。当处于一级预警状态时，为了防止结构性失业

危及社会稳定，除了继续加大相关经济政策的应用力度，必要时政府可动用行政手段紧急"刹车"。

8.3　研究展望

概括而言，转型时期我国结构性失业及其预警机制研究具有深远的理论意义与实践价值，虽然本书从制度结构、产业结构与市场结构的"三维度"对结构性失业及其预警机制做了较为深入的理论探讨与实证研究。但涉及的理论较多且具有跨学科交叉的难度，对结构性失业的理论解释仍然存在需要进一步完善的地方，对结构性失业的预警机制与预警模型仍然存在诸多的可继续创新之处。基于此，总结几点有待日后深入挖掘或值得深入研究与思考。

第一，对于结构性失业及预警的理论诠释，可以借助多学科交叉的视角进行深入的研究。对于就业与失业的经济理论解释，历来是百家争鸣、百花齐放，经济学及相关其他学科的各个学派的理论都有独到的见解。但考虑到各个国家或地区，特别是资本主义市场经济国家和社会主义市场经济国家、发展中国家与发达国家的失业尤其是结构性失业产生原因及实质各不相同，因此，需要考虑普遍性也要考虑各自的特殊性。并且我国转型时期的结构性失业及预警的不同发展阶段、不同地区、不同产业、不同人群也可能存在差异，因此需要多种理论、多种视角的综合运用。

第二，结构性失业及其预警不仅可以以一个国家或地区作为研究范围，也可以深入各区域（东中西部），乃至一个省份或一个地区。由于时间与精力的限制，以及数据的可获得性，本书研究没有具体到区域、某个省份或地级市进行深入研究，这是本书的一个缺憾。在以后研究中，随着统计数据的健全，可以继续深入研究。

第三，结构性失业预警机制、预警指标与预警模型可以进一步拓展。本书所用的三个神经网络模型业已较为先进，但是随着大数据算法与计算机的发展，建立在大数据基础之上的结构性失业预警指标或结构性失业预警模型可能有更好的表现。特别是在预警机制方面，大数据将更能从多个维度刻画与识别不同区域、不同产业、分层市场甚至不同劳动者群体的就业与失业数据与特征，从而能够更快速地识别、更准确地测度结构性失业风险，为国民经济持续良性发展提供保障。

参考文献

中文译著

[1] 罗兰. 转型与经济学 [M]. 张帆，等译. 北京：北京大学出版社，2002.

[2] 萨伊. 政治经济学概论 [M]. 陈福生，陈振骅，译. 北京：商务印书馆，1997.

[3] 奈特. 风险、不确定性和利润 [M]. 王宇，王文玉，译. 北京：中国人民大学出版社，2005.

[4] 刘易斯. 二元经济论 [M]. 施炜，等译. 北京：北京经济学院出版社，1989.

[5] 肖特. 社会制度的经济理论 [M]. 陆铭，陈钊，译. 上海：上海财经大学出版社，2004.

[6] 巴泽尔. 产权的经济分析 [M]. 费古域，段毅才，译. 上海：上海三联书店，1997.

[7] 诺思. 制度、制度变迁与经济绩效 [M]. 杭行，译. 上海：格致出版社，2016.

[8] 诺思. 经济史中的结构与变迁 [M]. 陈郁，罗华平，译. 上海：上海人民出版社，1994.

[9] 诺思. 理解经济变迁过程 [M]. 钟正生，邢华，译. 北京：中国人民大学出版社，2013.

[10] 福山. 信任：社会道德与繁荣的创造 [M]. 李宛蓉，译. 远方出版社，1998.

［11］纳尔逊，温特. 经济变迁的演化理论［M］. 胡世凯，译. 北京：商务印书馆，1997.

［12］山村耕造. 过剩：资本主义的系统性危机［M］. 童晋，译. 北京：社会科学文献出版社，2016.

［13］舒尔茨. 论人力资本投资［M］. 吴珠华，等译. 北京：北京经济学院出版社，1990.

［14］库兹涅茨. 现代经济增长［M］. 戴睿，易诚，译. 北京：北京经济学院出版社，1989.

［15］明塞尔. 人力资本研究［M］. 张凤林，译. 北京：中国经济出版社，2001.

［16］科尔曼. 社会理论的基础［M］. 邓方，译. 社会科学文献出版社，1999.

［17］青木昌彦. 比较制度分析［M］. 周黎安，译. 上海：上海远东出版社，2001.

［18］卡纳瓦. 应用宏观经济研究方法［M］. 周建，译. 上海：上海财经大学出版社，2009.

［19］李嘉图. 政治经济学及赋税原理［M］. 郭大力，王亚南，译. 南京：凤凰传媒集团，2011.

［20］斯密. 国富论［M］. 郭大力，王亚南，译. 北京：商务印书馆，2014.

［21］凯恩斯. 就业、利息和货币通论（重译本）［M］. 高鸿业，译. 北京：商务印书馆，2014.

［22］麦迪逊. 世界经济千年史［M］. 伍晓鹰，等译. 北京：北京大学出版社，2003.

［23］穆勒. 政治经济学原理及其在社会哲学上若干应用：上卷［M］. 赵荣潜，桑炳彦，朱泱，等译. 北京：商务印书馆，2010.

中文书籍

［1］列宁. 列宁选集：第 4 卷［M］. 中共中央马克思恩格斯列宁斯大林著作编译局，译. 北京：人民出版社，2012.

［2］马克思，恩格斯. 马克思恩格斯全集：第 3 卷［M］. 中共中央马克思恩格斯列宁斯大林著作编译局，译. 北京：人民出版社，1960.

［3］马克思，恩格斯. 马克思恩格斯全集：第 30 卷［M］. 中共中央马克思恩格斯列宁斯大林著作编译局，译. 北京：人民出版社，1995.

［4］马克思，恩格斯. 马克思恩格斯文集：第 10 卷［M］. 中共中央马克思恩格斯列宁斯大林著作编译局，译. 北京：人民出版社，2009.

［5］马克思，恩格斯. 马克思恩格斯文集：第 2 卷［M］. 中共中央马克思恩格斯列宁斯大林著作编译局，译. 北京：人民出版社，2009.

［6］马克思，恩格斯. 马克思恩格斯文集：第 5 卷［M］. 中共中央马克思恩格斯列宁斯大林著作编译局，译. 北京：人民出版社，2009.

［7］马克思，恩格斯. 马克思恩格斯选集：第 2 卷［M］. 中共中央马克思恩格斯列宁斯大林著作编译局，译. 北京：人民出版社，2012.

［8］中国大百科全书出版社编辑部. 中国大百科全书 经济学 3［M］. 北京：中国大百科全书出版社，1993.

［9］蔡昉. 中国流动人口问题［M］. 北京：社会科学文献出版社，2007.

［10］陈瑛. 转型期中国劳动力市场的演进问题研究：从分割到一体化［M］. 中国社会科学出版社，2016.

［11］陈仲常. 失业风险自动监测和预警系统研究：基于电子政务平台设计［M］. 北京：中国社会科学出版社，2010.

［12］段敏芳，郭忠林. 产业结构升级与就业［M］. 武汉：武汉大学出版社，2013.

［13］冯兰瑞. 论中国劳动力市场［M］. 北京：中国城市出版社，1991.

［14］高铁梅，陈磊，王金明，等. 经济周期波动分析与预测方法［M］. 北京：清华大学出版社，2018.

［15］高铁梅. 计量经济分析方法与建模［M］. 北京：清华大学出版社，2016.

［16］顾海兵，陈璋. 中国工农业经济预警［M］. 北京：中国计划出版社，1992.

［17］国家发展和改革委员会就业和收入分配司，北京师范大学中国收入分配

研究院. 中国居民收入分配年度报告（2017）［M］. 北京：社会科学出版社，2018.

［18］胡家勇. 转型经济学［M］. 合肥：安徽人民出版社，2003.

［19］胡锦涛. 高举中国特色社会主义伟大旗帜 为夺取全面建设小康社会新胜利而奋斗：在中国共产党第十七次全国代表大会上的报告［M］. 人民出版社，2007.

［20］黄少安. 产权理论与制度经济学［M］. 湘潭：湘潭大学出版社，2008.

［21］纪韶. 中国失业预警：理论视角、研究模型［M］. 北京：首都经济贸易大学出版社，2008.

［22］蒋建华，等. 中华人民共和国资料手册［M］. 北京：社会科学文献出版社. 1999.

［23］赖德胜，李长安，张琪. 中国就业60年（1949-2009）［M］. 北京：中国劳动社会保障出版社，2010.

［24］黎煦. 中国劳动力市场变迁的产权经济分析［M］. 杭州：浙江大学出版社，2006.

［25］厉以宁，吴世泰. 西方就业理论的演变［M］. 北京：华夏出版社，1988.

［26］林毅夫. 论经济发展战略［M］. 北京：北京大学出版社，2005.

［27］刘怀廉. 农村剩余劳动力转移新论［M］. 北京：中国经济出版社，2004.

［28］刘拥. 第三次失业高峰：下岗·失业·再就业［M］. 中国书籍出版社，1998.

［29］娄芳. 俄罗斯经济改革透视：从"休克疗法"到"国家发展战略"［M］. 上海：上海财经大学出版社，2000.

［30］卢现祥. 新制度经济学［M］. 2版. 武汉：武汉大学出版社，2011.

［31］马克思. 资本论：第1卷［M］. 中共中央马克思恩格斯列宁斯大林著作编译局，译. 北京：人民出版社，2012.

［32］托达罗. 发展中国家的劳动力转移模式和城市失业问题［C］//外国经济学说研究会. 现代国外经济学论文选（第8辑）. 北京：商务印书馆，1984.

［33］莫荣，李建武，李宏. 中国失业预警：理论、技术和方法［M］. 北京：科学出版社，2011.

［34］莫荣，鲍春雷，等. 失业预警模型构建与应用［M］. 北京：中国劳动社

会保障出版社，2016.

[35] 彭克宏. 社会科学大辞典 ［M］. 北京：中国国际广播出版社，1989.

[36] 王朝明. 社会资本视角下政府反贫困政策绩效管理研究：基于典型社区与村庄的调查数据 ［M］. 北京：经济科学出版社，2013.

[37] 王检贵. 劳动与资本双重过剩下的经济发展 ［M］. 上海：上海人民出版社，2002.

[38] 王庆丰. 中国产业结构与就业结构协调发展研究 ［M］. 北京：经济科学出版社，2013.

[39] 王小川，史峰，等. MATLAB 神经网络 43 个案例分析 ［M］. 北京：北京航空航天大学出版社，2018.

[40] 王益英. 中华法学大辞典·劳动法学卷 ［M］. 北京：中国检察出版社. 1997.

[41] 吴玉韶. 中国老龄事业发展报告 ［M］. 北京：社会科学文献出版社，2013.

[42] 肖冬平. 社会资本研究 ［M］. 昆明：云南大学出版社，2013.

[43] 肖潇. 中国劳动力市场分割形成机制与形态演变研究 ［M］. 北京：人民出版社，2017.

[44] 萧浩辉. 决策科学辞典 ［M］. 北京：人民出版社，1995.

[45] 姚洋. 中国道路的世界意义 ［M］. 北京：北京大学出版社，2011.

[46] 游钧. 2006—2007 年中国就业报告 ［M］. 北京：中国劳动社会保障出版社. 2007.

[47] 袁志刚. 失业经济学 ［M］. 上海：格致出版社，2014.

[48] 苑茜，周冰，沈士仓，等. 现代劳动关系辞典 ［M］. 北京：中国劳动社会保障出版社，2000.

[49] 张得志. 中国经济高速增长期的充分就业与失业预警研究 ［M］. 上海：上海人民出版社，2008.

[50] 张兴茂. 劳动力产权论 ［M］. 北京：中国经济出版社，2001.

［51］中国社会科学院经济研究所.现代经济词典［M］.南京：凤凰出版社，2005.

中文学位论文

［1］陈婷婷.失业预警分析与建模［D］.南京：南京大学，2015.

［2］陈晓卫.中国就业问题初探：关于就业的数量分析［D］.成都：西南财经大学，2003.

［3］胡书伟.社会资本与大学生就业关系的实证研究［D］.长沙：中南大学，2010.

［4］佳佳.俄罗斯人口老龄化对经济增长的影响［D］.南京：南京大学，2017.

［5］王素玲.国企改革中的劳动力产权理论与实践研究［D］.成都：西南财经大学，2007.

［6］熊祖辕.中国失业治理研究［D］.成都：四川大学，2004.

［7］徐林清.中国劳动力市场分割问题研究［D］.广州：暨南大学，2004.

中文期刊

［1］艾思奇.努力研究社会主义社会的矛盾规律［J］.哲学研究，1958（7）：6-8.

［2］安立仁，董联党.基于资本驱动的潜在增长率、自然就业率及其关系分析［J］.数量经济技术经济研究，2011（2）：99-112.

［3］安立仁.资本驱动的中国经济增长：1952～2002［J］.人文杂志，2003（6）：44-54.

［4］白天亮.同工同酬之路还有多远？［J］.四川党的建设（城市版），2010（6）：18-19.

［5］蔡昉，都阳，高文书.就业弹性、自然失业和宏观经济政策：为什么经济增长没有带来显性就业？［J］.经济研究，2004（9）：18-25.

［6］蔡昉，都阳.经济转型过程中的劳动力流动：长期性、效应和政策［J］.学术研究，2004（6）：16-22.

[7] 蔡昉.二元劳动力市场条件下的就业体制转换 [J]. 中国社会科学, 1998 (2)：4-14.

[8] 蔡昉.坚持在结构调整中扩大就业 [J]. 求是, 2009 (5)：29-31.

[9] 蔡昉.劳动力流动、择业与自组织过程中的经济理性 [J]. 中国社会科学, 1997 (4)：126-137.

[10] 蔡昉.为什么"奥肯定律"在中国失灵：再论经济增长与就业的关系 [J]. 宏观经济研究, 2007 (1)：11-14.

[11] 蔡昉.中国就业统计的一致性：事实和政策含义 [J]. 中国人口科学, 2004 (3)：2-10.

[12] 蔡群,周虎城,孙卫平.走近农民工：江苏农民工就业、生活状况调查 [J]. 江苏农村经济, 2007 (9)：28-33.

[13] 蔡潇彬.诺斯的制度变迁理论研究 [J]. 东南学术, 2016 (1)：120-127.

[14] 曾湘泉,于泳.中国自然失业率的测量与解析 [J]. 中国社会科学, 2006 (4)：65-76.

[15] 常云昆,肖六亿.有效就业理论与宏观经济增长悖论 [J]. 经济理论与经济管理, 2004, V (2)：5-12.

[16] 陈成文,谭日辉.社会资本与大学生就业关系研究 [J]. 高等教育研究, 2004 (4)：29-32.

[17] 陈迪桂.关于企业与职工双向选择困难的思考 [J]. 经济纵横, 1991 (9)：19-22.

[18] 陈宏军,李传荣,陈洪安.社会资本与大学毕业生就业绩效关系研究 [J]. 教育研究, 2011 (10)：21-31.

[19] 陈锡文：金融危机致2000万农民工失业 [J]. WTO 经济导刊, 2009 (3)：18-18.

[20] 陈晓枫.马克思的劳动力产权思想及其当代价值 [J]. 福建论坛 (人文社会科学版), 2014 (7)：36-42.

[21] 陈怡安.中国失业风险动态预测：基于联立方程模型的实证 [J]. 印度洋

经济体研究，2012（2）：117-122.

[22] 陈瑛，杨先明，周燕萍.社会资本及其本地化程度对农村非农就业的影响：中国西部沿边地区的实证分析 [J].经济问题，2012（11）：23-27.

[23] 陈桢.经济增长与就业增长关系的实证研究 [J].经济学家，2008（2）：90-95.

[24] 陈仲常，金碧.中国失业阶段性转换特点及对策研究 [J].人口与经济，2005（3）：46-51.

[25] 陈仲常，吴永球.失业风险预警系统研究 [J].当代财经，2008（5）：5-10.

[26] 陈仲常.失业风险监测预警指标考察 [J].经济科学，1998（4）：88-93.

[27] 谌新民.当前的结构性失业与再就业 [J].经济学家，1999，4（4）：52-57.

[28] 成春.大学生就业制度改革过程中市场机制的完善：从注重社会资本向注重人力资本的转化 [J].天府新论，2009（5）：63-65.

[29] 丁立宏，王静.完善我国失业统计指标体系的构想 [J].经济与管理研究，2009（7）：15-20.

[30] 董志强.结构性失业理论及其对中国失业现状的解释 [J].重庆理工大学学报，2001，15（1）：52-57.

[31] 都阳.不必担忧供给侧结构性改革引发较大规模失业：我国就业稳中向好形势不会变 [EB/OL].（2017-01-12）[2024-04-30].http://paper.people.com.cn/rmrb/html/2017/01/12/nw.D110000renmrb_20170112_4-07.htm.

[32] 杜桂英，岳昌君.高校毕业生就业机会的影响因素研究 [J].中国高教研究，2010（11）：67-70.

[33] 范省伟，白永秀.劳动力产权的界定、特点及层次性分析 [J].当代经济研究，2003（8）：42-46.

[34] 费方域，古月.我国自然失业率与货币政策实施区间探讨 [J].上海金融，2004（5）：7-9.

[35] 冯煜.中国失业预警线探索 [J].山西财经大学学报，2001，23（4）：14-

17.

[36] 龚玉泉，袁志刚. 中国经济增长与就业增长的非一致性及其形成机理 [J]. 经济学动态，2002（10）：35-39.

[37] 古克武. 劳动力所有制问题的观点简介 [J]. 经济学动态，1983（1）：31-34.

[38] 谷彬. 劳动力市场分割、搜寻匹配与结构性失业的综述 [J]. 统计研究，2014，31（3）：106-112.

[39] 顾国爱，田大洲，张雄. 我国劳动力需求变动的产业与行业特征 [J]. 中国人力资源开发，2012（9）：93-96.

[40] 顾建平. 中国转型经济中的隐性失业和就业制度变迁 [J]. 江苏社会科学，2000（1）：16-21.

[41] 光栋. 有偏技术进步、技术路径与就业增长 [J]. 工业技术经济，2014（12）：59-65.

[42] 郭东杰. 论人力资本、社会资本对农村剩余劳动力转移的影响 [J]. 江西社会科学，2009（5）：205-209.

[43] 国家六部门联合赴印度考察团，明宏. 印度非正规就业状况及其对我国的启示（上）[J]. 中国就业，2009（6）：58-61.

[44] 国家六部门联合赴印度考察团，明宏. 印度非正规就业状况及其对我国的启示（下）[J]. 中国就业，2009（7）：58-59，42.

[45] 国家统计局. 2009 年农民工监测调查报告[EB/OL].（2010-03-19）[2024-04-30].http://www.stats.gov.cn/ztjc/ztfx/fxbg/201003/t20100319_16135.html.

[46] 国家统计局. 2017 年农民工监测调查报告 [EB/OL].（2018-04-27）[2024-04-30].http://www.stats.gov.cn/tjsj/zxfb/201804/t20180427_1596389.html.

[47] 国家统计局. 2018 年国民经济和社会发展统计公报[EB/OL].（2019-02-28）[2024-04-30].http://www.stats.gov.cn/tjsj/zxfb/201902/t 20190228_1651265.html.

[48] 国家统计局：一季度国民经济实现良好开局[EB/OL].（2018-04-17）[2024-04-30].http://www.stats.gov.cn/tjsj/zxfb/201804/ t201 80417_1594310.html.

[49] 国家统计局：中华人民共和国 2017 年国民经济和社会发展统计公报

［EB/OL］.（2018－02－28）［2024－04－30］.http://www.stats.gov.cn/tjsj/zxfb/201802/t20180228_1585631.html.

［50］国务院.关于做好促进就业工作的通知［EB/OL］.http://www.gov.cn/zhuanti/2015－06/13/content_2878974.htm

［51］国务院.国务院关于进一步推进户籍制度改革的意见［EB/OL］.（2014－07－30）［2024－04－30］.http://www.gov.cn/zhengce/content/2014－07/30/content_8944.htm.

［52］国务院办公厅关于引发推动1亿非户籍人口在城市落户方案的通知［EB/OL］.（2016－10－11）［2024－04－30］.http://www.gov.cn/zhengce/content/2016－10/11/content_5117442.htm.

［53］国务院发展研究中心农村部课题组,叶兴庆,徐小青.从城乡二元到城乡一体:我国城乡二元体制的突出矛盾与未来走向［J］.管理世界,2014（9）:1-12.

［54］韩超然.产业结构调整引起的结构性失业问题分析［J］.知识经济,2012（19）:8.

［55］韩国高,高铁梅,王立国,等.中国制造业产能过剩的测度、波动及成因研究［J］.经济研究,2011（12）:18-31.

［56］韩正清.城乡二元经济结构强度演变实证分析［J］.商业时代,2009（36）:109-111.

［57］郝坤安,张高旗.中国第三产业内部就业结构变动趋势分析［J］.人口与经济,2006（6）:36-40.

［58］何国俊,徐冲,祝成才.人力资本、社会资本与农村迁移劳动力的工资决定［J］.农业技术经济,2008（1）:57-66.

［59］何蕾.中国工业行业产能利用率测度研究:基于面板协整的方法［J］.产业经济研究,2015（2）:90-99.

［60］和春雷.现阶段体制型失业及其治理［J］.中国工业经济,1998（9）:13-17.

［61］胡鞍钢.从计划体制转向市场机制:对中国就业政策的评估（1949—2001年）（上）［C］//清华大学国情研究中心,国情报告第五卷2002年（上）,2012:

15.

［62］胡鞍钢. 为人民创造工作：中国的失业问题与就业战略［J］. 民主与科学，1998（3）：30-32.

［63］胡解旺. 论社会资本过度化对大学生就业的消极影响［J］. 华中科技大学学报（社会科学版），2006，20（6）：58-62.

［64］胡永远，邱丹. 个性特征对高校毕业生就业的影响分析［J］. 中国人口科学，2011（2）：66-75.

［65］黄波，王楚明. 基于排序 logit 模型的城镇就业风险分析与预测：兼论金融信用危机情形下促进我国就业的应对措施［J］. 中国软科学，2010（4）：146-154.

［66］黄敬宝. 人力资本、社会资本对大学生就业质量的影响［J］. 北京社会科学，2012（3）：52-58.

［67］黄敬宝. 人力资本和社会资本对大学生就业概率的作用［J］. 中国青年社会科学，2015（3）：36-40.

［68］黄敬宝. 我国大学生就业的影响因素探究：对人力资本和社会资本作用的考察［J］. 中国人力资源开发，2009（12）：6-8，95.

［69］黄快生，马跃如. 国外人力资本理论研究新动向对新生代农民工人力资本投资和积累的借鉴［J］. 湖南社会科学，2014（2）：175-178.

［70］黄乾. 中国的产业结构变动、多样化与失业［J］. 中国人口科学，2009（1）：22-31.

［71］黄卫华，商晨. 新制度经济学制度变迁理论对制度均衡思想的疏漏［J］. 经济纵横，2005（7）：44-46.

［72］黄永鹏，程家明. 俄罗斯当前人口与就业问题解析［J］. 河南师范大学学报（哲学社会科学版），2005，32（2）：59-62.

［73］纪韶. 支撑就业政策的失业预警理论模型［J］. 经济理论与经济管理，2004，（9）：15-19.

［74］金维刚. 对企业与职工双向选择的社会学探讨［J］. 北京大学学报（哲学社会科学版），1989（4）：36-45.

［75］晋利珍. 改革开放以来中国劳动力市场分割的制度变迁研究［J］. 经济与

管理研究，2008（8）：64-68.

[76] 靳涛. 诺斯的成就与困惑：新制度经济史学制度变迁理论的绩效与问题 [J]. 郑州大学学报（哲学社会科学版），2003（3）：86-89.

[77] 景建军. 中国产业结构与就业结构的协调性研究 [J]. 经济问题，2016（1）：60-65.

[78] 景建军. 中国产业结构与就业结构的协调性研究 [J]. 经济问题，2016（1）：60-65.

[79] 景跃军，张昀. 我国劳动力就业结构与产业结构相关性及协调性分析 [J]. 人口学刊，2015（5）：85-93.

[80] 康文. 城镇人口结构性失业的突出矛盾及治理体系 [J]. 当代经济研究，2003（6）：26-31.

[81] 孔祥利，汪超. 结构性失业：我国劳动力供给偏差分析 [J]. 商业研究，2009（5）：96-99.

[82] 赖德胜，孟大虎，苏丽锋. 替代还是互补：大学生就业中的人力资本和社会资本联合作用机制研究 [J]. 北京大学教育评论，2012，10（1）：13-31.

[83] 赖德胜，吴春芳，潘旭华. 论中国劳动力需求结构的失衡与复衡 [J]. 山东社会科学，2011（3）：79-80.

[84] 赖德胜. 劳动力市场分割与大学毕业生失业 [J]. 北京师范大学学报（社会科学版），2001（4）：69-76.

[85] 蓝海涛. 我国城乡二元结构演变的制度分析 [J]. 宏观经济管理，2005（3）：47-49.

[86] 蓝若琏. 失业对我国经济及社会的影响与建立失业监测预警指标体系研究 [J]. 经济师，2000（6）：15-17.

[87] 劳动保障部课题组. 关于民工短缺的调查报告 [J]. 经济管理文摘，2004（20）：40-41.

[88] 劳动和社会保障部劳动科学研究所课题组. 我国失业预警系统与就业对策研究 [J]. 经济研究参考，2002（34）：11-26.

[89] 李存先. 经济体制转轨中的体制型失业与再就业对策 [J]. 山东社会科学，

1999（1）：28-31.

[90] 李恩平. 从制度变迁理论看劳动者就业观念转变 [J]. 生产力研究，1998（6）：15-17.

[91] 李刚. 中国城市人口结构性失业问题研究 [J]. 南京财经大学学报，1999（5）：35-40.

[92] 李红松. 我国经济增长与就业弹性研究 [J]. 财经研究，2003，29（4）：23-27.

[93] 李宏，李建武，莫荣，等. 基于回归分析的失业预警建模实证研究 [J]. 中国软科学，2012（5）：138-147.

[94] 李宏，李建武，宋玉龙. 基于神经网络集成的失业预警方法 [J]. 经济与管理研究，2012（1）：89-94.

[95] 李俊锋，王代敬，宋小军. 经济增长与就业增长的关系研究：两者相关性的重新判定 [J]. 中国软科学，2005（1）：64-70.

[96] 李克强：政府工作报告（文字实录）：2019 年 3 月 5 日在第十三届全国人民代表大会第二次会议上 [EB/OL].（2019-03-05）[2024-04-30]. http://www.gov.cn/premier/ 2019-03/05/content_5370734. htm.

[97] 李培林. 流动民工的社会网络和社会地位 [J]. 社会学研究，1996（4）：42-52.

[98] 李萍，刘灿. 论中国劳动力市场的体制性分割 [J]. 经济学家，1999（6）：18-22.

[99] 李文. 城市化滞后的经济后果分析 [J]. 中国社会科学，2001（4）：64-75.

[100] 李文星，袁志刚. 中国就业结构失衡：现状、原因与调整政策 [J]. 当代财经，2010（3）：10-17.

[101] 李文星. 产业结构优化与就业增长 [J]. 当代财经，2012（3）：14-24.

[102] 李雄. 论我国统一人力资源市场的政策含义 [J]. 中国劳动，2016（15）：4-8.

[103] 李学林，李晶. 通用技术变革、供给侧改革与我国经济增长 [J]. 现代经

济探讨，2016（11）：69-73.

[104] 李永捷. 基于RBF网络的成都市失业预警模型 [J]. 湖南医科大学学报：社会科学版，2007（4）：159-162.

[105] 李长吉，安双宏. 印度研究生的失业情况及其对策 [J]. 外国教育研究，1998（1）：44-46.

[106] 厉以宁. 论城乡二元体制改革 [J]. 北京大学学报（哲学社会科学版），2008（2）：5-11.

[107] 廖颖林. 如何构建上海失业预警体系的思考 [J]. 上海综合经济，2002（4）：4-5.

[108] 林岗，刘元春. 诺斯与马克思. 关于制度的起源和本质的两种解释的比较 [J]. 经济研究，2000（6）：58-65.

[109] 林磊. 人力资本与社会资本的转化机制研究 [J]. 边疆经济与文化，2006（7）：89-90.

[110] 林南著，张磊译. 社会资本：关于社会结构与行动的理论 [M]. 上海：上海人民出版社，2005.

[111] 林秀梅. 经济增长、经济结构与就业的互动机理 [J]. 社会科学战线，2009（4）：101-103.

[112] 林竹，朱柏青，张新岭. 农民工的就业能力模型研究 [J]. 开发研究，2010，150（5）：13-16.

[113] 林竹. 农民工就业：人力资本、社会资本与心理资本的协同 [J]. 农村经济，2011（12）：125-129.

[114] 凌文昌，邓伟根. 产业转型与中国经济增长 [J]. 中国工业经济，2004（12）：20-24.

[115] 刘红霞. 失业风险预警模型构建研究 [J]. 现代财经：天津财经大学学报，2008（11）：28-32.

[116] 刘洪，马璐. 用工"双轨制"存续的潜在危机及并轨路径与策略 [J]. 南京社会科学，2011（8）：31-37.

[117] 刘键，蓝文永，徐荣华. 对我国经济增长与就业增长非一致性的探讨分析

[J]. 宏观经济研究, 2009 (3): 77-81.

[118] 刘荣材. 论马克思制度变迁与社会发展理论模式 [J]. 延安大学学报 (社会科学版), 2009, 31 (4): 9-13.

[119] 刘瑞明, 亢延锟, 黄维乔. 就业市场扭曲、人力资本积累与阶层分化 [J]. 经济学动态, 2017 (8): 74-87.

[120] 刘素华, 苏志霞. 劳动就业制度改革三十年回顾与展望 [J]. 河北师范大学学报: 哲学社会科学版, 2009, 32 (2): 30-33.

[121] 刘伟, 蔡志洲, 郭以馨. 现阶段中国经济增长与就业的关系研究 [J]. 经济科学, 2015, 37 (4): 5-17.

[122] 刘伟, 蔡志洲. 产业结构演进中的经济增长和就业: 基于中国 2000-2013 年经验的分析 [J]. 学术月刊, 2014 (6): 36-48.

[123] 刘伟, 陆华. 深圳市失业监测预警系统的研究 [J]. 数量经济技术经济研究, 2001, 18 (2): 106-109.

[124] 刘伟, 张辉. 中国经济增长中的产业结构变迁和技术进步 [J]. 经济研究, 2008 (11): 4-15.

[125] 刘湘丽. 中国工业劳动力需求变化分析 [J]. 中国经贸导刊, 2012 (21): 18-21.

[126] 刘妍, 脱继强. 江苏省农村已婚女性劳动力非农就业的影响因素分析 [J]. 中国人口科学, 2008 (2): 88-94.

[127] 刘渝琳, 郭嘉志, 陆建渝. 基于转型期中国失业问题的思考: 奥肯定律的失灵问题分析 [J]. 财经理论与实践, 2005, 26 (2): 16-21.

[128] 卢江, 杨继国. 就业与经济增长非一致性理论研究进展 [J]. 江淮论坛, 2011 (3): 37-41.

[129] 陆铭, 欧海军. 高增长与低就业: 政府干预与就业弹性的经验研究 [J]. 世界经济, 2011 (12): 3-31.

[130] 罗润东. 劳动力产权性质对失业风险分担机制的影响 [J]. 南开学报 (哲学社会科学版), 2002 (4): 38-44.

[131] 马军, 张抗私. 经济增长总量与结构对高校毕业生就业的影响 [J]. 财经

问题研究, 2016 (3)：72-79.

[132] 马莉萍, 丁小浩. 高校毕业生求职中人力资本与社会关系作用感知的研究 [J]. 清华大学教育研究, 2010, 31 (1)：84-92.

[133] 马旭东. 演化博弈论在制度变迁研究中的适用性分析 [J]. 中央财经大学学报, 2010 (3)：78-82.

[134] 马廷奇. 产业结构转型、专业结构调整与大学生就业促进 [J]. 中国高等教育, 2013 (Z3)：56-59.

[135] 马勇. 劳动用工 "双轨制" 模式对社会生产率的影响 [J]. 学术交流, 2014 (9)：127-132.

[136] 毛丰付, 潘加顺. 资本深化、产业结构与中国城市劳动生产率 [J]. 中国工业经济, 2012 (10)：32-44.

[137] 民革中央. 关于多措并举，做好去产能过程中人员安置工作的提案（摘要）[EB/OL].（2016-03-03）[2024-04-30]. http://www.minge.gov.cn/mgzy/2016lhta/201603/ ec137758b2d54ed49 e33ed63f14eb85b.shtml.

[138] 莫迪的 "印度制造" 计划 [J]. 经济导刊, 2014 (11)：5.

[139] 穆熙, 肖宏华. 我国城镇自然失业率及应用：通货紧缩：忽视失业对宏观调控作用的后果 [J]. 统计研究, 2000, 17 (7)：53-58.

[140] 倪学鑫, 陈华东, 荣兆梓. 对《劳动力所有制论质疑》的回答 [J]. 经济研究, 1982 (10)：33-38.

[141] 蒲艳萍. 中国经济增长与失业关系的实证研究：有效就业分析与协整检验 [J]. 南京师大学报（社会科学版), 2006 (1)：53-58.

[142] 齐建国. 中国总量就业与科技进步的关系研究 [J]. 数量经济技术经济研究, 2002, 19 (12)：24-29.

[143] 齐艳玲. 我国经济增长和就业增长非一致性的制度解释 [J]. 当代经济研究, 2008 (8)：69-71.

[144] 钱小英. 我国失业率的特征及其影响因素分析 [J]. 经济研究, 1998 (10)：28-36.

[145] 秦开运. 我国失业保障监测预警指标体系的构建 [J]. 统计与决策, 2007

（21）：81-82.

[146] 秦永，裴育．城乡背景与大学毕业生就业：基于社会资本理论的模型及实证分析 [J]．经济评论，2011（2）：113-118.

[147] 曲玥．产能过剩与就业风险 [J]．劳动经济研究，2014（5）：130-147.

[148] 曲玥．中国工业产能利用率：基于企业数据的测算 [J]．经济与管理评论，2015（1）：49-56.

[149] 问：为什么说结构性就业矛盾是现阶段就业面临的突出矛盾？[EB/OL]．（2017-11-17）[2024-04-30]．http://dangjian.people.com.cn/n1/2017/1117/c415189-29652956.html.

[150] 任婷，周畅．结构性失业与高教政策调整 [J]．煤炭高等教育，2005，23（1）：16-18.

[151] 任义科，王林，杜海峰．人力资本、社会资本对农民工就业质量的影响：基于性别视角的分析 [J]．经济经纬，2015（2）：25-30.

[152] 荣兆梓，倪学鑫．试论社会主义社会的劳动力个人所有权 [J]．江淮论坛，1980（3）：59-66.

[153] 沈凯禹，俞倩兰．失业预警系统指标浅析 [J]．南京经济学院学报，2000（2）：17-20.

[154] 盛乐，姚先国．产权残缺劳动力的行为博弈 [J]．中国经济问题，2001（1）：44-48.

[155] 石红梅，丁煜．人力资本、社会资本与高校毕业生就业质量 [J]．人口与经济，2017（3）：90-97.

[156] 史仁．劳动力所有制问题讨论述评 [J]．江淮论坛，1981（4）：67-76.

[157] 史嵩宇．美国弱势群体权利保护的经验与启示 [J]．行政管理改革，2016（4）：69-73.

[158] 史忠良，林毓铭．产业结构演变过程与劳动力资源重置研究 [J]．中国工业经济，1999（10）：46-48.

[159] 宋长青．失业警戒线划在哪 [J]．中国国情国力，1997（10）：19-20.

[160] 苏丽锋，孟大虎．人力资本、社会资本与大学生就业 [J]．教育文化论

坛，2012（3）：141.

[161] 苏晓芳，杜妍冬. 人力资本、社会资本与流动人口就业收入：基于流动人口正规就业与非正规就业的比较分析 [J]. 科学决策，2016（9）：43-57.

[162] 孙培钧. 印度失业问题浅析 [J]. 南亚研究季刊，2004（4）：11-14.

[163] 孙三百. 社会资本的作用有多大？：基于合意就业获取视角的实证检验 [J]. 世界经济文汇，2013（5）：70-84.

[164] 孙文凯. 中国近年来经济增长与就业增长间数量关系解释 [J]. 经济理论与经济管理，2014，V34（1）：16-26.

[165] 汤光华，舒元. 经济增长与就业协调论 [J]. 数量经济技术经济研究，2000（9）：26-28.

[166] 汤静波. 建国五十年我国劳动就业的制度变迁 [J]. 上海经济研究，1999（10）：48-54.

[167] 唐茂华. 劳动力市场建设与非农就业促进：机制及对策 [J]. 兰州商学院学报，2007，23（3）：11-15.

[168] 滕瑜，李天祥，于之倩. 中国就业变化的因素与潜力分析 [J]. 中国软科学，2016（7）：33-42.

[169] 田北海，雷华，佘洪毅，等. 人力资本与社会资本孰重孰轻：对农民工职业流动影响因素的再探讨：基于地位结构观与网络结构观的综合视角 [J]. 中国农村观察，2013（1）：34-47.

[170] 汪戎，薛军. 对我国长期失业现象本质的再认识 [J]. 思想战线，2013，39（3）：74-78.

[171] 王斌会，韩兆洲. 广州市失业预警系统研究 [J]. 统计与预测，2002（5）：14-16.

[172] 王东胜，张矛. 论所有制的内涵 [J]. 学习与探索，1980（1）：86-91.

[173] 王继承. 中国企业人力资源管理模式中的"双轨制"现象：基于中国 12 家成功企业的案例研究 [J]. 管理世界，2009（b12）：38-53.

[174] 王马廷奇. 产业结构转型、专业结构调整与大学生就业促进 [J]. 中国高等教育，2013（Z3）：56-59.

[175] 王硕旺, 阮守华. 论大众化进程中的高等教育结构优化: 兼谈我国大学生结构性失业问题 [J]. 教育理论与实践, 2010 (15): 3-6.

[176] 王颂吉, 白永秀. 城乡要素错配与中国二元经济结构转化滞后: 理论与实证研究 [J]. 中国工业经济, 2013 (7): 31-43.

[177] 王天鸽, 张志新, 崔兆财. 人力资本、社会资本与农村劳动力转移 [J]. 产业与科技论坛, 2015 (17): 8-11.

[178] 王小璐, 风笑天. 人力资本、社会资本与工作转换: 基于城乡大学毕业生的比较研究 [J]. 南方人口, 2016 (1): 9-17.

[179] 王义祥. 转型时期俄罗斯及东欧中亚国家的就业问题 [J]. 俄罗斯研究, 2002 (3): 47-52.

[180] 王毅杰, 童星. 流动农民职业获得途径及其影响因素 [J]. 江苏社会科学, 2003 (5): 86-91.

[181] 王长城. 论制度变迁中的劳动就业 [J]. 中南财经政法大学学报, 2002 (4): 29-34.

[182] 魏作磊. 对第三产业发展带动我国就业的实证分析 [J]. 财贸经济, 2004 (3): 80-85.

[183] 吴光炳. 产权改革: 我们忽视了什么 [J]. 经济体制改革, 1997 (2): 104-107.

[184] 武力, 温锐. 1949 年以来中国工业化的"轻、重"之辨 [J]. 经济研究, 2006 (9): 39-49.

[185] 向小东, 宋芳. 基于核主成分与加权支持向量机的福建省城镇登记失业率预测 [J]. 系统工程理论与实践, 2009, 29 (1): 73-80.

[186] 项光勤. 大学生结构性失业的现状、原因和对策分析 [J]. 江苏师范大学学报 (哲学社会科学版), 2009, 35 (6): 112-116.

[187] 肖灵机, 徐文华, 熊桂生. 我国经济增长与就业增长非一致性的制度解释及制度安排 [J]. 当代财经, 2005 (6): 15-19.

[188] 肖旭. 制度变迁与中国制度改革的文献综述 [J]. 首都经济贸易大学学报, 2017, 19 (4): 96-104.

［189］谢勇．基于人力资本和社会资本视角的农民工就业境况研究：以南京市为例［J］．中国农村观察，2009（5）：49-55.

［190］激发市场活力 坚定发展信心：当前民营经济发展观［EB/OL］.（2018-10-31）［2024-04-30］.http://www.xinhuanet.com/fortune/2018-10-31/c_1123643512.htm.

［191］邢春冰．中国农村非农就业机会的代际流动［J］.经济研究，2006（9）：103-116.

［192］熊斌．关于我国的结构性失业分析与治理［J］.人口与经济，2001（3）：52-56.

［193］徐现祥，周吉梅，舒元．中国省区三次产业资本存量估计［J］.统计研究，2007，24（5）：6-13.

［194］徐晓军．大学生就业过程中的双重机制：人力资本与社会资本［J］.青年研究，2002（6）：9-14.

［195］徐则荣，王也，陈江滢．特朗普新政对美国的影响及对中国的警示［J］.福建论坛（人文社会科学版），2018（6）：21-27.

［196］许庆红．市场转型、劳动力市场分割与代际行业流动［J］.青年研究，2018（2）：1-13，94.

［197］阎凤桥，毛丹．影响高校毕业生就业的社会资本因素分析［J］.复旦教育论坛，2008，6（4）：56-65.

［198］杨发祥．新中国生育制度的历史回顾与反思［J］.历史教学问题，2011（1）：20-25.

［199］杨光斌．诺斯制度变迁理论的贡献与问题［J］.华中师范大学学报（人文社会科学版），2007（3）：30-37.

［200］杨国庚，杨奇．产业结构优化升级研究理论综述［J］.全国流通经济，2009（9）：7-9.

［201］杨海燕．中国经济增长与就业增长非一致性分析［J］.西南民族大学学报（人文社科版），2004，25（3）：127-130.

［202］杨雄．当前大学生就业形势与社会稳定［J］.社会科学，2005（2）：64-70.

[203] 杨宜勇. 我国失业的测度、警戒线及若干建议 [J]. 中国机电工业, 1998 (5)：13-14.

[204] 杨宇轩, 赵淳宇. 我国结构性失业与高等教育结构调整的理论分析 [J]. 经济学家, 2012 (11)：102-103.

[205] 姚先国, 郭继强. 论劳动力产权 [J]. 学术月刊, 1996 (6)：44-49.

[206] 叶正茂, 洪远朋. 关于劳动力产权的探索 [J]. 财经研究, 2001, 27 (1)：3-10.

[207] 殷俊, 李晓鹤. 人力资本、社会资本与失地农民的城市融入问题：以武汉市为例 [J]. 农村经济, 2014 (12)：80-84.

[208] 尹碧波, 周建军. 中国经济中的高增长与低就业：奥肯定律的中国经验检验 [J]. 财经科学, 2010 (1)：56-61.

[209] 尹宁. 统计方法在失业风险预警系统中的应用 [J]. 中国外资月刊, 2013 (23)：134-135.

[210] 于洪军, 刘金凤. 资本有机构成理论视阈下大学生结构性失业问题研究 [J]. 现代教育管理, 2011 (1)：118-121.

[211] 岳昌君, 程飞. 人力资本及社会资本对高校毕业生求职途径的影响分析 [J]. 中国高教研究, 2013 (10)：21-27.

[212] 张车伟, 蔡翼飞. 中国"十三五"时期劳动供给和需求预测及缺口分析 [J]. 人口研究, 2016, 40 (1)：38-56.

[213] 张车伟. 当前劳动力市场的结构性矛盾及其经济学分析 [J]. 经济学动态, 2008 (3)：49-54.

[214] 张宏军. 大学毕业生结构性失业的成因及其治理 [J]. 黑龙江高教研究, 2010 (2)：110-112.

[215] 张惠, 杨爱年. 基于协整理论的我国经济增长与就业关系的实证分析 [J]. 华东经济管理, 2007, 21 (6)：33-36.

[216] 张杰, 宋志刚. 供给侧结构性改革中"去产能"面临的困局、风险及对策 [J]. 河北学刊, 2016 (4)：123-129.

[217] 张锦华, 沈亚芳. 家庭人力资本对农村家庭职业流动的影响：对苏中典

型农村社区的考察［J］.中国农村经济，2012（4）：26-35.

［218］张军，吴桂英，张吉鹏.中国省际物质资本存量估算：1952—2000［J］.经济研究，2004（10）：35-44.

［219］张抗私，周晓蒙.就业结构缘何滞后于产业转型：人力资本视角的微观解释：基于全国调研数据的实证分析［J］.当代经济科学，2014，36（6）：11-19.

［220］张敏.供给侧改革下农民工就业促进产业结构升级研究［J］.理论探讨，2016（6）：101-105.

［221］张生玲，李跃，酒二科，等.路径依赖、市场进入与资源型城市转型［J］.经济理论与经济管理，2016，V36（2）：14-27.

［222］张新岭，赵永乐，林竹，等.农民工就业：人力资本和社会资本的耦合分析［J］.农村经济，2007（12）：117-120.

［223］张兴会，杜升之，陈增强，等.基于对角Elman神经网络的失业预测模型［J］.南开大学学报（自然科学版），2002，35（2）：60-64.

［224］张志学，秦昕，张三保.中国劳动用工"双轨制"改进了企业生产率吗？：来自30个省份12314家企业的证据［J］.管理世界，2013（5）：88-99.

［225］赵定东，朱励群.1990—2000年前苏联与东欧国家失业状况与治理［J］.东北亚论坛，2006（3）：101-108.

［226］赵建国，苗莉.基于扩散指数的逐步回归改进失业预警模型及实证分析［J］.中国人口科学，2008，2008（5）：52-57.

［227］赵建国.基于扩散指数法的失业预警模型及实证分析［J］.财经问题研究，2005（11）：81-84.

［228］赵建国.综合失业警戒指数的构建及其失业警报分析［J］.财经问题研究，2009（7）：94-98.

［229］赵秋成.从产业和行业层面解析中国的经济增长与就业［J］.社会科学辑刊，2006（3）：124-126.

［230］赵武，刘艳."民工荒"现象的经济学分析［J］.经济学家，2005，3（3）：124-126.

［231］赵延东.再就业中的社会资本：效用与局限［J］.社会学研究，2002

（4）：43-54.

[232] 郑吉昌，何万里，夏晴. 论现代服务业的隐性就业增长机制 [J]. 财贸经济，2007（8）：24-29.

[233] 中共中央关于国有企业改革和发展若干重大问题的决定[EB/OL].（1999-09-22）[2024-06-30]. http://cpc.people.com.cn/GB/64162/71380/71382/71386/4837883. html.

[234] 中共中央关于完善社会主义市场经济体制若干问题的决定[EB/OL].（2003-10-14）[2024-04-30]. http://cpc.people.com.cn/GB/64184/64186/66691/4494642. html.

[235] 中国户籍制度改革历史回眸[EB/OL].（2014-07-30）[2024-04-30]. http://www.gov.cn/xinwen/2014-07/30/content_2727331. htm

[236] 中国就业应对国际金融危机方略系列研究报告之一：金融危机对我国就业产生的冲击、挑战、机遇 [J]. 中国就业，2009（11）：8-14.

[237] 中国人民大学宏观经济分析与预测课题组，刘元春，闫衍，等. 供给侧结构性改革下的中国宏观经济 [J]. 经济理论与经济管理，2016（8）：5-23.

[238] 国务院关于印发《“十三五”促进就业规划》的通知[EB/OL].（2017-02-06）[2024-04-30]. http://www.gov.cn/zhengce/content/201702/06/content_5165797. htm.

[239] 就业形势出现了哪些新变化[EB/OL].（2019-01-26）[2024-04-30]. http://www.gov.cn/xinwen/2019-01/26/content_5361304. htm.

[240] 钟云华，应若平. 从教育公平看社会资本对大学生就业的影响 [J]. 湖南社会科学，2006（1）：158-160.

[241] 钟云华. 人力资本、社会资本与大学毕业生求职 [J]. 高教探索，2011（3）：140-146.

[242] 朱鹤，何帆. 中国僵尸企业的数量测度及特征分析 [J]. 北京工商大学学报（社会科学版），2016，31（4）：116-126.

[243] 朱志萍. 城乡二元结构的制度变迁与城乡一体化 [J]. 软科学，2008（6）：104-108.

［244］邹沛江. 奥肯定律在中国真的失效了吗？［J］. 数量经济技术经济研究，2013（6）：91-105.

［245］邹薇，胡翾. 中国经济对奥肯定律的偏离与失业问题研究［J］. 世界经济，2003（6）：40-47.

［246］邹一南，石腾超. 产业结构升级的就业效应分析［J］. 上海经济研究，2012（12）：3-13.

［247］邹宜斌. 社会资本：理论与实证研究文献综述［J］. 经济评论，2005（6）：120-125.

外文书籍

［1］BEVERIDGE W H. Unemployment：a problem of industry（1909 and 1930）［M］. London：Longmans，1980.

［2］BOURDIEU P. The forms of capital［C］//Richardson，John G. Handbook of theory and research for the sociology of education. New York：Greenwood Press，1986：241-258.

［3］BURT R S. Structural holes［M］. Cambridge：Harvard University Press，1992.

［4］CLARK K. The balkanization of labor markets［C］//Lloyd R. Readings in labor economics and labor relations. Englewood Cliffs，NJ：Prentice Hall，1978：62-71.

［5］CLARK C. The conditions of economic progress［M］. London：Macmillan and Co，1940.

［6］DOERINGER P B，Piore M J. Internal labor markets and manpower analysis［M］. Lexington：Mass. DC Heath，1971.

［7］EGGERTSSON T. Imperfect institutions：possibilities and limits of reform［M］. Ann Arbor，MI：University of Michigan Press，2005.

［8］GOLDFARB R S，ADAMS A V. Designing a system of labor market statistics and information［C］// Designing a system of labor market statistics and information. World Bank，1993.

［9］GREIF A. Institutions and the path to the modern economy［M］. Cambridge，

UK: Cambridge University Press, 2006.

[10] HARVEY A C. Forecasting, structural time series models and the kalman filter [C] // Forecasting, structural time series models and the Kalman filter. Cambridge: Cambridge University Press, 1990.

[11] MISHEL L, HEIDI S, KATHRYN E. Reasons for skepticism about structural unemployment [M]. Washington, DC: Economic Policy Institute.

[12] NORTH D. Institutions, institutional change and economic performance [M]. Cambridge, UK: Cambridge University Press, 1990.

[13] LOVERIDGE R, MOK A. Theories of labour market segmentation: A critique [M]. London: Martinus Nijhoff Social Science Division, 1979: 27.

外文期刊

[1] ABRAHAM, KATHARINE G, LAWRENCE F. Katz. Cyclical unemployment: sectoral shifts or aggregate disturbances? [J]. Journal of political economy, 1986, 94 (3): 507-522.

[2] AFFUL E A. Does employment protection legislation induce structural unemployment? evidence from 15 OECD countries [J]. Mpra Paper, 2014.

[3] ARULAMPALAM W, BOOTH A L, BRYAN M L. Training in europe [J]. Journal of the european economic association, 2004, 2 (2-3): 346-360.

[4] AUTOR D H. Why do temporary help firms provide free general skills training? [J]. Quarterly journal of economics, 2001, 116 (4): 1409-1448.

[5] AYSUN U, BOUVET F, HOFLER R. An alternative measure of structuralunemployment [J]. Economic modelling, 2014, 38 (C): 592-603.

[6] BAKER D, GLYN A, HOWELL D et al. Unemployment and labour market institutions: The failure of the empirical case for deregulation [J]. Working Paper, 2004, 43.

[7] BALL L. Hysteresis in unemployment: old and new evidence [J]. Social science electronic publishing, 2009: 14818.

［8］ BENEDIKT H, THIJS VAN R. Structural unemployment ［J］. Economics Working Papers, 2011: 1276.

［9］ BERNDT E R, MORRISON C J. Capacity utilization measures: underlying economic theory and an alternative approach ［J］. American economic review, 1981, 71 (2): 48-52.

［10］ BISHOP J H, MANE F. The impacts of career-technical education on high school labor market success ［J］. Economics of education review, 2004, 23 (4): 381-402.

［11］ BLANCHARD O J, SUMMERS L H. Hysteresis and the European unemployment problem ［J］. Nber macroeconomics annual, 1986, 1 (1): 15-78.

［12］ BOERI T. "Transitional" Unemployment ［J］. Economics of transition, 1994, 2 (1): 1-25.

［13］ BOERI T. Heterogeneous workers, economic transformation and the stagnancy of transitional unemployment ［J］. European economic review, 2004, 41 (3): 905-914.

［14］ BOLLERSLEVB T. Generalized autoregressive conditional heteroskedasticity ［J］. Journal of econometrics, 1986, 31 (3): 307-327.

［15］ BOOTH A, FRANCESCONI M, FRANK J. Temporary jobs: stepping stones or dead ends? ［J］. Economic journal, 2002, 112 (480): F189-F213.

［16］ BROUSSEAU E, GARROUSTE P, RAYNAUD E. Institutional changes: alternative theories and consequences for institutional design ［J］. Journal of economic behavior and organization, 2011, 79 (1-2): 3-19.

［17］ BYUN Y, HWANG H. Sectoral shifts or aggregate shocks? a new test of sectoral shifts hypothesis ［J］. Empirical economics, 2015, 49 (2): 481-502.

［18］ BYUN Y. Essays on sectoral shifts of labor demand: measurements andeffects on the incidence and the duration of unemployment ［J］. Doctoral dissertation, Texas A&M University, 2007.

［19］ CABRALES A, DOLADO J J, MORA R. Dual employment protection and (lack of) on-the-job training: PIAAC evidence for Spain and other European countries

[J]. Series, 2017, 8 (4): 345-371.

[20] CAHUC P, FONTAINE F. On the efficiency of job search with social networks [J]. Journal of public economic theory, 2009, 11 (3): 411-439.

[21] CAI F, WANG M. Growth and structural changes in employment in transition China [J]. Journal of comparative economics, 2010, 38 (1): 71-81.

[22] COASE R. An interview with ronald coase [J]. ISNIE Newsletter, 1999, 2 (1): 3-10.

[23] COLE W E, SANDERS R D. Internal migration and urban employment in the third world [J]. American economic review, 1985, 75 (3): 481-494.

[24] DALY M C, HOBIJN B, VALLETTA R G. The recent evolution of the natural rate of unemployment [J]. Robert valletta, 2011.

[25] DEARDEN L, MCINTOSH S, MYCK M, et al. The Returns to academic and vocational qualifications in Britain [J]. Bulletin of economic research, 2002, 54 (3): 249-274.

[26] DEMSETZ H. Structural unemployment: A reconsideration of the evidence and the theory [J]. Journal of law & economics, 1961, 4 (4): 80-92.

[27] DENZAU AT, NORTH D C. Shared mental models: ideologies and institutions [J]. Kyklos, 1994, 47 (1): 3-31.

[28] DIAMOND P A. Aggregate demand Management in search equilibrium [J]. Journal of political economy, 1982, 90 (5): 881-894.

[29] DIJK D V, FRANSES P H, PAAP R. A non-linear long memory model, with an application to US unemployment [J]. Journal of econometrics, 2002, 110 (2): 135-165.

[30] ECFIN Affairs. Building a strengthened fiscal framework in the EuropeanUnion: a guide to the stability and growth pact [J]. Occasional papers European commission, 2013: 1-35.

[31] ENRIQUEDE A. Constrained forecasting in autoregressive time series models: A Bayesian analysis [J]. International journal of forecasting, 1993, 9 (1): 95-108.

［32］ ESTEVAO M M, TSOUNTA E. Has the great recession raised U. S. structural unemployment？［J］. IMF Working Papers, 2011 (5): 1-46.

［33］ FEDELI S, FORTE F, RICCHI O. The long term negative relation between public deficit and structural unemployment: an empirical study of OECD countries (1980—2009)［C］// University of Rome La Sapienza, Department of Public Economics, 2013.

［34］ FIGURA A. The effect of restructuring on unemployment (October 2003)［J/OL］. FEDS Working Paper No. 2003-56. Available at SSRN: https://ssrn.com/abstract =483542 or http://dx.doi.org/10. 2139/ssrn.483542.

［35］ FOLEY MC. Labor market dynamics in Russia［J］. Working papers, 1997.

［36］ FRIEDMAN M. Nobel lecture: inflation and unemployment［J］. Journal of political economy, 1977, 85 (3): 451-472.

［37］ GARZ M, TARASSOW A. Does an expanding low-pay sector decrease structural unemployment? evidence from Germany［J］. Macroeconomics & finance, 2011.

［38］ GIULIANO B. The postindustrial employment problem and active labour market policy［J］. Paper prepared for presentation at the 10th ESPAnet annual conference, Edinburgh, 2012 (9): 6-8.

［39］ GREENSLADE, JENNIFER V, PIERSE R G, et al. A kalman filter approach to estimating the UK NAIRU［J］. Social science electronic publishing, 2003.

［40］ GREIF A. Historical and comparative institutional analysis［J］. American economic review, 1998, 88 (2): 80-84.

［41］ NACI M H. Structural unemployment, cyclical unemployment, and income inequality［J］. Review of economics & statistics, 1999, 81 (1): 122-134.

［42］ HANSEN B E. Inference in TAR Models［J］. Studies in nonlinear dynamics & econometrics, 1997, 2 (1): 1-14.

［43］ HEIMBERGER P, KAPELLER J, SCHÜTZ B. The NAIRU determinants: What's structural about unemployment in Europe?［J］. Journal of policy modeling, 2017, 39 (5): 883-908.

[44] HIGGINS B. The "Dualistic Theory" of underdeveloped areas [J]. Economic development & cultural change, 1956, 4 (2): 99-115.

[45] HIROAKI M. Ins and outs of the long-run unemployment dynamics [J]. Applied economics letters, 2013, 20 (7): 615-620.

[46] HODRICK RJ, PRESCOTT EC. Post-war US business cycles: an empirical investigation [J]. Journal of money banking and credit, 1997, 29: 1-16.

[47] HOLZER H J. Hiring procedures in the firm: their economic determinants and outcomes [J]. Nber working papers, 1987.

[48] HOLZER H J. Search method use by unemployed youth [J]. Journal of labor economics, 1988, 6 (1): 1-20.

[49] JONES DC, KATO T. The nature and the determinants of labor market transitions in former socialist economies: evidence from Bulgaria [J]. Industrial relations a journal of economy & society, 2010, 36 (2): 229-254.

[50] KAMINSKY G, LIZONDO S, REINHART C M. Leading indicators of currency crises [J]. Staff papers, 1998, 45 (1): 1-48.

[51] KLEIN L R, LONG V. Capacity utilization: concept, measurement, and recent estimates [J]. Brookings papers on economic activity, 1973, 1973 (3): 743-763.

[52] LILIEN D. Sectoral shifts and cyclical unemployment [J]. Journal of political economy, 1982, 90 (4): 777-793.

[53] LIPTON M. Migration from rural areas of poor countries: the impact on rural productivity and income distribution [J]. World development, 1980, 8 (1): 1-24.

[54] MACHIN S, MANNING A. Chapter 47 The causes and consequences of long-term unemployment in Europe [J]. Handbook of labor economics, 1999, 3 (99): 3085-3139.

[55] MARIANNE B, ROBERT G K. Measuring business cycles: approximate band-pass filters for economic time series [J]. The review of economics and statistics, 1999, 81 (4): 575-593.

[56] MEER J. Evidence on the returns to secondary vocational education [J]. Eco-

nomics of education review, 2007, 26（5）: 559-573.

［57］ MONTGOMERY J D. Social networks and labor-market outcomes: toward an economic analysis ［J］. American economic review, 1991, 81（5）: 1408-1418.

［58］ MOORE JH. A measure of structural change in output ［J］. Review of income and wealth, 1978, 24（1）: 105-118.

［59］ MORISSETTE R, SALVAS-BRONSARD L. Structural unemployment and disequilibrium ［J］. European economic review, 1993, 37（6）: 1251-1257.

［60］ MORTENSEN D T. Chapter 15 Job search and labor market analysis ［J］. Handbook of labor economics, 1986, 2（86）: 849-919.

［61］ NELSON R A. On the measurement of capacity utilization ［J］. Journal of industrial economics, 1989, 37（3）: 273-286.

［62］ ORLANDI F. Structural unemployment and its determinants in the EU countries ［J］. 2012: 1-41.

［63］ OSTROME, BASURTO X. Crafting analytical tools to study institutional change ［J］. Journal of institutional economics, 2011, 7（3）: 317-343.

［64］ PHILLIPS A W. The relation between unemployment and the rate of change of money wage rates in the United Kingdom, 1861 – 1957. ［J］. Economica, 1958, 25（100）: 283-299.

［65］ PORTES A. Social capital: its origins and applications in modern sociology ［J］. Annual review of sociology, 1998, 24（1）: 1-24.

［66］ PUTNAM R D. Tuning in, tuning out: the strange disappearance of social capital in America ［J］. Ps political science & politics, 1995, 28（4）: 664-683.

［67］ RAVN M O, UHLIG H. On adjusting the hodrick-prescott filter for the frequency of observations ［J］. Review of economics & statistics, 2013, 84（2）: 371-375.

［68］ REES A. Information networks in labor markets ［J］. American economic review, 1966, 56（1/2）: 559-566.

［69］ RICHARD H, JIM T. The measurement of capacity utilization ［J］. Applied economics, 1985, 17（5）: 849-866.

[70] RINGUEST J L, TANG K. Simple rules for combining forecasts: Some empirical results [J]. Socio-economic planning sciences, 1987, 21 (4): 239-243.

[71] RIORDAN M H, STAIGER R W. Sectoral shocks and structural unemployment [J]. International economic review, 1993, 34 (34): 611-629.

[72] RYAN P. The school-to-work transition: a cross-national perspective [J]. Cambridge working papers in economics, 2001, 39 (1): 34-92.

[73] STEPHEN C M, PIERRE L S. A suggestion for a simple cross-country empirical proxy for trend unemployment [J]. Applied economics letters, 1999, 6 (7): 447-451.

[74] STEPHEN R G, CRAIG R W. The measurement of labor force dynamics with longitudinal data: the labour market activity survey filter [J]. Journal of labor economics, 1995, 13 (2): 351-385.

[75] STURN S. Are corporatist labour markets different? labour market regimes and unemployment in OECD countries [J]. International labour Review, 2013, 152 (2): 237-254.

[76] SUMMERS L H, ABRAHAM K G, WACHTER M L. Why is the unemployment rate so very high near full employment? [J]. Brookings papers on economic activity, 1986 (2): 339-396.

[77] TERRELLK, SORM V. Labor market policies and unemployment in the Czech Republic [J]. Journal of comparative economics, 1999, 27 (1): 0-60.

[78] THUROW L C. Analyzing the American income distribution [J]. The American economic review, 1970, 60 (2): 261-269.

[79] WAHBAJ, ZENOU Y. Density, social networks and job search methods: theory and application to Egypt [J]. Journal of development economics, 2005, 78 (2): 0-473.

[80] WOODS J G. Pathways of technological change: an epidemiological approach to structural unemployment in the U. S. service sector [J]. International journal of social ecology & sustainable development, 2014, 5 (1): 1-11.